柴科夫斯基传

其人 其乐

【英】大卫·布朗 著　张婧怡 译

TCHAIKOVSKY
The Man and His Music
David Brown

SMPH
上海音乐出版社
WWW.SMPH.CN

本书是写给那些或许已经熟悉这位最伟大的俄罗斯作曲家的读者们，为他们进一步扩展音乐体验的同时，提供一些陪伴。但更多的，本书是给那些对古典音乐知之甚少或一无所知的人，他们可能会寻找一个听众指南，以便了解音乐所能带来的那些最伟大、最动人的体验。

"音乐大师传记译丛"总序

孙国忠　杨燕迪

通常讲的音乐家传记（musical biography）主要指作曲家传记，因为西方音乐史构成的基础是作曲家的音乐创作，尤其是那些音乐大师的创作贡献直接影响了音乐发展的历史进程。从这一特定意义上讲，西方音乐的历史就是伟大作曲家的"音乐创作史"。观照作曲家的艺术人生，探寻其生平与创作的内在关系，解读源自创作者内心的"音乐之声"（作品）及其艺术意义，正是音乐家传记的写作主旨和文体要义。

作曲家传记是历史音乐学（historical musicology）领域最重要的学术文体之一。这种传记既不是"音乐史人物"的通俗性介绍，更不是用文学笔法描述音乐大师的"虚构性写作"，而是由专业领域的音乐学家在深入研究的基础上，以学术的姿态、思路、笔触对作曲家的艺术生涯（生活与创作）进行的深入论说，渗透其中的是显现音乐学品格和学问意涵的审思。

学术性的作曲家传记都可以称作"评传"，因为这类学术文体在叙述传主人生经历和"艺术故事"的同时，都在阐释、评价其音乐人生与创作贡献的"独特性"和艺术价值。无论这种"评论"是否具备当代音乐学理论所倡导的那种超越实证主义研究传统的"批评"（criticism）意识或诉求，严肃的传记作者在写作中都会展现出他（她）个人的视界和论域，其表达独立思考并呈现个人观点的"评"与"论"则承载了传记书写人的心境、思绪和立场。以评论为底蕴和显示学术洞见的作曲家传记都是作者（学者）的研究选择和学术态度的反映。因此，历史音乐学领域的学术性传记如同该领域的其他学术性文体，是一种具有作者个人审美取向和研究态度的学术展示，它所具备的学术文体特有的"主观性"成为其评论之价值体现的"基调"。可以这样说，越是有学术价值的作曲家传记，其评论的"主观性"就越明显。当然，这种"主观性"应该有充足的史料支撑，扎实的文献研读为依托，只有这样基于客观性史实解读之上的"主观性"独立评论，传记作者力图建构（或重构）的作曲家艺术人生才能显现学术性文体及文本应有的诠释效力与传记话语的"可信度"。

　　在西方学界，作曲家传记的写作与出版具有丰厚的传统，十八世纪奠定了这一学术样式的基础，十九世纪则迎来了大作曲家传记写作的兴旺局面：福克尔的《巴赫》（1802）[1]、温特费尔德的《加布里埃利》（1834）[2]、奥托·扬的《莫扎特》（1856—1859）[3]与泰耶的《贝多芬》（1866—1879）[4]是这一专门著述领域最早的经典之作。十九世纪之所以形成作曲家传记写作的蓬勃发展，最主要的原因是这个时代的"音乐经典"（canon）意识不断强化，具体表现为对音乐艺术"伟大性"的敬慕和推崇——对以巴赫、亨德尔、海顿、莫

1. Johann Nikolaus Forker, *Über Johann Sebastian Bachs Leben, kunst und kunstwerke*（Leipzig, 1802; facsimile reprint, Frankfurt am Main: H. L. Grahl, 1950; English trans. by Charles S. Terry, New York, 1920; reprint edition, Charleston: Biblolife, 2009）.

2. Carl Winterfeld, *Johannes Gabrieli und sein Zeitalter*, 3 vols（Berlin, 1834; reprint edition, Nabu Press, 2010）.

3. Otto Jahn, *W. A. Mozart*（Leipzig, 1856—1859; English trans. by Pauline D. Townsend, London, 1882; reprint edition, Nabu Press, 2010）.

4. Alexander Wheelock Thayer, *Ludwig van Beethovens Leben*, ed. Hermann Deiters, 3 vols.（Berlin, 1866—1879）; 2nd edition by Hugo Riemann（Berlin: Breitkopf and Härtel, 1907—1915）; English version, ed. and rev. by H. E. Krehbiel from Thayer's notes, 3 vols.（New York: Beethoven Association, 1921）; rev. by Elliot Forbes as *Thayer's Life of Beethoven,*（Princeton: Princeton University Press, 1964, reprint edition1992）.

扎特和贝多芬为代表的伟大作曲家及其伟大作品表达高度的认同感与敬仰之意。这种对音乐艺术"伟大性"之强烈渴望的社会文化基础正是"作曲家中心论"（composer-centredness）的确立。因此，十九世纪西方学界对作曲家音乐人生的高度关注和对"音乐经典"之传统建构的努力实践，反映了一个时代的音乐学术走向：一方面强力推进历史音乐学传统中"伟大作曲家"群像的塑造，另一方面则通过多种研究探索提升了音乐家传记的学术品质并巩固其在学术场域中的地位。

　　十九世纪末至二十世纪上半叶，以作曲家传记文本为典型的音乐家传记写作受到了挑战，这种挑战来自多方的"质疑"和对这一著述传统的不同认知。圭多·阿德勒在他那篇著名论文《音乐学的范围、方法及目的》中的确提到了传记写作与音乐史研究的关联，但他只是把作曲家传记看作历史音乐学领域的一个"辅助学科"，并未强调其参与历史音乐学"大学科"构建的重要性和独特意义。[1]阿德勒对传记写作的这一界定与学科归类无疑影响到之后的相关研究与写作进展。二十世纪上半叶对音乐家传记冲击更大的是主导现代主义音乐思潮及学术探究的"反叛意识"，形式主义音乐分析和实证主义音乐史论从不同的角度强调音乐作品本体的"独立性"，这种有意淡化作曲家个人生活与创作之内在关系的认知和力图遮蔽以"音乐大师"为表征的"经典"光耀的动向，实际上是自律论音乐美学观念在音乐史研究中的一种渗透，它在批判浪漫时代"艺术天才"论的同时，也在新的维度重识作曲家身份、作曲艺术建构、音乐风格样态和音乐历史书写的意义。

　　值得指出的是，即便是在这样的严峻氛围中，二十世纪上半叶

---

1. Guido Adler, "Umfang, Methode und Ziel der Musikwissenschaft", *Vierteljahrsschrift für Musikwissenschaft* 1, pp.5–20. 这篇经典论文已有中译文，参见《音乐学的范围、方法及目的》（1885）：英译本暨历史分析性之评论"，秦思译自艾利卡·马格尔斯通（Erica Mugglestone）的英文本，《大音》第十二卷，萧梅主编，北京：文化艺术出版社，2017年，pp.290–313。

的作曲家传记写作依然在质疑声与反思中前行，并在文本内涵与书写形式上进行了新的探索。这一时期出现了引人注目的"文献实录性传记"（documentary biography），可见实证主义思潮对作曲家其人其乐探究的深刻影响。这种"实录性"传记写作特别强调作曲家生平探寻和传主形象建构的客观史实，探掘、辨析、梳理、审视、呈现与传主（及相关人物）发生关联的一切文献资料（日记、书信、评论、音乐会节目单、公文档案等各种与传主生活与创作有关的文字记录），不仅成为传记作者的探究诉求与写作基础，而且作为传记本体的重要组成部分，重构了作曲家艺术人生展示的话语方式和文本样态。奥托·埃里希·多伊奇是这类传记写作的最早实践者，其代表作《舒伯特生平与创作实录》（1913—1914）可谓奠基之作，对以后的作曲家传记写作影响很大。[1] 例如，库尔特·布劳科普夫的重要著述《马勒：生平与创作研究》（1976）就是多伊奇传记写作路向的延续。[2]

耐人寻味的是，二十世纪上半至中叶出现了多部卷帙浩繁的作曲家传记，这一现象表明历史音乐学领域学术性传记研究与书写的传统之力依然强劲，反映了伟大作曲家生平与创作的再思和重识在整体性音乐史探究、论说中不可替代的重要作用。作为这一丰厚传统的学术延续，欧内斯特·纽曼的四卷本著作《理查德·瓦格纳的人生》（1933—1947）[3]、雅克·巴尔赞具有深阔文化视野的《柏辽兹与浪漫时代》（1950）[4]、舒伯特研究的著名学者莫

1. Otto Erich Deutsch, ed., *Franz Schubert: die Dokumente seines Lebens und Schaffens* (Munich, 1914; English trans. by Eric Bloom as *Schubert: A Documentary Biography*, London: J. M. Dent, 1946; reprint edition, Da Capo, 1977).

2. Kurt Blaukopf, ed., *Mahler: A Documentary Study* (New York: Oxford University Press, 1976).

3. Ernest Newman, *The Life of Richard Wagner*, 4 vols (London: Cassell, 1933—1947, reprint, 1976).

4. Jacques Barzun, *Berlioz and the Romantic Century* (Boston: Little, Brown & Co., 1950).

里斯·布朗的权威之作《舒伯特评传》（1958）[1]与音乐学大家保罗·亨利·朗独具洞见的《亨德尔传》（1966）[2]已被公认为探寻这四位音乐大师艺术人生的经典文本，并强有力地促进了二十世纪后半叶音乐家传记写作的发展。H. C. 罗宾斯·兰登的五卷本大作《海顿年谱与作品》是迄今为止关于海顿生平与创作最为全面且具史论可信度的"编年体叙事"；[3]一生奉献给马勒研究的亨利-路易斯·德·拉·格兰奇的鸿篇巨著同样为世人贡献了对马勒生平与创作最为详尽的"档案式关注"——他几乎将马勒从出生到去世的人生历程按年月（日）的顺序全部呈现出来。[4]毫无疑问，兰登与格兰奇这两部丰实的传记杰作承载了西方学界探寻、言说作曲家艺术人生的实证主义传统，这种以作曲家个人生活与音乐创作为学术聚焦点的宏大叙事，让我们体悟到音乐家传记书写的厚重感和独特的音乐史学品格。

十九世纪七十年代以来，音乐家传记的写作、出版形成了多元化的发展态势和繁荣局面，这不仅体现在传记文本问世的数量与写作质量上，而且展示出当代学术思潮推动下对音乐家传记性质、样态的反思和呈现新思路、新视界、新格局的写作实践。心理学分析、社会文化（史）考量、批评性诠释和意识形态关注等具有当代理论意涵的学术渗透，为作曲家生平与创作的探究提供了

1. Maurice Brown, *Schubert: A Critical Biography* (London: Macmillan, 1958; reprint, Da Capo, 1977).

2. Paul Henry Lang, *George Frideric Handel* (New York: Norton, 1966).

3. H. C. Robbins Landon, *Haydn: Chronicle and Works* (Bloomington: Indiana University Press, 1976—1980).

4. 格兰奇的四卷本马勒传记从 1974 年（法文版）开始相继问世，重新修订的英文版目前已出版了后三卷（第一卷待出版）: *Gustav Mahler. Vol.2. Vienna: The Years of Challenge* (1897—1904) (Oxford: Oxford University Press, 1995); *Gustav Mahler. Vol.3. Vienna: Triumph and Disillusion* (1904—1907) (Oxford: Oxford University Press, 1999); Gustav Mahler. Vol.4. *A New Life Cut Short* (1907—1911) (Oxford: Oxford University Press, 2008).

多维度透视和论说的可能性。在深度解读与合理运用涉及传主及其"文化圈"的档案资料、历史文献的基础上，学理性建构作曲家生平与创作的关系并对两者间互动产生的"音乐创造力"（musical creativity）进行深层且有效的阐释，成为当代学术性音乐家传记书写的基本共识和理想目标。

三部在学界受到高度评价的贝多芬传记值得在此一提，因为从中不仅可以清楚地看到同为贝多芬专家的三位学者如何以不同的视角和理路来论说贝多芬其人其乐，还能通过三种个性化传记文本的比较，感知、理解当代音乐家传记写作的不同路向与发展态势。

梅纳德·所罗门的《贝多芬》（1977/1998）堪称贝多芬研究的里程碑之作，已成贝多芬传记的"经典"。[1] 所罗门是一位有着深厚人文学养和宽阔视野的音乐学家，他对贝多芬生平的探索开创性地运用了心理学分析和融入审美态度的史学论辩，这种在丰富的史料、文献基础上形成的独辟蹊径的批评性诠释，为读者展示了祛魅之后作为凡人的"贝多芬形象"。正是所罗门对贝多芬身世、经历、性格、心理、情感、趣味、思想和创作力的深度体察与富于想象力并体现学术质感的"形象"重构，促使我们重读贝多芬，再思其凡人品格与"人性"所造就音乐伟大性的独特意义。

与所罗门将探究重心置于贝多芬生平考察与人生建构的评传路数不同，路易斯·洛克伍德的《贝多芬：音乐与人生》（2003）是一部以作品探析为主体并以此贯穿、带动整个"艺术人生叙事"的作曲家评传。[2] 这种对音乐本身的重视既有传记作者本人"在描

1. Maynard Solomon, *Beethoven* (New York: Schirmer Books, 1977, 2nd ed., 1998). 这部专著已有中文译本问世：《贝多芬传》，田园译，西安：陕西师范大学出版总社有限公司，2013 年。但可惜的是此中译本并不是译自英文版原著，而是从德文版译著转译而成。更令人遗憾的是由于放弃了英文版原著中极为重要的大量注释，这一中译本的出版规格和学术含量显然打了折扣。

2. Lewis Lockwood, *Beethoven: The Music and the Life* (New York: Norton, 2003). 参见中文版译著《贝多芬：音乐与人生》，刘小龙译，北京：中央音乐学院出版社，2011 年。

绘作曲家肖像时的个人偏好",也隐含着对所罗门《贝多芬》一书中音乐本体论说之薄弱的不满。洛克伍德这部贝多芬传记涉及作曲家绝大部分的创作,对许多有艺术影响和音乐史意义的代表作更是重点分析、深入探讨。例如,关于《第九交响曲》的讨论就是一种显现历史音乐学之"学问力道"的整体性探究:政治背景的呈现、观念变迁的思考、创作史实的解读、作品本体的分析和音乐内涵的释义,这种全方位、多向度的音乐审思在深化作品认知的同时,也以音乐史论的能量加强了"创作承载人生"之言说的话语效力。应该特别提到的是,从洛克伍德在其晚年贡献的这部影响深远的贝多芬研究力作中可以看出,作者对贝多芬音乐所蕴含的艺术意义和人文内涵的阐释是一种既有音乐学传统底蕴又具当代学术气息的研究范式,渗透其中的是彰显开放心态的学术睿智。

严格地讲,威廉·金德曼的专著《贝多芬》(1995/2009)并不是一部传记,至少不是典型的"传记"文本,因为此书的内容明确地展现了作者的写作诉求和研究主旨:以贝多芬一生的创作发展为主要线索,探析作品的艺术特征及涵义,思考作曲家音乐风格的演变及成因,用融音乐分析和审美体验为一体的"音乐学叙事"探究贝多芬音乐创作的艺术深意和人文价值。[1] 在此,关联传记文本构架和论说品格的作曲家人生轨迹只是一种便于作者叙事和讨论的"文脉",而让这一"文脉"得以贯通并形成叙事生命力动感的是体现音乐审美姿态和艺术诠释本意的批评理想及探索实践。金德曼的《贝多芬》是学术个性相当突出的音乐学写作,其洞见迭出的作品论说和对作曲家性格、情感、思想的深度审视展现出一位杰出学者独具的艺术判断力和美学修养。作者让人耳目一新的音乐释义全都基于详细且明畅的乐谱分析,这就使得对贝多芬的创作思维及"绝

---

1. William Kinderman, *Beethoven* (Berkeley and Los Angeles: University of California Press, 1995, 2nd ed., 2009). 参见中文版译著《贝多芬》,刘小龙译,北京:中央音乐学院出版社,2015 年。

对音乐"蕴意的解读有了学术的可信度。作为一位身兼钢琴家的优秀学者，金德曼可以将只有亲身投入到表演实践中才能感知的音乐细部特征融入其个性化的分析话语并形成审美观照，这无疑进一步激发了蕴含审美旨趣的诠释活力。尤其值得关注的是，金德曼对贝多芬多部经典作品的考察注重"作曲过程"（compositional process）的探讨，这种基于创作手稿辨析作曲思维体悟和音乐逻辑认知的艺术诠释展现了历史音乐学传统依旧亮眼的学术魅力。当然，我们从这部贝多芬研究专著中也能感受到"新音乐学"（new musicology）研究路向对伟大作曲家形象重构的一些影响。力图在更为宏阔的学术场域中探寻作曲家音乐创作的智识品质和精神内涵，可以视作这部特殊的贝多芬"评传"致意当代音乐学景观的"回音"。

　　鉴于音乐家传记在历史音乐学研究中的重要地位和加深对音乐家传记书写之丰厚传统的认识，策划与编辑一套"音乐大师传记译丛"实属必要。这套丛书旨在译介西方学界有影响的音乐大师传记，为中国读者深入理解西方音乐发展进程中"人"的艺术创造力与历史建构的关系提供有价值的优秀读本。由于每位大作曲家的艺术生涯和音乐创作各不相同，传记作者的写作路数也不一样（不少作曲家都已有多种传记问世），这就需要译丛主编根据具体情况进行综合考虑，优选合适的传记文本纳入译丛，并邀约合适的译者进行翻译。设想中"音乐大师传记译丛"的读者群体是多层面的，主要包括专业的音乐工作者、高等音乐院校与师范类音乐学院（系）的师生、对西方作曲家和音乐艺术感兴趣的人文学者和音乐欣赏水平日渐提升的广大乐迷。

　　对本译丛名称中所用的"音乐大师"（Master Musicians）一词需作说明。如上文所述，西方音乐的历史从特定意义上可以理解为伟大作曲家的"音乐创作史"，因此，这里的"音乐大师"主要指对音乐艺术发展做出卓越贡献并在西方音乐史上留下深刻印记的伟大作曲家。然而，音乐也是一门需通过表演实践的"二度创作"来展示自身形态和样貌的艺术门类，从事音乐表演的大师对"音乐"

及其历史构成的独特作用——对这门以听赏为本的艺术形成"音响化"与"演绎性"的贡献——理应得到一定的学术关注。鉴于此，这套以呈现伟大作曲家艺术人生为主要目的的"音乐大师传记译丛"也会适当考虑对一些音乐表演艺术大师传记的译介。

非常感谢上海音乐出版社对"音乐大师传记译丛"的高度重视和大力支持。希望这套以"音乐史人物"为学术聚焦点的丛书不仅可以促进我国学界对相关作曲家及其音乐创作的深入研究，也能对日益繁荣的当代音乐生活品质提升起到积极的推动作用。

作者介绍

　　大卫·布朗出生于英国肯特郡的格雷夫森。他毕业于谢菲尔德大学，在国民服役期间学习了俄语，曾在现代中学任教，后成为伦敦大学的音乐图书管理员。1962 年，他搬到南安普敦大学任教，1989 年作为音乐学教授退休。在出版了关于英国牧歌作曲家托马斯·威尔克斯和约翰·威尔比的著作之后，他将研究重点专注于俄罗斯作曲家，发表了有关格林卡、穆索尔斯基和柴科夫斯基的重要研究。他的最后一部著作（共四卷）是有史以来出版的有关俄罗斯作曲家生平和作品的最宏大著作。（正如俄罗斯官方评论所承认的那样："坦诚地说，我们都没有这样的东西。"）他于 2014 年去世。

作者的其他著作

《托马斯·威尔克斯》

《约翰·威尔比》

《米哈伊尔·格林卡》

《柴科夫斯基》（四卷）

《忆柴科夫斯基》

《穆索尔斯基》

目 录

前 奏 曲

莫斯科岁月

附 录

致　谢

非常感谢我的妻子伊丽莎白帮助完成这本书的校对（一如之前的九本书一样）。

作者的话

　　首先，让我简单地介绍一下自己。1968 年，有人要我写一本关于柴科夫斯基的书。我拒绝说："不感兴趣。"然后在 1971 年，我获邀为著名的《新格罗夫音乐与音乐家词典》的新版本撰写两万字的柴科夫斯基词条，这是不可抗拒的。整个研究过程彻底改变了我对这位伟大的俄罗斯作曲家的看法。三年后，出版商维克多·高兰茨提议，用大约四年的时间出版一部对这位作曲家的单卷本研究专著。尽管有些犹豫，我还是接受了。后来柴科夫斯基占据了我的所有写作空间。原本签订的十五万字扩充到六十万字，四年变成十六年，单卷滚成了四卷。最终的结果是，这本书是有史以来全世界（包括俄罗斯在内）所出版的有关一位俄罗斯作曲家最庞大的生平与作品传记。正如俄罗斯官方评论所说："坦率地说，我们都没有这样的东西。"我从来没有意识到柴科夫斯基是一个如此迷人、如此复杂的人。更重要的是，他是一个非常伟大、多面的作曲家，他庞大的作品库中有很多是我根本不曾了解的。我发现柴科夫斯基是 19 世纪真正的音乐巨人之一。

　　这项研究是我职业生涯中最丰富、最幸运的经历。但是世界已经发生了变化。随着几十年档案的公开，那些可能只有极少数苏联公民才知道的秘密，如今也出现在了公共领域。在所有个体当中，柴科夫斯基最是如此，在这丰富的视角中，一种重访他的渴望在我心中被重新唤醒。我早期的四卷本研究对每部作品都进行了非常详尽的精读，并伴有大量的音乐示例，主要针对专业人士和音乐爱好者。现在，大家面前这本新作是写给各个年龄段读者的。他们可能自认为没有什么音乐细胞，只是想更多地了解这位俄罗斯天才，并有兴趣通过阅读任意一部作品去加深对柴科夫斯基音乐的感受，以及让自己的耳朵去留意那些可能凭借直觉无法辨识的信息。

　　但是，我有个更进一步而且非常特别的愿望。在我们国家[1]，学校里的音乐课似乎总在减少，甚至大多数年轻人接触到的只有流行音乐或其相关风格。我对这整整一代人被榨取了他们本该拥有的文化体验而感到沮丧。我很清楚那已消失殆尽的东西曾经的模样。20世纪50年代中期，我在伦敦泰晤士河畔的几所现代中学教了五年书，从而开始了我的职业生涯，这些学校往往被称为"垃圾箱"，因为它们是为那些没有通过11岁儿童升学考试，被勒令15岁退学的孩子们设立的。然而，这些孩子有时也会被激发出令人刮目相看的反应！聆听一段古典音乐一直都是一堂课的一部分（每个班每周两个时段，每次四十分钟），让我的学生们感兴趣的东西会让人大吃一惊——这有时与教师培训专家们所宣扬的正统观念大相径庭。仅举一例，事关3C班（他们都是13到14岁的孩子，有些还不识字）。命中注定我要在那年的一个星期二下午上最后一节课——这是一周当中情绪尤其消沉的时刻，因为孩子们已经陷入了疲惫，但距离星期五下午仍很漫长。有时候，我似乎很快就到了一节课的尾声，需要正儿八经做点什么打发时间，好在接近四点钟的时候准时下课。我知道要得到我想要的答案需要问出怎样的问题：他们想听什么？几乎可以预料到孩子的反应会是："先生，请给我们来首杯子歌？"不，不是帕瓦罗蒂演唱的《今夜无人入睡》（我在说的是1955年，不是1990年），"杯子歌"是瓦格纳歌剧《罗恩格林》的前奏曲，音乐化的圣杯幻影逐渐在万丈光芒中显现，随后消失在黑暗中。这段八分半钟的音乐非常缓慢，没有节拍的痕迹，没有"严格意义上的旋律"，它有着最安静的开场，花了将近五分钟才达到高潮，之后是漫长的逐渐消失的结尾。但他们愿意听，或许只是出

---

1. 指英国。——译者注

神地保持安静，不过这无疑也是在以他们自己的方式保持全神贯注，即使当我中途翻转那张老 78 转黑胶唱片的时候。

　　我很早就发现，我们许多职业教育家在评判儿童和年轻人时，似乎由于自己本身缺乏信心而常常低估这些年轻人参与非常复杂的音乐体验的能力。因此，一方面，我当然希望所有跟随我阅读此书的读者能从中发现一些趣味和启发，但最能让我开心的，是倘若我能唤醒一些人的好奇心，激发他们被我们退化的教育系统所剥夺的他们本应得到的古典音乐体验。如果愿意，他们仍然可以弥补失去的时间。

使用本书的注意事项

　　正如我在"作者的话"中所写的那样，我希望任何有兴趣追溯柴科夫斯基的生平，探索他的主要作品以及了解这些作品在他的生活中的位置的人都能阅读本书。但我的主要目的，是为那些对音乐理论和术语知之甚少或一无所知，但希望更深入了解柴科夫斯基每部作品的读者提供听众指南。我尤其希望帮助那些想要更深入了解柴科夫斯基如何构建这些作品以及与作品创作过程相关的人，因为我相信，有了这些额外的知识来指引他们的耳朵，他们可能会察觉到那些原本会被忽视，但对聆听体验颇有助益的东西。

　　当然，可以简单地将此书理解为一部传记，忽略本书对每部作品的单独讨论。至于对音乐本身的研究，则是在清晰标记出来的独立章节中，随着每部作品在叙事中的出现而进行。每个章节的作品介绍部分都从一段用括号标注的介绍性说明开始，我希望这将有助于读者决定他或她是希望探索这部特定的作品，还是直接跳过。我为我所研究的第二部作品（幻想序曲《罗密欧与朱丽叶》）提供了特别详细的评注，以便那些除了用耳朵本能地捕捉信息外，还从未尝试通过其他方法聆听音乐的人，能够获得有关柴科夫斯基如何创作一部作品的指导意见。（这一类读者应绕过第31—34页[1]上对《第一交响曲》的研究。如果他们愿意的话，可以日后再重温这部作品。）借此，我希望提醒他们注意那些原本可能会被忽略，但对听众而言非常重要的内容。在探究《罗密欧与朱

---

1. 该页码为英文页边码。——编者注

丽叶》之前，我还简要讨论了听音乐的方法。

柴科夫斯基创作过大量作品，我不可能每一首都兼顾。我非常遗憾地决定，本书几乎不将他众多的声乐作品和短小的器乐作品涵盖在内，同时也不深入研究那些被普遍认为无法代表他最高水平的相对大型的作品。当然，我意识到，每位读者选择探索的曲目数量会有很大的不同，可能从两三首到二十首或更多。选择后者的，很可能要花上几个月，甚至几年的时间。我也意识到，虽然有些读者可能愿意自己选择他们想要聆听的作品，但大多数人只希望探索最重要的一部分作品，比如说六到十几首。为了满足这一偏好，我在下面列出了一系列选项。这类读者可从选项 2 的"十几首"中选择，或者从选项 3 的"混合曲单"中选择。其他人可能希望有更广泛的选择。为了努力迎合这些不同的需求，我将柴科夫斯基的作品分为三类：

选项 1

在此我假设读者希望自己选择作品，但欢迎我给出对每部作品的推荐力度。因此，我将作品分为五类，当一部作品作为探索对象出现在本书叙事中时，我会通过传统的星级指数来表示它的排名（在某些情况下，最后括号中的星标表明我对我的评级有所保留）：

*****　重中之重的曲目，有详细讨论（共有十余首）

****　　主要曲目，有较为详细的讨论

***　　　重要曲目，但通常不会太深入地讨论

**　　　　有一定重要性的曲目，可能会非常笼统地讨论

*　　　　　有一定价值的曲目，没有讨论

选项 2

这种方案中，我选出的曲目在某种程度上更为明确，特别是为那些只想听有限数量的作品的读者准备的。首先，我给出了"十余部"按时间顺序排列的曲目，但也为其中的六首提供了备选。当然，它们与先后顺序无关。这样做的目的在于，假若你只想了解一部歌剧，我给出了两部我认为最好的，但风格又非常不同的剧目可供你选择。如果你决定再多了解一部歌剧，你现在知道我会推荐哪一部。协奏曲也是一样，你可能想再听一部钢琴协奏曲，或者你可能更喜欢小提琴协奏曲。接下来，如果你听完了"十余部"类别中的所有备选选项，"接下来的八部"会给你一些提示，告诉你接下来可能会喜欢什么。这些音乐作品除《马捷帕》外，皆按时间顺序排列。

前十余部作品

幻想序曲《罗密欧与朱丽叶》

《第二交响曲"小俄罗斯"》

《第一钢琴协奏曲》

芭蕾舞剧《天鹅湖》或《胡桃夹子》

交响幻想曲《里米尼的弗兰切斯卡》或《暴风雨》

《第四交响曲》

歌剧《叶甫盖尼·奥涅金》或《黑桃皇后》

《小提琴协奏曲》或《第二钢琴协奏曲》

《弦乐小夜曲》或《第三组曲》

《曼弗雷德交响曲》或《第五交响曲》

芭蕾舞剧《睡美人》

《第六交响曲"悲怆"》

接下来的八部

《第一弦乐四重奏》

歌剧《禁卫兵》或《马捷帕》

《第三交响曲》

《洛可可主题变奏曲》

《钢琴三重奏》

幻想序曲《哈姆雷特》

弦乐六重奏《佛罗伦萨的回忆》

交响叙事曲《司令官》

选项 3

选项 3 提供了一系列由五首或六首曲目组成的曲单，以满足读者希望研究某种特定类型音乐的可能。两部尤为重要的作品，《罗密欧与朱丽叶》和《第六交响曲"悲怆"》将分别作为第一部和最后一部作品出现在所有曲单中。

全部曲单

（分别作为开场和终曲）

幻想序曲《罗密欧与朱丽叶》

《第六交响曲"悲怆"》

混合曲目

《第一钢琴协奏曲》

《第四交响曲》或《第五交响曲》

芭蕾舞剧《天鹅湖》或歌剧《叶甫盖尼·奥涅金》

《小提琴协奏曲》

《弦乐小夜曲》

《第三组曲》

交响曲／协奏曲

《第二交响曲》

《第一钢琴协奏曲》

《第四交响曲》

《小提琴协奏曲》

《第五交响曲》

《第二钢琴协奏曲》

文学系列

交响幻想曲《暴风雨》

交响幻想曲《里米尼的弗兰切斯卡》

幻想序曲《哈姆雷特》

交响叙事曲《司令官》

《曼弗雷德交响曲》

芭蕾舞剧／歌剧

芭蕾舞剧《天鹅湖》

歌剧《叶甫盖尼·奥涅金》

芭蕾舞剧《睡美人》

歌剧《黑桃皇后》

芭蕾舞剧《胡桃夹子》

协奏曲

《第一钢琴协奏曲》

《洛可可主题变奏曲》

《第二钢琴协奏曲》

《小提琴协奏曲》

《忧伤小夜曲》

室内乐

《弦乐四重奏》（no.1）

《弦乐四重奏》（no.2）

《弦乐四重奏》（no.3）

《钢琴三重奏》

弦乐六重奏《佛罗伦萨的回忆》

我假定许多读者对音乐理论一无所知，但希望获得一些对自己有所助益的知识。我所提出的所有关注点当中，只有一个特例，其余的除专心聆听之外，无需任何专门的技术性知识。这个唯一的特例便是调性问题。有些读者可能已经对调性及其用法非常熟悉，有些可能并不了解，我并不认为哪位读者会因为不想拓展这方面的知识而有什么损失。不过，也有人想要填补这个空白，所以我在附录二中给出了一些有关调性的解释。更重要的是，在附录一中，我尽可能简要地描述了古典音乐中经常出现的一些主要音乐形式，如奏鸣曲式和回旋曲式。在附录三中，我还提供了本书中使用的音乐术语和非英语（大部分为意大利语）词汇。

有关俄罗斯文化的说明

俄罗斯人名

依照俄罗斯惯例，人们使用三个名字：首先是受洗名（即教名）；第二个（父名）表示父亲的名字；第三是姓氏。然而，性别也是一个因素，因为通常情况下女性的父名后会加上"耶夫娜"或"欧夫娜"，男性则会加上"耶维奇"或"欧维奇"。至于姓，女性的姓通常会加上"阿"。然而，如果男性姓氏以"伊"音结尾（如"柴科夫斯基"），女性姓氏的结尾将是"阿雅"音，因此柴科夫斯基的母亲姓为"柴科夫斯卡雅"。

某些特定的父名可能会有变体，柴科夫斯基父亲的受洗名，伊利亚，就是这样一个例子。因此，他的作曲家儿子的全名直译为"彼得·伊利奇·柴科夫斯基"，他女儿的全名直译为"亚历山德拉·伊里妮什娜·柴科夫斯卡雅"。

俄　历

在柴科夫斯基时代，俄罗斯人仍坚持使用比西欧公历晚十二天的农历，这可能会造成一些困惑（根据我们的日历，俄罗斯的圣诞节应该是次年的 1 月 6 日）。文中我将所有日期调整为了公历。

前　奏　曲

1

童年（一）：
沃特金斯克

1844 年 8 月，一名法籍家庭教师在圣彼得堡寻求职位，她叫范妮·丢巴赫，时年 22 岁。与此同时，一位正巧在找这样一名家庭教师的年轻俄罗斯母亲，正与他的大儿子尼古拉，一起前往沙俄的首都。她来自东部八百英里[1]外的沃特金斯克，丈夫是负责当地政府铁厂的采矿工程师。这对夫妇有三个儿子和一个女儿。两个女人见面后随即达成一致：范妮即刻动身去柴科夫斯基家做事。就这样，这个有些惴惴不安的家庭教师和她的新雇主开始了为期三个星期的旅途。她的焦虑随着时间的推移得到了一些缓解，可抵达目的地后，她又将受到怎样的接待？五十年后，她回忆起了这一切：

> 在旅途中我们慢慢熟络起来，抵达工厂时，我们的关系已经非常亲密。柴科夫斯卡雅夫人的善意和谦恭有礼的举止，还有尼古拉那漂亮甚至是俊朗的容貌，让我对我的旅伴们产生了好感。与此同时，后者（尼古拉）那无可挑剔的良好教养让我相信，等待我的任务并不会那么困难。但我仍然非常忐忑不安。如果抵达后，我只需和柴科夫斯卡雅夫人和她的儿子打交道的话那就太好了，可前方是完全陌生的人和未知的生活。所以，越是快要结束这段旅程之际，我的担忧和不安就越强烈。当我

---

1. 1 英里约合 1.6 千米。——编者注

们最终抵达柴科夫斯基家的府邸时，只那么一瞬间便足以证明我所有的担心都是毫无根据的。一大群人跑出来迎接我们，大家开始疯狂地拥抱和亲吻，在人堆中完全分不出主人和仆人。一种不分彼此的、鲜活的喜悦让所有人都变得平等，每个人都以同样的热情和爱意迎接女主人。柴科夫斯基先生走到我面前，一句话也没说，把我当作女儿一样拥抱和亲吻。他这个简单且带有家长式权威的举止立刻传达了对我的认可，也几乎正式将我纳为这个家庭的一员。我并非刚来的"新人"；相反，就像柴科夫斯基夫人和她的儿子一样，我也"回家了"。第二天一早我便开始了工作，对未来不再有丝毫的焦虑和恐惧。

迎接范妮的人群中有这对夫妇4岁的二儿子，彼得·伊利奇·柴科夫斯基，未来的作曲家。

范妮任职的这个家庭的确是非常幸福的。彼得的父亲，伊利亚·柴科夫斯基，出身于一个有着深厚军事传统的家族，但伊利亚选择了不同的道路，他进入采矿工程师学校并以银牌毕业。伊利亚结了三次婚。他与第一任妻子生有一女，名叫季娜依达（生于1829年）。此后不久，长女的母亲去世，1833年，他又与亚历山德拉（娘家姓阿西耶）结婚，未来的作曲家是他们的第二个孩子。伊利亚显然是个善良、对他人充满信任的人，他举止温文尔雅、和善可亲又多愁善感。他对音乐没有特别的兴趣，年轻时学过长笛，不料半途而废，但戏剧可就另当别论了——只要是戏剧，无论是哪部戏都能让他轻易落泪。这种对创造性想象世界的热爱有助于解释为什么他后来会支持他二儿子的决定，也就是在戏剧艺术的姐妹花——音乐艺术领域追求职业生涯。

彼得和他父亲的关系虽然轻松，但不特别亲密。与母亲的关系则全然不同。虽然母亲在他年仅14岁的时候就过世了，但事实证明母亲是他一生中最重要的女人。直至他生命的最后，母亲每年的忌日都会掀起彼得大量珍贵的回忆和痛苦的情感。彼得的母亲有一半法国血统，她父亲是俄籍移民，娶了当地姑娘，后成为海关官员。亚历山德拉生于 1813 年，3 岁丧母，6 岁时被安置在一所孤儿女子学校，在那里她接受了良好的教育，掌握了高水平的法语和德语，还有一些歌唱技能，并且能够在钢琴上演奏一些舞曲。伊利亚·柴科夫斯基年长她 18 岁。他们养育了六个孩子，其中彼得（生于 1840 年 5 月 7 日）排行老二。他上有哥哥尼古拉（"科利亚"，生于 1838 年），下有妹妹亚历山德拉（"萨莎"，生于 1842 年）、弟弟伊波利特（"波利亚"，生于 1843 年）和一对双胞胎弟弟，莫杰斯特和阿纳托利（"莫迪亚"和"托利亚"，生于 1850 年）。

　　亚历山德拉为人内向矜持，不喜欢公开表达爱意，但却是个操持家务的好手，认真且能干。莫杰斯特·柴科夫斯基（母亲去世时他只有 4 岁，几乎对她没有什么印象）日后回忆道：

> 从认识她的人的描述来看，她是一个高大庄严的女人，不是特别漂亮，但眼睛里有一种迷人的神情，容貌也会不知不觉地吸引你的注意力。可以肯定的是，所有认识她的人都一致确定有什么东西让她看上去格外迷人。

　　然而，更有趣的是莫杰斯特记录下的作曲家哥哥对母亲的特殊回忆，她是"一位身材高大，甚至壮硕的女士，有着美妙的神情和虽然并不娇小，却异常美丽的双手"。彼得对母亲双手的留意显得尤为重要。对于一个年幼的孩子来说，母亲的手是传递亲密身体接触的主要工具——触摸、温柔、爱抚、关爱和保护。考虑到作为同性恋的柴科夫斯基会在大约三十年后与一个女人上演一场极为痛苦的灾难性婚姻，并在婚礼后短短几天内就称这个女人的"肉体……令他非常厌恶"，他对母亲，这唯一一个让他极度渴望拥有亲密身体接触的女人的深刻回忆，就显得更加酸楚。

　　莫杰斯特在 1894 年，也就是他哥哥去世的第二年，从范妮那里收集了她四年间作为柴科夫斯基孩子们的家庭教师的回忆。一位伟大作曲家成名前的童年生活很少能如此精准又生动地展现在我们面前。虽然大人们并没有任何打算让彼得跟随范妮学习，但他哭着请求加入她的两名正式学生之列，尼古拉和伊利亚的侄女、家中前来投靠的亲戚，莉蒂亚。彼得比他们两个都要出色。两年内，他就能毫不费力地读懂法语和德语，再过一年就可以开始用法语创作伤感的诗句，其中一首是对圣女贞德的歌颂，三十年后他以此为题材谱写出他最宏大的一部歌剧之一。在将这些少年之作从范妮的回忆宝库中转录下来时，莫杰斯特似乎连带着错误一起，如实地保留了他哥哥 7 岁那年的原作：

> 法国的英雄，
> 我们爱你，不会忘记，
> 英雄你如此美丽！
> 牧羊人的女儿！
> 你拯救了法国，
> 谁的举止如此美丽！
>
> 野蛮的英国人杀了你，
> 整个法国都爱慕你。
> 你及膝的金发，
> 它们那么美丽[1]，
> 你扬名天下，
> 愿天使米歇尔保佑你。
> 名人，让我们记住，
> 坏人，让我们忘记！

范妮曾常以俄罗斯最伟大的诗人亚历山大·普希金的名字称彼

---

1. 小柴科夫斯基的语法错误，原文这里"美丽"一词应使用形容词复数而不是单数形式。
　　——译者注

得为"小普希金"。毫无疑问，彼得成了范妮最喜欢的学生，她记录的一件小事暗示了其中的原因，也指向了给他日后生活留下深刻印记的那份对亲近之人的敏感：

> 有一次，在休息时，他坐下来仔细翻阅一本地图册。一看到欧洲地图，他突然开始热烈地亲吻俄罗斯，然后做出一副要向余下的世界吐口水的样子。我阻止了他，并开始解释说，这样对待像他自己一样称上帝为"天父"的同胞是可耻的。因为他们不是俄罗斯人就去憎恨他们是不道德的，这意味着他也在向我吐口水，因为我不是俄罗斯人。"你不用批评我，"彼得回答，"你没注意到我用手把法国遮住了吗？"

范妮虽然很可能以极大的热情陶冶了她年轻学生的文学修养，但对于他的音乐天赋显然漠不关心。现已知柴科夫斯基第一次尝试作曲是在他母亲前往圣彼得堡的旅途期间，伊利亚在给妻子的信中写道，"萨莎和彼季亚[1]创作了一首歌曲，《我们的妈妈在圣彼得堡》"。但是，他正式的音乐教育很可能是从他父亲到达沃特金斯克后不久购买的奥开斯里特翁琴（手摇风琴的一种，能模仿管弦乐队各种音色的机械乐器）开始的。事实证明，奥开斯里特翁琴上的部分曲目对未来的作曲家格外重要。这些曲目让他认识了那位对他而言史上最伟大的音乐天才，以及他所创作的歌剧——这个所有音乐创作中最伟大的形式。正如莫杰斯特所说：

> 他尤其被琴中所播放的莫扎特作品所吸引。作曲家本人（柴科夫斯基）一再坚持，他对这位天才的疯狂崇拜始于他童年早期听到奥开斯里特翁琴播放出的采琳娜的咏叹调《亲爱的，听我说》，以及其他《唐璜》选段时所体会到的那不言而喻的快乐，那种"神圣的狂喜"。此外，这架奥开斯里特翁琴还让他熟

———————————

1.彼季亚，彼得的昵称。——译者注

悉了罗西尼、贝利尼和多尼采蒂的音乐，或许他对意大利音乐一生的钟爱就是从这里开始生根发芽，即便 19 世纪 60 年代和 70 年代，意大利音乐在严肃音乐界曾遭受全面的迫害。

甚至在学习钢琴之前，彼得就已经开始在钢琴上弹奏奥开斯里特翁琴里的简单曲调了。当他父母偶尔禁止他弹琴时，沮丧的他会在其他物体表面继续摸奏这些曲子，有一次他在玻璃窗上如此用力地练习，以至于打碎了玻璃，严重割伤了手。莫杰斯特说，就是这个时刻，父母决定让他开始正规的钢琴学习。他的老师，玛季亚·帕奇科娃，虽然称职但对曲目了解有限。不到三年的时间，他的视奏能力就和她不相上下了。然而，他一直记得这份师生情谊，因为四十五年后，当玛季亚在来信中透露自己处境艰难时，柴科夫斯基为这个"我非常非常感激"的女人寄去了一笔钱。这般通常不留姓名的慷慨大方成为他日后的重要标志。

对于一个未来的作曲家来说，即兴创作与研究其他作曲家的音乐的重要性不言而喻，但这对他的影响却是巨大的，正如范妮回忆的那样：

长时间在钢琴前练习或放飞自己的想象力后，他总是紧张不安。有一次，柴科夫斯基家中来了客人，大家整晚都在音乐娱乐中度过。因为正逢假日，孩子们也加入了成年人的娱乐队伍。彼得起初非常活泼愉快，但快到夜晚的时候他实在太累了，以至于比平时都更早上楼。当我过了一会儿走进他的房间时，他还没有入睡；相反，他的眼睛闪烁着光芒，正不安地抽泣。我问他这是怎么了，他答道："啊，是这音乐！"可那一刻并没有音乐响起。"帮我赶走它！它在这里，在这里，"男孩儿边哭边指着自己的头说，"它让我不得一丝安宁。"

这位未来作曲家的创作天赋似乎早已开始在暗中涌动。

2

童年（二）：
圣彼得堡

令人遗憾的是，范妮恬淡的田园生活即将结束。大约五十年后，家庭教师范妮把在柴科夫斯基家的四年形容为她一生中最快乐的时光——事实证明，这对未来的作曲家柴科夫斯基也是一样。对他来说，范妮的离开非常突然。尽管1848年伊利亚带着养老金从政府职位退休，但他仍然需要工作，因为他渐渐长大的子女们越发需要到正规的学校去接受教育。因此，他开始为在莫斯科的新职位展开谈判。至于范妮，她决定留在沃特金斯克，去别人家中找份工作。10月，柴科夫斯基一家搬家的日子到了，他的父母意识到和范妮的分别会是多么痛苦，于是安排她在当天早上孩子们醒来之前悄悄溜走。孩子们焦虑极了，尤其是彼得，一年后，每当收到范妮的来信，他仍然会情不自禁地泪流满面。接下来，更不幸的事情降临了。伊利亚没能获得他所期望的职位。不到一个月，他们一家就搬到了圣彼得堡，尼古拉和彼得很快进入了时髦的施梅林学校。日常安排让他们疲惫不堪，九个小时的课后还有很多家庭作业要做，这影响了彼得的健康。令人矛盾的是，他最终感染的麻疹反倒成了一件幸事，因为他虚弱的身体状况让他不能在6月前返回学校。那时全家人已经搬去了阿拉帕耶夫斯克，伊利亚在那儿找到了一份新工作。

圣彼得堡给彼得带来了两方面的补偿：他跟随一位很好的老师学习钢琴，还经常被带去观看歌剧和芭蕾舞剧。但是阿拉帕耶夫

斯克跟沃特金斯克一样，是个省城，在更东边。圣彼得堡的辛苦和

疾病令彼得极度不安，以至于有时会令他的母亲流泪。他对音乐的
兴趣似乎减退了，为了高兴起来，他转向了阅读——这将成为他一
生的避难所。他发现自己虽然读不懂夏多布里昂的《基督教真谛》
（ *Le Génie du christianisme* ），但却对尼古拉·果戈理的奇幻故事
《圣诞夜》入了迷。不知不觉中，他已经为日后的歌剧创作找到了
第二个主题。第二位家庭教师，安娜斯塔西娅·彼得罗娃的到来给
他的世界带来一些稳定，帮助他回归正轨，重新在圣彼得堡的一所
名校入读。彼得显然是喜欢她的，因为他在 1854 年将其现存最早
的作品，一首钢琴曲《安娜斯塔西圆舞曲》献给了她。

　　我们只能猜测让彼得不安的另外一件事，即他是否会意识到
这段学习最终会导致他与家人的分离。可以肯定的是，当这一时刻
最终来临时，情况糟极了。1850 年 5 月，亚历山德拉生下了她最
后的孩子，一对双胞胎，然后不到三个月即启程去了圣彼得堡。10
岁的彼得被这座城市最好的学校之一——皇家法律学院所录取。两
年后他才会进入主校，之前他会先在预科班就读，寄宿在他父亲的
老朋友，莫杰斯特·瓦卡尔夫妇的家中。非常重要的是，伊利亚
表现出对二儿子主要兴趣的持续关注，"当然，也不要忘记他的音
乐，"他告诫妻子，"放弃一件已经开始的好事是错误的。"但是伊
利亚已经意识到母亲回到阿拉帕耶夫斯克对彼得意味着什么。事实
证明，这会给他造成精神上的创伤，正如他后来告诉弟弟莫杰斯特
的那样，那是"我一生中最可怕的一天"：

　　　　事情发生在中央公路上，当时人们通常到那儿为去往莫斯
　　科的人送行【莫杰斯特记录道】。路上，彼得表现得相对平静。
　　他先是掉了几滴眼泪，路途似乎是那么遥远，他珍惜能看到母
　　亲的每一秒钟。但当最终抵达目的地时，他彻底失控了。他紧
　　紧抱住母亲，不舍得放手，生怕她离开。无论是爱抚、安慰，
　　还是承诺马上就会回到他身边都无济于事。他什么也不听，什

么也不看，似乎完全和心爱的母亲融为了一体。旁人用了好大力气才强行将男孩儿从亚历山德拉·安德烈耶夫娜身边拉开。最终他们还是成功了，她在车里坐下，马蹄声响起。就在这时，彼得拼尽了他仅剩的全部力气，挣脱了旁人，疯狂且绝望地哭喊着冲向马车，试图抓住脚踏板、挡泥板，以及手能碰到的一切东西，幻想着能让车停下来。彼得·伊利奇一生中没有一次谈起那一刻时不心惊胆颤。初次体会强烈的悲痛给他造成了极大的影响，而在日后，仅有一件事会比这带来更强烈的悲痛：他母亲的去世。

　　将近两年以后，彼得才能再见到他的母亲。在此期间，他把自己的情感倾注于家书之中。周年纪念日带来了彼得对往事的阵阵怀念："上周降临节开始了，你，我的天使们【他的父母】，将严守斋戒，因为在我与你们一起的那些快乐时光里，你们总是如此。现在我记起我们是多么幸福地从你们手中接过圣诞树。但我不能加入萨莎、波利亚、玛利亚、卡蒂亚和米娜了。但至少我会记得。"然而在 1851 年 9 月，他的父亲辞去了在阿拉帕耶夫斯克的职务。他有意把全家带回圣彼得堡。不过，直到 1852 年 5 月，他的父母才终于归来，喜悦之情因他成功通过了皇家法律学院入学考试而更加强烈。莫杰斯特所记录的次年夏天的一个故事（还有更多类似的故事）强调了他现在正被一种全新的、愉快的、时而亢奋的情绪所占据。让人有些惊讶的是，柴科夫斯基一生都很喜欢搞恶作剧。例如，有一次，尼古拉和另一个男孩儿坐在梯子上偷听季娜依达和另外两个女孩儿互诉心事，彼得用冷水把偷听者挨个儿淋成了落汤鸡。（通常谴责这类行为的）莫杰斯特观察到，他的哥哥不仅爱搞恶作剧，在回忆起它们时更是不亦乐乎。

　　秋天，彼得在他的新学校安顿下来。皇家法律学院享有良好的声誉，是一个纪律严明的教育机构，其主要职能在于提供法律方面的职业培训，助力学生进入文职部门。彼得与教职员工和同学们的

12

关系似乎一直很好，所有现存的证据都表明他很受欢迎，尽管他也是出了名的外表邋遢、生活糟乱无章，还非常健忘。他严重违反校规的行为是吸烟，这是严令禁止的。然而，这似乎不太可能是逞能之举，或是刻意把自己塑造成冒失鬼的形象。倒不如说，吸烟缓解了他内心的紧张焦虑。无论如何，正如他日后欣然承认的那样，烟草于他不单单是一种享受，更是毕生的嗜好。在学校结识的朋友中，对未来最具重大意义的可能是他与阿列克谢·阿普赫金建立起的友谊。后者之后成为一个著名的同性恋者和杰出诗人，柴科夫斯基日后至少将其六篇诗作谱成了歌曲。

至于音乐，学校里学到的东西对他并没太大帮助。他在音乐方面的家庭盟友是他母亲的妹妹叶卡捷琳娜，她带彼得欣赏了整部莫扎特的《唐璜》，为他带来一生中最重要的音乐启迪。对他音乐发展同样重要的，是他从 1855 年开始与年轻德国钢琴家鲁道夫·昆丁格为期三年的钢琴学习，鲁道夫的哥哥奥古斯特也给彼得上过一年的音乐理论课。至于他自己的创作活动，这一时期唯一留存下来的是 1854 年的钢琴作品《安娜斯塔西圆舞曲》。下一首作品则是 1857 年或 1858 年的一首歌曲，《**我的天才，我的天使，我的朋友**》**，这首小巧的沙龙浪漫曲展现出这个少年身上非凡的敏感。现在，这首作品偶尔还能在柴科夫斯基的歌曲专场音乐会上听到。

然而，对彼得来说，50 年代留下最深刻烙印的是一件家事。1854 年，他的母亲感染了霍乱。两年多过去了，他才鼓起勇气在信中告诉范妮接下来发生的事情：

> 我终于决定告诉你两年半前降临在我们身上的噩运。季娜离开四个月后，妈妈突然染上了霍乱，尽管她病得很重，但多亏了医生们的加倍努力，她恢复了健康。但这只是暂时的，因为在四天的康复期后，她还没来得及和周围的人道别就去世了。虽然她虚弱得一个字也说不清，但大家都明白她想参加最后的圣餐礼。神父带着神圣的圣餐及时赶到，就在仪式后，她

把自己的灵魂交给了上帝。

这是毁灭性的一击——特别是当它如此突然。柴科夫斯基一生 13都在记日记，1877 年的这篇道尽了一切：

> 尽管我坚信并不存在永生，但我永远无法接受，我深爱的母亲，一个如此优秀的人，可能已经永远消失了，我再也没有机会告诉她，即使二十三年已经过去，但我仍然爱着她……

然而彼得现在已经习惯了没有母亲的生活，从表面上看，他似乎已经训练自己适应了命运的转变。给伊利亚的丧妻之痛雪上加霜的是，其他的家庭成员也在逐渐分散。季娜依达最近结了婚，他的侄女莉蒂亚也将要嫁人。因为感觉自己没有能力照顾双胞胎，他把萨莎和伊波利特送进了寄宿学校。在家境不济之下，伊利亚很快安排他最喜欢的弟弟彼得带着他的妻子伊丽莎白到圣彼得堡与他同住。未来的作曲家有这样一位婶婶是幸运的，她可以心无任何愧疚地尽情享受生活的乐趣。婶婶确保她的孩子们学会画画，享受最好的文学、音乐和戏剧，并拥有健康的社交生活。这使得彼得与婶婶一家三年的同居生活非常和谐愉快。

1859 年 5 月，彼得从皇家法律学院毕业，取得了名誉议员的头衔，这让他有特殊资格到文职部门应聘。这一年，他的童年结束了。

3

文职生涯：
个人问题和音乐学院

　　莫杰斯特用一个词恰当地描述了哥哥的文职生涯："云淡风轻。"1859 年 6 月，19 岁的柴科夫斯基开始在司法部门工作，经过两次不大的晋升，一直停留在同一职别，直到 1863 年 5 月辞职。柴科夫斯基多次声称自己对工作认真负责，可后来当被问及他的实际职责时，却坦言记不起来。心不在焉是他一贯的缺点，甚至有人声称，有一次，他拿着一份主管签名的文件停下来和同事说话，没一会的工夫，柴科夫斯基不假思索地撕下几片纸吃进了肚子，这使得文件不得不被重新抄写。莫杰斯特质疑了这个故事的真实性，不过他证实，哥哥一生都会以这种方式吞食掉戏剧节目单。他的公务员生涯无疑是不光彩的，我们猜测他之所以辞职，可能并非纯粹出于无聊，而是因不称职而遭到解雇。但事实上，原因可要积极得多，而且非常振奋人心。

　　同样是在 1859 年，圣彼得堡发生了另一件对柴科夫斯基有重大影响的事件：俄罗斯音乐协会（Russian Music Society，简称 RMS）成立。虽然俄罗斯一直有丰富的民间音乐，东正教也有悠久的音乐传统，但西方人所理解的俄罗斯音乐传统是随着 1836 年米哈伊尔·格林卡的歌剧《为沙皇献身》的首演才建立起来的，这部歌剧讲述了俄罗斯农民伊凡·苏萨宁牺牲自己，从烧杀掠夺的波兰军队中救出沙皇的故事。这部歌剧深受大众喜爱，获得了巨大的成功。其受欢迎程度远远超过了《鲁斯兰与柳德米拉》，后者创作于

1842 年，是一部根据普希金同名诗歌改编的魔幻英雄故事。然而，《鲁斯兰与柳德米拉》对未来的俄罗斯作曲家可能更为重要，因为它的音乐远远比前者更激进且更具独创性，这给格林卡的后继者们留下了可大肆发挥、为己所用的新风格和方法。如果没有这两部歌剧，以及格林卡接下来十年中创作的四部短篇管弦乐作品（《幻想圆舞曲》（*Valse fantasie*）、两部《西班牙序曲》，和最重要的管弦谐谑曲《卡玛林斯卡雅》（*Kamarinskaya*），俄罗斯音乐可能永远不会得到像后来那样的发展。

　　但是即便到了 19 世纪中叶，所有这些作品都已就位，还仍然存在着为音乐教育和管弦音乐会建立正规、完善的机制问题。就在此时，钢琴家、作曲家安东·鲁宾斯坦（生于 1829 年）登场了。安东是俄罗斯籍犹太裔，他的弟弟尼古拉（生于 1835 年）也是一位钢琴家，到 1850 年代末，安东可能已经是在世最著名的俄罗斯音乐家了。作为颇具野心的激进主义分子，他意识到了俄罗斯音乐界的巨大缺口：1859 年，在沙皇的德裔婶婶叶莲娜·帕夫洛夫娜大公夫人的积极支持下，俄罗斯音乐协会成立。这不仅是为了促进鲁宾斯坦指挥下的管弦乐音乐会，从长远来看还有更为重要的作用——设立音乐理论课程。俄罗斯此前不仅从未有过这样的课程，而且就连一本俄语和声教科书都没有（1871 年，柴科夫斯基本人将亲自填补这一空白）。这些新课程如此成功，以至于三年内它们就逐渐扩大，构成了圣彼得堡音乐学院的内容根基，由鲁宾斯坦担任校长，一些极为杰出的音乐家出任教学工作。与此同时，在 1860 年，尼古拉·鲁宾斯坦在莫斯科设立了类似的课程，这些课程照样蓬勃发展。1866 年，与圣彼得堡音乐学院并驾齐驱的莫斯科音乐学院成立了，尼古拉任校长。在最早的那批教职工当中，有个小伙子两年半以前还是名公务员——他就是彼得·伊利奇·柴科夫斯基。

　　回到 1859 年，现已毕业的柴科夫斯基可以自由地安排他的闲暇时间。在他离开皇家法律学院后紧接下来的这段时间，我们不得不依靠莫杰斯特的回忆去追溯。不过当哥哥进入文职部门时，他也只有 9 岁，所以他的记录不可避免地会受到很大限制，当然也不是严谨客观的。在柴科夫斯基所有兄弟姐妹中，莫杰斯特和他的关系最为亲密，这无疑是因为他也是同性恋。但兄弟二人的关系中也存有紧张，这主要源自莫杰斯特一方。原因显然是出于嫉妒。莫杰斯特渴望成为一名剧作家，但并无太大作为（尽管他的作曲家哥哥倾尽全力地帮助过他）。而柴科夫斯基在他生命的最后几年被誉为当代俄罗斯最伟大的作曲家——事实上，是继托尔斯泰之后最伟大的俄罗斯人。

我们必须暂且偏离主叙事线去关注一下莫杰斯特的动态，以及柴科夫斯基的性取向。1893 年柴科夫斯基去世后，莫杰斯特主动管理起了哥哥的遗产，特别是哥哥写给家人的信件。因为担心公开彼得·伊利奇的同性恋身份会对作曲家的个人声誉（或许连带着对他自己）产生影响，莫杰斯特封锁了有时甚至销毁了文件证据。1900年至 1902 年间，他出版了三卷本的柴科夫斯基传，书中大量引用了哥哥的信件，其中超过 5000 封流传至今，但他对文本进行了小心谨慎的修饰，以排除任何可能过于明显地指向他哥哥性取向的内容，并确保自己的叙述没有暗示这一点。尽管任何一所男子或女子寄宿学校里肯定都存在强烈的性好奇，至少是一种既具试验性又投入的"前戏"，但现在没有任何证据明确指出柴科夫斯基在学生时代可能萌发过同性恋行为。亚历山大·波兹南斯基，一位现长期居住在美国的俄罗斯学者，对柴科夫斯基同性恋性取向的证据进行了详尽的调查。在一项非常详细的研究中，他得出了以下结论："柴科夫斯基很可能在校期间的大多数友谊在性方面都是单纯的，但是仍有几段'特殊'意义上的亲密关系——近年来人们可能会称之为一种'相互迷恋'。"[1] 在性方面，柴科夫斯基在皇家法律学院开始的一段最重要的友谊是和阿列克谢·阿普赫金。阿普赫金是一个天赋异禀的男孩儿，出了名的才华横溢又幽默风趣。他在诗歌上的天资

---

1. Alexander Poznansky, *Tchaikovsky*: *The Quest for the Inner Man*（London，1993），p.39.

使他成为 19 世纪后期最受欢迎的俄罗斯诗人之一。他和柴科夫斯基同年出生，同年去世（生于 1840 年，死于 1893 年），在 1853 年两人 13 岁时，彼此就已经成了亲密挚友，这段友谊将持续一生。甚至还在学校的时候，阿普赫金就将三首诗献给了自己的同窗伙伴。二十年后，阿普赫金在一首诗中回忆起了他们那向往着"理想荣光"的学生时代，并接着回顾了他们各自后来的生活——柴科夫斯基自身的苦痛和公众的赞美。阿普赫金相对黯淡无名的余生让柴科夫斯基潸然泪下。这并不是一段平静无忧的关系，阿普赫金只先于柴科夫斯基几个星期离世给作曲家造成了非同寻常的打击。

　　莫杰斯特所勾勒出的学生时代结束后的那些年的柴科夫斯基，是玉洁冰清的，但有时也不免让人反感。从中我们可以推断，刚刚挣脱了束缚的柴科夫斯基有了自己的收入，并成了个交际花，陷入了一种轻佻放荡的生活——到餐厅就餐，去舞会跳舞，并因随时能在钢琴上即兴演奏舞曲而在聚会上大受欢迎。柴科夫斯基本人也声称自己与异性有过露水情缘（例如，"最近我认识了某位格恩克罗斯夫人，并有点爱上了她的大女儿"，他会在 1861 年 6 月给萨莎的信中写道），甚至渴望成为纨绔子弟。事实上这样的形象似乎影射了他的一些同性恋朋友和熟人身上那种典型的浮夸。此外，莫杰斯特还特别提到了他哥哥与阿普赫金和皮西奥利的友谊，后者是位意大利声乐老师，以使用化妆品和凭借矫揉造作的外表而闻名。这并不能证明皮西奥利的性取向。无论如何，他是个有妇之夫，尽管柴科夫斯基未来的许多同性恋朋友皆是如此。

　　波兹南斯基观察到，柴科夫斯基这一时期"风流倜傥的生活"给了他"充分的机会来满足他的秘密欲望"，但"此时他似乎不太可能认为自己的同性恋倾向是不可控或不可逆的"[1]。当然，没有确凿的证据证明他可能做了或没做什么，但是柴科夫斯基从学校毕业后的三年间发生的一个最主要事件，似乎颇具说服力地指向了这个

------

1. Alexdaner Poznansky，出处同上，p.55。

阶段至少存在同性恋关系。1861 年夏天，伊利亚·柴科夫斯基的一个朋友，某个叫瓦西里·皮萨列夫的人，需要为自己的欧洲之旅找个随行翻译，柴科夫斯基凭借他那可靠的法语和至少够格的德语，从他的文职部门获得了休假，成为皮萨列夫的旅伴。这将是柴科夫斯基第一次出国旅行，他兴奋地期待着。他们在 7 月中旬从俄罗斯出发，柴科夫斯基记录下了他们的所到之处。在伦敦，他们参观了威斯敏斯特教堂、议会大厦、水晶宫（在那里他被由"千万人之声"演唱的亨德尔《哈利路亚》深深打动）、泰晤士隧道（在那儿他差点窒息），以及克雷莫纳花园。他觉得伦敦本身"非常有趣，但是从来不见太阳——总是下雨"。

但给他带去最多快乐的是巴黎，而且永远会是如此。当时的计划是前往柴科夫斯基的表姐莉蒂亚·奥尔霍夫斯卡雅所在的诺曼底度假胜地。最后到底有没有去成不得而知，但可以肯定的是，当柴科夫斯基在 10 月初回到俄罗斯时，他是独自一人且情绪十分激动。几周后他在给萨莎的信中道出了主要原因：

> 如果我这辈子犯过什么大错，那就是这次旅行。你记得皮萨列夫吗？我想象在那温和淳朴的面具之下，是一个不修边幅但值得尊敬的绅士，结果却隐藏着最龌龊的思想，迄今为止我从未想过这世界上还有如此不可思议的道德败坏之徒。

让柴科夫斯基感到厌恶的最有可能的原因，似乎是皮萨列夫挑逗（甚至是骚扰）了他，而他避开了。有趣的是，这似乎进一步支持了一种观点，即柴科夫斯基性取向的演变遵循了与另一位作曲家相似的过程，而这位作曲家恰好是柴科夫斯基的狂热崇拜者——本杰明·布里顿。就像 20 世纪 90 年代的俄罗斯一样，英国现在也开始逐渐揭开了已逝同性恋者私人生活的面纱，汉弗莱·卡彭特对布里顿性觉醒的描述揭示了布里顿对身体发育、性欲和性观念上的晚熟。布里顿长久以来一直都对年轻男孩儿（但也对女孩儿）有强烈的兴趣，可以肯定的是他也曾寻求过他们的陪伴，但在 1936 年，也就是他 23 岁那年，对和成年人的关系他仍然摇摆不定。他在日记中写道："这些天来，生活是一场非常沉重的斗争——在性方面也是如此。做出决定是如此困难，很难对明显不正常的事情不心存偏见。"[1] 同为同性恋的诗人 W. H. 奥登，无论是私下里还是作为创作伙伴都对布里顿十分了解。同样是在 1936 年，他认为布里顿仍然在克制自己不去做出完全的情感承诺，似乎直到 1939 年 6 月布里顿 25 岁时，他才在性和情感上完全投入，开始了一段和男高音彼得·皮尔斯持续一生的关系。

　　然而，与柴科夫斯基对欧洲之行的描述相比，更为重要的是他在给萨莎的信中悄悄透露的信息："我已经开始研究和声，进展非常顺利。谁知道呢，也许三年后你就会听到我的歌剧，唱起我的咏叹调。"

　　柴科夫斯基究竟是什么时候报名参加俄罗斯音乐协会的课程我们不得而知。但他从巴黎回到文职岗位后，甚至一度勤奋地工作起来，希望获得晋升和加薪，个人生活方式也在发生改变。他一直热爱戏剧，尤其是圣彼得堡盛行的法国戏剧，因为自 18 世纪以来，法语一直是俄罗斯贵族和上层阶级的通用语言——至于柴科夫斯基，他精通法语，自己又有四分之一的法国血统，早早就成了戏迷。然而，就连看戏也要暂且搁置一旁："一周里有两个晚上都在上课。每周五我会轮流去皮西奥利和玛利亚·波奈特【都是声乐老师】的家中上课。"他告诉萨莎："周日我待在家里。周一我几乎总去别人家弹钢琴，四个人弹两架钢琴。"这不单单是为了度过一个愉快的夜晚。尽管到歌剧院去听歌剧已经让柴科夫斯基熟悉了一些传统的歌剧剧目，但由于管弦乐音乐会的稀缺，他对其他音乐类型，尤其是交响乐曲目不甚了了。因此，就像 20 世纪中期留声机唱片工业成熟之前大多数的音乐爱好者那样，他通过和另外一人一

---

1. Humphrey Carpenter, *Benjamin Britten*: *A Biography*（London, 1992），p.80.

起演奏交响曲和序曲的双钢琴缩编谱去学习这些作品。但有时，如柴科夫斯基的周一夜晚一样，这些缩编谱也由四人演奏。（即便在20世纪40年代末，我和我未来的妻子在大学里仍然不得不通过四手联弹来学习管弦乐和室内乐常规曲目。）

在俄罗斯音乐协会学习了一年后，柴科夫斯基于1862年9月进入了新成立的圣彼得堡音乐学院，但他仍然保留着文职职位。他在给萨莎的信中透露出自己此时是多么的满足，步入了正轨，踏上了职业音乐家的道路。他对未来的不确定性不抱有任何幻想：

> 不要以为我想象自己会成为一名伟大的艺术家，我只是想做我感兴趣的事情罢了。无论我会成为著名的作曲家还是一贫如洗的教师，我都会觉得我做了正确的事。我将没有痛苦的权利去抱怨命运或任何人。

柴科夫斯基现在经常出入音乐学院，置身于由许许多多志同道合的人组成的团体中，由此也自然而然开始从中发展起了友谊。特别是他的同学，赫尔曼·拉罗什，会成为他一生忠诚的，但在很多方面都成问题的挚友。尽管拉罗什本人后来的作曲家生涯并不太成功，但他会成为俄罗斯最优秀、最敏锐的音乐评论家之一，还是柴科夫斯基事业的重要支持者。

柴科夫斯基在音乐学院的三年里有两位主要老师：尼古拉·扎连巴和安东·鲁宾斯坦。前者在历史上屡屡被指责为迂腐的学究，对音乐技巧抱有狭隘固执的观点，对标志着当代音乐的种种发展趋势不予容忍。但这样的老师能够为作曲技术打下扎实的根基，这点极为宝贵，他要求全面深入地学习并熟练掌握所有基本的音乐作曲技法，即便学生可能会觉得当中有些过于乏味——因为作曲家的作曲能力与他对音乐素材及其运用的掌控力直接成正比。是扎连巴率先培养了柴科夫斯基的自律性（柴科夫斯基自己也乐于承认这一点），他为柴科夫斯基全面掌握音乐技巧奠定了基础。柴科夫斯基将把这些技巧发挥到极致，成为俄罗斯同时代作曲家中的翘楚。

　　鲁宾斯坦则截然不同。当扎连巴宣扬正统和考究的美德时，鲁宾斯坦则赞许流畅性和想象力。并不是说他自己的作品有多么符合这一审美标准，因为鲁宾斯坦有限的创作天赋仅适用于高效的流水线作业。这些音乐不稂不莠，偶尔才能从平庸之辈中脱颖而出。今天，没有人会觉得有必要发起一场复兴鲁宾斯坦的运动。但在1862年，这并不重要：鲁宾斯坦给新成立的音乐学院带去的主要是他的声望和充满活力的领导才能——而对柴科夫斯基来说，则是他的鼓舞所带来的激励，他专制但支持的个性不仅要求他的学生，也要求他自己时刻抱有热情和不倦的奉献精神。通过柴科夫斯基的同学回忆起的一桩轶事，我们能够了解有关鲁宾斯坦的为人和他的处事方法，以及究竟是什么让他既受欢迎又受尊重：

　　　　他（鲁宾斯坦）一遍又一遍地强调胆怯是多么有害，建议一个人不要在困难上滞留，而是抛开它，继续前进，让自己习惯于在草稿上写下这种或那种形式的指示——且避免借助钢琴。我记得有一次，他笑容满面地走进扎连巴的房间，挽着扎连巴的胳膊说："到我这儿来，让你认识一下柴科夫斯基的作曲练习。"扎连巴正要拒绝，说这样一来他就得放下手头的事情。"不要紧！马上就放你走。先听听柴科夫斯基的作业。"我们一行共十五人快乐地走进了音乐厅，在那儿我们发现只有柴科夫斯基和（古斯塔夫·）克罗斯二人。柴科夫斯基被要求为朱可夫斯基的《回首午夜》谱曲。我讨厌这主意，因为我知道格林卡已经将这首诗谱为浪漫曲了。"那又怎样？格林卡是格林卡——柴科夫斯基是柴科夫斯基。"柴科夫斯基的作品不是一首浪漫曲，而是一幅完整、复杂，与格林卡的作品截然不同的音乐图画。柴科夫斯基用了不到两天的时间创作了这首曲子。

但鲁宾斯坦的一个特点决定了他和柴科夫斯基在根本上还是两路人。尽管与扎连巴在其他方面是如此不同，但鲁宾斯坦和他一样也是个音乐保守主义者，认为门德尔松（1847 年去世）和舒曼（1856 年去世）之后再无典范，于是当鲁宾斯坦收到柴科夫斯基的第一部对我们来说具有研究意义的作品时，引发了一起重大事件。事实上，鲁宾斯坦会不遗余力地向他的学生们介绍 19 世纪中期涌现出的新的管弦乐作品，但不允许他们在创作上超出门德尔松的古典风格配器。柴科夫斯基，像任何满腔热情的年轻作曲家一样，对当代艺术界发生的一切感到兴奋。所以当瓦格纳 1863 年到访圣彼得堡，亲自指挥五场音乐会，并且其间大多上演自己的作品时，这一定激发了柴科夫斯基某种自然的冲动去运用瓦格纳展示出的所有最新配器的可能性。1864 年，当鲁宾斯坦收到柴科夫斯基的假期习作时他大发雷霆。

柴科夫斯基在音乐学院的三年里，有一整捆习作和作品得以保留，其中有些并不完整。尽管他第二年创作的一首钢琴即兴曲将以构成他作品编号 1 的两首作品中的第二首出版，但其余大部分只具有文献价值。然而，在 1864 年的夏天，他毫无预兆地创作出了一部不同凡响的惊人之作——根据亚历山大·奥斯特洛夫斯基的戏剧改编的**管弦乐序曲《暴风雨》**（*The Tempest*）**（*）——在西方，我们是通过雅那切克与剧中主要人物同名的歌剧《卡塔亚·卡巴诺瓦》对其大致情节有所熟悉[1]。鲁宾斯坦给学生布置的假期作业是创作一部大型管弦乐作品，柴科夫斯基被奥斯特洛夫斯基的戏剧深深打动，选择以此为基础完成他的习作。事实证明这是一部不太平衡，但仍旧颇具才情的作品。鲁宾斯坦起初对柴科夫斯基在风格上的大胆极为愤怒，但当他清楚地认识到这首曲子展现出的巨大潜力以及它所代表的当前水准后，还是决定宽容以待，因为绝不能削弱

---

1. *Kát'ya Kábanová*，三幕歌剧，由杰出的捷克作曲家莱奥什·雅纳切克（1854—1928）根据亚历山大·奥斯特洛夫斯基的剧本《暴风雨》创作，于 1921 年 11 月在布尔诺国家剧院首演。——译者注

这样一位学生的信心。事实上，柴科夫斯基本人认为其中的一个主题值得再次运用到后来的一部作品中：速度在这儿降至"不太过分的如歌的慢板"（adagio cantabile ma non troppo），并由加了弱音器的弦乐奏响，这条低沉的旋律勾勒出了《第一交响曲》慢板乐章开头的前八小节和该乐章的结尾。

柴科夫斯基在音乐学院的最后一年，几乎没有写出接近《暴风雨》这样展现出明显创造性的作品，不过还是有三首曲子值得一提。一首是管弦乐作品《性格舞》（Characteristic Dance），柴科夫斯基后来将其改编并运用到了歌剧《司令官》（The Voyevoda）当中。但更需留意的是《升 C 小调钢琴奏鸣曲》**中的《谐谑曲》，它将被重新配器为柴科夫斯基《第一交响曲》的第三乐章提供侧翼（然而，中间的三声中段是全新创作的）。第三首《F 大调序曲》**获得了鲁宾斯坦的肯定，鲁宾斯坦安排该作品于 1865 年 11 月在音乐学院上演。柴科夫斯基随后对作品进行了修订，修订版在莫斯科迎来了第一次公开演出的成功。柴科夫斯基也将于 1866 年 1 月从音乐学院毕业后搬去这座城市。

多年间柴科夫斯基最爱的夏休圣地是乌克兰的卡缅卡。1860年，他的妹妹萨莎嫁给了列夫·达维多夫，后者在卡缅卡管理自己的家产。到了 1865 年，萨莎已经生下了三个女儿，柴科夫斯基将成为孩子们最喜爱的舅舅。他下一个要面临的重大挑战是毕业创作。直到 10 月 24 日他才接到有关考核的具体要求，考试会以公演的形式展开，而此时留给他的准备时间只剩下十一个星期。为席勒的《欢乐颂》谱曲可是个令人望而生畏的任务——然而柴科夫斯基对文本的处理注定会与贝多芬大为不同，甚至完全没有必要将其与后者《第九交响曲》的合唱终曲进行比较。清楚认识到这部作品必须展示对传统音乐机理和曲式的掌握后，柴科夫斯基自然没有铤而走险再次上演《暴风雨》中的大胆创新，因此他的《欢乐颂》也就仅具备文献价值。他一定意识到了这一点，由于无法面对这场音乐会将要带来的公众评审，他缺席了。鲁宾斯坦怒不可遏，起初打算扣留柴科夫斯基的文凭，但后来态度缓和了下来，故意缺席毕业音乐会的作曲家以银牌毕了业。

这一荣誉并没有阻止评论家塞扎尔·居伊对这部康塔塔（及其作曲者）进行一番猛烈的抨击：

24

> 音乐学院的作曲家柴科夫斯基先生有气无力。诚然，他的作品，一部康塔塔，是在非常不利于自己的情况下写成的：在规定的时间内通过遵守熟悉曲式的命题创作。尽管如此，可但凡他有任何天赋的话，至少应该能在某些地方冲破音乐学院的束缚。为了避免过多地谈论柴科夫斯基先生，我只想说莱因塔勒先生和沃克曼先生（两位没什么名气的当代德国作曲家）会为这部康塔塔欣喜若狂，并激动地喊道："我们又多了部新作品！"

居伊的裁断会强有力地提醒柴科夫斯基，音乐学院之外有一股力量正在推动俄罗斯音乐的命运。然而，在不到三年的时间里，柴科夫斯基就会在他自己的创作世界中找到代表着这种关键力量的作曲家（其中也包括居伊）。

莫斯科岁月

4

莫斯科音乐学院：
《第一交响曲》

　　"尼古拉·鲁宾斯坦的一生都献给了莫斯科，他是这座城市历史的一部分。"[1]尼古拉·巴伦博依姆所著的安东的弟弟的传记以此开篇。尼古拉在这个城市出生，在这里读大学，直到 1881 年去世，一直是这个城市音乐生活的核心。比安东小六岁的尼古拉接受过专业钢琴训练，尽管有一段时间偏离了音乐，入读莫斯科大学的法律系。接下来，他曾有过一段短暂的公务员生涯和一段同样短暂的婚姻，直到最终回归音乐，成为一位非常成功的钢琴教师，在莫斯科音乐界和社交界都为自己确立了稳固的地位（他同时嗜赌成性，酷爱彻夜狂欢）。1860 年，他创立了俄罗斯音乐协会在莫斯科的分会。虽然和哥哥一样，尼古拉也是位技术精湛的钢琴家，但他的演奏风格非常不同，而且不像哥哥，他很少创作（正如尼古拉自己所说，安东"写得足够三个人用了"）。与安东最为不同的是，无论是作为钢琴家还是指挥家，尼古拉的品位都涵盖了当下最新的音乐。柴科夫斯基将欠下尼古拉一份恩情，因为在接下来的十几年里，尼古拉上演了大量柴科夫斯基的音乐（其中不乏一些作品的首演）。

　　正是在安东的引荐下，柴科夫斯基被任命为俄罗斯音乐协会莫斯科分会的音乐理论教师。1 月 18 日，在抵达莫斯科后还不到一天的时间里，尼古拉就让他在自己家中安顿下来，随后开始负责

---

1. Nikolay Barenboim, *Nikolay Grigorevich Rubinstein*（Moscow, 1982）, p.14.

起他的社交生活，带他去剧院和歌剧院，并把他介绍给莫斯科的某些社会名流，柴科夫斯基显然全力回避。"他是个非常富有同情心的人，"三天后柴科夫斯基在给双胞胎弟弟们的信中写道，"完全没有他哥哥的那种拒人于千里之外的感觉。我住在他卧室旁边的一个小房间里，老实说，晚上当我们都准备睡觉时（然而，这似乎很少发生），我感到很不自在。我担心钢笔划过纸面的声音会打扰他睡觉（我们之间只有一薄壁之隔），与此同时我真的非常忙。我很少外出，而鲁宾斯坦过着凌乱无序的生活，他总是对我的勤奋感到惊讶。"尽管鲁宾斯坦"凌乱无序"，但他对职业着装却是十分讲究。"我第一个月的工资要全部用去买新衣服了，"柴科夫斯基向阿纳托利哀叹道，"鲁宾斯坦要求我买这些，说我现在这身行头对于一个音乐理论教授来说不够体面。"但当清楚地认识到柴科夫斯基一贫如洗的现状后，这位新领导为柴科夫斯基添置了大量衣物，他的衣着原则也被完全接受：柴科夫斯基的余生都会非常注意自己在公共场合的着装，以确保这能够反映出与自己职业地位相匹配的品位和品质。

要做的事情还有很多。他的教学将在几天内开始（每周二和周四十一点的常规课程），需要大量的准备工作。鲁宾斯坦自然希望对外展示这位最新收编的老师的非凡才能，并在柴科夫斯基同意修订的前提下接受了《F大调序曲》。由于这本身就是一次考验，所以柴科夫斯基对待要求非常认真，最后作品在3月份由鲁宾斯坦指挥的音乐会上给观众留下了极好的印象，赢得了一致热烈的掌声。但是，柴科夫斯基给弟弟阿纳托利的信中写道：

> 更让我受宠若惊的是，音乐会后，在鲁宾斯坦举办的晚宴上大家起立为我鼓掌。我最后一个到场，当我走进房间时，其间响起了极其热烈的掌声。在掌声中，我笨拙地向四面八方鞠躬，害羞得红了脸。晚饭时，在向鲁宾斯坦敬酒后，他提议大家为我干杯——大家再次起立鼓掌。我如此详细地向你描述这

一切，是因为这实际上是我第一次公开的成功，因此非常合我心意。

好事接连不断。柴科夫斯基在集体教学方面没有任何经验，但他的班级主要由年轻女性组成。我们假设这些女性一定本能地对这个亲切友好、看起来非常理想的年轻人产生了同情，两周后，他向阿纳托利描述道:"我的课程进展得非常成功，我享受与我教授的莫斯科女士们这种格外意气相投的关系。渐渐地，我的羞怯完全消失了。"

来莫斯科后不到一个月的时间里，柴科夫斯基将遇到三个人，他们会成为作曲家一生的挚友。一位是尼古拉·卡什金，他将作为钢琴和音乐理论教授在莫斯科音乐学院执教三十年，不过如今他更广为人知的是他五十二年的音乐评论家生涯。柴科夫斯基特别感激卡什金和他妻子的热情款待，尤其是在他初来莫斯科的几个月，以及卡什金在音乐和音乐以外方面所提出的中肯建议。卡什金的柴科夫斯基回忆录非常重要，尽管他的记忆并非完全可靠。

第二位新相识是康斯坦丁·阿尔布雷希特。身为德裔的阿尔布雷希特从未真正掌握过俄语，他在语言上，尤其是对俄语动词的不开窍，一直为朋友们所取笑。(几个世纪以来，德国移民一直侨居在俄罗斯的一些大城市并继续使用着他们的母语，这让当地人困惑不解:所以俄语中的"德国人"由俄语中的"哑巴"一词衍生而来可能并非偶然!)康斯坦丁拥有日耳曼人对秩序的直觉，这使他成为音乐学院出色的管理者，同时他也是位优秀的大提琴家。柴科夫斯基对阿尔布雷希特非常敬重，对他的仁慈也满怀感激。

第三位终身挚友是彼得·尤尔根松，柴科夫斯基的主要出版商，也是柴科夫斯基迫切需要的财务管家。虽然尤尔根松是个商人，但他怀揣着一种理想主义经营着自己的出版事业，他拒绝发行轻音乐，而是专注于以适中的价格出版西方经典作品，以及由最好的本土作曲家创作的新音乐。尤尔根松不仅成为柴科夫斯基最主要的，也是对他最为拥护的出版商，同时还是他的好友和私人顾问。

30

《F大调序曲》一经修订，柴科夫斯基自然渴望着手创作一部重要的作品，让作为新晋职业作曲家的自己能够获得更广泛的认可。歌剧和交响乐是显而易见的选择。鲁宾斯坦更倾向于前者，但柴科夫斯基以不够好为由拒绝了他提供的所有歌剧脚本，并在3月开始创作他的《第一交响曲》。5月初，他报告创作进展缓慢，因为深受失眠之苦，精神状态非常糟糕。但是5月安东·鲁宾斯坦执棒下的《F大调序曲》在圣彼得堡大获成功，这鼓舞了他的士气，激发了他的创造力，到了6月19日，他就已经开始编写交响曲的总谱了。

8月底，在总谱和配器尚未完成的情况下，他向安东·鲁宾斯坦和尼古拉·扎连巴展示了这部交响曲，遭到了二人的严厉谴责。可能因为这一意见以及音乐学院新学期开始的忙碌，柴科夫斯基暂时将交响曲搁置一旁，而一项新委约更是让进程被一拖再拖——尼古拉·鲁宾斯坦委托他创作**《丹麦国歌主题节日序曲》**[**][*]，在沙皇太子（在位沙皇的长子，皇位继承人）和他的丹麦新娘访问莫斯科期间演奏。柴科夫斯基证明自己具有真正的专业性去创作和表现这类在实现原本目的后可能就没有更多用途的功能性作品。在他生命的最后，他仍然能够写道，这首序曲"非常有效，我记得，远远好于《1812》"。柴科夫斯基还决定在创作中加入俄罗斯国歌以象征两个国家的联合，但一片好意却闯了大祸，导致官方演出被取消。因为正如一家杂志报道的那样，我们"这位才华横溢的年轻作曲家出于某种原因突然心血来潮将俄罗斯国歌改为了小调，彻底改变了这支尽人皆知的旋律的性格"。尽管如此，沙皇太子还是对柴科夫斯基的成果表达了皇家的谢意，赏赐了他一对镶着绿松石的金袖扣。穷困潦倒的柴科夫斯基立即将其变卖掉了。

尽管受到干扰，交响曲的修订版还是在年底前顺利完成，但要等到整整一年后，也就是1868年2月作品才得以正式首演。虽然柴科夫斯基向阿纳托利报告这部交响曲"获得了巨大的成功，尤其是慢板乐章"，乐谱也在作曲家做出了进一步的，特别是对第一乐章的修订后于 1874 年出版，但十五年后它才被再次演绎。

G 小调第一交响曲（《冬之梦》）***(*)

【柴科夫斯基的《第一交响曲》是一部还不成熟的作品，尽管其中有一些优秀的音乐——但总的来说，如果这是你第一次探索柴科夫斯基的音乐，那么不该由此开始。然而慢板乐章非常优美，旋律丰富，如果你去聆听，则会是一次颇有价值的聆听体验，真的不需要我铺垫什么：由你来决定柴科夫斯基给本乐章所取的标题（"荒凉、迷雾之地"）是否具有说服力吧。接下来的谐谑曲（袭用他学生时代的钢琴奏鸣曲）中间部分是首圆舞曲，同样很好理解。当然，看一眼下文中对这两个乐章的评注可能会有所帮助。否则，请跳至第 5 章。我为经验丰富的乐迷提供了以下评注。】

柴科夫斯基在创作《第一交响曲》时脑子里想的全是门德尔松的《意大利交响曲》（他的《第四交响曲》），这位德国作曲家的范本可能说服他也给自己的新作品起个标题：《冬之梦》——尽管这个标题和前两个乐章（《冬旅之梦想》和《荒凉、迷雾之地》）的子标题都没有对音乐本质提供什么特别的见解。这音乐也不需要暗示任何富有想象力的内容来吸引听众的注意力。事实上，第一乐章不仅展现了柴科夫斯基作为真正的一流作曲家在自我探索时所显露的卓越天赋和创造力，在某些方面，这还是一部颇具创新精神的作品。到 1866 年为止，实际上还没出现过任何俄罗斯交响曲，除了鲁宾斯坦的三部，但它们完全属于 1850 年前门德尔松和舒曼的西欧传统；除此之外，只有里姆斯基－科萨科夫、鲍罗廷和巴拉基列夫还未首演或尚未完成的第一部交响曲。因此，在《第一交响曲》中，柴科夫斯基是个真正的拓荒者，但他又决心做自己，至少要直面这种音乐形式对俄罗斯作曲家发起的一些挑战。因此，我们值得在这里稍停片刻，简单对比一下柴科夫斯基对第一乐章开篇的处理和西欧交响乐作曲家有何不同。像许多交响乐的第一乐章一样，这里采用了奏鸣曲式。[1]

32

　　若要非常随意（也许有些危险）地概括的话，西方作曲家倾向于有组织的思考，而俄罗斯作曲家倾向于装饰性的思考，甚至可能兜圈子。首先，以贝多芬的《第三交响曲"英雄"》为例。先是两个简短的和弦，主部主题随即安静地进入，发展到一个响亮的重述，然后通过从主部主题的重述中持续涌现出来的音乐，我们被转移到一个新的调性以及由木管引入的新主题（副部主题）。因此这是一个不断演变的过程。现在我们来看柴科夫斯基第一乐章中与之相对应的部分。在这里，两个主题本身都是非常宽广的（每个持续时间超过两分钟），而就它们的素材而言又独自成立：每个都经过转调，最后又以开始的调性结束（也就是它在原地画了一个圈）。两个主题之间也没有过渡段：将两个主题分隔开的只有一个重复的和弦（与其说是过渡，不如说是一枚标点符号或是顿了一下），一个关乎全局的有组织的发展过程在呈示部中没有出现。

　　然而，柴科夫斯基两个主题的旋律好极了，他的处理也同样优秀。至于接下来的展开部（由猛然听起来像是芭蕾舞剧《胡桃夹子》中著名的《花之圆舞曲》的早期版本所引入），它有效地发展到一个令人惊叹的高潮，而引领再现部的则是一个安静的、神秘的渐强，这里的处理可能预示着还有一个更为奇怪的渐强即将在终曲出现。同样引人入胜的是这一乐章宽广的两分钟 Coda，它最终回归了交响乐开篇时的素材和配器，并缓缓渐弱至最后一个极极弱（*ppp*）的和弦。

　　但如果说《第一交响曲》最精彩的乐章是开篇"宁静的快板"（Allegro tranquillo），那么最完美的就是慢乐章。也许它的标题

1.关于奏鸣曲式的简要描述，参见附录一。

《荒凉、迷雾之地》可被视为其内容的某种线索，尽管用以开篇和收尾的八个小节，最初是为了传达作曲家在 1864 年年少老成的作品《暴风雨》中女主人公"对真正的幸福和爱情的渴望"，但减缓下来的新节奏和加了弱音器的弦乐的重新配器改变了它的性格。像这样一个持续不断涌现出新鲜、温柔旋律的乐章（尽管它的高潮富有力量）无需过多评论。它本身就足以说明一切。我们也不应该因为这音乐的内部结构没有头尾两乐章复杂，从而得出结论认为它无足轻重。不是的。

尽管第三乐章没有那么令人难忘，但它也不乏一些动人的音乐。事实上，谐谑曲本身（也就是外部部分）选自柴科夫斯基在音乐学院最后一年创作的钢琴奏鸣曲，但它作为管弦作品要更好听。新创作的三声中段是一曲圆舞曲。柴科夫斯基在芭蕾音乐，特别是其中典型华丽圆舞曲上的天赋，是举世无双的。这是他第一次正式涉足舞曲，他能够毫不费力地扩展他的旋律使其丰富多变，并将高潮构建为赋予旋律形态的突出段落，让圆舞曲足以与其交响语境相称；而接下来，柴科夫斯基开始别出心裁地引入构成谐谑曲本身的小型节奏方阵，这样一来，他就能几乎不间断地按照预期重回那一部分的反复段以结束这一乐章。但也不完全如此，因为还出现了另一个意料之外但又非常令人满意的补充：当定音鼓继续重复谐谑曲那无处不在的节奏音型时，圆舞曲的主旋律先悄悄溜到弦乐上，然后又轻轻地让注意力回到谐谑曲的主题上。这一切出自一位技巧高超的作曲家之手。

终乐章缓慢的引子基于一首俄罗斯民歌，由小提琴（在多次欲隐欲现之后）奏出。音乐重返乐章初始时的犹豫不决后，出现了一个强有力的渐强，节奏随之加快——一条坚定的旋律（主部主题）喷薄而出。接下来突然发生了变化——基于同一旋律的赋格段（fugato）[1] 引出了副部主题——原来是引子中的民歌，但它现在不

33

---

1. 关于赋格（以及赋格段）的描述，参见附录一。

再充满忧思，而是热情洋溢。如果一切都按照开始时那样继续下去就好了。但这一乐章揭露了柴科夫斯基在创作终乐章方面的经验不足，他无法自信地为多乐章作品呈现最后的高潮。出于某种原因，柴科夫斯基决定在主部主题的基础之上，把中间的展开部构建为一个充分发展的赋格，音乐由此在节奏上变得沉闷。尾声虽充满活力，但非常嘈杂且夸张。

如果这部交响曲的前两个乐章没有给人留下如此深刻的印象的话，终乐章的缺陷也就不会那么明显了。柴科夫斯基并没有失去对整部作品的自豪感，因为他在1874年对它进行了修订，而且在1883年仍然写道："虽然它在许多方面不够成熟，但它在根本上比我其他许多更成熟的作品都更有内容，更好。"他的第一交响曲现在终于得以偶尔上演，它显然值得被我们听到。

5

第一部歌剧：
巴拉基列夫登场

　　柴科夫斯基会在莫斯科度过约十二年的时光，只在 1877 年秋天，他灾难性的婚姻结束后的一段日子里离开过这座城市。在此期间，他会源源不断创作出牢牢确立他在俄罗斯的地位，并开始让他的名声享誉世界的作品。为了增加收入，他开始从事音乐评论工作，展现自己是个非常称职的作家和颇具洞察力的鉴赏者。当面对不舞之鹤时，他能够发出猛烈抨击，评论一位歌唱家"一会儿用她洪亮的嗓音发出好似猫头鹰般的高声尖叫，一会儿又发出低沉的，几乎接近男低音的声音让你毛骨悚然。所有这些都与乐队合不上拍，严重跑调，疯狂又古怪"，但也有足够的客观性去称赞音乐中的积极品质，即使音乐对他个人并没有什么吸引力。其他作品似乎只是让他困惑，就像过去和现在的许多作曲家一样，他也有盲点。贝多芬震慑住了他，但并不是因为，好比他在《第九交响曲》中用以展现席勒《欢乐颂》中炽热的理想主义的那股不可抗拒的力量；相反，柴科夫斯基听到的是"一个伟大的创作天才不可挽回地失去了对幸福的信心，发出了绝望的呐喊，他为了一个不切实际的梦想世界，一个无法实现的理想王国而放弃了生命"。他在法国音乐中找到了无尽的快乐（当然，他自己就是四分之一个法国人），1875年他第一次听到了比才的《卡门》，这将成为继莫扎特的《唐璜》之后他心中最伟大的歌剧。

　　柴科夫斯基私下里喜爱阅读。他一生都是个如饥似渴的读者，

36

而且不仅限于读俄罗斯作家作品，他对法国小说也像对法国音乐一样着迷。阅读英语作家作品不像读法语作品那样不存在语言障碍，但一些作家，如萨克雷[1]、乔治·艾略特[2]，尤其是狄更斯（早年在莫斯科时他酷爱《匹克威克外传》）的俄语译本给他留下了深刻印象，这说服他努力学习英语以便能够阅读原著。至于本土作家，他像所有俄罗斯人一样，将自己最特殊的崇拜之情留给了他们最伟大的诗人普希金，他最优秀的四部歌剧中有三部是根据普希金的作品创作的。但是托尔斯泰、屠格涅夫、陀思妥耶夫斯基和果戈理同样是他的最爱。他晚年常常在一天结束时带着一本书和红酒回到卧室，一直读到凌晨。

除了《第一交响曲》，我们无需过多留意柴科夫斯基在莫斯科前三年创作的其他作品。显然他已经决定通过挑战 19 世纪中期最主要的两种音乐形式——交响乐和歌剧，来开启自己的作曲家生涯。在 1866 年的大部分时间里，他都将精力投入了前者当中，但在秋天被《丹麦节日序曲》所打断。这一委约完成后，他又把目光投向了交响曲之外，"悄悄地开始着手创作一部歌剧，奥斯特洛夫斯基本人有望根据他的戏剧《司令官》为我写一个脚本"，他向弟弟阿纳托利透露。这是一部情节剧，讲述了一个这样的故事：一个残暴的老司令官先后迷恋上了两个年轻女子（其中一个已经结了婚）并将她们监禁了起来，二人各自的伴侣在第一次合伙营救中遭遇了重重阻挠，但一个顶替司令官的人突然出现碰巧解了围，最后皆大欢喜。

正如 D. S. 米尔斯基所指出的，亚历山大·奥斯特洛夫斯基的近五十部戏剧"良莠不齐，但总体而言，无疑是俄语戏剧中最杰出的构成部分"[3]，这样的名家会为一个几乎不为人知的作曲家的首部

---

1. William Makepeace Thackeray（1811—1863），维多利亚时代的英国小说家，代表作《名利场》。——译者注
2. George Eliot（1819—1880），原名玛丽·安·伊万斯（Mary Ann Evans），英国作家，19世纪英语文学最有影响力的小说家之一。——译者注
3. D. S. Mirsky, *A History of Russian Literature*（London, 1968），p.39.

歌剧提供脚本，听起来实在令人难以置信。然而，不到三个月第一幕的脚本就被送来了——这无疑是柴科夫斯基给莫斯科的创作群体留下深刻印象的标志。《**司令官**》^{**（*）}的创作始于 1867 年 3 月，但问题很快出现了：起初的进展十分缓慢，后来柴科夫斯基又弄丢了奥斯特洛夫斯基的脚本，因而不得不厚着脸皮请求剧作家重写，后者虽然答应，但拖了很久才完成。尽管如此，柴科夫斯基还是尽最大努力继续向前推进，最终自己撰写了大部分的文本，并选取了学生时代的一些作品片段进行了改编。于 1869 年 2 月在莫斯科首演的《司令官》似乎获得了好评，因为柴科夫斯基共谢幕十五次。毫无疑问，歌剧中有一些乐段和瞬间完全符合成熟的柴科夫斯基的典型风格，但我们怀疑观众的热情更多地是出于好心，他们愿意去鼓励首次创作歌剧的前途无量的年轻作曲家，而不是出于人们听到的作品的整体质量。因为歌剧总共只演了四场，柴科夫斯基本人后来也销毁了总谱。（他去世后，这部歌剧根据残存的声乐和管弦乐分谱得到了复原。）

　　然而《司令官》并非没有留下遗产。歌剧中的大段内容将为柴科夫斯基下一部歌剧的第一幕提供大量素材，其他作品中也有乐段将出自于此。第二幕中的二重唱会在十几年后成为《1812 序曲》中宽广的弦乐旋律的基础。甚至七八年后的《天鹅湖》也会成为其受益者，歌剧第三幕的幕间曲拉开了芭蕾舞剧的最后一幕，而让歌剧中的恋人破镜重圆的凄美音乐也会让奥杰塔和齐格弗里德重聚，为芭蕾舞剧的悲剧结局做好准备。柴科夫斯基在其创作生涯早期便能写出如此凝练而富有特色的音乐，是个好兆头。

　　尽管在暑假期间逃离莫斯科已成为柴科夫斯基的惯例，但在1867 年，由于缺少长途旅行的资金，他最终不得不在爱沙尼亚海岸的哈普萨尔（现在的哈普萨鲁）与妹夫达维多夫一家共度假期。这行人中，萨莎的嫂子，薇拉·达维多娃爱上了柴科夫斯基。柴科夫斯基已经注意到了她的感情，而哈普萨尔也并非他度假之地的首选，因为他意识到薇拉的情欲是对他性取向的一种挑战。对于这些欲望，他虽努力尝试，但仍无以回报。作为一个高尚的人，他同情她，但却不知道如何温和地回应。他绝望地盼着她认清自己"根本不具备诗人气质"，然后扼杀对自己的爱意。当然，这希望渺茫，正如他会在未来两到三年发现的那样。然而，这一插曲还是带来了积极的结果——他创作了三首以《哈普萨尔的回忆》（*Souvenir de Hapsal*）为标题出版的钢琴作品，最后一首《无词歌》（*Chansons sans paroles*）*** 成为他第一首广受欢迎的作品。他将三首作品全部题献给了薇拉，她一直珍藏手稿，直至生命的最后。

38

人们常常想当然地以为，由于他性取向的不同（尤其是在他1877年灾难性的婚姻之后变得众所周知），柴科夫斯基一定是个非常忧郁，甚至不苟言笑的人。他的照片大多也无法消除这一印象。没有什么比这更离谱了，特别是他在莫斯科的那些年。当和他认识的人以及让他感到自在的人在一起时，他会变得非常好交际，而且他喜欢结伴外出就餐。在从事文职工作期间，他曾参加过业余戏剧表演，现在到了莫斯科，他有时也会禁不住诱惑重操旧业。他完全可以把一出恶作剧变成一场精心设计的好戏。索菲亚·卡什金诺娃，柴科夫斯基的密友尼古拉的女儿，回忆起了这样一件事。她的父亲和柴科夫斯基去参加化装舞会，两人打赌不能让对方认出彼此。为了伪装自己，卡什金刮掉了胡子，并认定此举足以掩盖自己的身份，而已经知道了这个秘密的朋友会将他介绍为来访的音乐家。活动开始了，而就在此时——

> 一位非常优雅、高挑的女士的出现引起了轰动。她身着一件由黑色蕾丝制成的异常奢华的多米诺（一种宽松的斗篷，带有能遮住上半张脸的小面具），佩戴钻石，手拿一把我相信是用鸵鸟羽毛制成的扇子。当她开始大模大样地挽着男伴的胳膊四处走动时，许多人认出了这件多米诺的独一无二，它是按照一位富有的莫斯科女士的要求量身定制的。这位女士的丈夫也

在舞会上，他尴尬极了。他的朋友们提醒他当心夫人来了——她早些时候说身体不适，不会参加化装舞会，所以他已经开始和某个女演员调起了情。他赶忙让自己脱身，把女伴交给了其他人，而这位麻烦制造者则继续平静地走过正在愉快交谈的舞者和客人们，有好几次她都路过了正在桌前和他人交谈的卡什金——当她转过身去突然看见卡什金时，她停了下来，用力拍了拍自己的脑门儿，喊道："白痴！他当然会刮掉胡子！"

这位"女士"认出了我爸爸，其他人也通过这标志性的动作认出了柴科夫斯基。他们的身份暴露了，引得所有人哄堂大笑。

现在要打断一下主叙事，因为我们要去东边 250 英里以外的下诺夫哥罗德，并在此让时光稍稍倒流。未来的作曲家，米利·巴拉基列夫，于 1837 年在这个城市出生，虽然只比柴科夫斯基大三岁，但他将对柴科夫斯基的创作生涯和音乐产生强大的影响。巴拉基列夫小时候学过钢琴，但更重要的是他与当地教师卡尔·艾斯里希的接触，后者是当地剧院管弦乐队的指挥。该乐队曾在亚历山大·乌里比舍夫家中的晚会上演奏，亚历山大·乌里比舍夫是一位音乐作家，因撰写了三卷本的莫扎特传记而闻名。在这些活动中，巴拉基列夫成了艾斯里希的助手，协助演奏室内乐，甚至指挥贝多芬的交响曲。他通过乌里比舍夫的藏书，学习了各种有关音乐风格和作曲技法的知识，凭借出色的记忆力将它们全部印在了脑海里，用于自己之后的创作当中。16 岁时，巴拉基列夫进入喀山大学学习数学，但两年后，在 1855 年，乌里比舍夫带他去了圣彼得堡，在那儿他遇到了格林卡，巴拉基列夫给后者留下了深刻的印象。"我从未遇到与我对音乐的观点如此接近的人。有朝一日他会成为第二个格林卡，"这位俄罗斯音乐元老告诉他的妹妹柳德米拉·谢斯塔科娃，并让妹妹将她小女儿的音乐教育托付给巴拉基列夫。

两年后格林卡去世，年仅 20 岁的巴拉基列夫继承了他的衣钵。

他丝毫没有浪费时间。他已经遇到了塞扎尔·居伊，一个大他一岁的防御工事工程师（他大肆地抨击了柴科夫斯基的毕业作品康塔塔），还在1857年年底招募了一名18岁的军官，莫杰斯特·穆索尔斯基。从这两个人开始，巴拉基列夫开始在自己身边聚集了一群充满热情的音乐爱好者，并提议把他们都变成一流的作曲家。此时的俄罗斯仍然没有音乐创作方面的教科书——如前所述，第一本此类教材会由柴科夫斯基在1871年撰写。巴拉基列夫主要通过演奏和分析西方主要作曲家作品的钢琴二重奏缩谱来教学，然后把他的"学生们"送去尝试创作这样的作品。很快又有两名成员加入了这个群体：1861年，17岁的海军学员，尼古拉·里姆斯基-科萨科夫；第二年，会成为俄罗斯最杰出的科学家之一的年轻化学家，亚历山大·鲍罗廷。虽然严格上来讲，除了里姆斯基之外，其他人始终都是"业余音乐爱好者"，但他们都成长为了作曲家，其中至少有三人——穆索尔斯基、鲍罗廷和里姆斯基-科萨科夫——现被认为是19世纪非常重要的音乐人物。巴拉基列夫的催化力量显然非比寻常：很少有人能只手创造出这样一批闪耀的优秀作曲家。

　　在培养这个能创造出巨大财富的团体的过程中，同样不能忽视斯塔索夫兄弟、德米特里，还有（尤其是）弗拉基米尔的贡献。诚然，身为律师的德米特里曾作为创始人之一和安东·鲁宾斯坦一起建立了俄罗斯音乐协会，但他的观念并不片面。至于弗拉基米尔，圣彼得堡公共图书馆的高级职员，则是一个兴趣广泛且十分高产的作家。作为一切俄罗斯事物的狂热捍卫者，他给予了巴拉基列夫团体不懈的精神支持，称他们为"伟大的少数"（moguchaya kuchka）[1]，并向他们提供了创作的构思与灵感。例如，如果没有弗拉基米尔·斯塔索夫，我们就不会有鲍罗廷的歌剧《伊戈尔王子》、穆索尔斯基的《霍万兴那》，也不会有柴科夫斯基的交响幻想曲《暴风雨》或他的《曼弗雷德交响曲》。

---

1. 也称五人团或强力集团，又称五人乐派、俄国五人组。——译者注

　　但"五人团"绝不是巴拉基列夫唯一的事业。由于担心新成立的俄罗斯音乐协会的项目可能会带来越来越多非常保守的西方音乐影响，巴拉基列夫在1862年成立了免费音乐学校（FMS），无偿提供作曲课程，并举办了一系列音乐会介绍最新的西方音乐，其中以舒曼、柏辽兹和李斯特等作曲家为主，还包括了如"五人团"所代表的俄罗斯年轻一代作曲家的作品。沙皇太子尼古拉同意提供皇室赞助，从而平衡了叶莲娜·帕夫洛夫娜大公夫人对于俄罗斯音乐协会的声望。

　　所有这一切都发生在柴科夫斯基还是名文职公务员，随后又在俄罗斯音乐协会就读期间。但是他在音乐学院的这些年里，免费音乐学校得到了蓬勃发展，当1867年鲁宾斯坦辞去俄罗斯音乐协会音乐会总监一职时，巴拉基列夫获邀接替了他，并在一年后接管了免费音乐学校。就这样，这位不知疲倦的活动家，不过才刚刚30岁，就成为歌剧院之外圣彼得堡音乐界最强大的一股力量。我们对柴科夫斯基如何看待所有这些发展一无所知，但在1868年1月，柏辽兹作为指挥家第二次访问俄罗斯时，他肯定遇到了弗拉基米尔·斯塔索夫。这位伟大的法国作曲家现在年老体弱，虽然柴科夫斯基对柏辽兹音乐的某些方面持强烈保留态度，但他仰慕柏辽兹，并被他为艺术不屈不挠的奋斗精神所深深打动。在音乐学院的一次晚宴上，他向这位他会崇拜一生的客人致以了衷心的敬意。接下来，紧随斯塔索夫的脚步，巴拉基列夫也登场了。对柴科夫斯基来说，这将是他自六年前拜师安东·鲁宾斯坦门下以来最重要的一次相遇，因为在接下来的两年里，巴拉基列夫会成为他创作生涯中最重要的因素。

走近古典音乐以及一些提示

　　创造性艺术有三个公认的分支：视觉艺术、文学艺术和音乐艺术，每个都有其独特的沟通模式和传播速度。看到一幅画作，我们瞬间将一切尽收眼底。相比之下，阅读一本书则需要时间，但它使用的是我们已知的语言，读到最后我们已经完全掌握了它的叙事。古典音乐并非如此。它无疑是一门由特殊的素材（旋律、节奏与和弦）、高度复杂的语法（和声、调性）和丰富的结构（赋格、交响曲等）组成的语言。但就算我们对这些一无所知，我们还是可以欣赏，甚至深深地被由这些素材创作出的作品所感动。的确，我们有时会知道自己已经凭借本能**理解**了所听到的东西，比如当我们听出了演奏中的错音。但这只是其中消极的一面；反过来，我们谁也无法解释一个积极的事实，即一些作品或许能对我们产生非常强大、甚至是无可抗拒的影响。从我这个作家的角度来讲，我可能会试着通过将音乐描述为"温柔的""热情的""活泼的"等等去定义音乐的性格，我希望读者们能领会我的意图。为此，我可能会指出音乐中那些能够达成这种共识并能增强读者回应的东西，但我仍然无法解释为什么听起来是这样的。对于理解而言，没有魔法，也没有捷径。

　　我真正想说的是，清楚地了解一部完整的作品并体会其全部冲击力的唯一方法是去聆听它，而且至少听上几次直到它开始变得熟悉。这样你才能保留对它的某种记忆，对它的各个部分有所把握，并且记住它是如何被呈现出来的。音乐需要时间（也许还需要一些耐心），在聆听的过程中，我希望你能从我所写的内容中找到一些有用的建议（如果你不能全部理解也不必担心）。然后如果你已经听够了一首曲子，那就休息一下，但试着找个时间回过头去重听。我可以凭经验告诉你，放松过后焕然一新的耳朵不仅能更好地欣赏已经熟悉的曲子，还能发现之前从未注意到的东西。

　　顺便说一句，乐迷还有个额外的好处是美术爱好者和书虫所不具备的。美术爱好者只能想象他所看到的，书虫只能回忆他所读到的，但乐迷可以重新创造他所听到的：他至少可以用口哨把旋律吹出来！

6

中止的婚约：
《罗密欧与朱丽叶》

1868 年 4 月初，柴科夫斯基访问了圣彼得堡。他早已就自己的《性格舞》开始了与巴拉基列夫的书信往来，巴拉基列夫希望将这部作品列入他的一场音乐会中。现在柴科夫斯基将总谱寄了过去，同时恳求"一句鼓励的话"，这一要求让巴拉基列夫给出了如下回应，其中夹杂着柴科夫斯基日后会非常熟悉的那种恭敬与专断之词：

> 关于"鼓励"这个词，我认为，就你而言，不仅欠妥，还不诚实。鼓励只适用于学习艺术的小孩子，而从你的乐谱上，我看到你在配器和技术方面都是一个羽翼丰满的艺术家，只适用于严厉的批评，而不是鼓励。等我们见面，我将非常乐意把我的意见告诉你。当我们同在莫斯科时，如果能在钢琴上完整演奏一遍然后一小节一小节地研究它可能会更好。我们不要以批评代替热烈的讨论！

巴拉基列夫原本想对作品进行的全面剖析最终是否实现我们无从知晓，但那毫无疑问会是一次富有挑战的经历。柴科夫斯基与"五人团"其他成员的初次相遇振奋人心，他们对他的态度也热情友好。

当柴科夫斯基再次遇到薇拉·达维多娃时，气氛完全不同。柴科夫斯基显然说了些点燃她希望的话，让她认为他可能很快就会屈服，之后他后悔极了。然而奇怪的是，刚巧就在这时另一个女人走进了他的生活，而看似毫无可能的事情——婚姻，竟然被提上了日程。

比利时女高音德西雷·阿尔图，32 岁，特别是作为一名歌剧演员已在欧洲享有盛誉。1868 年 4 月，她随一家意大利歌剧团来到莫斯科，到秋天剧团回国时已引起了极大的轰动。柴科夫斯基与她相识，二人关系迅速发展。"我和阿尔图相处得非常好，我对她产生了极为强烈的好感，"他向阿纳托利记述道，"我几乎从没遇到过这样一个讨人喜欢、聪明、通情达理的女人。"11 月，他为她献上了一首为钢琴而作的《F 小调浪漫曲》，op.5 ** 以证实自己的爱慕之情。

柴科夫斯基现在第一次（显然也是最后一次）与一个女人陷入到了一段关系当中，这里他的性欲似乎被触动了。然而，人们始终怀疑，真正让他痴迷的是阿尔图诠释歌剧女主角的非凡天赋，而不是这个女人本身。不管究竟如何，事实是他们很快就讨论要在次年夏天结婚。然而，问题很快出现了：阿尔图不准备放弃自己的事业，而柴科夫斯基的朋友们在尼古拉·鲁宾斯坦的带领下强烈反对这门婚事，认为他会依附于她，变成一只跟在她身后百依百顺的卷毛狗。他们大可不必担心。到了第二年 1 月初，阿尔图早就去了华沙，并且很快嫁给了一个西班牙男中音！尼古拉·鲁宾斯坦把这个消息告诉了柴科夫斯基，丝毫没有掩饰他的如释重负。至于被抛弃的新郎，正如当时在场的一位朋友所转述的，"他一句话也没说，只是脸色苍白地走了出去。几天后，他就像什么都没发生过一样。他再次放松下来，自在安适，世界上只有一件事需要考虑——他的工作"。

快到年底的时候，柴科夫斯基不得不再次与阿尔图见面，当时她回到莫斯科上演奥伯的歌剧《黑色多米诺》，其中含有柴科夫斯基受委托所写的宣叙调[1]。他发现自己的感情非常矛盾："这个女人深

---

1. Daniel Auber（1782—1871），法国作曲家，曾任巴黎音乐学院院长。《黑色多米诺》（*Le domino noir*）是一部喜歌剧，也是奥伯最成功的作品。柴科夫斯基受委托创作的四段宣叙调似乎在他生前从未用于公开演出，但现收录于理查德·波宁吉（Richard Bonynge）指挥的歌剧录音当中。——译者注

深地伤害了我，然而一种难以言喻的同情心让我被她所吸引，以至于我开始狂躁不安地等待她的到来。我好苦啊！尽管如此，这感觉并不是爱。"她对他的控制会持续下去，当她一个月后重返莫斯科，在古诺的《浮士德》中饰演玛格丽特一角时，卡什金记起当她出现在舞台上的那一刻时，"柴科夫斯基把自己藏在了他的望远镜后面，直到演出结束才把它从眼睛上拿开，估计他什么也没看见，因为他似乎没有注意到自己一直在望远镜后流泪"。不过尽管目前二人的关系肯定已经结束了，但十八年后他们会再次相遇，并带来至今仍可供我们享受的硕果。

柴科夫斯基于 10 月开始并在 12 月完成了一部大型管弦乐作品，其间正好在与阿尔图谈情说爱，这可能会激起我们的兴趣去推测这部作品是否是对这段恋情的一次啼笑皆非的评论，但没有证据表明他的**交响诗《命运》****（*）是根据任何**音乐大纲**[1]创作的。第二年年初，当尼古拉·鲁宾斯坦在莫斯科指挥这首曲子时，柴科夫斯基起初对它非常满意，但它的大部分素材都平平无奇，有些甚至庸俗——但构成引子部分的各种片段结束后，弦乐上出现了一条令人满意的旋律，发展得相当不错。柴科夫斯基后来也确实在他的歌剧《禁卫兵》中为其找到了归宿。但是随着定音鼓引入了"十分快的快板"，创新性大打折扣，作品中也没有什么可辨别的结构。柴科夫斯基将《命运》献给了巴拉基列夫。但大约过了四周，巴拉基列夫在圣彼得堡指挥完首演后，私下就这部作品给柴科夫斯基写了一封猛烈但有很强针对性的批评信。

然而，以巴拉基列夫的天性并不会仅凭一部劣作就认定柴科夫斯基无所作为，所以这封不留情面的信的最后还是表达了信心：

　　我以绝对的坦诚之心给你写信，确信你不会再考虑将《命

---

1. 这里指的是相对于绝对音乐的标题音乐，原文是 programme music，即由非音乐因素激发创作而成。作曲家以描绘性的标题、大纲或提要的形式说明其含义。——译者注

运》献给我了。你的题献对我来说很珍贵，因为这标志着你对我的同情——而我也抵挡不住你的魅力。

米·巴拉基列夫——真心爱你的人。

柴科夫斯基对自己如此严苛，不至于没有领会巴拉基列夫意见背后的真实用意，所以后来销毁了《命运》的总谱。（该作品在作曲家去世后通过演奏时使用的部分乐队分谱得以复原。）如果说巴拉基列夫对柴科夫斯基创作生涯的最初影响是消极的，那么它积极的价值将在柴科夫斯基于1869年之前开始创作的另一部管弦乐作品中得到精彩体现。

但这也标志着柴科夫斯基汹涌的创造力以及他集中精力把控正在进行的创作计划的能力。与此同时，1869年1月，在等待《司令官》和《命运》的首演，以及7月在卡缅卡与萨莎和她日益壮大的家庭一起共度夏休期间，他还创作并完成了一部全新的歌剧《温蒂妮》。该剧取材自德国作家弗里德里希·德·拉·莫特·福开的短篇小说，已有现成的歌剧脚本。这样就不会出现像柴科夫斯基在《司令官》中与奥斯特洛夫斯基合作时遇到的问题了。剧情讲述了水仙女温蒂妮与一个名叫霍德布兰德的骑士相爱然后被其抛弃的故事。她自溺身亡，在霍德布兰德重燃的爱情以他的死亡而告终后，她化为了喷泉。歌剧完成后，柴科夫斯基对迟迟无法确定首演日期备感沮丧，11月他被告知作品无法在该乐季制作上演，最后才发现是因为歌剧不够好而被退了稿。和《司令官》一样，《温蒂妮》的手稿后来也被柴科夫斯基所销毁。依然和《司令官》一样，歌剧中的部分音乐同样被用在了之后的作品当中，其中最有名的当属婚礼进行曲，它为《第二交响曲》（《小俄罗斯》）的慢乐章提供了基础，而歌剧最后恋人二重唱的主题因《天鹅湖》第二幕中每位芭蕾舞迷都非常喜爱的，齐格弗里德和奥杰塔（伴有小提琴和大提琴独奏）的大双人舞而闻名于世。

8月，《温蒂妮》完成，但前途未卜。柴科夫斯基回到莫斯科，来到巴拉基列夫的家中准备好好与他商议一番。然而,根据卡什金的说法,是巴拉基列夫和柴科夫斯基有一次一起散步时,前者提出了一个管弦乐作品的创作主题。结果在 10 月 7 日,柴科夫斯基便开始着手创作最终将成为他首部杰作的作品:幻想序曲《罗密欧与朱丽叶》。

然而,正如柴科夫斯基在一周的创作后向巴拉基列夫坦白的那样,起初一切并不容易。这个向来独断专行的人的回答正在意料之中,他的干涉以及柴科夫斯基的回应为探究伟大作曲家的思维活动提供了非常生动的见解,所以值得在此投入大量篇幅展开说明。巴拉基列夫先是非常具体地描述了他是如何在自己的序曲中处理另一个莎士比亚主题《李尔王》的:

首先,读完这部戏剧之后,我非常渴望写一部序曲,但由于还没有素材,只能通过一个大纲来激发自己。我先是设计出了一个庄严的引子,然后是一些神秘的东西(肯特的预言)。随着引子渐行渐远,一个暴风雨般的、充满激情的快板开始了。这就是李尔王本人,虽已无冕,但仍是雄狮。里根和高纳里尔的角色也起到了插段的作用,最后安静温柔的副部主题则象征着考狄利娅。接下来是展开部(风暴,李尔和荒野上的傻瓜),然后是快板的再现。里根和高纳里尔最终战胜了他,序曲最后逐渐减弱直至结束(李尔趴在考狄利娅的身上)。接下来是肯特预言的反复,预言已经应验,剩下平静、庄严的死亡。我要告诉你,起初就算有了这个大纲,我的脑子里还是没有什么构思——但后来,想法如约而至,并刚好嵌入我所创造的框架之中。如果你能用一个计划激发起自己的创作欲,我认为这也会发生在你身上。穿好套鞋带上拐杖,沿着林荫大道去散步,我相信在你到达斯列登斯基[1]之前,已经能想出一些主

48

1. 莫斯科地名。——译者注

题，或者至少一些片段了。此时此刻，当我想起你和你的序曲时，不知怎的我不由自主地感到非常激动，我认为你的序曲必须直接以一个激烈的快板开始，就像这样刀光剑影（这里巴拉基列夫匆匆写下了四个小节的有力音乐）。如果是我在创作这部序曲，在萌生了这一灵感后，我会让它继续潜伏——或者，更确切地说，把灵感带到我的大脑深处，这样一来像这样一般富有生命力又切实可行的东西就诞生了。

巴拉基列夫忍不住对这个问题进行进一步的探讨，提出了调性安排。这个策略奏效了，因为 11 月 9 日柴科夫斯基回复道：

我的序曲进展得很快。大部分的框架都写好了，当它横空出世时你会看到，不管它是什么样子，大部分你所建议的内容我都按照你的指示执行了。首先，这结构是你的：描绘修士的引子，世仇（快板）和爱情（副部主题）。其次，调性也是你的：E 大调的引子，B 小调的快板，降 D 大调的第二主题（其实是两个主题）。

不出所料，巴拉基列夫迫不及待地想看看柴科夫斯基到底写了什么，并承诺在整部作品完成之前不发表任何评论。柴科夫斯基仅有限地作出了回应，而这是明智的，因为即使只有四个主题，他的圣彼得堡导师也忍不住立刻发表了评论：

因为它已经完成了，我认为我可以坦率地就你发给我的主题给出我的意见。开篇主题完全不对我的胃口。也许当它正式完成时，它能达到某种程度上的美感，但以你不加修饰地将它寄给我时的样子来说，它既没有传达美也没有传达力量，甚至没有按照要求描绘劳伦斯修士的性格。这里应该是一个李斯特式的众赞歌，带有古老的天主教色彩。但相反，你的 E 大调旋律完全是不一样的味道——像小资产阶级音乐天才海顿笔下的四重奏主题，激发出了对啤酒的强烈渴望。至于你的 B 小调主题（世仇音乐），它不是一个主题，而是一个非常优美的主题引子，在 C 大调四处乱闯之后，肯定需要一个强烈、充满活力的旋律乐思。我想它就在那儿。降 D 大调第二主题很美，虽然有点熟过头了，但是第一条降 D 调旋律简直太美妙了。我经常弹奏它，真想为此而亲吻你。这里有柔情和爱的甜蜜。当我演奏时（这里巴拉基列夫写下了宽广的爱情主题以及二音音型的"叹息"圆号伴奏），我想象你赤身裸体躺在浴缸里，而阿尔图-帕迪亚正亲自用香皂的热泡沫帮你洗肚子。对于主题我只有一点不满意：当中没有什么内在的、精神上的爱，只有一种充满激情的肉体上的慵懒（甚至带有一丝意大利色彩）——而罗密欧与朱丽叶显然不是一对波斯恋人，他们是欧洲人。

1870 年 3 月，尼古拉·鲁宾斯坦在莫斯科指挥了《罗密欧与朱丽叶》的首演。读到了总谱的巴拉基列夫写到了"五人团"对这部作品的激动之情，以及"每个人都非常喜爱你的降 D 调部分【爱情主题】"，包括弗拉基米尔·斯塔索夫，他说："过去你们有五个人，现在有六个！但开头和结尾要受到强烈的批评，并且需要重写。"然而，五人团对这部作品的热情是如此之高，以至于他们见面时，巴拉基列夫总被大家要求在钢琴上将它完整演奏，他已经掌握了背谱演奏这部作品的本事。

柴科夫斯基本人对他的新作同样保持着模棱两可的态度，而在 1870 年夏天，他对音乐进行了大规模的修订，舍弃了整个慢板引子，取而代之的是以圣赞歌式的乐思（现为升 F 小调）为作品开篇，这完全符合了巴拉基列夫的要求。其他很多内容也被替换掉了，包括几乎整个尾声。1880 年，一次决定性的、不那么极端的修订成就了这部作品最终完美的样子。

幻想序曲《罗密欧与朱丽叶》*****

【不熟悉古典音乐的读者应该由此开始探索柴科夫斯基的作品。虽然这显然是一部高度描述性的作品，但柴科夫斯基游刃有余地以奏鸣曲式（关于奏鸣曲式，参见附录一）创作，听到最后，它的各个部分应该不会特别难以辨识。然而，最重要的是，《罗密欧与朱丽叶》是一部异常生动且极富音乐性的作品——从各方面来看都是柴科夫斯基最伟大的作品之一。这首曲子不仅非常迷人，同时也非常丰富，所以如果你是古典音乐（相对的）新手，不要试图一口气探个究竟——除非，你对它一耳钟情。古典音乐通常富有千变万化的细节，以至于你可能需要听上几次才能真正开始熟悉一首曲子，而即便在此之后，更进一步的聆听仍能展露新的宝藏。你当然可以简单地把整首曲子多播放几遍，直到觉得适应它为止，但我建议你采取以下方法：

1. 听完整曲，或者至少听完大部分。要有耐心，作品很长（大约 20 分钟），但不要担心无法理解它（或者持续保持集中的注意力）。可能有一些细节已经打动了你。

2. 现在通读下面三段文字。第三段介绍了作品的慢板引子（6 分钟左右）。听听看，试着找出我所描述的一些内容。待世仇音乐（嘈杂暴力）开始时按下暂停。如果你认为这有帮助，回过头去再听一遍，第一次错过的东西现在可能开始变得明显清晰了。】

《罗密欧与朱丽叶》是一部伟大的杰作，同时又体现了非常典型的成熟期的柴科夫斯基风格。不像本书中涉及的其他作品因碍于篇幅有限而无法展开，它值得更深入地仔细研究。和巴拉基列夫的《李尔王》一样，柴科夫斯基的《罗密欧与朱丽叶》同样采用奏鸣曲式。看上去或许有些奇怪的是，当作曲家将一部舞台戏剧转化为音乐时，会选择这样一种曲式，其中已预先设定好的音乐发展走向很难与戏剧中的叙事形成合理的呼应。但音乐本身的意义就在于（也就是不同于歌剧，音乐与文本与舞台上的剧情紧紧捆绑在一起）它可以专注于戏剧的精髓。更准确地说，一方面，音乐能够聚焦于主要人物的性格和情感回应是如何创造出剧中一系列的事件；另一方面，音乐可以通过生动的投射或是情绪让人们联想到人物当下的行为和反应所处的语境。事实上，虽然音乐能唤起听众对人物所身处的标志性事件（在这里，例如蒙太古与卡普莱特两家族间的冲突）的某种想象，但我们几乎无法从柴科夫斯基的音乐中了解莎士比亚原作中的具体故事情节，只知道最后是以悲剧收场。相反，柴科夫斯基将戏剧中两股对抗的力量（一边是罗密欧与朱丽叶的爱情，一边是两大家族之间的仇恨）提炼为对比强烈的两种不同音乐。接下来，柴科夫斯基用音乐的语言，对两个充满激情的世界以及冲突所造成的人为后果进行了更深层次的剖析。

但故事中还有第三个要素：劳伦斯神父——他的作用非常不同。他是成就爱情的积极分子，却置身于核心冲突之外。但必须在音乐中清晰地示意这个人物的存在，所以他被赋予了属于他自己的音乐标志——开篇处庄严如圣咏般的主题暗示着他的神职身份，甚至当后来我们听到他绝望且徒劳地想要平抚和隔开交战的两家族时，主题也始终保持着稳定。

《罗密欧与朱丽叶》缓慢的引子是如此丰富，仅凭其自身就是一个非常有分量的乐段。正如已经提到过的，最初庄严的主题介绍了劳伦斯神父一角，紧随其后的弦乐或暗示着压抑的不安，而接下来，充斥着持续不和谐音的渐强先将它强化，然后又融入了庄严的、由竖琴所装点的主题。柴科夫斯基将这一切重复了一遍，但重新配了器并以不同的调性开始。这段结束后，音乐的动态告别了引子中那种不稳定的平静。之后弦乐再次响起，这一次非常紧急，并伴随着一个强有力的渐强，当再次被听到时又像之前一样安静，仿佛劳伦斯神父想要回归属于他那个世界的稳定。但事情并不会如此。一个和弦先是非常安静，随后又以越来越大的力量和动力不断被反复，之后"明确的快板"（Allegro giusto）斗争主题（主部主题，标志着呈示部的开始）从中喷薄而出。

现在从斗争主题开始研究下一乐段（不过还是那句话，也许可以看看附录一中奏鸣曲式的图解）。我建议先听完整个呈示部（约5分钟），然后用下面的评论帮助你再重新听一次。还是那句话，如果你觉得有帮助的话，那就再听一遍。

在我们刚刚听到的作品的引子当中，我感觉柴科夫斯基可能确实在构思着将故事一步步展开的过程，但是情感上的，而非具象的。而"喷薄而出"无疑符合现在出现的斗争主题。主部主题的时长足以清楚地表现家族恩怨中那难以平息的攻击性。然后接下来逐渐趋于平缓的过渡段让我们做好准备以迎接即将到来的新音乐（副部主题）中全然不同的情绪和气氛：温暖、安全、平静和安心。我们从冲突的战场穿越到了爱情的密室（或阳台？）。

这是副部主题，而从两个对比强烈的主题中构建新的主题会成为柴科夫斯基的惯用技法。《罗密欧与朱丽叶》为此开创了先例。无论如何，在此讨论这组主题的一个原因，是为一个单一主题所能引发的最深刻的人类体验提供更广阔的视角。然而，这种双重性也提出了一个问题：我们是否应该将这两个主题听作是相辅相成的？第一个广阔、热情，传递着爱的温暖和力量，第二个（轻柔的弦乐）亲密、细腻，呼吸着爱的柔情和温存。又或者，它们是否实际上分别代表着这对恋人，第一个是罗密欧，充满了阳刚而温柔的热忱，第二个是朱丽叶和她的爱慕之情。后一种假设会从再现部中在主题的处理方式上获得一些依据，此处主题的顺序被颠倒了，这在一部交响作品中并不常见，极度紧张不安的女性主题率先出现，男性主题则以一种意想不到的广度和力量延展开来，这可能展现了罗密欧在捍卫爱情时的坚定不移，直到他最终被击垮。然而在莎士比亚的作品中，他并非死于暴力。因此，对于这个开放性的问题我们每个人都可以给出自己的答案。

　　展开部相对较短（约 2 分钟），它一头栽进了再现部（斗争主题在此重现）。由于作品的主题现在变得越来越熟悉，最好还是把再现部听完（也就是到最后一段［尾声］之前的寂静——再有约 4 分钟）。然后像之前一样，借用评论把这一切再重复听一遍。

　　副部主题充分展现了这对恋人和劳伦斯神父，呈示部的结尾非常迷人，加了弱音器的弦乐柔和美丽，低沉的木管守护着轻轻摇荡的竖琴音型和简短的渐行渐远的英国管乐句。现在该由展开部来呈现戏剧的第一阶段了。此处，剧情显然围绕着神父和两个家族展开，在一开始此起彼伏的异议声中，我们听到了神父的声音。慢慢地嘈杂声愈演愈烈，丝毫没有减弱的意思，神父最后两次绝望的恳求（他的小号主题）都无济于事，混乱一直蔓延到了再现部，由出现在呈示部中的斗争主题依照原样所引出，只不过这里被削短了许多。随即而来的是爱情音乐（副部主题），但现在先由第二爱情主题（朱丽叶的？）呈现，这次不再是温柔的狂喜，而是绝望的不安。

　　无论过去柴科夫斯基遭受过怎样的批评，从来没有评论家质疑过他在旋律上的天赋。如果还有谁心存疑虑，那么他应该感受一下柴科夫斯基对将继续主导再现部的广阔的爱情主题的驾驭。在第一版中，它已经占据了足够大的空间，但是在 1870 年的修订版中，柴科夫斯基在表现范围和持续时间上都进行了极大的扩展。我们很容易找到修订版的起始点——也就是喷薄而出的旋律突然柔和下来的地方，主题先是落在了大提琴，然后继续高声前行，不料遇到了斗争音乐，在与它厮杀扭打的过程中主题很快占据了优势。这就是劳伦斯神父试图干预但没有成功的地方。最终灾难性的悲剧体现在作品最残酷和暴力的高潮，而从中流出的一条下行旋律线先是坠落至乐队的低声部，然后在定音鼓短暂但猛烈的爆发后终于断了气。

　　只剩下尾声了。重复与之前相同的两步步骤。

　　这样的混乱之后，（我想）连寂静都会变得有说服力，这两个家族被他们亲手造成的一切震惊了。但接下来，伴随着暗示葬礼进行曲的低沉的鼓声节奏，一条扭曲的旋律线现在被赋予了节奏重新开始——甚至在定音鼓爆发之前，我们可以听出它其实是破碎、残缺的爱情主题，真是精彩。木管和圆号安静如圣歌般的主题大概象征着劳伦斯神父对悲剧恋人的祝福，然后是广阔的爱情主题的开头，它原本的性格得以恢复，威严从容地压制住了暗中潜伏的有力下行低音。这对似乎被神化了的恋人为作品添上了最后恰到好处的一笔，六个无情的和弦过后，柴科夫斯基最伟大的杰作之一结束了。

【接下来书中对其他作品的探索都不会像《罗密欧与朱丽叶》这样伴有明确的听音指南。然而，我希望了解掌握这部作品的经历能帮助你决定我的欣赏方法中哪些对你最有用（可能你并没找到什么有用的东西：毕竟我们都按照自己的方式去听音乐），这样一来你就可以开始建立／寻找适合带你进入一部古典音乐作品并从中获得最佳效果的方法。】

7

《第一弦乐四重奏》与《禁卫兵》

　　《罗密欧与朱丽叶》无疑是一部杰作，但还要过些年后，它才会像今天这样广为流传——想必这提醒了我们，那些我们最初可能不感兴趣，甚至抵触的作品，日后可能不仅会被我们所接受，还能赢得我们的喜爱。尽管如此，但事实上，柴科夫斯基最初声誉的确立还是依靠于他一些篇幅较短，例如可在家中演奏，或者由一位或几位演奏家在音乐会上演奏的作品。钢琴作品和歌曲在这里非常重要。关于前者，我们已经注意到了柴科夫斯基迅速大获成功的《无词歌》，也就是《哈普萨尔的回忆》三首中的最后一首。如果他要创作一套作品，那么其中通常会包括六首曲目。（身为爱狗人士的柴科夫斯基曾开玩笑说，这是因为他曾经拥有过一条母狗，它每次一窝都下六只小狗崽。）1869 年 12 月，随着《罗密欧与朱丽叶》第一版的完成，他开始创作他的第一套六首歌曲，其中最后一首很快大范围流行起来，直至今日仍是他该类型音乐最著名的代表作。在俄罗斯之外，迟至 1943 年，威尔士小说家、剧作家理查德·卢埃林（因其戏剧《青山翠谷》而闻名）将**歌曲**的英文译名《**只有那孤独的心**》***（*）用作了小说的标题。一年后，标题又被用于一部由加里·格兰特和埃塞尔·巴里摩尔主演的电影（同时歌曲还给电影提供了主题音乐）。[1] 不像许多伟大作曲家的流行作品在纯粹的音

---

1. 这部电影是于 1944 年上映的《寂寞芳心》，讲述了年轻的伦敦流浪汉回到家中，改头换面，帮助身患绝症的母亲经营小店的故事。——译者注

乐质量上差强人意，《只有那孤独的心》是作曲家创作的最优秀的歌曲之一。歌曲的俄语文本译自歌德《威廉·麦斯特的学徒岁月》中迷孃四首歌的其中一首。（奇怪的是，柴科夫斯基使用的俄语译本《列夫·梅》，将其变成了一首男人的歌。）年轻的迷孃在与心爱之人分离时唱起的痛苦哀叹早就令早期的作曲家心驰神往——贝多芬曾四次为其谱曲，舒伯特则不少于六次。尽管柴科夫斯基的处理截然不同，但事实证明它在形式和旋律上都不甚完美。《只有那孤独的心》是一首精致的小体量杰作。

　　柴科夫斯基在这一时期的私人生活有着一定的压力。在创作这些歌曲期间，薇拉再次现身莫斯科，她对柴科夫斯基的激情还未褪去。与此同时，阿尔图回到莫斯科演唱古诺的《浮士德》，薇拉及其家人与柴科夫斯基一起观看了演出，但在演出结束前便离场了。所有这些，以及3月份《罗密欧与朱丽叶》的初版在莫斯科首演时不冷不热的反响，让柴科夫斯基决定他需要好好休息一下。6月，音乐学院学期一结束，他就一路向西跑到了巴黎与他18岁的年轻朋友，弗拉基米尔·希洛夫斯基会合。他将离开三个月左右，但绝不是无所事事，他在德国巴特索登和瑞士因特拉肯的停留期间完成了对《罗密欧与朱丽叶》第一次也是最重要的一次修订。9月，重拾斗志的他回到了莫斯科，准备迎接音乐学院的新学期。

　　此时柴科夫斯基已经在莫斯科彻底安顿了下来。他建立了朋友圈子，经常获邀外出就餐，享受着有戏剧、音乐会和歌剧的丰富文化生活。第二年年初，他创作了第一部会将他的名字传遍世界的作品。到1871年，他在国内的名气大到足以让尼古拉·鲁宾斯坦提议为他举办一场作品专场音乐会。柴科夫斯基同意了。他缺钱，这样一场音乐会可能会带来些收益，但为了让音乐会真的有吸引力，它应该包含一部全新的作品。请一支管弦乐队花销太大，但由他职业音乐家朋友们组成的弦乐四重奏就可行多了。于是，柴科夫斯基在2月开始为3月底的音乐会创作了自己的《第一弦乐四重奏》。观众上座率令人满意，而俄罗斯最著名和最受尊敬的小说家之一伊凡·屠格涅夫的出席，更是为音乐会增光添彩。

"室内乐"——即（通常）为一小组器乐独奏家所作，可在空间较小的室内所演奏的音乐——在柴科夫斯基的作品中并不突出。然而，他的三首弦乐四重奏、钢琴三重奏（为小提琴、大提琴和钢琴而作）和弦乐六重奏（《佛罗伦萨的回忆》）都包含了一些非常优秀的音乐。大多数创作于18世纪末和19世纪（即古典和浪漫主义时期）的弦乐四重奏和五重奏等与同一时期的交响乐类似，通常由四个乐章组成并采用相应的音乐结构。一小组器乐演奏家在纯粹的力量和多样性上显然无法与管弦乐队相较量，但它能带来亲密性和更高层次的精致感；此外，假设能够始终对音乐抱有热情并且乐于接受新鲜事物的只有一小部分听众，那么作曲家可能会在这些听众的鼓励下创造出更微妙、更复杂，有时甚至带有个人色彩，可能还有些忏悔性质的音乐体验。

然而，在柴科夫斯基的《第一弦乐四重奏》中并没有上述最后所提到的那些品质。从其创作的环境来看，也确实不能指望什么。相反，它是一部简单直白的四乐章作品，极具魅力、活力和创造力（尤其是在节奏的灵活性方面），其中的一个乐章比其他任何作品都更能将他的名字带向世界。

D 大调第一弦乐四重奏 *****

【这是一部引人入胜的作品，仅由两把小提琴、一把中提琴和一把大提琴演奏。作品的声音相对独立且纤薄，对于很大程度上不熟悉这种音乐的读者来说，这部作品会是个很好的切入点。它完全可以被描述为写给四位独奏家的交响乐，而且它的曲式也相当简单。但就算你不准备听完全曲，也一定要听一听慢乐章，这一直是柴科夫斯基最受欢迎的曲目之一。】

　　这首四重奏的第一乐章采用了奏鸣曲式，主要构成部分之间的界限大多清晰易辨。它以一个轻柔跳动的和弦音型开始，乐器间互相传递的旋律经过句标志着过渡段的开始（这也是终乐章的一个突出特点，有助于实现作品的统一感）。副部主题是一个简单明了的新主题，装饰性的旋律线很快重新出现，并在整个呈示部反复（或者说应该反复：在录音中，反复记号常常被省略，大概是因为制作人想把两首四重奏挤在一张 CD 上）之前形成了有力的高潮。虽然展开部以未经装饰的主部主题开始，但装饰性的旋律线很快再次出现。现在它们变成了一个小的五音音阶音型，这个音型不仅主导了整个展开部，而且当再现部悄悄溜到低音声部的三个弦乐上时，它始终在第一小提琴上伴随主部主题。副部主题在适当的时候重复出现，乐章以一个热情的结尾告终。听到这里，人们恐怕会怀疑柴科夫斯基希望自己手里的是一支管弦乐队吧。

　　谐谑曲和终乐章（第三和第四乐章）显然是第一乐章的姊妹篇，它们的节奏特征都非常迷人。谐谑曲遵循了这一时期该乐章通常采用的三部曲式，大提琴缓慢的颤音引入了中央的三声中段。终乐章是奏鸣曲式，副部主题很容易辨别，也就是那些欢快的片段被重复时，背景中出现的最初由中提琴奏出的宽广绵延的旋律（呈示部的反复记号同样可以省略）。除此之外这两个乐章无需过多评述。

　　但是慢乐章，如歌的行板，可就另当别论了，这是柴科夫斯基 1869 年根据在妹妹萨莎乌克兰的家中度夏时记录下的一首民歌创作的。翻译成英语的打油诗倒是非常符合原文的文学特点，歌词如下：

> 瓦尼亚坐在沙发上，
> 酒瓶酒杯手中拿，
> 还没有斟满半杯酒，
> 就差人去请卡金卡。

民歌本身则与歌词大异其趣。事实上，它将将够十五秒，但作曲家却在这狭小的时间跨度内建立了令人难忘的个性。柴科夫斯基立即将它反复，然后又游刃有余地对它进行了扩展，先是回归到原本的曲调，然后又在大提琴上的四音拨弦持续低音上开始了他自己的主题。注意到这些内容后，真的无需对这个简单又完美的乐章做过多赘述。柴科夫斯基的同时代人显然彻底爱上了它——不仅是在俄罗斯；他还经常在国外遇到用各种乐器和器乐组合演奏的版本。这让他十分恼火，因为人们对这单一乐章的痴迷远远超过了对他其他更重要作品的兴趣。但它也确实引发了一件事，成为他一生都会铭记于心的珍贵记忆——1876 年，在一场演出中俄罗斯文学巨匠列夫·托尔斯泰就坐在他身边："我一生中从未感到如此受宠若惊，作为作曲家我从未感到如此骄傲，列夫·托尔斯泰坐在我身边，当听到我第一四重奏的《行板》时他泪流满面。"

————————

1871 年的夏天，柴科夫斯基先是在卡缅卡度过的。萨莎的家庭给彼得舅舅带来了越来越多的外甥和外甥女，孩子们可以加入适度的家庭娱乐活动中。可能就是在这一年，柴科夫斯基为他们构思了一部芭蕾舞剧。他当然创作了音乐，但也编排了舞蹈，几年后，他的一个外甥记录下了他在这一过程中所扮演的角色：

> 演出制作完全是由彼得舅舅完成的，是他编创了舞步和旋转动作，还自己把它们跳了出来，向表演者展示他对动作的要求。彼得舅舅唱着旋律时满脸通红，汗流不止的样子真是呈现出了一幅非常有趣的画面。但在孩子们的眼里，他的编舞艺术是如此完美，以至于很多年后他们还对其中的细节记忆犹新。

莫杰斯特舅舅也在家中，他饰演了王子一角，他们的大外甥女达季娅娜扮演奥杰塔——就是在这个小小的、没有任何野心的家庭娱乐中，萌生出了世界上最著名的芭蕾舞剧《天鹅湖》。事实证明，这也将是在卡缅卡制作的一系列戏剧作品中的第一部，其中还包括尼古拉·果戈理的欢乐喜剧《婚事》和莫里哀的《厌世者》[1]，彼得舅舅几乎总是同时身兼设计师、制作人和提词员。

　　从卡缅卡出发，柴科夫斯基动身前往尼济，来到了他的好友，尼古拉·康德拉捷耶夫，位于哈尔科夫西北大约八十英里外的庄园。康德拉捷耶夫是出了名的乐观，莫杰斯特认为正是凡事都看向光明的一面的能力，让他深受柴科夫斯基的喜爱。在尼济，柴科夫斯基完成了他受尤尔根松委托编写的和声教科书。9月回到莫斯科后，他终于能够摆脱尼古拉·鲁宾斯坦，搬进了自己的住处。现在他需要一个贴身仆人，于是他雇用了米哈伊尔·萨夫洛诺夫，其前任雇主，小提琴家费迪南·劳布，刚刚在柴科夫斯基《第一弦乐四重奏》的首演中担任第一小提琴。米哈伊尔十几岁的弟弟阿列克谢似乎也很快加入了自己的哥哥，当米哈伊尔和他的主人在 1876 年分道扬镳时，阿列克谢留了下来。一段持续一生的感情就这样开始了，柴科夫斯基对阿列克谢越来越依恋，当客观因素导致长时间的分离时会非常想念他（有段时间阿列克谢被征召入伍，他心烦意乱极了），非常关心他的安康，并对他极度信任。他们之间的亲密关系会引发柴科夫斯基一些亲戚深深的嫉妒，在他的遗嘱中，柴科夫斯基给阿列克谢留下了他七分之一的财产，以及家具。最后，通过出售他的遗产，这位前仆购买了柴科夫斯基在克林的最后居所，现在这里成为柴科夫斯基博物馆。阿列克谢在主人辞世三十三年后离开了这个世界，并瞒着莫杰斯特将柴科夫斯基作品的部分乐谱遗赠给了博物馆。

---

1. 果戈理的《婚事》(The Marriage) 是作者颇有特色的戏剧作品，作品通过一桩婚姻交易，反映了 19 世纪在彼得堡庸俗的社会风习，具有深刻的社会讽刺意义。《厌世者》(Le Misanthrope)，是莫里哀于 1666 年创作的一部喜剧作品。它以整个贵族社会作为讽刺对象，揭露了贵族阶级的腐朽堕落以及贵族社会内部自私虚伪、勾心斗角的情景。——译者注

对阿列克谢的慷慨遗赠表明了柴科夫斯基对仆人的感情，这也让人怀疑他们之间的关系是否单纯。柴科夫斯基在一些信件中使用的非常强烈的语气的确揭露了他对阿列克谢的关心非常强烈。波兹南斯基指出，在这一时期的俄罗斯，仆人们往往也是方便的性伴侣，那么如果柴科夫斯基真的向（显然是异性恋的）阿列克谢寻求过性满足的话，似乎也是有一定可信度的。如前所述，阿列克谢进入柴科夫斯基的生活时正值十五六岁，而十几岁的男孩儿似乎正是柴科夫斯基此时特别关注的对象。这个时期还有个叫爱德华·扎克的年轻人，1871 年他 17 岁，柴科夫斯基的哥哥尼古拉对他一直很好。柴科夫斯基也认识这个小伙子，并与他产生了感情纠葛，这从他 10 月给尼古拉的信中可以清楚地看出：

> 我请求你，老伙计，让他——甚至命令他——去莫斯科吧。这样你会让我非常快乐。我非常想念他，也担心他的未来。我担心体力劳动会扼杀他更高的抱负。但是无论发生什么，我必须要见到他。看在上帝的分上，为我安排吧！

扎克确实来到了莫斯科，也与柴科夫斯基有所交往，但两年后却自杀了。然而他并没有被忘记。十六年后，柴科夫斯基向他的日记倾诉：

61

> 我对他的记忆有多么深刻：他的声音，他的动作，尤其是他脸上不时泛出的美妙异常的神情。我想我从来没有像爱他那样爱过任何人。我的上帝，他们当时什么都不告诉我——无论我怎样安慰自己，我都对他罪孽深重！然而我爱他，我对他的记忆是神圣的。

痛苦、渴望、神秘的罪恶感，这些显然是由某一事件引发的，而这一事件很可能与同性恋恋情有关，无法磨灭的记忆全都在那里。与此同时，在 1871 年，有关柴科夫斯基与 19 岁的希洛夫斯基有染的流言蜚语已经散布开来。后者曾邀请柴科夫斯基在新年前后与他在尼斯共度近一个月的时光——但不能让任何人知道，柴科夫斯基告诉弟弟阿纳托利，"因为在莫斯科，所有人（除了鲁宾斯坦）必须认为我是要去萨莎家，请不要告诉任何人。"

事实上，在尼斯的小憩被证明是大有助益的，因为回到俄罗斯后，柴科夫斯基重新开始了他的一个重要计划：完成他从一年前便开始创作的第二部歌剧——《禁卫兵》。这也是他第一部完整保留下来的歌剧。在西方，柴科夫斯基通常不被视为是一位对歌剧非常感兴趣的作曲家。只有两部——《叶甫盖尼·奥涅金》和《黑桃皇后》——定期在俄罗斯之外的地方上演，但柴科夫斯基还写过另外八部。19 世纪后期，由于交响乐音乐会（尤其是在俄罗斯）仍旧普遍不像日后那般享有盛名且数量众多，歌剧主宰了音乐舞台，作曲家只有在歌剧院才能获得最高的声誉。柴科夫斯基总是在积极寻找潜在的歌剧题材。1870 年初，在《温蒂妮》遭到帝国剧院的拒绝后，他根据好友，植物学家谢尔盖·拉辛斯基提出的一个想法，构思了歌剧《曼陀罗》（*Mandragora*）：

> 一个求爱不得的骑士得知有一种神奇的植物，万能的曼陀罗，能助他抱得美人归。夜晚，他来到被施了魔法的花园，看到曼陀罗绽放出了花朵，骑士将它连根拔起——花朵就地变成了貌若天仙的尤物并对骑士一见倾心。她将自己变成了花童紧紧跟随在他身旁，但骑士现在爱上了另一个女人，可怜的曼陀罗又变回了原形。

柴科夫斯基实际上为《曼陀罗》的夜之花园场景创作了非常动听的花卉和昆虫合唱，但后来放弃了这个主题。拉辛斯基立即提出了另一个创意，《雷蒙·吕利》（*Raimond Lully*）：

西班牙骑士雷蒙，玩世不恭，生活放荡，以至于他心爱的唐娜·伊内兹只得跑来修道院寻求庇护。在一次教堂礼拜仪式上，雷蒙（骑着马）突然出现，赶跑了所有人，只剩下唐娜·伊内兹和他一起唱起了二重唱。歌声中他皈依基督，前往非洲成了宣教勇士，却被旧时的酒肉朋友刺中，后者发现骑士弃恶从善，心感惶恐。与此同时，唐娜·伊内兹也来到了非洲，企图通过谈判解放被囚禁的基督教徒。她碰巧路过时——雷蒙死在了她的怀里。

柴科夫斯基的弟弟，莫杰斯特，称作曲家觉得这主题"非常有趣"，但后来还是拒绝了。如果我们觉得他应该明智一些，不要为下一部歌剧选择如此高度戏剧化的主题，那么仔细想来它在情节上至少还是比前两部大有改进的。事实上，柴科夫斯基的《禁卫兵》是根据备受尊敬的俄罗斯剧作家伊凡·拉捷钦尼科夫的悲剧所改编，故事以 16 世纪伊凡大帝时代为背景。历史上，伊凡是一个残暴的统治者（同时又极端虔诚），拥有一支被称为禁卫兵的秘密警察队伍，因其暴行而臭名昭著。柴科夫斯基本人担任了脚本撰写的工作，早在 1870 年 2 月就开始了创作。一年来，进展缓慢而断断续续，尽管 1871 年 3 月那场为他举办的作品专场音乐会激发了他的创造力，但直到 1872 年 5 月一切才大功告成，但距离歌剧登上舞台还要再等两年的时间。

四幕歌剧《禁卫兵》***

【可以放心地将《禁卫兵》推荐给那些喜欢强劲的故事情节和高度戏剧性的爱乐者。需要提醒的是，不要仅凭第一幕去判断整部作品，因为里面塞满了柴科夫斯基在销毁《司令官》之前从中借来的大量音乐。歌剧迷们应该能在后面的几幕中找到很多可享受的东

西：这里有一些非常动听，有时非常感人的音乐。对此不感兴趣的读者请前往第8章。】

《禁卫兵》的情节梗概如下：

第一幕。安德烈和娜塔莉亚相爱了，但娜塔莉亚的父亲哲姆丘日尼，夺去了安德烈家的财产，并要求女儿嫁给年迈的米特科夫。娜塔莉亚吓得不知所措。绝望中，安德烈向他的朋友（已经成了禁卫兵的）巴斯曼诺夫吐露，他决定加入禁卫兵，希望沙皇能为自己做主。独自一人，娜塔莉亚唱出了对安德烈的渴望。她的朋友们加入了进来，姑娘们一齐跳舞，想让娜塔莉亚高兴起来。

第二幕第一场。尽管安德烈说了很多安慰的话企图消除母亲的疑虑，但安德烈的母亲博亚里娜，仍旧担心巴斯曼诺夫会影响她的儿子。安德烈重申了他坚守高尚道德的决心。

第二幕第二场。禁卫兵在沙皇的宫殿集合。他们的指挥官，也是安德烈父亲的死敌，维亚兹明斯基，在得知沙皇将接受安德烈为禁卫兵后暴跳如雷，但同时又从中看到了复仇的机会。安德烈出场，维亚兹明斯基向这个年轻人宣读了禁卫兵的誓言，如果他有所违背，则会被处死——当安德烈发现他甚至不得不放弃他的母亲和娜塔莉亚时已经太迟了。他已经不能回头，经历了一次次可怕的怀疑后，他才最终完成了宣誓。

第三幕。在莫斯科的一个广场上，一群人悲伤地唱着自己的烦恼，母亲博亚里娜道出了她对安德烈的担忧。娜塔莉亚从父亲的家中逃了出来，现在恳求这位年长的女性保护她。哲姆丘日尼带着仆人出场，娜塔莉亚坦白了她对安德烈的爱，博亚里娜为这对恋人求情，但以失败告终。安德烈、巴斯曼诺夫和禁卫兵们冲出来营救娜塔莉亚。当安德烈向母亲博亚里娜坦白他现在是一个禁卫兵时，她大声咒骂并坚决要与他断绝关系。巴斯曼诺夫建议安德烈直接去找沙皇，以解除他禁卫兵的誓言。

第四幕。沙皇同意了这一请求，婚礼快乐地开始了，安德烈发誓他将永远效忠伊凡大帝。但他解除禁卫兵的誓言要到午夜才能奏效。娜塔莉亚仍感到十分不安，就在婚礼进行到一半的时候，消息传来了：沙皇伊凡要求见新娘——但要单独见。安德烈咒骂沙皇，然后被逮捕，维亚兹明斯基抓来了博亚里娜。透过窗户，她亲眼目睹儿子被处决，自己也当场毙命。

《禁卫兵》是不折不扣的情节剧，而不是一部真正伟大的歌剧——但也不是一部糟糕的歌剧。序曲清楚地介绍了推动歌剧的三股主要力量：具有单一集体功能的禁卫兵，以及两个主要人物——博亚里娜和她的儿子安德烈。歌剧中的每个角色都有个人主题，序曲的开头预示着一个动荡的故事即将上演，此后人们听到了象征着禁卫兵的简洁、短促的主题。当禁卫兵这个群体在第二幕第二场开始处出现时，人们会再次听到这个熟悉的主题。接下来是博亚里娜的木管主题——第二幕第一场中庄严的旋律将承载着她对宝贝儿子奉命唯谨、信守美德的劝诫（注意序曲中的禁卫兵主题立即在拨弦上低声作出了回应——对这部歌剧的核心，善恶冲突的一个微弱预兆）。紧随其后的是第三主题——在美妙的小提琴旋律的伴随下，安德烈将出场宣读禁卫兵的誓言，但却仍未意识到他即将面临的可怕困境最终会置他于死地。

第一幕是目前为止最没有说服力的，因为柴科夫斯基打算最大限度地对《司令官》中的音乐回收再利用，这一幕中约有四分之三的内容是改编自或者干脆直接照搬先前的歌剧。有些地方甚至挪用了原来的脚本，而为了顾及文本，新剧情的人物和元素不得不被扭曲，给故事本身造成严重后果。只有巴斯曼诺夫精彩的宣叙调和咏叹调（由女扮男装的女中音饰演，大概是因为巴斯曼诺夫需要看起来非常年轻），他与安德烈接下来的交谈，以及娜塔莉亚精彩的爱情独白（这是典型的柴科夫斯基！）是新的。

从第二幕开始，《禁卫兵》整体上升了一个台阶，几乎不再有从早期作品中移花接木来的音乐。我们遇到了博亚里娜，柴科夫斯基塑造的一系列悲剧女性形象中首位登场的人物，事实证明这些女

65

性人物是柴科夫斯基后来的歌剧中最令人难忘的创造。无论我们如何看待《禁卫兵》夸张的戏剧性，博亚里娜都是一个可信的、非常俄罗斯化的女性：她的性别让她易遭受攻击，但她勇敢、隐忍，所具有的坚定的道德感使她相信，她亲爱的儿子会因为诉诸邪恶而遭受天谴。从第二幕开头的咏叹调中，我们可以判断出此时她虽深陷困境但不失尊严，然后观察到她在随后与儿子互动的场景中展现出的坚定道德感。但如果这场戏是静态的一对一交锋，那么接下来的一幕将出现大量动态。我们遇到禁卫兵队与他们的指挥官维亚兹明斯基一起出场，这里他们的音乐以一种教会音乐为基调——因为，像他们的主子伊凡大帝一样，他们自诩虔诚，但这里同时也爆发出了揭露他们真面目的、充满了暴力的音乐。巴斯曼诺夫宣布安德烈即将加入禁卫兵，维亚兹明斯基对此先是表现出了强烈的敌意，但当他转念一想可以趁机从中达到自己的目的时，立刻转变了立场。安德烈在一首构思精妙的咏叹调中为自己辩护（序曲中已经有所预示），宣誓仪式随即开始。接下来，音乐在禁卫兵简洁的主题上有力前行，该主题随后会无处不在。一切准备就绪，维亚兹明斯基开始主持宣誓，禁卫兵齐声加入。当安德烈惊恐地意识到他必须放弃他的母亲和娜塔莉亚时，音乐暂且有所缓和——但是维亚兹明斯基勒令他服从命令，禁卫兵也毫不动摇。安德烈不止一次反抗了他们的命令（有一处，安德烈泣不成声，管弦乐队不得不替代他回忆起他宣誓前的咏叹调，而维亚兹明斯基则在一旁幸灾乐祸地嘀嘀咕咕）。最后在不接受誓言就会被处死的威胁下，安德烈屈服了。不论有些听众对整个局面夸张且无所顾忌的戏剧性持有怎样的保留意见，都不能否认柴科夫斯基对它的处理（和对节奏的把控）是恰如其分的，这样的好处一直持续到最后胜利的号角被吹响，禁卫兵的统一主题将这一幕推向了最嘈杂、也是最能调动起观众情绪的高潮。

66　　　在第三幕的开场，农民合唱出了他们的苦恼，并祈求上帝的怜悯。博亚里娜为她的孤独和对安德烈的担忧而哀伤。充满痛苦的世界里闪现了一出小小的恶作剧，一伙人赶跑了来骚扰博亚里娜的顽童。绝望的娜塔莉亚和睿智的博亚里娜之间的会面进一步强化了后者的人物性格，证明了柴科夫斯基在处理亲密关系时的敏感与他处理激昂的宣誓场景时的派头能够相辅相成。哲姆丘日尼出现了，娜塔莉亚请求获得一个申辩的机会，并用最简单的语言表达了她的控诉，博亚里娜又重申了她的恳求，但遭到驳回。

接下来是充分发展的歌剧终场——也就是说，这个广阔的乐章会涉及剧情关键事件的转折点。最完整的表演力量聚集在舞台上为歌剧提供最浮夸的戏剧场面和最华丽的音乐。音乐以禁卫兵的主题开始，标志着安德烈和其他禁卫兵的到来。人们可能会质疑柴科夫斯基第三次使用这段音乐是否明智，因为同样的音乐在娜塔莉亚和博亚里娜恳求哲姆丘日尼，以及安德烈请求母亲接受他初心未改时都已经出现过了。安德烈无视巴斯曼诺夫和禁卫兵的步步紧逼，无视他必须抛弃母亲的誓言，他坦白自己已经成为禁卫兵。博亚里娜的反应是歌剧中最关键的时刻：面对乐队中禁卫兵主题持续发起的挑战，她诅咒了她的儿子，然后自己被带走。

这一幕的主要情节现已结束，终场开始着手它真正的任务——那就是从个体和集体两方面巩固博亚里娜的诅咒所促成的超强劲的戏剧氛围，并且反映出它的直接作用和对未来的影响。首先，四位主角——安德烈、娜塔莉亚、巴斯曼诺夫和哲姆丘日尼——集体以四重唱的形式表达了他们各自的反应，合唱团在适当的时候也加入进来，反映诅咒的恐怖。有人可能会提出反对，认为如此多的声部同时演唱不一样的文本会让听众无法把握语言的意义，但是技巧纯熟的作曲家可以保证，每个角色的某些关键唱词可以不时地冲破肌理的表层，被细心的听众捕捉到。但无论如何，到了这一阶段，我们可以很好地猜到不同角色的心事和感受，而这一庞大合唱的目的只是为了宣泄他们所产生的大量堆砌的情绪。该阶段过去，巴斯曼诺夫采取主动出击，安德烈必须乞求沙皇解除他的誓言。现在既是参与者又是旁观者的合唱团前来声援，一个被进一步延长的大合唱结束了这一幕。

人们可能会觉得，终场最后所达到的超大规模是柴科夫斯基失算了——他用力过猛。这无疑是一部大片，但不可否认的是，它也是开启最后更快乐一幕的有力陪衬。柴科夫斯基那个时代的观众会期待歌剧中出现大量舞蹈场面，安德烈和娜塔莉亚婚礼上的娱乐活动便是一个很好的机会，而对此柴科夫斯基也给予了极好的回应。没错，芭蕾阻碍了事态的发展，但是，考虑到过去发生的动荡和即将到来的恐怖，这个短暂的喘息也有其积极的一面。安德烈现在向沙皇发誓永远忠诚，然后在全剧中被烙有最深俄罗斯印记的段落（又是一处对《司令官》的挪用）中向他的伙伴们告别（对方给出了回应），并重申他对沙皇的忠诚（伙伴们再次回应）。在接下来的二重唱中，尽管安德烈一再保证，娜塔莉亚仍然心神不宁，柴科夫斯基为娜塔莉亚那令人不安的爱之宣言配上了他（在遭到巴拉基列夫的谴责后不再上演）的交响诗《命运》中的主题。人们的安慰被巴斯曼诺夫打断了，事实证明他的出现是个不祥之兆，很快维亚兹明斯基就假装恭谦地来传达沙皇最后的要求：他要见新娘——而且是单独见面。巴斯曼诺夫和合唱团一起恳求安德烈同意——终场逐渐成形，舞台上的所有角色全部参与其中。接下来作曲家快刀斩乱麻：安德烈的反抗，娜塔莉亚的恐惧，禁卫兵的主题在乐队中越发自信坚定。安德烈被带走处死，维亚兹明斯基去抓博亚里娜，她的再次出场在剧中已经有所预示，当时博亚里娜告诫安德烈要服从上帝的意志，并且永远不要离开她。大结局本身更为速战速决：维亚兹明斯基抓来了博亚里娜，她透过窗户亲眼目睹了处决儿子的残暴行径，（台下）禁卫兵在贯穿整部歌剧、不断映射出他们真实本性的主题中赞美着沙皇。

68

《禁卫兵》于 1874 年 4 月在圣彼得堡首演。歌剧反响非常热烈，很快就在其他剧院上演：8 月在敖德萨，12 月在基辅，次年 5 月在莫斯科。这是柴科夫斯基第一次大获成功，人们认为作曲家会

沉溺其中。但他并没有。首演之夜两周后，他写信给莫杰斯特：

> 《禁卫兵》让我备受折磨。这部歌剧太糟糕了，我逃离了所有的排练（尤其是第三幕和第四幕的），这样我就一点声音也不用听见了，在演出现场我真希望自己能突然消失。你说奇不奇怪，起初刚完成它的时候我是多么快乐啊。但是从第一次排练开始，多么令人失望！没有变化，没有风格，没有灵感。

柴科夫斯基对自己和歌剧都太苛刻了。但是，通过认识到这个主题的牵强附会——无非就是角色纷纷陷入极端困境的造作恐怖故事，其中所产生的紧张感与煎熬也仅仅是为了逗弄和操纵观众——他也为自己将来的创作主题找到了出路。在一部歌剧中揭示那些可能会在日常生活中出现并折磨着我们每一个真实人的不幸、痛苦和悲伤，不是更好吗？虽然他接下来的几部歌剧也会包含艰难的、有时令人悲伤的情节，但最珍贵的还是那些揭示我们作为普通人，能够通过自己的观察和经历感悟到悲伤（和快乐）的真实处境。难怪能让观众一次又一次为之着迷的柴科夫斯基歌剧会是《叶甫盖尼·奥涅金》，普希金的故事讲述了一个纯真的少女，最终被所处的一系列现实困境和经历剥夺去了本可以给她带来满足和幸福的爱情。

8

民族主义的全盛时期：
《第二交响曲》与《暴风雨》

柴科夫斯基在 1872 年夏天的生活大体延续了前一年的模式：首先到卡缅卡，然后在基辅与莫杰斯特观光访友度过愉快的两日之后，在尼济和乌索沃分别与康德拉捷耶夫和希洛夫斯基共度十日。但在离开乌索沃时，柴科夫斯基可倒了大霉，他非常喜欢复述这段经历以逗朋友们开心，尽管是拿自己开玩笑。到达驿站后，他吃得很好，因为喝了酒，又急于继续赶路，他要求把马套好在马车上。但驿站长表示这不可能，于是二人发生了激烈争论，柴科夫斯基要来投诉簿，并在上面签上了自己的名字"沃尔冈斯基公爵，沙皇寝宫侍从"。驿站长低三下四地一边道歉一边马上把车备好。而就在下一站，柴科夫斯基发现他忘了装行李。兄弟俩在此别过，柴科夫斯基因不想面对驿站长，派了一名使者去找回他的行李。但是驿站长坚持行李主人身份尊贵，他必须亲自把行李交给"沃尔冈斯基公爵"。尴尬万分的柴科夫斯基只得被迫亲自前往。这一次，他对待驿站长的态度恭谦有礼，最后还问起了他的名字，站长回答"柴科夫斯基"。一头雾水的柴科夫斯基怀疑这是驿站长机智的报复，而进一步的询问表明这确实是他的真名。

好在行李找回来了，因为里面装着柴科夫斯基自《罗密欧与朱丽叶》以来最重要的作品初稿，也就是他的《第二交响曲"小俄罗斯"》，得名于其中使用的三首乌克兰（或"小俄罗斯"）民歌。到目前为止，柴科夫斯基与巴拉基列夫个人的交往也促进了他与"五人团"整体的联系,他与团体中其他成员的关系由此小心谨慎地开始了。1871 年 10 月,居伊发表了一篇赞美《罗密欧与朱丽叶》的喜人乐评,而柴科夫斯基尤其喜欢鲍罗廷,认为他是一个"温柔、细腻、文雅"的人(他在 1887 年鲍罗廷去世后这样回忆起他)。在柴科夫斯基的所有管弦乐作品中,交响曲《小俄罗斯》最接近巴拉基列夫和他的同事们所创造的音乐世界。这也可能是他所有非歌剧作品中整体上最快乐的一部,音乐或许在一定程度上反映出了他此时的精神状态。他现在已经完成了《禁卫兵》,对这部歌剧的失望还远在未来。政府拨款缓解了对音乐学院经济前景的担忧,柴科夫斯基自己的工资也上涨了五成以上,这让他能够搬进更舒适的公寓。他在自信愉悦的心境下尽可能利用一切空闲时间来创作这部交响曲。"这部天才之作(如康德拉捷耶夫所称)即将完成,"他在 1 月中旬给莫杰斯特的信中写道,"我认为从形式之完美来考量的话,这是我最好的作品,因为这是我一直不明显具备的品质。"又过了三个星期,作品大功告成。他于那年的圣诞节将它介绍给了圣彼得堡的"五人团",获得了颇高的赞誉。"我在里姆斯基–科萨科夫的一场晚宴上演奏了终乐章,在座的宾客差点欣喜若狂地把我撕成碎片——里姆斯卡雅–科萨科娃夫人含泪恳求我让她把作品改编成钢琴二重奏。"他进一步告诉莫杰斯特。1873 年 2 月,作品在莫斯科俄罗斯音乐协会音乐会上举行了首演,获得了"巨大的成功(柴科夫斯基这样告诉弗拉基米尔·斯塔索夫),以至于鲁宾斯坦想应公众要求在俄罗斯音乐协会音乐季第十场音乐会上再次上演。说实话,我对前三个乐章并不完全满意,但《鹤》(交响曲的终乐章,其中明显采用了一首同名乌克兰民歌)本身的效果并不差"。两个月后,鲁宾斯坦信守了他的诺言,柴科夫斯基在每个乐章后都受到了观众的起立欢呼,并在最后收到了月桂花环和银杯。在这些演出之间,作品被介绍到了圣彼得堡。它是如此受欢迎,5 月,在特别为它准备的俄罗斯音乐协会音乐会上,《小俄罗斯》第三次于莫斯科上演。

但在听这部作品之前，让我先来解释一句。我们今天听到的几乎所有版本的柴科夫斯基《第二交响曲"小俄罗斯"》都绝不是这部交响曲的最初模样。开篇的乐章困扰着柴科夫斯基，七年后他将它彻底重写，只原封不动地保留了缓慢的引子和尾声；与此同时，他对剩下的三个乐章也做了小的修订。事实上，最初的第一乐章要更加充实复杂，比如它很好地平衡了终乐章，而相对轻盈的慢板乐章为如此沉重的表达提供了适当的对比。1879 年上演的修订版中第一乐章则舍弃了这些。因此，无论演奏这部交响曲的哪个版本，都有得有失，直至今日依旧如此。柴科夫斯基同时代的一些人（包括他之前的学生谢尔盖·塔涅耶夫——所有人当中，柴科夫斯基最看重他对自己音乐的批评）直言不讳地表示更倾向于原版。当然，对于我们来说，有件事是明确的：两个版本都有效，都值得拥有，我们更喜欢哪一版是我们自己的事。但由于修订后的版本是今天几乎还在上演的唯一官方版本，所以我们就针对它进行研究吧。

C 小调第二交响曲（《小俄罗斯》）*****

【第二交响曲是柴科夫斯基所有大型作品中——尤其是终乐章，最贴近大众的一部。难怪它获得了如此大的成功。】

在柴科夫斯基所有大型、多乐章作品中，《小俄罗斯》交响曲最易理解，其结构也最为清晰。不仅如此，音乐还如此迷人。第一乐章开启缓慢引子的圆号独奏吹响了三首民歌中的第一首，旋律立即又被完整重复了两次，但都是在不同的背景下——这一创作手法遵循了格林卡开创的民族主义传统。引子的篇幅更加凸显了该乐章的简练，而乐章素材的清晰度，以及它清楚的轮廓线和整体的紧凑感都让我们能够相对轻松地理解这部作品。主部主题以充满活力的弦乐开始；副部主题则包含两个截然不同的主题，第一个是单簧管演奏的温柔旋律，第二个是弦乐上浓厚却简练的旋律（事实上是与单簧管形成的复调旋律，依然能在弦乐低声部听到）。但请注意那个不起眼的，不断打断这些旋律的躁动不安的七音音型，它会在后面变得非常明显。在突如其来的一片死寂和有些神秘的渐强（暗中升起的低声部实际上是开头的单簧管主题，但现在听来非常不同）之后，主部主题中充满活力的素材再次涌现，结束了呈示部。

72

现在引子中民歌的开头和那个焦躁不安的音型一起热烈地回归以开启展开部，随着主部主题的声音愈发坚定，展开部迅速变得复杂起来。的确，主部主题的权利一经确立，它就开始招摇而行，越来越浮夸（和嘈杂），带领我们直接迈入了再现部。后者无非是呈示部的反复（伴有符合预期的转调），虽然接近尾声的时候听上去展开部像是要卷土重来，但实际并非如此，它只是在之前的背景下短暂地回顾了引子中的圆号主题，然后结束了这一乐章。

弃作《温蒂妮》中的婚礼进行曲为慢乐章提供了主题。这是一个非常迷人的创意，在定音鼓振荡出的敲击声之上，它的精致优雅似乎让人有理由相信它真的曾点缀过仙女的婚礼。这个乐章采用了回旋曲式（ABACABA，再加上一个简短的尾声）：婚礼进行曲提供了 A 段；B 段（两个 B 段完全相同）有着简单的附点节奏而且更加宽广；当中央 C 段引入了交响曲的第二首民歌时，它在变化的背景下重复了四次后继而自由地继续行进；精巧的尾声微妙地暗示了 B 段无处不在的附点节奏，然后结束了这个乐章。

整个交响曲最引人入胜的是它的谐谑曲和三声中段，而它独特的性格可能源于柴科夫斯基与"五人团"日益稳固的关系。1869 年，鲍罗廷的《第一交响曲》首演完成。反过来，柴科夫斯基与这个团体的新交情，以及团体成员对《罗密欧与朱丽叶》的热情，肯定也让柴氏注意到了他们的新作品。1872 年，这段关系似乎在茁壮成长，真不知道如果没有鲍罗廷的《第一交响曲》，柴科夫斯基的谐谑曲是否会是今天的样子。鲍罗廷的谐谑曲最惊人之处在于它和声上的大胆——它的刺激，甚至是辛辣，以及暗中涌动的狂暴节奏。它所拥有的那种能量，刚好是柴科夫斯基《第一交响曲》中那被限制于单一单元中的节奏所缺少的。柴科夫斯基的谐谑曲最惊人之处不仅仅在于节奏上的创新，还有以下方面：乐句的长度一直在变化，稍纵即逝的旋律片段可能会对肌理起到装饰作用，甚至有时会立刻扰乱动力。随时准备关掉音乐，试着猜一猜下面会发生什么（接下来的音乐会是什么样子），你很有可能会大错特错——然而听完全曲，它又是那么合乎逻辑。这就是创造性天才的标志。至于中间三声中段持续且跳动的四分音符，则提供了最极端但也恰当的对比。简短的尾声像《第一交响曲》中的谐谑曲一样，融入了谐谑曲和三声中段里的元素。

　　然而，终曲才是成就第二交响曲的神来之笔，柴科夫斯基在此对格林卡传统保持了最完整的忠诚。这里，第三首民歌《鹤》自成一体。一个高调宏大的开场白（两年后，当穆索尔斯基创作《图画展览会》恢弘的结尾《基辅大门》时，萦绕在作曲家的脑海中的可能会是它？）后，它表明了自己真实且顽皮的身份，开启了"活泼的快板"（Allegro vivo）。在一连串不断变化的背景下，第三首民歌《鹤》几乎霸占了接下来的两分钟。如此庞大的布局没有给过渡段留有任何时间，截然不同的副部主题立即进入，其对比强烈的性格通过非常突然又清晰的转调得到了很好的加强。如果在它之前的是一首欢快的俄罗斯舞曲，那么几乎可以说这条旋律来自南美洲——因为考虑到略有些摇摆的节奏，它可能是一首稍加掩饰过的、但有点儿端庄的伦巴舞曲。但它热情奔放的舞伴并没有出席，俄罗斯旋律将很快夺回霸权，独领呈示部的尾声。

　　所有的一切到目前为止都精彩纷呈，但因随之而来的发展，之前的音乐即将黯然失色。展开部以一系列大步流星的步幅开始，它们像欢乐好动的巨人一样，凭心情到处横冲直撞。主部主题和副部主题再次出现，踏上了一场怪诞之旅。副部主题有时在中途突然变了样，甚至被迫扮演起了它精力旺盛的同伴。这场旅途愈发激烈，兴奋和骚动一步步加强。换一个比喻吧：这是柴科夫斯基酿造过的最烈的酒。但当再现部到来时,一切终于又脚踏实地。在柴科夫斯基1879年的修订版中,主部主题被删除,再现部是副部主题在一连串变化的背景下再现。(真是可惜!)这里没有必要再过多评论。再现部结束,迈着大步流星步幅的主题短暂重现,铜锣一声巨响,一时鸦雀无声——"急速的"(presto)尾声将整部交响曲带向了最疯狂不羁的结尾。

74

————————

正如我们已经注意到的,弗拉基米尔·斯塔索夫这个人慧眼识英才。1872年圣诞节在里姆斯基-科萨科夫家中那晚,当柴科夫斯基用他的《小俄罗斯》交响曲激起了宾客的狂喜之情时,斯塔索夫曾就柴科夫斯基下一部创作的主题与他有过交谈。三天内,他就提出了三个建议,其中两个出自英国作家沃尔特·司各特爵士的《艾凡赫》(Ivanhoe)以及莎士比亚的《暴风雨》。柴科夫斯基就此思考了两周后作出决定:第二次还得是莎士比亚。但有一个问题立刻让他感到苦恼:

> 《暴风雨》里真的需要有暴风雨吗?也就是说,有必要去描绘一部作品中的狂怒元素吗,尤其是这个偶然因素(暴风雨)只是充当了整部戏剧的触发点。如果暴风雨是必要的,它应该出现在哪里,在开始还是在中间?如果没有必要,为什么不称这首序曲为《米兰达》?

斯塔索夫无法拒绝这个机会,两星期内他就寄来了整部作品的音乐大纲。"《暴风雨》中应该有暴风雨吗?"柴科夫斯基问。"当然要有!"斯塔索夫回答:

> 当然,当然,当然!没有它,这首序曲就不是序曲了,整个节目就会被改变!我每时每刻都在思考,既要考虑它们的连

续性，又要考虑它们的对比性。我曾想过将大海呈现两次，分别在开头和结尾——只不过在开头时，它将是介绍性的、安静的、温和的，而说出魔言的普洛斯彼罗将打破平静，引发风暴。但我认为这场风暴应该与之前的所有风暴都不同，它应该在彻底的混乱中全力以赴、突然开始，而不应该像通常情况下那样，循序渐进地发展和显现。让你的风暴肆虐，吞噬载有意大利王子的小船，然后让它立即消退。好了，在这幅画面之后，开始一幅新的吧——在被施了魔法的美丽岛屿上，米兰达踏着轻盈的脚步从中穿过，创造出了更加奇妙的美。阳光遍布，还有幸福的微笑。为她和普洛斯彼罗之间的对话腾出一点时间，紧接着是让她产生好奇心并立即爱上的青年斐迪南。我认为一个坠入爱河的主题，一个怒放的渐强（这应该直接取材自莎士比亚第一幕的结尾）会完全符合你的天赋和天性。在这之后，我建议让卡利班，这个兽性的丑怪奴隶出场，然后是爱丽儿玩弄意大利王子。后者的灵感来自莎士比亚本人在第一幕结尾处所写的台词，在我看来，这本身就已构成一幅完整的画面：

> 来吧，来到黄沙的海滨，
>
> 把手儿牵得牢牢，
>
> 深深地展拜细吻轻轻，
>
> 叫海水莫起波涛——
>
> 柔舞翩翩在水面飘扬；
>
> 可爱的精灵，伴我歌唱。[1]

总共两节。

爱丽儿之后，米兰达和斐迪南应该第二次出现，而这次他们到达了激情的巅峰。然后是威严的普洛斯彼罗放弃了他的魔法，悲伤地向他过去的一切告别：最后是一幅大海的画面，大海现在平静无澜，拍打着沙漠和荒岛，而所有以前短居于此的

---

1. 朱生豪译，方平校。——译者注

岛民都乘船飞往远方幸福的意大利。

考虑到这一切,我认为绝不可能省略开头和结尾的大海,把序曲称为《米兰达》。

柴科夫斯基非常满意斯塔索夫所提出的"极好的音乐大纲,它具有最高程度的吸引力和启发性",正如斯塔索夫在回信中所说的那样。但柴科夫斯基并不打算操之过急,况且,一个紧急(且能带来收益)的委约出现在了眼前。

柴科夫斯基为奥斯特洛夫斯基的《**雪姑娘**》创作的**配乐**** 是他最不知名的作品之一。莫斯科有两家国立剧院,一"小"(Maly)一"大"(Bolshoy),前者有常驻戏剧团,后者则有俄罗斯歌剧团和芭蕾舞团。但是,由于小剧院在 1873 年初被关闭翻修,因此官方决定戏剧团应搬到大剧院,由三家剧院共同创作演出一部"壮观"的音乐戏剧。奥斯特洛夫斯基获邀撰写剧本,他热情高涨,选择了俄罗斯民间故事《雪姑娘》作为主题,故事中的雪姑娘只有在内心不被爱情所温暖融化的情况下才能活下去。但是,希望能像其他女孩儿一样,雪姑娘走进了人类的世界,因为被新郎爱上而无意间破坏了一场婚礼。新娘指控她勾引新郎,她被带到沙皇贝伦戴面前并被告知二人必须结婚。这也正应了雪姑娘自己的心愿,但由于她被爱所温暖,于是失去了太阳神的保护,最后融化了。柴科夫斯基受委托为剧本谱曲,在 3 月和 4 月初以很快的速度进行创作。作品由十九首曲子组成,包含了至少十几首民歌,虽然质量参差不齐,但有些还是非常迷人。柴科夫斯基本人对它满是爱意:"《雪姑娘》不是我最好的作品之一,但它是我最喜欢的作品之一。我想一定可以从音乐中听到我当时所洋溢着的快乐、如春天般的心情。"如果哪个有野心的合唱团外加管弦乐队(也许还得有一位男高音歌唱家)想寻找一些效果不错但难度不高的作品来演出,那么柴科夫斯基《雪姑娘》中的一些选段或许值得研究一下。

柴科夫斯基从莫斯科大剧院的委约中收到了 350 卢布的佣金,

6月，在去尼济拜访了康德拉捷耶夫，去卡缅卡看望了妹妹萨莎及家人后，他动身前往国外。可以说他现在已经是位知名人士了，在得知李斯特，当代最著名和最受尊敬的音乐家之一希望与他见面时，他决定将李斯特的现居地魏玛也一同列入行程当中。但计划赶不上变化，他改道去了德累斯顿，在那儿享受他的出版商尤尔根松和他的妻子的陪伴，然后经科隆去了苏黎世（"莱茵河的瀑布很壮观。苏黎世是个迷人的地方"，他在日记中写道）、伯尔尼、沃韦、蒙特勒和日内瓦。接下来是意大利（都灵、米兰、科莫湖），但炎热的天气驱使他向北来到了他最爱的欧洲城市，巴黎。在此小住一周后，经费终于耗尽，于是他又回到了俄罗斯。8月中旬，他抵达了最终的目的地：乌索沃。8月19日，精神焕发——少了那个一贯不让人省心的主人，希洛夫斯基的干扰，他开始着手创作《暴风雨》。

"我无法向您表达我在这两个星期里是多么幸福，"他在1878年向他的秘密赞助人娜杰日达·冯·梅克回忆道：

77

> 我处于一种快乐至极、无比幸福的心境中，白天独自在树林中游荡，傍晚时分在一望无际的草原上徘徊，夜里坐在敞开的窗边，听着这杳无人烟之地庄严的寂静——而这种寂静只能被黑夜中一些难以分辨的声响所打破。在这两个星期里，我毫不费力就写完了《暴风雨》，仿佛得到了某种超自然力量的加持。

事实上作品的创作共用了十一天，而配器一直拖到9月他回到莫斯科才完成。

那年12月，《暴风雨》由尼古拉·鲁宾斯坦执棒在莫斯科首演，它的成功足以让它在乐季结束前赢得第二场演出。但要等到将近一年后，圣彼得堡和斯塔索夫才能听到它。斯塔索夫听了这部作品后欣喜若狂：

> 你的《暴风雨》是多么令人快乐！这是一部多么无与伦比

的作品！当然，风暴本身无足轻重，也没有任何原创性，普洛斯彼罗也平淡无奇——以及最后，在接近尾声时，有一个好似意大利歌剧终场式的终止。但这三个只是微小的瑕疵罢了，而余下是层出不穷的奇迹！卡利班、爱丽儿、爱情场景——所有这些都在最崇高的音乐创作中占有一席之地。两个爱情场景是多么美丽，多么慵懒，多么激情！然后是野性、丑陋的卡利班，爱丽儿神奇的飞行和运动——所有这些都妙极了！再者就是这些场景的配器真是精彩！我们两个人，里姆斯基–科萨科夫和我，都向你致以深刻的、最深刻的赞美。

巴拉基列夫也给予了肯定，甚至曾批判过柴科夫斯基毕业作品《欢乐颂》的居伊也被征服了，他为他的圣彼得堡读者们这样写道："一部最优秀、最富有激情的天才之作，配器精彩、浑厚、美妙。"

交响幻想曲《暴风雨》****

【《暴风雨》并不像《罗密欧与朱丽叶》那样是一部始终如一的优秀作品，但它呈现了一些非常好的描述性音乐，尤其是与故事中的角色相关的音乐，真是好极了。】

如前所述，早在1月份，当柴科夫斯基向斯塔索夫表达了他自己对《暴风雨》拟议内容的一些不确定后，这位老独裁者当即展开了对整部作品的详尽描述。而现在事实证明，这对柴科夫斯基的重要性不亚于巴拉基列夫之于《罗密欧与朱丽叶》（事实上，这几乎可以看作是柴科夫斯基接下来创作的幻想交响曲的音乐大纲）。虽然这两个主题都出自莎士比亚，但它们却有着本质上的不同。《罗密欧与朱丽叶》准确地聚焦于两个家族之间的争斗，以及两个敢于挑战这种世仇的年轻恋人的灾难性结局。由于这个双重焦点是如此清晰，这使得它可以利用奏鸣曲式中至关重要的双重性在音乐上表现出来，两股力量首先作为奏鸣曲式乐章的两个截然不同的主题被呈现出来，劳伦斯神父作为一位富有同情心的观察者出现在前面的引子中。展开部呈现了冲突与和事佬调停的无济于事，再现部呈现了因劳伦斯神父的失败所带来的灾难性后果，尾声以悲剧收场。但在《暴风雨》中，并没有这样一个单一的、集中的问题。《罗密欧与朱丽叶》是一部直面人性的戏剧，而《暴风雨》则呈现了一个充满魔法与人性的世界：那里居住着一个流亡的魔法师、一个精灵、一个怪人和两个非常有人情味的恋人。不同的生命被纷纷卷入了有着不同结局的幻想情节。奏鸣曲式在这里是行不通的，斯塔索夫非常不同的音乐大纲把每一个元素都集中在了一系列独立、对比强烈的段落当中。柴科夫斯基完全接受了这个安排，但把它放大成为一个对称的镜面结构，以呈现音乐上的整体平衡。

大海	普洛斯彼罗掀起了一场暴风雨	米兰达和斐迪南的爱情场景（一）	爱丽儿	卡利班	米兰达和斐迪南的爱情场景（二）	普洛斯彼罗放弃了魔法	大海

如图所示，大海提供了侧翼，普洛斯彼罗的两个关键行为（掀起风暴和放弃他的魔法）形成对称，情人的两个场景（他们的相遇和他们最终的承诺）亦然。

79　　俄罗斯作曲家一直以来都对魔幻题材有着一种特殊的天赋，无论是视觉上的还是氛围上的。对想象力如此多样化的挑战充分激发出了柴科夫斯基的创造力。在《暴风雨》中航行并没有那么困难，因为每个部分的刻画和描绘都是如此生动。首先是大海，它现在还是那样平静，但木管不断地在海面上闪烁，制造出轻柔的动态——但它同时又令人生畏、广阔无边。大海的平静衬托出庄严的铜管乐句——这无疑是普洛斯彼罗的主题。音乐渐入佳境，魔术师三次念出他的咒语——暴风雨爆发了，并以让人胆战心惊的暴力肆虐，普洛斯彼罗的乐句表明了他对大自然的控制。接下来是米兰达，她的大提琴乐句在喧嚣过后听起来更加温柔，同时那些停顿，特别是震动的颤音，反映出了一个女孩儿的紧张不安。她从未见过除了她父亲之外的任何男人。她的大提琴乐句重复出现，每次音程都被扩大：她的吸引力和自信正在加强，而随之而来的无疑是斐迪南更宽广、更阳刚的宣言。这个处理真是精巧。二人互诉衷肠，愈演愈烈。最后，整个表现爱情的插段渐渐淡出，非常美妙，特别是其中和声上的一些润色。

我们可以推测，这对恋人已经离开去享受真正的二人世界了。现在轮到超自然力量登场了，爱丽儿敏捷又富于奇幻色彩，但更加生动形象的是怪诞、笨拙的卡利班。对卡利班的刻画展现出柴科夫斯基以讽刺手法塑造人物的天赋。最后，我们听到普洛斯彼罗对坚持自己主张的卡利班失去了耐心。恋人们归来，紧张的中提琴旋律线突出了二人内心按捺不住的激动。他们的爱情音乐再次消失。但一切并没有结束，这只是恋人们挣脱束缚前的一丝悬念，充满激情的承诺在最后一刻终于到来。于是，在一片寂静和弦乐迅速又疯狂的渐强后，爱情音乐再次迸发，极极极强（$ffff$），这是柴科夫斯基标记过的最强的力度。接下来，我们听到普洛斯彼罗以同样毫不含糊的措辞放弃了他的魔法，而大海的音乐这次也终于渐渐归于沉寂，表示凡人们消失在了海平面以外，奔向了他们的家园，那"遥远而幸福的意大利"。

————————

《暴风雨》首演的成功显然鼓舞了柴科夫斯基的士气，在不到两个星期的时间里，他就已经开始创作他的下一部重要作品，《第二弦乐四重奏》。这部作品于 1874 年 1 月完成，它先在 2 月中旬的一场晚会上试演，到场听众反响热烈（除了柴科夫斯基的老教师安东·鲁宾斯坦之外，他当时碰巧在场，对他这位学生的音乐创作方向并没产生什么共鸣），3 月的首演同样获得了热烈好评。

F 大调第二弦乐四重奏 ***（*）

【《第二弦乐四重奏》一定能够吸引喜欢室内乐的读者。它没有《第一弦乐四重奏》那么迷人，也没有后来的《第三弦乐四重奏》那么有特色，但它的慢乐章内容丰富，甚是感人。室内乐爱好者可以在此驻足，另外我假设大家已经对四重奏曲目多少有一定了解，所以在对这首作品进行研究的同时，我还将它放在了更广泛的背景之下。但我想我的读者中只有少数人会对整首四重奏感兴趣，那些仅对慢乐章感兴趣的应该跳到第 82—83 页[1]，我会在那儿对这个乐章进行讨论。当然，其他读者可以选择跳到第 9 章，这一章涉及柴科夫斯基写过的最明朗的——在某些方面也是最惊人的——作品之一。而且我想，我的读者中很少有人听说过这部作品。】

即使考虑到体裁的不同，柴科夫斯基的《第二弦乐四重奏》在风格上与《暴风雨》——或者说与他的《第一弦乐四重奏》——也相去甚远。尽管 19 世纪初俄罗斯作曲家们也在创作弦乐四重奏，但这些音乐既不丰富，也无法与当时维也纳古典传统之下的作品相提并论。而且直到柴科夫斯基的时代，四重奏在俄罗斯的音乐会生活中仍属小众。四重奏市场的基础是大城市中通常占有重要地位的德裔团体，对于这些伟大西欧传统的鉴赏家们来说，像柴科夫斯基《第一弦乐四重奏》这样谨慎的作品听上去虽然完全可以接受，但没什么野心。我们只能猜测，这为柴科夫斯基下一部非常不同的四

81

1.这里指原著页码，即本书的页边码。

重奏提供了最主要的创作动机。《第二弦乐四重奏》规模更大，更有分量，如果说第一部四重奏主要以（最好的那种）娱乐为目的，那么第二部四重奏显然是为了在规模和雄心上效仿以贝多芬为代表的德奥学派的伟大作品。缓慢的引子的前两小节暗示了向西方的转变，因为据研究表明，在这两小节后面潜伏着的可能是贝多芬之后19世纪最著名的音乐时刻：瓦格纳的伟大歌剧《特里斯坦与伊索尔德》的开场（我想，那些碰巧知道这部歌剧的读者如果亲自去探究这一点会更有乐趣）。在随即而来的音乐中还有一些奇怪的时刻：这段音乐会引向何处？然而，我们很快就回归了稳定，因为在引子大放异彩之后，乐章主体开始了，我们来到了一个极度令人不安的世界。可在这样一个宽广且在表现力上没什么惊喜的乐章中，作曲家坚持的似乎反倒是流畅、清晰和平衡。

　　然而，在动荡和柔情对比如此生动的《暴风雨》后，我们能认出这作品出自同一位作曲家之手吗？如果不能，我们是否就该判断这音乐低前作一等？我想，这要依情况而定。如果我们要听寻的是那种一下子就能让人喊出"柴科夫斯基！"的音乐，如果我们认为这种品质是音乐被评为极品佳作必不可少的条件，我们可要保持谨慎了，因为不是每首听起来具有鲜明的柴科夫斯基特色的作品都一定是杰作。《1812序曲》是最有他个人印记的作品之一，但并不是他最伟大的作品之一（尽管我在本书之外也曾为它经常受到全面性诋毁而捍卫过它），其缺陷主要是过于夸张，特别是结尾。柴科夫斯基本人也经常意识到自己作品中的不足，尤其是在曲式方面。正如我们已经注意到的那样，虽然他以浑然天成的手法通过宽广和高度集中的乐段构建出更具有野心的交响作品，但在使用奏鸣曲式时，他有一个很具体问题，就是两个主题之间的自然过渡。（正如他自己曾经坦白的那样，"我的接缝总是会露出来"。）可能意识到了贝多芬的优势之一就是有能力创作真正有组织的过渡，这使得柴科夫斯基在这首新的四重奏中抑制住了他泛滥的创造力，牢牢控制住了他最自然的冲动。最后创作出的音乐仍然是具有原创性的，但他严守各部分比例以确保一个平衡和融合的整体。

正因如此，《第二弦乐四重奏》第一乐章的旋律素材远没有我们预想的那么引人入胜，而是更简洁，少了很多自作主张，从而有利于为从中发展而来的音乐提供更大的灵活性。事实上，柴科夫斯基这首第一乐章的曲式密切反映出了典型的贝多芬第一乐章的轮廓。两个主题通过古典式的过渡段连接起来，展开部和再现部的比例也反映了五十年前典型的第一乐章的比例，有一种不受惊喜所干扰的表达上的专注：反差是有的，但也总是相对的。《暴风雨》是标题音乐，是一部注定要在不同的、高度风格化的、对比强烈的乐段中施展出丰富、精彩纷呈的素材的作品，但《第二弦乐四重奏》的第一乐章使用了表现力适中、简练的素材。它构建了一个全面的、融合的体验，其细节之丰富（这是最重要的）远远超出了所有部分的总和。评论家们有时将这一过程称为"论证"（也就是一个条理清晰的展开过程），需要听众安静、专注地聆听。

这就是我所认为的《第二弦乐四重奏》的第一乐章：它赢得了我的尊重，但没有赢得我全部的喜爱。然而，中间的两个乐章，尤其是第二乐章，就另当别论了。第一次聆听第二乐章"谐谑曲"的听众，可能会被它略带醉意的步态所震惊。我们通常所遇到的大部分音乐都是用长短一致的小节写成的。但在这里，柴科夫斯基混合了他的小节长度，几乎从头至尾都使用同一个微小的 2+2+3 小节（即两个两拍子的小节，加上一个三拍子的小节，你可以试着数一数）的乐句长度，但偶尔会将它延伸到 2+2+2+3——有一次甚至是 2+2+2+2+3。它给这首安静的音乐带来了一种特殊的性格，这在常规的三拍子圆舞曲式的三声中段下显得更加突出。

在这两个（表现力意义上）相对独立的乐章之后，"不太慢的行板"（Andante ma non tanto）对听众的冲击更加有力。虽然由连续的六个凄婉的、被休止断开的乐句奠定了主题悲伤的基调，但接下来的四小节乐句，每小节都建立在同样微小的垂丧的三音音型之上，在后续的发展中，这将被证明是更重要的。这个音型在开头第三和第六个乐句中都有预示,我们不仅会在这个新乐句重复出现时再次听到它,而且它可能会出现在任何地方,成为整个乐章的核心(总共出现了八十多次)。任何一位音乐作家都要面临的一个问题就是为读者清楚地指出一部作品表现出的性格,并且(最棘手的是)评估其中有多少是由音乐创作者客观决定的,有多少可能是主观的。一些作曲家对音乐中真的存在情感自白这一观点嗤之以鼻(音乐就在那里——无须多言!),除非我们知道(例如在某些情况下)作曲家是有意对某些境况作出反应,否则需要非常谨慎。但在这首似乎充满了痛苦的音乐中,有一种激情——甚至是一种难以释怀的痴迷,是柴科夫斯基的音乐中前所未有的,尽管这种强烈的情感在他以后的一些作品中会经常听到。不管怎样,这个垂丧的音型在该乐章当中一次又一次地出现,最后成了一种几乎撕心裂肺的坚持,特别是当中央段落达到了极极强(*fff*),也就是整首四重奏在力度上的高潮。最后,当中央段落非常弱(pianissimo)且安静的(tranquillo)一小段音乐让人松了一口气之后,这个音型,如此微小但如此透露真情,也将在乐章结束时带来一丝安宁。

这一乐章为柴科夫斯基的作品首次带来了自传性的色彩,并不是指它映射了某一特定事件或关系,而是一种内心普遍的情绪或反应。或许很有意义的是,1873年秋天,莫杰斯特注意到哥哥的抑郁症发作变得更长、更强烈、更频繁,而且在12月他坦白自己感受到了孤立和疏离。然而,在这首四重奏后,他的下一首主要作品不仅是他最优秀的作品之一,而且也是最明朗的。他没有让这个慢乐章的情绪蔓延至四重奏的结尾,因为终乐章又回到了第一乐章的风格。虽然在古典四重奏的终乐章中并不少见,但此处它并没有试图在表现力和规模(还不到第一乐章的一半)上超越第一乐章。相反,它为整部作品献上了一个生动的高潮和谢幕。终乐章采用了回旋曲式(ABACABA),B段的旋律是喧闹的音乐中唯一富有歌唱性的元素,C段是阵阵急促作响的八分音符,A段主题在最后一次出现时被用作赋格的主题,引入了B段的主题出人意料的再现,然后是热情洋溢的尾声。

9

两部不同的杰作：
《铁匠瓦古拉》与《第一钢琴协奏曲》

1872 年，俄罗斯的叶莲娜·帕夫洛夫娜女大公举办了一场歌剧创作比赛，脚本由雅科夫·波隆斯基根据果戈理的短篇小说《圣诞夜》所改编。奖金为 1.5 万卢布，并保证歌剧能够在马林斯基剧院上演。管理权被委托给了俄罗斯音乐协会，但大公夫人在第二年年初去世，由此打乱了进度：截止日期先被定在了 1875 年 1 月 1日（按我们的日历为 13 日），最后又改定为了七个月后（1875 年 8月 1 日）。柴科夫斯基年仅 9 岁时就读过果戈理的故事，但对他来说故事的魔力从未消减，于是他决心参赛。1874 年 1 月，随着他《第二弦乐四重奏》的完成，他不得不把注意力转移到即将上演的《禁卫兵》上，但正如已经指出的那样，他对这部歌剧产生了强烈的反感，以至于在 4 月 25 日，即首演的第二天，他就逃到了西欧。他的心情糟透了。在威尼斯待了一天后（"这个城市好像死了一般阴沉"），他前往罗马。柴科夫斯基认为罗马毫无生气，尽管一些历史遗迹让他产生了兴趣，而在梵蒂冈，圣伯多禄大教堂（"人类天才的胜利之巅"）让他难以承受。接下来他到了那不勒斯，作为游客例行参观了一圈，只有庞贝古城的废墟真正吸引了他。"我先是在避之不及的导游的带领下参观，但后来成功脱身，再次走遍了全城。但现在我独自一人，几乎走进了每间房子。我陷入了梦境，并试图想象自己在这个被活埋的地方会有怎样的生活。"但内心深处，《禁卫兵》在他的脑海中挥之不去，他对俄罗斯的渴望也在与日俱增——但不是对圣彼得堡和那部可恨的歌剧，而是对莫斯科。无论如何，他现在本应该在那里教书。途经佛罗伦萨，5 月中旬他回到了家，精神状态大有好转。6 月 13 日，音乐学院学期刚一结束，他便立即前往尼济康德拉捷耶夫的家中，打算马上开始创作《铁匠瓦古拉》这部歌剧，因为他还以为截止日期没有变更。

他在尼济的创作环境很是理想：

> 我六点半起床，喝五杯矿泉水，第一杯是在七点。从九点喝茶到中午，我读书和弹钢琴（主要是舒曼）。中午吃过午饭后我开始工作，直到三点——也就是创作《瓦古拉》。从三点到五点我会打第一轮（我渐渐非常喜欢的）比奇克牌，然后洗澡和吃晚饭。晚饭后我独自散步，大约走两个小时，然后我会坐在外面的门廊上。九点喝茶，不久之后是第二轮的比奇克，十一点或十一点半睡觉。这套日程安排已经持续了两个星期，基本上没有变化。

事实上，柴科夫斯基对波隆斯基的脚本如此着迷，以至于不到六个星期的时间里整部歌剧的创作就基本完成，又用了三个星期总谱也写好了。整个过程不超过十个星期。在接下来的三个星期里，他花了些时间对歌剧进行最终的打磨。完成后，他迅速把它寄给了俄罗斯音乐协会。

所有参赛作品都必须匿名提交，柴科夫斯基选择以"生命短暂，艺术长存"（Ars longa, vita brevis）为自己的标示，不过他一定意识到了他的身份是掩盖不住的，因为作为评委之一的里姆斯基–科萨科夫能够认出他的笔迹。但无论如何，由于他不顾一切地想要看到自己为之骄傲的新作品上演，他很快就找到了马林斯基的首席监制，在比赛之前就将歌剧搬到了舞台上。更糟糕的是，他还允许序曲在音乐会上演出，由评委之一的尼古拉·鲁宾斯坦指挥。事已至此，他理应被取消比赛资格。然而他并没有，1876 年 5 月，在一切悬而未决的情况下，他提出在钢琴上为里姆斯基演奏整部《瓦古拉》。更糟糕的还在后面，10月中旬，里姆斯基亲自写信给柴科夫斯基，说"我丝毫不怀疑你的歌剧会获奖"。也许是为了避免评委们对这些骇人的违规行为感到尴尬，他们最后裁定，柴科夫斯基的歌剧"获奖并非因为它是相对最好的，而是唯一一部符合比赛艺术要求的作品"。

87

《瓦古拉》于1876年制作上演。排练过程中热情极为高涨，但歌剧的反响却令人失望。然而，尽管观众反应平平，但还是场场爆满，并在随后三个乐季中接连返场。柴科夫斯基很快就发现哪里出了差错，正如他所说，如果"我能更多地克制我纯粹的音乐灵感，少忘记歌剧风格对戏剧和场景效果的特殊要求"就更好了。于是在1885年，他对这部歌剧进行了大幅度的修订，并将其更名为《女靴》（得名于乌克兰妇女穿着的高跟靴子）。

（我们要研究的这个版本的）《女靴》由柴科夫斯基亲自指挥，于1887年首演。观众似乎仍然只是对它敬而远之，但柴科夫斯基保持着豁达的态度："目前，这部歌剧引起了人们的兴趣而不是喜爱。我认为《女靴》，就像《叶甫盖尼·奥涅金》（柴科夫斯基最受欢迎的歌剧）一样，并不会在观众们的强烈欢呼声中上演，但人们终究会慢慢地爱上它。"遗憾的是，他永远看不到这一天。

四幕歌剧《女靴》****

【首先，我要声明，《女靴》和柴科夫斯基的任何一部歌剧一样优秀，它"自成一派"。最后这句话很关键，正是因为这部作品的特殊性决定了它不会为所有音乐爱好者所喜欢，所以我没有给它五星。这部作品与柴科夫斯基后来展现现实生活的歌剧《叶甫盖尼·奥涅金》和《黑桃皇后》相去甚远。在后面这两部歌剧中，活生生的人们被卷入了痛苦可怕的折磨之中，因为这样的处境能够立刻被我们所理解，所以会非常直接并且非常深刻地打动我们。然而，《女靴》的故事背景设定在虚构的乌克兰村庄。剧中人物要么是农民，要么是超自然生物（其中还有一个恶魔），而故事则是滑稽的奇幻文学。虽然它包含了一些非常有力的音乐，但《女靴》的优点主要在于柴科夫斯基用音乐以极其生动而精准的方式捕捉到了那些简单人物的世界、行为和性格，而音乐又以如此完美、微妙、时而感人又时而滑稽的方式与它们相衬：想象这样一个场景，一个妩媚动人的女子（女巫）和她未来的四个情人（其中三个藏在大罐子里，他们唱歌的时候必须得把头从罐子里伸出来）上演了一场五重唱，你就能体会到等待你的是什么了。这部歌剧真的需要观看舞台表演，但这样的机会少之又少。但如果你好这口儿，那就把歌剧剧本拿在手里，《女靴》会是一次绝妙的聆听体验。】

我们或许可以将《女靴》归类为奇幻喜剧，但在这虚构的世界里，我们能从人类角色，特别是两个恋人身上，感受到和现实生活中一样真实的痛苦情感。剧情有更多的有趣细节，这里列举几个如下：

第一幕第一场。**圣诞夜的狄康卡街。**索洛哈——女巫以及瓦古拉的母亲（瓦古拉的基因一定很有趣！）——思索着她要如何引诱一名男子。恶魔——看上去和普通人类没什么两样，只不过头顶一对小犄角，身后有条叉状的小尾巴——从背后跳出来吓了她一跳，还顺手抓了一把她的屁股。二人打情骂俏，滑稽的爱情场景应运而生。最后，索洛哈钻进了她的小屋。现在只剩下恶魔独自一个，他向瓦古拉大发雷霆，因为后者在教堂里画了一幅他的画像，让他出尽了洋相，引来了其他恶魔的嘲笑。为了报复，他掀起了一场暴风雪，这使得初布，美丽的奥克萨娜的父亲，不能到酒馆去。这样一来，瓦古拉就不能去见他心爱的姑娘。恶魔尾随索洛哈进了小屋，两个超自然生物现了原形，一起从烟囱飞出，奔向月亮。但当初布和他的朋友帕纳斯从初布的小屋里出现，然后两人不知怎的竟摸索着去了酒馆。

第一幕第二场。**初布的小屋**。奥克萨娜独自一人在镜子前欣赏自己，并唱起了歌，歌中有一位渴望爱情的年轻姑娘。瓦古拉登场，奥克萨娜不耐烦地问他为什么还没有做好许诺给她的箱子。瓦古拉回答已经快完成了，现在只想盯着她，说说话。瓦古拉激情表白，奥克萨娜拒绝了他，然后离开。初布登场，他浑身被雪覆盖以至于瓦古拉没有认出他来，把他赶了出去。奥克萨娜再次出现，瓦古拉发现了自己的错误，垂头丧气。奥克萨娜假装爱上了另一个年轻小伙儿。瓦古拉越来越苦恼。"你不是个好姑娘，你是草里的一条蛇"，他大喊着冲了出去。独自一人的奥克萨娜悔恨不已，当狂欢者们到场时，她也没有加入他们。他人离开后，她承认自己爱着瓦古拉。

第二幕第一场。**索洛哈的小屋**。恶魔从炉子里钻出来时，索洛哈出场。她度过了一个忙碌的夜晚，扫帚还被折断了。恶魔与她调情，她说自己很是疲惫，但还是与他跳起了戈帕克（一种活泼的双人舞）。突然敲门声响。恶魔很担心，原来是市长。他一喝醉酒就会不停在胸前画十字，这让恶魔非常焦虑。恶魔躲进了煤袋里，市长出场。他与不情不愿的索洛哈调情——突然敲门声再次响起，市长躲进了第二个麻袋里，校长出场了。索洛哈斥责了校长，特别是因为他是个有妇之夫。他唱起了一首赞美她的小曲——但突然又听到了敲门声。校长躲进第三个麻袋里，然后初布出场。初布受到了热情的接待，发展出一个小小的爱情场景——但突然听到了另一敲门声。初布躲了起来，但却藏在了校长已经钻进的麻袋里。四个脑袋都从麻袋里探了出来，他们和索洛哈一起组成了五重唱。当瓦古拉出场时脑袋们又都缩了回去。索洛哈撇下瓦古拉独自离去，瓦古拉决定把麻袋带到他的铁匠铺去。他一边在歌唱中宣泄着自己的激情和痛苦，一边机械地把麻袋装上车（并表现出它们重得让他大吃一惊），然后离场。

第二幕第二场。**狄康卡的街上**。姑娘们和小伙子们围过来唱歌，老人们也加入了进来。奥克萨娜和另一个女孩奥达卡一起出场。瓦古拉扛着麻袋走进来，奥克萨娜捉弄他。奥克萨娜相中了奥达卡的靴子，自己也想要一双，瓦古拉提出为她弄来，但奥克萨娜想要那双属于沙皇皇后的靴子。如果瓦古拉能搞到手，奥克萨娜就会嫁给他。年轻人离开去玩雪球。瓦古拉独自唱出了他对奥克萨娜绝望的渴求。奥克萨娜再次登场重复了她的条件，但大家伙儿很快就和瓦古拉站在了一边，奥克萨娜意识到她可能做得太过分了。瓦古拉扛着装着恶魔的麻袋和年轻姑娘们一起离开。年轻人注意到剩下的麻袋里有什么东西在蠕动，一解开，市长、校长和初布都跳了出来。前两个人突然离开，留下好脾气的初布把他们的不幸意外变成了笑话。

第三幕第一场。**月光下的河岸**。远处传来的露莎卡（水仙女）的哀鸣惊动了脾气暴躁的树精。瓦古拉扛着麻袋出场，再次发出哀鸣。恶魔从麻袋里跳出来，要求瓦古拉交出灵魂以作为恶魔为他追求奥克萨娜的回报。但瓦古拉智胜恶魔，恶魔认输，并同意答应他的任何要求。"带我去见沙皇皇后，"瓦古拉命令道。他骑在恶魔背上一路飞着被带到了圣彼得堡。

第三幕第二场。**王宫接待室**。恶魔带着瓦古拉飞着登场。一些被传唤到沙皇皇后面前的哥萨克人也出场了。瓦古拉要求加入哥萨克人，但哥萨克人回答他们此行的目的非常私密。恶魔神神秘秘地指出，瓦古拉可能会帮到他们。哥萨克人得知他们将被带到大殿。

第三幕第三场。**大殿**。盛大的波兰舞曲奏响。公爵登场报来捷讯，并唱起了赞美这一伟大胜利的颂歌。小步舞曲开始了，哥萨克人被告知他们的请愿将得到回应。其中一个哥萨克人向瓦古拉挤眉弄眼，要他提出想要得到皇后靴子的请求。大家哄堂大笑，但仆人被派去带来了女靴。瓦古拉激动不已。舞蹈轮番上演：俄罗斯舞和哥萨克舞。公爵邀请所有客人去看戏。恶魔再次出现，并把瓦古拉带回了乌克兰。

第四幕。**狄康卡阳光明媚的圣诞清晨**。索洛哈和奥克萨娜正在为瓦古拉的失踪悲伤不已。村民们结束了弥撒。奥克萨娜无法被说服与他们一起参加圣诞宴会，哭着跑了出去。初布上场，邀请大家到他家吃饭。初步四处寻找奥克萨娜，但生气地发现她不在家中。突然，有人看到瓦古拉走了过来。众人向他询问，索洛哈向他问好，然后去寻找奥克萨娜。瓦古拉恳求初布原谅他此前把初布从自己的家里赶了出去。初布原谅了瓦古拉并问他想要什么，答案当然是"奥克萨娜"。年轻的小伙子们都支持瓦古拉，初布同意了，当奥克萨娜出场时，瓦古拉向她献上了女靴。"我不需要它们…… 我不想要它们…… 没有它们我就……"她结结巴巴地说。初布为这对恋人送上祝福，并令哥巴扎手弹琴赞美他们 [1]。所有人都加入了进来。

柴科夫斯基的每部歌剧都以序曲开始，但这些序曲展现出了非常丰富的多样性。《叶甫盖尼·奥涅金》和独幕剧《约兰达》的序曲最短（各自只有两分半钟），《女靴》的序曲则最长。事实上，这是一个建立在歌剧中三个主题上的完整奏鸣曲式乐章（加上一个缓慢的引子）。引子向我们介绍了奥克萨娜第一幕咏叹调的部分内容，这是一段清新而自由流淌的旋律，捕捉到了一个年轻女孩儿意识到自己的魅力并预见其操控力时的兴奋，她将不假思索地滥用它。主部的灵动音乐是第二幕早些时候，一首为歌剧中两个超自然角色所作的戈帕克舞。第四位主角是瓦古拉本人，会由接下来宽广的弦乐旋律所呈现（副部主题）：这个年轻人听起来很强壮，值得信赖，且感情强烈。

在《女靴》中，随处都可能听到风格化的民歌（也就是让旋律听起来像民歌一样），而货真价实的民歌亦然。当大幕拉开时，索洛哈就是用一首真正的民歌来介绍自己（注意这里以及整部歌剧的配器是多么谨慎和敏感），她与恶魔的喜剧场景是多么令人愉快。但是，如果我们认为所有超自然角色的音乐都是这样的话，那么恶

91

魔所掀起的暴风雪很快就会消除我们的误解。你或许能在智力上战胜他，但他显然能对自然力量发号施令，而随后穿越暴风雪的旋律是柴科夫斯基最深刻的旋律之一。帕纳斯和初布在暴风雪中寻找村中酒馆的段落让我们第一次见到了歌剧中粗犷的农民。然后风暴渐渐平息，我们通过乐队过渡段来到了第二场中奥克萨娜的闺房。

现在，序曲中预先出现过的两首咏叹调将被渲染增强，奥克萨娜的咏叹调是自我揭示，瓦古拉的则是对爱的热切表白。要想从这部歌剧中获得最佳体验，有必要对照脚本的译文，这不仅是为了理解正在发生的剧情，也是为了了解柴科夫斯基的许多音乐是多么巧妙地"音有所指"。这一场景处理得十分漂亮。不过，虽然这一幕主要涉及非常敏感的人际关系，但抛开一切，真正让第二幕第一场鲜明难忘的重要因素还得是生动的人物形象和幽默感。索洛哈和魔鬼又一次通过一番打情骂俏推进剧情发展，音乐将观众带到序曲中的戈帕克舞曲，但接下来索洛哈与她的潜在情人们之间的情节才更有娱乐性。情人们依次出场，首先是市长（身材肥胖，自以为是），接下来是校长（一个对妻子不忠、令人毛骨悚然的小混蛋，嘴里不停唱着一首难听又笨拙的小曲儿），然后是初布（不修边幅，词不达意，但心地善良），他正是索洛哈要找的男人。至于紧随其后的五重唱，几个男人的脑袋依次从麻袋里探出来非常搞笑，这也进一步证实了柴科夫斯基其实很有幽默感。而在表现力的另一极端，瓦古拉带着麻袋离开时唱出的悲伤而庄重的旋律是地地道道的柴科夫斯基风格。

到目前为止，《女靴》以主要人物之间一对一的互动为主，而合唱团的作用很小，正如我们从第二幕第二场开头的相互问候的合唱中听到的那样。情况现在要有所改变。这至少在一定程度上是由歌剧观众的期望决定的，他们不仅想要大量的演唱，还希望看到壮观的场面。剧情不断加快节奏，积蓄能量，奥克萨娜对瓦古拉公开的嘲讽以及命令他得到皇后的靴子让她越发得意，合唱团在这里非常突出，它既起到了响亮的烘托作用，又在与独唱的交流中成为剧情的参与者。然后，为了平衡开场的庞大合唱，一切都在压轴终场中达到了高潮，而情节的戛然而止让在场人物的情感更加具体。它由伤心欲绝的瓦古拉率先引爆，很快绝望忏悔的奥克萨娜也加入进来，这时合唱部分分量加重，暗示着担忧，不知道瓦古拉接下来会做些什么。所有这一切当中都有一种精心安排的套路，这让人联想到西方歌剧传统——而这反过来又使人认识到《女靴》是多么具有独创性的一部作品。一丝幽默感为这一幕画上了完美的句号。

然而，在舞台场面上，第三幕第三场中皇后宫廷里的辉煌盛典要更胜一筹。但是，故事得先继续编下去。在第三幕的开场，幕后每小节五拍的水仙女合唱因其湿热的音调让人联想到东方风情，它让易怒的树精心烦意乱。这为瓦古拉扛着他那装有恶魔的麻袋出场奠定了萦绕心头的忧伤基调。瓦古拉精彩的咏叹调再次强调了他的绝望现状，但他的命运很快出现了转机：从乌克兰到圣彼得堡的空中旅程（少说肯定也有 500 英里）是在充满活力的管弦戈帕克舞曲的伴奏下完成的，从其简短程度来判断，这趟飞行显然是超音速的。如果说"女靴"的场景引出了合唱团，那么接下来的内容则由芭蕾舞主导。瓦古拉与哥萨克人相遇后，一个庞大的乐队铺垫为恢弘的合唱管弦乐波兰舞曲做好了准备，这让舞台场面变得更加壮观。呈现出极端反差的是台下端庄优雅的小步舞曲，它具有特殊的意义，因为这会是柴科夫斯基作品中出现的一系列洛可可时期（即 18 世纪末）仿作的首秀，它们无不诞生于作曲家对"神圣的莫扎特"的崇拜之情。在这一背景下，瓦古拉完成了交易，正式的芭蕾以俄罗斯舞和哥萨克舞继续进行，并以第二次空中飞行结束。

第四幕带我们回到了狄康卡——故事开始的地方，与我们刚才听到的完全是两个世界。现在，之前一切被激发出的事件都得到了揭露和解决。音乐从索洛哈和奥克萨娜对瓦古拉的失踪发出的哀叹开始，到瓦古拉为他在第一幕中的不端行为结巴巴地向初布道歉（乐队回顾了他在第一幕的爱情宣言，从而揭示了他现在的话背后更深的动机）结束。紧接着，奥克萨娜含泪接受了靴子。在她曾经毫不留情地考验瓦古拉为她获得这双女靴的音乐衬托下，这里的场景显得格外讽刺。最后，序曲结尾处高亢的音乐开启了快乐的庆祝。

《铁匠瓦古拉》/《女靴》在柴科夫斯基的歌剧中是独一无二的，这可能在某种程度上解释了历代观众对其反应平平的原因。传统情节剧《禁卫兵》很快就被其他歌剧院搬上舞台，主要是因为它的轰动效应和与之相映的激昂音乐。但《铁匠瓦古拉》（就当时来看）与传统的现实相去甚远，它的人物虽然刻画得非常精彩，但过于平民化。它讲述的故事过于平淡无奇，无法唤起观众的兴趣，其结局的快乐咒语无法像《禁卫兵》中震惊恐怖的结尾那样吸引听众。然而，就其本身而言，《女靴》能带来一个不仅有趣，而且相当感人的夜晚。最重要的是，它在音乐上有丰富的创造性，在戏剧性上有丰富的新鲜感和确定性，在塑造一众真实可信的人物上有丰富的想象力，甚至连最不起眼的角色也不放过。柴科夫斯基本人从未对这部歌剧失去信心。事实上，正如弟弟莫杰斯特后来所记录的那样，"他始终对《女靴》情有独钟，直到他去世都坚信这是他最好的歌剧"。

柴科夫斯基本人对尼古拉·鲁宾斯坦听过他第一钢琴协奏曲后的反应的描述，对许多柴科夫斯基的狂热粉丝来说都再熟悉不过了。目前我们还不能确定柴科夫斯基究竟是何时开始着手创作他这部最著名、最优秀的协奏曲，但大概时间是在对第一版《女靴》进行最后润色的两个月内，而新作品又用了不到七个星期就完成了。柴科夫斯基希望尼古拉能在新年期间首演，并在1月初向他介绍了这部协奏曲。柴科夫斯基大约三年后在给娜杰日达·冯·梅克的信中对随后的事情进行了描述。在演奏完第一乐章后，柴科夫斯基等待着鲁宾斯坦的反应：

一个字也不说，一句评论也没有！鲁宾斯坦意味深长的沉默意义重大。他仿佛在对我说，"我的朋友，当它的本质就已经让我厌恶时，我还能谈论细节吗？"我铆足了耐心，并继续演奏到最后。又是一阵沉默。我站起来，问道，"怎么样？"就在这时，尼古拉·格里戈里耶维奇的嘴中开始吐出了一连串的话语，一开始还算平静，后来越来越有雷神朱庇特的口吻了。看来我的协奏曲一文不值，无法演奏。一些段落老套、笨拙、太别扭，以至于不可能把它们纠正过来。就作曲技法而言，它糟糕又俗气，我从这儿偷了点儿，从那儿顺了点儿，只有两三页值得保留，其余的必须毁掉或彻底修改。"比如说这个——它到底是个什么东西？"（这时鲁宾斯坦演奏了他所提及的段落，对其进行了一番讽刺。）"还有这个？这当真可行？"——诸如此类，不一而足。我无法向你表达最重要的——那就是，他说所有这些话时的语气。简而言之，任何一个碰巧走进来的局外人都可能认为我是个蠢货，一个什么都不懂也没有任何才华的三流作曲家，用他的垃圾来纠缠一位声名显赫的音乐家。面对整个场面我不仅哑口无言，更是尴尬至极。

我离开房间，默默地上了楼。我激动和愤怒得说不出话来。鲁宾斯坦很快就出现了，他注意到了我心烦意乱的状态，把我拉到远处的房间里。在那儿，他再次告诉我，我的协奏曲无可救药。在向我指出了许多需要大改特改的地方之后，他说，如果我能在某某日期之前，按照他的要求把协奏曲修改好，那么他将给予我在他音乐会上演奏我这部作品的荣誉。"我一个音符也不会改，"我回答道，"我将按照现在的样子出版！"我还真就这么做了！

据我们所知，柴科夫斯基信守了自己的诺言。不过，也许非常重要的是，当这部协奏曲在10月首演时，并不是在俄罗斯，甚至也不在欧洲，而是在美国的波士顿：如果会失败，那么至少也得是在远离家乡的地方。担任独奏的是汉斯·冯·彪罗（Hans von Bülow），19 世纪后期伟大的钢琴家和指挥家。他报告称作品获得了巨大的成功，在后来几场演出中终乐章甚至被要求加演。俄罗斯的首演一个月后在圣彼得堡举行。不到三个星期的时间莫斯科也听到了这部作品，担任独奏的是塔涅耶夫，而指挥不是别人——正是尼古拉·鲁宾斯坦。显然，后者已经改变了自己的看法。事实上，他后来学会了钢琴部分，并成为该协奏曲最有力的拥护者之一。

95

降 B 小调第一钢琴协奏曲

【对于柴科夫斯基的粉丝来说，我无需推荐第一钢琴协奏曲，但对尚不熟悉它的人来说，这是必听的作品。】

将协奏曲描述为有着高能独奏者的交响乐，未免过于简化，尽管这两种形式之间有大量的重叠。众所周知，莫扎特在 18 世纪晚期确立了协奏曲这一形式，贝多芬又在 19 世纪早期对其进行了巩固加强。它与交响乐最明显的区别在于它由三个而不是四个乐章组成，缺少一个小步舞曲（或谐谑曲）和三声中段。这样的乐章对于一部以英雄般的独奏家和管弦乐团之间的抗衡为绝对根基的作品来说，无论是在风格还是曲式上都会格格不入。也就是说，19 世纪的协奏曲和交响乐有许多相似之处。它们通常以奏鸣曲式为基础的快乐章开始，以回旋曲结构的更快的乐章结束，而在这两者之间是一个抒情的慢乐章。总的来说，这是柴科夫斯基所有三部协奏曲（两部钢琴协奏曲，一部小提琴协奏曲）的模式。然而，两部钢琴协奏曲都严重偏离了这一标准。就《第一钢琴协奏曲》而言，我们会立即遇到其中一个反常规的操作。许多评论家（其中有些苛刻地）指出过那个长达三分多钟的宏大开场旋律。这是一个由清晰的三部曲式构成的封闭乐段，本身就独自成立。然而它此后再也没有出现过，它通过一个持续的且非常具功能性的过渡乐段与乐章主体联系在一起。第一首（相对来讲非常微不足道的）乌克兰民歌在这时才突然涌现，提供了正式的主部主题。然而事实上，这个伟大的主题展现已经包含了微小的主题，它们将在随后的主题中提供小小的构件。因此，尽管非常隐蔽，但它与随之而来的音乐之间存在真正的有机联系。此外，尽管乐评家们对开场这一盛大华丽的装饰性乐段表达出了震惊，甚至是困惑，但似乎没有谁曾坚定地谴责过它。笔者听这首协奏曲约有六十五年的时间了，当然很高兴让一切照旧。无论如何，你真的能想象用乌克兰民歌开始这部协奏曲吗？

事实上，柴科夫斯基的《第一钢琴协奏曲》融合了现有的三首曲调。其中两首是乌克兰民歌，上面提到的第一首（这是柴科夫斯基在卡缅卡随手记下的一条简短旋律）是第一乐章的主部主题，第二首是终乐章的主题。然而，第三首，也就是协奏曲慢乐章中心部分的根基，是当时的一首法国流行歌曲《人要快乐、跳舞、欢笑》（*Il faut s'amuser, danser et rire*），据说是德西雷·阿尔图的保留曲目。众所周知，一些作曲家会使用音乐"加密"[1]，谨慎地将一些隐秘的标题、或对某个特定的人的致敬融入到一首音乐中。我曾在另一本书中证明，柴科夫斯基当时与这位比利时歌唱家的恋情[2]，促使这首歌曲以私人"回忆录"的一部分隐藏于这部协奏曲中。

在协奏曲庞大的引子中找到方向并不困难，整个乐章采用了奏鸣曲式，但有两个明显且容易辨认的反常规操作。如同《罗密欧与朱丽叶》，协奏曲的引子包含了三个清晰的主题。柴科夫斯基显

---

1. 关于加密的解释，参见附录二。
2. 对此感兴趣的读者，如果可能的话，可查阅我的《柴科夫斯基：传记与批评研究》（*Tchaikovsky: A Biographical and Critical Study*）第二卷：《危机岁月》（伦敦，1982），第23—24页。（在这本庞大的四卷研究报告的平装版中，《危机岁月》构成了第一卷的后半部分，题为《走向危机，1840—1878》）。用来开启第一乐章副部主题的"Désirée Artôt"密码（降D—A—［降B］，最后的降B是这前两个音符之后最自然的解决办法）显然决定了这首协奏曲所处的非常不寻常的调性（降B小调）。

然需要对这首小小的乌克兰民歌进行自己的扩展和补充。而事实证明，它只是一个重要的三部曲式的跳板（为了方便参考，注意当乌克兰小调再次出现以完成三部曲式时，它的表现形式是如何发生变化的。正是在此时该乐章将进入再现部）。这里没有正式的过渡段，副部主题最初的旋律先是分配给了木管声部（再次注意，它的开场小节是如何有效地在这之前被安插了两次——也就是主部主题的结尾。这远不是一个单独的过渡段，两个主题实际上是重叠的）。然后这个旋律在钢琴上重复，温和的第三主题（也就是副部主题的第二部分）由加了弱音器的弦乐呈现。但呈示部还没有结束，因为木管主题再次出现，现在独奏家和乐队联手构建了一个强有力的高潮。然而，混乱再次平息，温和的第三主题再次出现，不过这一次它会和精致的钢琴音型交织在一起，并且最终陷入沉寂。

97

现在，这部协奏曲在交响乐常规路线上出现了第一次重大偏航——展开部开启了庞大的纯乐队全奏。它先几乎神不知鬼不觉地学会了温和主题，后又（但只是简短地）学会了主部主题，然后稳步发展到了强有力的高潮，在最精彩的地方独奏家突然接手，但很快就重新恢复了平静的情绪，然后思考着该如何处理尚未利用的木管主题。然而，主题的基础已经开始偷偷地发生改变，当乐队重新进入与钢琴的亲密对话时，它们的讨论会基于一个新的乐思。当再现部如约而至，只有呈示部的部分内容会被反复，最后加了弱音器的弦乐旋律被完全省略了——因为这里出现了协奏曲的第二个主要的反常规操作：华彩乐段。

任何一部协奏曲的重头戏显然是独奏家的光彩和才华，这在作曲家所写下的内容当中显而易见。但是，协奏曲的每一个音符都是预先写好的这一观点是近来才有的。例如，在莫扎特的协奏曲中，那些被指定为华彩乐段的段落可以由独奏家即兴演奏。最重要的华彩乐段出现在第一乐章的结尾，介于再现部和尾声之间。华彩乐段开始的时间是精心设计过的：乐队在一个持续的，但又显然不是音乐结尾的和弦上结束；然后独奏家开始即兴演奏（不过我们怀疑有时"即兴演奏"是否也经过精心练习），最后结束于一个颤音。颤音一直持续到乐队定下神来，准备好接手后面的音乐，圆满完成这一乐章。

98　　贝多芬本身就是著名的即兴演奏家，他在所有的协奏曲中都允许这种自由发挥，除了最后一首《"皇帝"协奏曲》。而后来的作曲家虽然可能会保留华彩乐段这一元素，但几乎总是自己提前写好——仅举两个著名的例子，门德尔松的《小提琴协奏曲》和格里格的《钢琴协奏曲》（勃拉姆斯的《小提琴协奏曲》是一个罕见的、较晚出现的例子，其中独奏家仍然可以自由地演奏自己的即兴华彩）。事实上，柴科夫斯基会逐渐地将为独奏家准备的华彩般的乐段融入他后来的协奏曲中，但他总是会明确规定要演奏什么，就像他的《第一钢琴协奏曲》一样。这里，华彩乐段很有分量，它悄悄地引入了尚且不见踪影的、加了弱音器的弦乐主题（现在出现在长笛和单簧管上），而尾声正是以该主题为中心，只不过能量和音量都不断增加。

　　这无疑是柴科夫斯基迄今为止创作的最精彩的——而且是规模最庞大的第一乐章。它的长度是前两部交响曲平行乐章的两倍，它有着极好的旋律素材、无穷的创新性（想想这一分半钟的主部主题可是他从仅有五秒的民歌里创作出来的），以及运用这些素材构建了一个有着二十分钟长度但又极度平衡、步履稳健的结构。其余两个乐章没有试图与之一较高低，但也没有这个必要吧？的确，在 19 世纪后期，将交响作品的终乐章作为最重要的乐章会成为一种惯例。但柴科夫斯基伟大的古典时期的先辈，莫扎特和贝多芬，常常将他们的终乐章在音色上变得更轻盈，在长度上或许比第一乐章还要更简短。事实上，这首协奏曲其余的两个乐章所占时长加在一起还不及第一乐章。温柔的歌唱性是贯穿于"单纯的行板"（Andantino semplice）外围部分的基调（它以八个很弱的拨奏和弦悄悄进入，如果不留神的话很容易错过它们）。长笛的主题可爱又简单，但仍然足够有力以支撑这个三部曲式的侧翼。相比之下，被标记为"非常快"（prestissimo）的中央部分主要建立在与德西雷·阿尔图相关的俏皮曲调上。但在这之前（以及之后），钢琴活蹦乱跳的部分由微小的片段组成。这些片段转瞬即逝，尽管它们非常清晰，但几乎没有时间去辨别它们各自的身份。但事实上其中一些音乐我们早就听到过了，不过我确信大多数听众都会错过它们——我承认我自己也是听过很多遍后才发现的。该乐章是以主题的两段陈述句开场的，其中第二段由钢琴奏出——但现在请注意接下来由木管和弦乐拨奏轻轻引入，然后又在钢琴上反复的细小、微弱的音型。我们再次听到的正是它们，只不过现在速度加快了数倍，提供了"非常快"的中央部分开头的几个小节。

99

　　慢乐章的歌唱性突然在终曲的活力面前败下阵来。柴科夫斯基在"热情如火的快板"（Allegro con fuoco）中没有浪费任何时间。虽然它的长度只有第一乐章的三分之一，但它将以巨大的能量作为弥补。但仅有能量是不够的。这部协奏曲以一个宏大的乐章开场，大多数时候都极为雄浑；终乐章无论如何必须在其结尾处重新捕捉到那种不朽的元素以保证表现力上的平衡。然而，终乐章是在它自己独特的世界中开始的。先是一个简短的乐队开场白——钢琴引入了协奏曲中的第二首乌克兰民歌，然后在此基础上展开，最后以喧闹的乐队齐奏结束。钢琴随即再次登场，为该乐章的第二个主要乐思提供了一个令人眼花缭乱的连接：一个宽广且富有歌唱性的主题先是由乐队平静地呈现，然后再由钢琴展开；一个简短的连接直接将音乐带回到了乌克兰民歌。到目前为止，我们不出所料似乎一直在听一首紧凑的回旋奏鸣曲的第一部分（也就是 ABA，其组成部分之间有连接），但如果音乐沿着这个路数保持下去，那么到最后这个乐章岂不是听起来过于糊弄？事实上，柴科夫斯基一开始确实以一种非常务实的方式贯彻执行了回旋奏鸣曲式的思路。然而，这一切完成后，我们突然进入了一个新的、出其不意的阶段：钢琴倾泻出大量十六分音符，它们与乐队引用的（木管上的）乌克兰民歌以及（弦乐上的）宽广的歌唱性主题的片段相抗衡。但钢琴突然陷入了沉默，乐队将注意力集中于乌克兰民歌元素（和轻快的乐思）。但随后，宽广的歌唱性主题开头的那四个音符先是很安静，继而又在所有的小提琴上以庄严、连贯的步伐不可阻挡地向上攀升。一个伟大的高潮到来，磅礴的双八度在钢琴家手中激湍翻腾——雄伟的第二主题滔滔不绝地庆祝它那无可争议、至高无上的地位，由此赋予了协奏曲结尾以雄浑的气势。这样的处理平衡了那个在大约四十分钟前开启这部杰作的标新立异的主题。

100

———————

柴科夫斯基最著名的作品之一是他在 1878 年创作的《小提琴协奏曲》。不过还有两首小提琴和乐队作品，虽说没有那么大野心，也几乎没什么人演奏，但还是值得偶尔一听。其中第一首作品尤其如此，也就是于 1875 年 2 月为小提琴大师利奥波德·奥尔所作的《忧伤小夜曲》（ _Sérénade mélancolique_ ）。出于某种原因，这位小提琴家推迟了首演，直到两年后才由阿道夫·布罗茨基将其介绍给更广泛的听众，而奥尔本人在大约十个月后首次公开演奏了它。这是一首非常迷人的作品，其中有明显证据表明前一年占据柴科夫斯基大量精力的两部杰作此时依旧停留在他的创作记忆中挥之不去，因为《小夜曲》的开头直接取自于《铁匠瓦古拉》/《女靴》第二幕第二场中奥克萨娜对瓦古拉刁难部分的音乐，而速度较快的中央部分的旋律模仿了《第一钢琴协奏曲》慢乐章的法国歌曲旋律。《小夜曲》的完整标题让我们为独奏开场凄婉的情绪做好了准备，不过《铁匠瓦古拉》的旋律渗透到了这个广阔的主题的中心，而阿尔图旋律的余音有助于激发出更活泼的中央段落。聆听这样的音乐不是为了获得多么宏大的体验，而仅仅是为了感受音乐中始终如一的美好旋律所带来的快乐。我们永远不要小看这种温婉含蓄的作品。

10

开创芭蕾新纪元：
《第三交响曲》《第三弦乐四重奏》与《天鹅湖》

101

柴科夫斯基是位舞文弄墨的好手。他孜孜不倦地写了大量书信，现存的五千封书信在俄语版中占有十五卷。信件篇幅往往很长，尤其是那些写给他最亲近的家人的。这些信文笔极佳，就和他在那三年中作为音乐评论家定期为俄罗斯报纸撰写的评论一样好。早在 1871 年，他就完成了他的《和声实践研究指南》，第一本在俄罗斯出版的作曲手册。现在他又受俄罗斯东正教会议要求接着撰写了《适用于俄罗斯宗教音乐研究的简明和声手册》，于 1875 年由尤尔根松出版。柴科夫斯基刚一完成《第一钢琴协奏曲》的创作，就在当年早些时候写下了这本著作。每当亲戚或朋友需要帮助时，柴科夫斯基总会尽力迅速作出响应。在更加私人的层面上，他对开始了职业评论家生涯并遭受自我怀疑的弟弟莫杰斯特给予了鼓励。"也许你没有一流的写作天赋，但你有十足的才能和品位，而且你有拉罗什非常看重的那种理解力，"哥哥彼得写道，"理解力非常重要，有时非常聪明的人也不见得拥有它。因为你有理解力，你永远不会写出廉价或虚假的东西。"这真是明智之言。他还帮助过拉罗什，后者自 1867 年以来一直是作曲家在莫斯科音乐学院的同事，其妻子当时身患肺病无药可医。作为最后一搏，拉罗什把她带到了亚琛的矿泉疗养地，但这样一来他就无法照顾年幼的家人。在这个令人万分沮丧的时刻，柴科夫斯基帮助安排夫妻二人其中的一个孩子去亚琛，为他垂死的母亲带去一丝安慰。巧合的是，1887

102 年，柴科夫斯基自己也将去往亚琛，在他身患绝症的朋友康德拉捷耶夫的床边陪伴他度过可怕的三个星期。从柴科夫斯基的私人日记来看，这几乎是一次一人的守夜。在某些关系中柴科夫斯基可能会是个难以接近的人，但当亲爱的朋友、亲人，甚至一个他素昧平生却能真正帮助到的人需要他的支持时，他会倾尽所有奉献自己，其程度我想我们当中很少有人能够企及。

　　柴科夫斯基本希望可以在暑假开始时去国外旅行几日，但由于缺乏资金，他在 6 月中旬动身改去了希洛夫斯基在乌索沃的庄园。他恢复了创作的欲望，几天之内就开始了一部新的交响曲的创作，"一次写一点儿，"正如他在信中给萨夫洛诺夫兄弟写的那样，"我不会一坐就是几个小时，而且我越来越爱散步了。这里一切都是老样子。甚至连狗都没有变，我去散步的时候它们就追在身后。"然而尽管柴科夫斯基现在的生活轻松惬意，但到了 7 月中旬，当他来到康德拉捷耶夫在尼济的庄园时，交响曲的初稿已经完全被勾勒出来，部分配器也完成了。他在那儿停留了十天，然后去了卡缅卡附近达维多夫位于韦尔博夫卡的另一处庄园，萨莎和她的家人还有柴科夫斯基的父亲和弟弟阿纳托利都在那儿度夏。两个星期后，他的《第三交响曲》完成了。

D 大调第三交响曲****(*)

【遗憾的是，这是一部不均衡的交响曲——虽然这并不意味着其中没有非常好的音乐。外部的几个乐章无法代表柴科夫斯基的最佳状态，但中间的三个乐章（尤其是中间的挽歌般的行板）出色极了，非常值得研究。】

　　"在我看来，这部交响曲没有展现出特别成功的乐思，但在技法上却迈进了一步。我最满意的是第一乐章和两首谐谑曲。"这是柴科夫斯基在作品于 11 月首演后对自己的评价。事实上，《第三交响曲》是他成熟作品中（也就是不算上《第一交响曲》）最不令人满意的，答案就在他的第二句话里。也许根本原因在于尼古拉·鲁宾斯坦对他最新一部交响作品的反应。《第一钢琴协奏曲》的第一乐章是柴科夫斯基迄今为止创作过的令人印象最深刻和最大胆的音乐——但它却被一个柴科夫斯基原本盼着能给出高度专业和中肯评价的人无情痛斥了一番。虽然尼古拉·鲁宾斯坦后来公开承认了自己的误判，但在 1875 年的夏天，这首协奏曲还是无人演奏，尽管柴科夫斯基激烈地拒绝了鲁宾斯坦的意见，但他显然也在扪心自问对方的批评是否有理有据。无论怎样，柴科夫斯基本人似乎对《第三交响曲》的第一乐章特别满意。不错，它具有循规蹈矩的正统交响乐的所有特征，但其中的一些音乐片段也是他所创作过的最索然无味、最没有特色的。他似乎已经让自己创造性的耳朵适应了近来的西欧交响乐传统，特别是适应了舒曼，说得再具体一点儿就是舒曼自己的《第三交响曲》（非常不寻常的以五个乐章组成——正如柴科夫斯基的《第三交响曲》一样），并且调整，甚至压制了他自己的音乐语言以迎合可以制造出"政治正确"的第一乐章的素材。倒也不是一切都徒劳无功。缓慢的引子就很精彩，在由三个主题构成的呈示部中，第二主题非常迷人，第三主题也很活泼。但正是这个虽然很有活力但节奏却很呆板的第一主题，给该乐章埋下了问题的种子，因为它在重复的、沉重的展开部中会变得越来越坚定，并在该乐章过度夸张的尾声中过于抢戏。

然而在《第三交响曲》的其他地方也有一些出色的、颇具特色的音乐。特别是中间的慢板乐章——柴科夫斯基有理由对包围它的两个相对较轻的乐章感到自豪。他将其中的第一乐章标注为"像德国舞曲一样"（Alla tedesca），但因为这出自柴科夫斯基之手，所以我们可能认定它会是一首华尔兹，并且期望它有着巧妙的广度和充满创造性的细节。它也的确如此：主要部分确实感觉很完整，尽管它是由几个乐思构建的。在该乐章的三声中段中，管弦乐的色彩和

103

精致的肌理都颇有魅力（有些人可能已经感觉到了《胡桃夹子》中的世界，尽管这部芭蕾舞剧要在十五年后才会问世）。特别要注意的是在三声中段的喋喋不休完全消失之前，柴科夫斯基是如何巧妙地重新引入该乐章的主题。也请注意第一部分经过反复之后那冗长、逐渐消失的尾声——特别是柴科夫斯基两次大幅拉长了最后两个华尔兹乐句的前两个音符，带来了额外的逐渐淡出的收束感。这是一个美妙的乐章。第四乐章（实际上被标注为"谐谑曲"）也同样如此。这里，富有管弦色彩的飞舞片段以及来自乐队其他地方的小小插段构成了音乐的大部分。只有在最后，长号独奏才冒出一个安静坚定的旋律，将这一乐段带回现实。该乐章同样包含一个三声中段，其出处令人惊讶。它改编自柴科夫斯基 1872 年《彼得大帝康塔塔》管弦序曲，后者主要是一首受常规委托创作的功能性音乐，我们在此不必关注。请注意贯穿整个乐段的一个不间断的圆号音（当然，它必须由两位演奏家交替演奏），围绕着这个音，出自康塔塔的乐句在木管和弦乐之间交换。它虽然被固定在了原地，但听上去似乎是在跳舞。谐谑曲也有一个尾声，而这让我们想起了中间部分，最后一个稍纵即逝的微小装饰性乐句结束了这一乐章。

当柴科夫斯基开始创作《第三交响曲》的核心，即那极其美丽的行板乐章时，是否又一次被乌索沃的魔力所打动，就像两年前创作《暴风雨》时那样？当他创作这部交响曲的开篇和结尾时，柏辽兹《幻想交响曲》的核心——《田野景色》（*Scène aux champs*）的开篇与结尾是否正萦绕于他心间？这很有可能。而他对早先乌索沃创作的特殊记忆肯定影响了后面令人陶醉的旋律，因为这旋律似乎是直接从《暴风雨》中的爱情主题发展而来的，只不过少了莎士比亚恋人的无限激情。柴科夫斯基以他最优美的旋律之一开启了他最优美的慢板之一，音乐以它热情又宁静的美好吸引着听众，这让进一步评论显得很多余。如果让我选一部柴科夫斯基的作品作为我的荒岛唱片，这张肯定会是候选。

然而，我对《第三交响曲》终乐章的印象就没有那么好了。这是一首波兰舞曲——一个宏大的回旋曲乐章，其中 A 主题很有气势，但 B 主题却相当沉闷，而且在临近结尾处当 B 主题再次出现为柴科夫斯基最嘈杂的尾声之一做好准备之前，还有一个有效的但缺少性格的赋格。《第三交响曲》或许是迄今为止他的六部成熟作品（其中包括恢弘的《曼弗雷德交响曲》）中演奏次数明显最少的一部。因此非常遗憾我们很少能在音乐厅里听到中间三个乐章，特别是慢板。

————————

12 月中旬，法国杰出作曲家卡米尔·圣-桑到访莫斯科。他举办的两场音乐会柴科夫斯基都有出席，并给后者留下了深刻的印象。他见到了圣-桑，发现他本人和他的音乐一样亲切。毫无疑问，柴科夫斯基盘算着与这位法国作曲家建立良好的关系可能有助于他在法国事业的发展。二人脾气十分相投，相处之愉快还让他们一起即兴表演了一把。记录下这一事件的莫杰斯特是唯一的目击者：“作为年轻人，”他回忆说，

> 两人不仅都对芭蕾感兴趣，还在舞蹈技术上颇有天赋。于是有一次，为了向对方炫耀自己的舞艺，他们在音乐学院主厅的舞台上表演了整部小芭蕾舞剧《葛拉蒂亚和皮格马利翁》（ *Galatea and Pygmalion* ）。四十岁的圣-桑饰葛拉蒂亚，他非常卖力地扮演了雕塑一角，而三十五岁的柴科夫斯基则主动扮演了皮格马利翁。尼古拉·鲁宾斯坦任乐队指挥。

除了这场闹剧本身的喜剧性之外，它还进一步证明虽然柴科夫斯基的内心世界乌云密布，但他依然很享受玩乐和幽默。当然在不到两年的时间里风暴就会肆虐，柴科夫斯基将陷入他整个人生中最痛苦的阶段。至于与圣-桑的关系，事实证明那只是昙花一现。1876 年元旦，法国作曲家刚一离开俄罗斯，柴科夫斯基和莫杰斯

特便立即出发前往西欧，并在三个星期内抵达巴黎——但柴科夫斯基明确要求那些知道他行踪的人保守秘密，而且故意避免与圣-桑见面。当他们后来面对面相遇时，"他们形同陌路，而且一直会是如此，"莫杰斯特回忆说。这将不会是柴科夫斯基生命中唯一一段冷热无常的关系。

106　　然而，这次巴黎之行给柴科夫斯基带来了他一生中最具决定性的音乐经历之一。1 月 20 日，他观看了歌剧《卡门》。当时距离比才这部杰作首演还不到一年，而首演后不到三个月比才就去世了。这令人悲痛的事件激起了人们对歌剧本身的兴趣，但它不太可能对柴科夫斯基的反应有任何重要的影响。莫杰斯特后来记录说，他从未见过哥哥对一部当代作曲家的作品如此着迷。他对《卡门》的喜爱和崇敬仅次于对莫扎特的《唐璜》。事实上，《卡门》将滋养柴科夫斯基自己的一些作品，让他决定（莫杰斯特这样写道）自己的下一部歌剧也要基于现代现实生活题材。这不仅促成了他于次年选择普希金的《叶甫盖尼·奥涅金》，《卡门》中的音乐还将成为他《第四交响曲》的素材，并在其中留下秘密却犀利的身影。然而这都是后话了，这部歌剧似乎丝毫没有影响柴科夫斯基于 2 月初返回俄罗斯之前就已经开始的作品：他的《第三弦乐四重奏》。

当柴科夫斯基的前两部弦乐四重奏首演时，担任第一小提琴的是斐迪南·劳布，一位在国际上享有盛誉的捷克小提琴家，自 1866 年莫斯科音乐学院成立以来也一直是柴科夫斯基的同事。但在 1875 年 3 月，劳布突然去世，柴科夫斯基决心用他的下一部弦乐四重奏来纪念他。因此，《第三弦乐四重奏》气势恢宏，（大部分）情调凄婉也就不足为奇了。这是一部巨著，其规模与《第一钢琴协奏曲》旗鼓相当，但它只用了一个月的时间就完成了。仅仅两个星期后作品就进行了首演，首演反响强烈，很快演出接连而至。"它让很多人满意，"柴科夫斯基告诉莫杰斯特，"我听说很多人都在'葬礼般的悲伤行板'（缓慢的第三乐章）流下了眼泪。如果这是真的，这是个伟大的胜利。"难怪，当柴科夫斯基去世后，在圣彼得堡、莫斯科和哈尔科夫的纪念音乐会上，人们正是选择以这部四重奏向其创作者致敬。

降 E 小调第三弦乐四重奏 ***（*）

107

【《第三弦乐四重奏》是柴科夫斯基三部弦乐四重奏中最令人印象深刻的一部，尤其是其悲壮的慢乐章。这首四重奏质量非常高，也许对听众的注意力有一定的挑战，所以这部作品可能更适合更有经验的听众，但慢板第三乐章非常值得一听。】

显然，一部具有如此规模，但又缺少之前钢琴协奏曲的分贝和戏剧性的作品对听众来讲会是个挑战，特别是庞大的第一乐章的整体基调并没有被那些对比清晰又容易识别的标识所打破，不过只要稍加熟悉，听众便能在这个大部头的乐章中找到方向。但对于那些喜欢沉思、亲密和深刻体验的人来说，柴科夫斯基的《第三弦乐四重奏》可以带来丰厚的回报。缓慢的引子静悄悄地，又有些断断续续地开始，但它却引向了第一小提琴上宽广且非常美丽的旋律。在向一位伟大的小提琴家和亲密友人致敬时，这一乐器的选择显然是很有针对性的。这个旋律在大提琴上重复时变得更加强烈，第一小提琴很快便以自由的复调旋律重新开始。最后，所有的一切在伟大主题开头持续的回声中渐渐淡去，速度更快的乐章主体开始了。不出所料，它采用了奏鸣曲式，主部主题与开启整部作品的乐句紧密相连，副部主题是充满忧伤的思念之情的华尔兹。在接下来的音乐中，尽管呈示部／展开部以及展开部／再现部的界限由更安静的乐段标记了出来，但不迷失方向并非易事。我的建议是"尽管听就好了"，因为这个近二十分钟的乐章接下来的内容坚定地巩固了前面的整体情绪，一直到最后引子中的伟大旋律再次出现，让这个不朽构思成为定局。然而，有个地方非常奇怪。再现部中，在两个正式主题之间，有一个之前没有听到过，之后也不会再次出现的第三主题。这是否是来自其他地方的旋律，柴科夫斯基特别将它与劳布联系在了一起？我们或许永远都不会知道答案。

这种持久的体验需要某种释放，特别是第三乐章将更加专注于葬礼仪式本身。将这两个乐章分开的谐谑曲似乎只是一个标点符号，长度不超过第一乐章的四分之一，但它提供了充分的喘息，让回归悲痛更加凄婉。事实上，第三乐章，"葬礼般的悲伤行板"（Andante funebre e doloroso）开头的音乐有种近乎原始的感觉，是一首断断续续，夹杂着痛苦之声的葬礼进行曲。它是对葬礼唱诗班庄严吟唱形象的、静谧的描绘，其间不时出现神父缓慢又严肃的语调（这里的中提琴演奏的是单音，但被精确规定了时值，以便完全映照现实生活中神父所主持的礼拜仪式）。这与小提琴和大提琴共同演奏的旋律完美地融合在一起，和整部四重奏的引子一样优美。这里是作品表现力的中心，但在小提琴／大提琴的旋律（中提琴现在也有参与）重新开始之前，开篇的葬礼进行曲也有着属于它自己的中心。接下来是对之前音乐的回溯，在唱诗班和牧师的祝祷声以及（无疑是？）奔向天堂的上行音阶中，该乐章结束。

在这样强有力的表达之后，终乐章无论在性格上还是在长度上可能最初都会让人觉得乏善可陈。但在某种程度上，它一定是对劳布生命的感恩之情。无论如何，这首四重奏特别的纪念意义并没有被忘记，因为就在这首充满活力和富有俄罗斯风情的音乐结束之前，音乐节奏放缓，第一乐章缓慢引子的拨奏和弦再次出现。但接下来的大提琴旋律并不是我们当时听到的。事实上，它的四个音符用加密[1]的方式精确地描绘了劳布名字的音高轮廓。因此，被题献人的身份听上去就这样在这部纪念作品中留下了不可磨灭的痕迹。经念仪式一结束，该乐章（事实上是整部四重奏）就进入了欢乐的尾声。

---

1. 关于音乐加密的描述，参见附录二。

———————

　　早在 6 月，正当柴科夫斯基准备动身前往乌索沃时，他收到了来自帝国剧院的提案。但由于他当时已经决定创作《第三交响曲》，这项新的委约只能被推迟，人们也许认为完成交响曲后，疲惫不堪的作曲家会暂停创作。结果根本不是。8 月中旬，在完成交响曲后不到几天的时间，柴科夫斯基就又开始了工作，并在两个星期内完成了两幕的草稿，这将是他最著名，当然也是最具创新性的作品之一：芭蕾舞剧《天鹅湖》。

　　《天鹅湖》在俄罗斯早在 1877 年首次于莫斯科大剧院上演之前，就已经拥有了悠久的，且在很多方面都非常辉煌的历史。然而，俄罗斯芭蕾的精绝造诣体现在舞台上，而不是在管弦乐池中。虽然像《吉赛尔》这样经久不衰的芭蕾舞剧在 19 世纪 40 年代就已经传到了俄罗斯，但莫斯科帝国芭蕾舞团的大部分音乐仍然是由本土作曲家创作的，他们既没有天赋，也没有来自雇主的资助，只能写一些功能性的音乐来为舞者伴奏。在 19 世纪 70 年代，依照惯例通常还是会雇用这样的作曲家，但于 1870 年在巴黎上演的德利布的《葛蓓莉亚》[1]开创了高质量芭蕾音乐的先河。柴科夫斯基在创作《天鹅湖》时显然不知道这部芭蕾舞剧的存在，甚至那些可能看过《葛蓓莉亚》的莫斯科观众也对柴科夫斯基在《天鹅湖》中向他们发起的挑战毫无准备。事实上，以芭蕾音乐而言，《天鹅湖》作为一次革命性的构想仅次于近四十年后斯特拉文斯基的《春之祭》。从来没有任何一部芭蕾剧包含节奏如此复杂的音乐，这对舞者来说是个巨大的挑战，甚至在首演之前，其他作曲家的音乐就被塞了进去。评论界的反应喜忧参半，但大多是负面的。但观众反响显然非常好，在接下来的六年里，这部芭蕾舞剧共上演了四十一次（是个

109

1.《葛蓓莉亚》(Coppélia)，浪漫主义晚期喜剧芭蕾，由编舞家圣–莱昂（Saint-Léon）编排，法国作曲家德利布（Léo Delibes）作曲，尼泰（Charles Nuitter）根据霍夫曼原著《睡魔》创作剧本，于 1870 年 5 月 25 日在巴黎歌剧院首演。——译者注

异乎寻常的高纪录），不过那些由他人所作的替代曲一直都在继续，直到柴科夫斯基自己的音乐有三分之一都被替换掉了。1883年，《天鹅湖》从剧院保留剧目中撤出。这显然是因为舞台布景已经变得破败不堪。此后它再也没有在柴科夫斯基生前上演过。

　　事情到这儿本该结束了。但在1895年，柴科夫斯基去世两年后，他的弟弟莫杰斯特与伟大的编舞家马里乌斯·彼季帕，以及远远没有那么伟大的作曲家里卡多·德里戈联手，构思了一部全新版本的《天鹅湖》，莫杰斯特重写剧情，彼季帕重新编舞，德里戈对音乐胡作非为，把柴科夫斯基的原作删除了一些，缩短了一些，改变了一些顺序，增加并配器了柴科夫斯基的三首钢琴曲。最严重的破坏是给了故事一个美满的结局。然而，人们无论对这次改编感到多么愤怒，事实都证明它获得了巨大的成功，为《天鹅湖》在今天享有的极大人气奠定了基础。我们当然得对此表示感谢。然而，1895年的修订，尤其是对大量音乐的重新排序，使得有些地方在戏剧性上变得支离破碎，让人忍无可忍。在原作中，柴科夫斯基专门为某些特定的戏剧段落或时刻创作了音乐，更改这些音乐的顺序总是有害的，有时甚至是拙劣至极，因为这些音乐完全不适用于剧情。近年来，有一些制作采用了原版剧情和柴科夫斯基自己的音乐，但这些似乎都无力将拙劣的版本赶下台去。然而，我们在本书中只关注真实的柴科夫斯基，而且由于《天鹅湖》的各种完整录音（似乎）采用的都是原谱，所以我们这里研究的也是原汁原味的版本。

三幕芭蕾舞剧《天鹅湖》*****

　　【天鹅湖是最受欢迎的芭蕾舞剧。音乐本身是非常容易理解的，如果你手中的CD清楚地标出了每首曲目的标题，那么你应该可以将连贯的剧情与相关音乐联系起来。那些主要是对经典乐段感兴趣

的读者应该特别注意第二和第四幕。】

像歌剧一样，古典芭蕾舞剧以幕划分，幕又分为场景舞蹈（scènes）、情节舞蹈（pas d'action）和正式舞蹈（华尔兹、双人舞等）[1]。下面的剧情概要省略了许多剧情细节。

第一幕。**宫堡中的美丽花园**。**场景舞蹈（No.1）**。齐格弗里德王子和他的朋友们正在饮酒。农民们祝贺他长大成人。他的家庭教师沃尔夫冈让农民跳舞给王子助兴。**华尔兹（No.2）**：农民们跳舞。**场景舞蹈（No.3）**：王后驾到。她的儿子到了结婚的年纪，王子不情愿，但又询问母亲他应该选择谁做妻子。王子被告知他必须在明晚盛大的舞会上从众多美人中亲自挑选一位新娘。王后离开了。王子很沮丧，但他的朋友班诺安慰了他。饮酒狂欢继续进行。**三人舞（No.4）**（六支舞）和**农民双人舞（No.5）**（四支舞）。**剧情舞蹈（No.6）**：家庭教师喝得酩酊大醉，转了几个圈后摔倒了，引得人们大笑。**主题（No.7）**：天渐渐黑了。**高脚杯舞（No.8）**。**终场（No.9）**：一群天鹅出现在空中，班诺敦促王子射箭，但家庭教师试图劝阻他。但当家庭教师离开后，王子和班诺一起匆匆忙忙地去追赶天鹅。

第二幕。**群山连绵之地**。**场景舞蹈（No.10）**：管弦乐前奏曲。**场景舞蹈（No.11）**：一群天鹅，在一只头戴皇冠的天鹅的带领下在湖面上游过。王子发现了一只天鹅，准备放箭，但天鹅们却消失了。奥杰塔出现并讲述了她的故事。她的母亲，一位善良的仙女，爱上了一个骑士，但骑士却将她害死。奥杰塔的父亲再婚，弃她于不顾，邪恶的继母差点置她于死地。奥杰塔的姥爷收留了她，但爱女之死让他悲痛欲绝，他的眼泪形成了一片湖水，他将奥杰塔带到了湖的深处。奥杰塔和她的朋友们化身为天鹅，享受着自由自在的生活。但她邪恶的继母把自己变成了猫头鹰，缠绕着她。只有当奥

111

---

1. 双人舞：pas de deux。

杰塔结婚时，继母对她施下的魔咒才会消失。王子乞求原谅。**场景舞蹈**（No.12）：一群天鹅少女出现并责备王子。王子扔掉了武器。奥杰塔让他放心。**群鹅之舞**（No.13）：王子爱上了奥杰塔（七支舞中的第四支和第五支分别是著名的《四小天鹅》和伴有小提琴和大提琴独奏的《白天鹅双人舞》）。奥杰塔答应第二天晚上会回来。**场景舞蹈**（No.14）：奥杰塔和天鹅们消失在残垣断壁中。一群天鹅游到了湖面上。它们头顶上有一只大猫头鹰拍打着翅膀。

第三幕。**王后城堡里的奢华大厅，宴会即将开始。场景舞蹈**（No.15）：沃尔夫冈下令，宾客出场，王子和王后在仆人、小矮人等随同下出场。**群舞与小矮人之舞**（No.16）。**场景舞蹈**（No.17）：号角响起宣布新的宾客入场，其中包括一位年迈的伯爵与其妻子和女儿。他们的女儿跳起了华尔兹。号声再次响起：重复同样的套路。所有人都跳起了大华尔兹。**场景舞蹈**（No.18）：王后问她的儿子，哪位少女最让他心动；儿子没有回答。突然，一阵号角声宣布罗特巴特男爵带着他的女儿奥吉莉亚来了，王子立刻注意到她和奥杰塔长得一模一样。六人舞（No.19）（一连串的六支舞蹈）：奥吉莉亚跳起了舞，王子在适当的时候也加入了她。下面是一组四支民族舞蹈：《**匈牙利舞**》（*Danse Hongroise*）之《**查尔达什**》（*Czardas*）（No.20）、《**西班牙舞**》（*Danse Espagnole*）（No.21）、《**拿波里舞**》（*Danse Napolitaine*）（No.22）**和玛祖卡**（No.23）。**场景舞蹈**（No.24）：王子邀请奥吉莉亚和他共舞一曲华尔兹，并亲吻了她的手。王后宣布奥吉莉亚将成为王子的新娘。舞台突然变暗，猫头鹰的叫声响起，罗特巴特的伪装消失，露出了恶魔的原形。奥吉莉亚大笑，一只头戴皇冠情绪失控的天鹅出现在窗口。王子惊恐地冲出城堡。众人陷入了困惑。

第四幕。**幕间曲**（No.25）。场景和第二幕一样，在夜晚。**场景舞蹈**（No.26）：奥杰塔的朋友们对她的失踪感到疑惑，同时她们教小天鹅跳舞。《**四小天鹅**》（*Danse des Petits Cygnes*）（No.27）。**场景舞蹈**（No.28）：奥杰塔匆匆赶来，倾诉她的悲痛。她们安慰奥杰塔说王子就要来了，然后散去。雷声隆隆。最后一幕场景舞蹈（No.29）：王子冲了进来，乞求宽恕，但奥杰塔说她无力原谅王子。奥杰塔冲向残垣断壁，王子留住了她。她将永远属于他。他从她头上扯下皇冠，扔进湖里，湖水现已漫过河岸。一只尖声鸣叫的猫头鹰从头顶飞过，爪子里夹着奥杰塔的王冠。奥杰塔落入王子的怀抱，他们一起沉入湖底。暴风雨减弱。月光下，天鹅出现在湖面上。

《天鹅湖》是一部悲剧，其中邪恶（罗特巴特/奥吉莉亚）击败了善良（奥杰塔/王子），但却无法阻挡爱战胜仇恨。短暂的管弦乐序曲呈现出了对立的双方，双簧管华美的主题（可以说起到了替代奥杰塔和群鹅的作用）引入了象征天鹅的音乐，接下来的暴力音乐预示着邪恶的力量最终将取得胜利。但是，当大幕拉开时，我们来到的是一个非常轻盈又无忧无虑的世界。在场景舞蹈中，音乐的进程和性格是由舞台上发生的事件所决定的。大幕拉开后，热闹、欢腾的音乐给王子与其朋友们的纵酒狂欢助兴，而随后不那么兴奋的木管旋律引入了农民以及他们开始跳起华尔兹之前的种种剧情。后者是一个非常丰富的乐章（约八分钟长），由一些不同的旋律混在一起，烘衬出了令人愉快的装饰性的舞台奇观，所有这些都以一个宽广而响亮的尾声结束。对于1877年的芭蕾观众来说，常规舞曲是重头戏，这一定满足了大家的胃口。但在戏剧性上，这却是个失误，因为在剧情还未开始时就阻塞了发展。十三年后，当柴科夫斯基名声足以给他带来令人敬畏的权威时，这样的事情就不会发生在《睡美人》的创作上了。

在**场景舞蹈**（No.3）中，剧情继续进行，这为王后的出现做了适当的铺垫。嘹亮的号角标志着她的出场，她与儿子的商议则由更安静、更亲密的音乐呈现。她的离场不那么隆重，然后又回到了母子商议时的音乐。但现在又加入了紧张的长笛和双簧管，表明王子正郁郁寡欢地思考着母亲的命令，然而这一幕开头的音乐再次出现，标志着严肃的婚姻大事又被搁置一旁。在这之后，一直到天鹅

113

出现在舞台上引起一阵兴奋前，音乐全部由舞曲组成。农民们一连跳了十支舞，其中六支变化丰富的舞曲构成了三人舞，四段双人舞的第二段是一曲特别优美的小提琴独奏，用以展示乐团首席的才华。此人很可能是一位国际级的演奏家（在圣彼得堡，目前担任宫廷小提琴家的是利奥波德·奥尔，史上最著名的小提琴家之一）。音乐想必是为一位美丽的芭蕾舞演员展现自己的魅力而创作的，它是迄今为止由轻松活泼的曲目组成的一系列音乐中规模最大，也最引人入胜的。不过与那些仅仅是作曲工匠的类似曲目相比，柴科夫斯基的音乐仍有一种与众不同且安静的创新性，这提升了音乐立意的高度，超越了简单的套路。

从酩酊大醉的家庭教师场景一直到结束的段落都以**剧情舞蹈**（No.6）中相对安静的音乐为背景。在波兰舞曲风格的《**高脚杯舞**》（*Goblet Dance*）（No.8）之前，**主题**（No.7）提供了一个小小的颇具氛围的插曲，《**高脚杯舞**》随即响起。这样一个大部头的固定曲目对称地平衡了该幕开场的大华尔兹。但**终场**（No.9）并不是这一幕正式的结尾。它引入了芭蕾舞剧中著名的天鹅主题（这显然是开启整部作品旋律的姊妹版：重要的是，柴科夫斯基两次都将其分配给双簧管来演奏）。在剧情推动着王子和班诺走向天鹅的领地、第二幕大幕再次拉开之前，这段音乐会再次反复以宣告二人的关系正在慢慢靠近。

114　　　第一幕中充满了装饰性的，与主要情节几乎没有什么关系的舞蹈。第二幕的舞蹈则要少得多，而出现的那些舞蹈要么对剧情起到了重要的推动作用，要么至少与剧情有一定的关联。开场的**场景舞蹈**（No.11）剧情十分紧凑。王子登场追逐天鹅／奥杰塔，然后发现了她（突然响起的响亮和弦），准备放箭（拨弦）。但天鹅消失不见，先前的音乐重新响起。接下来，奥杰塔现身原型（新的双簧管主题），开始讲述她的故事（在四个断奏音后，新的、更激动人心的音乐响起）。不久，猫头鹰出现了（四个非常响亮的断奏和弦后是紧接着的更加激动人心的音乐）。音乐渐渐消失，变成了一个持续不断的单音——奥杰塔道出了究竟是什么能让她从束缚中解放出来（"我的婚姻……"，正如柴科夫斯基乐谱中的一个小注释所指出的那样）。一阵沉寂，群鹅在新的**场景舞蹈（No.12）**中出场了。她们对王子感到害怕，但奥杰塔让她们不要担心（此时再次由双簧管奏响了一个新的、更安静的主题），王子果断地扔掉了他的武器，奥杰塔又安慰了王子（高昂的木管）。

现在正式舞蹈开始了（No.13）。首先是大型的华尔兹群舞，然后是奥杰塔的独舞，这段独舞一开始非常优雅，但最后又激动地结束（向王子炫耀？）。然后又是华尔兹群舞，接下来可能是整部剧中最著名的舞蹈：可爱的四小天鹅。这与接下来的内容形成了鲜明的对比：这部芭蕾舞剧的核心，那伟大的剧情舞蹈。其中奥杰塔和王子上演了轰轰烈烈的求爱情节并确定了他们的爱情。双人舞之前的引子非常重要，基本可以算是一段华丽的竖琴华彩，而舞蹈本身则由小提琴独奏展开。这是柴科夫斯基所创作的最美好、最温柔的旋律之一。事实上，这段旋律是作曲家八年前为他后来销毁掉的歌剧《温蒂妮》中爱情二重唱创作的主题。接下来是一段紧张的、轻轻跳动的间奏，然后是另一段小提琴独奏，这次是以向上飞翔的音阶为标志，欢快而明亮。接下来又是紧张的插段，又是部分向上飞翔的音乐，又是紧张的插段——但这次只闪现了一个片段，因为这对恋人似乎急迫地渴望回到那引发他们互诉衷肠的美妙乐曲。这一次，恋人们把音乐变成了二重奏，大提琴独自奏出主题旋律，小提琴在其之上展开了新的复调旋律，一对完美恋人的完美合奏。最后只剩下一个活泼的尾声，它为这段庆祝年轻爱情的华美音乐画上了句号。

这之后又该如何继续呢？无需多言，柴科夫斯基丝毫没有浪费时间。华尔兹主题再次响起，结束于一个简短的尾声，天鹅们在第一幕结束和第二幕开始时的伟大旋律中消失在了残垣断壁之中。

第三幕放弃了正式的管弦乐引子，幕布迅速被拉开（No.15），人们在为宴会做最后的准备，王子在宴会上将遇到更多的新娘候选

115

人。和第一幕一样，这一幕的装饰性舞蹈占了很高的比重，而**开场舞**（No.16）因中间的《小矮人舞》而变得最为有趣。在**场景舞蹈中**（No.17），小号宣布第一批宾客（一位年迈的伯爵及其妻子女儿）的到来，他们被引荐，行礼，然后伯爵女儿与舞伴跳了一段简短的华尔兹。这个仪式在第二和第三批三人一组的宾客中重复了两次，不过最后两组宾客中的第一首华尔兹是不同的。然后第三首华尔兹被群舞大大延长。这一切结束后，王后问（**场景舞蹈，No.18**）她的儿子对他所见少女们的看法，可她却被第四声嘹亮的号角打断了，但现在接下来发生的事情可与之前大为不同。罗特巴特男爵和他的女儿奥吉莉亚（为了与奥杰塔区分开来，通常身着黑色服装，但由同一位芭蕾演员饰演）在一片混乱声中登场，躁动不安地引用了熟悉的天鹅主题。在接下来的舞蹈中，王子先是观察奥吉莉亚，然后又加入了她。依我看，若想让他坠入爱河，必须给他一些时间，但在第二支舞中引诱显然已经上演，节奏也因此突然放慢。音乐一上来就风情万种，但这与接下来跳动的弦乐相比简直是小巫见大巫。在无休止的渐强中，音乐越发强劲，先是加入了粗暴的管乐和铜管独奏，然后是沉闷的低音鼓，所有乐器最后都达到了最大音量。说得俗一点的，就是：朱莉·安德鲁斯[1]变成了雪莉·贝西[2]！从这个瞬间到非常安静但仍不太"安全"的音乐的转变是经过精心策划的。顺便说一句，在1895年修订版的《天鹅湖》中，这段毫无顾忌的即兴音乐在哪里出现的？在第四幕中，在芭蕾舞剧的悲剧结局之前，用于烘托这对恋人令人心碎的重逢。好吧，我想柴科夫斯基也并不是完美的！

　　遗憾的是，在这之后，剩下的四支舞蹈尽管有其各自的魅力，

---

1. 朱莉·安德鲁斯女爵士（Dame Julie Andrews，1935年10月1日—　　），英国演员。电影代表作为《欢乐满人间》和《音乐之声》。——译者注
2. 雪莉·维罗妮卡·贝西女爵士（Dame Shirley Veronica Bassey，1937年1月8日—　　），英国威尔士黑人歌手，1950年代开始活跃至今，是第一位拥有英国冠军单曲的威尔士歌手，曾三次献唱詹姆斯·邦德系列电影主题曲。——译者注

但似乎都很多余。接下来的四支民族舞更是如此，尽管它们的特点很突出。在演出中，直到诱惑舞蹈之后约二十五分钟，表演才以一个**场景舞蹈**（No.24——以及 No.18 中王后询问儿子的音乐）将剧情拉回了正轨。这一次，王子与奥吉莉亚跳起了短小的华尔兹，在这一幕的开场时，每位追求者都曾跳过这曲华尔兹，然后王子吻了奥吉莉亚的手：这是订婚之举。音乐霎那间变得更加紧张，音量也越来越大。然后，宴会大厅随着天鹅的主题突然变暗，它从未像现在这般响亮和疯狂，奥杰塔出现在窗前（由另一位芭蕾舞演员代替真正的奥杰塔）。罗特巴特的诡计成功了，这一幕在最嘈杂的混乱中结束。

116

第四幕我们回到了天鹅身上。天鹅和天鹅身处的世界从柴科夫斯基那里获得了整部芭蕾中最稳定的音乐，而这种稳定性会在最后一幕得到保持。音乐最后达到了在 1877 年绝对是为任何芭蕾舞所创作过的最有力的高潮。这也是最简洁的一幕，实际上比被一连串装饰性舞蹈填满的第三幕要短。但用以悄然拉开序幕的**幕间曲**（No.25）大约在八年前已经出现在了歌剧《司令官》中相对应的位置。接下来，**场景舞蹈**（No.26）的音乐一开始有种急迫的焦虑，群鹅为奥杰塔的失踪担忧不已，但柴科夫斯基的大战略也变得清晰起来：最好通过一种忧郁的克制来继续拖延一段时间，让悲剧带来的冲击更加有力。因此，大天鹅们给小天鹅们上了一堂漫长且不慌不忙的**舞蹈课**（No.27），这对奥杰塔的突然再现起到了很好的衬托作用。

从那一刻起（No.28），紧张的戏剧性就再未消失，有时几乎令人无法忍受。奥杰塔的叙述（紧随其后的较安静的音乐）充满了悲情，但被酝酿之中的暴风雨的第一声响（定音鼓的滚动）以及令人惊惧的渐强所打破。在高潮处，王子冲了进来，压轴大戏（No.29）开始（王子登场的旋律轮廓鲜明而简洁，这是《司令官》的又一遗珠）。正是在天鹅的主题声中，之前的宁静现在被紧张的伴奏所破坏，王子乞求原谅。在奥杰塔向他伸出手的那一刻，疾风暴雨将

117

这对恋人淹没，天鹅的主题在完整乐队中终于以更明亮的大调呈现，以庆祝爱情的胜利，尽管它以恋人的死亡告终。而芭蕾舞剧的结局呈现出了另一种矛盾性。无论眼前的结果如何，胜利的爱情都会带来欢乐。世界依旧如故，随着人们对奥杰塔和王子的记忆先是淡去，然后彻底消散，世界将继续运转。因此，最后在音乐的烘托下，天鹅们重新出现在了湖面上，它们过着一如往昔的生活，且将继续这样生活下去。这并不是一个温馨的结局，但它肯定比"王子和公主从此永远幸福地生活在一起"更有力量（也更真实?），柴科夫斯基可是无法亲自到场抗议强加给这部芭蕾的老套结局。

————————

《天鹅湖》是确立柴科夫斯基作为有史以来最伟大的芭蕾作曲家所迈出的重要的第一步：无疑从未有人比他更加伟大。但它也代表了柴科夫斯基的创作世界在演变过程中的一个非常重要的时刻。在他后来的作品中，反复出现的一个戏剧主题，即一位年轻女子（正如柴科夫斯基所说）在命运的宣判下历经痛苦，甚至被摧毁——也就是说，每个这样的角色都陷入了一系列她无法控制的厄运或事件当中，而这将给她带来无可避免的忧愁、痛苦甚至死亡。《天鹅湖》中的奥杰塔只是这些女性角色的首例。在柴科夫斯基的歌剧中，还会有《叶甫盖尼·奥涅金》中的达季娅娜、《奥尔良少女》中的圣女贞德、《马捷帕》中的玛利亚、《女妖》中的纳斯塔西娅、《黑桃皇后》中的莉莎。并非所有这些歌剧都具有极高的质量，但值得注意的是，当中最优秀和最动人的音乐（有时是柴科夫斯基写过的最好的音乐之一）往往是由这些角色所激发出来的，当我们研究《叶甫盖尼·奥涅金》（可能是他最好的歌剧）时便会听到。

柴科夫斯基并不总是追求写出杰作，也不会迫于职业或道德压力不断去冲击新的创作巅峰。他并不会轻视那些可能是功能性的而不具启发性的作品，虽然他会单纯地因为手头儿紧而接受某些委约，但这并不意味着他不会全力以赴交出最好的自己。就在《天鹅湖》艰辛的创作过程中，他还写了一组钢琴小品，其中一些时至今日仍是他最广为人知的作品。

《四季》：12 首钢琴小品 ***

118

【这是柴科夫斯基为成人创作的最著名的钢琴作品，它向我们展示了作为"手艺人"柴科夫斯基创造的十二首精彩代表作。它们大多是迷人、朴实无华的小品（尽管有些在技术上颇具挑战性），完整的一套作品从没在英国真正地流行过。真是遗憾啊！】

1875 年 12 月，著名期刊《新闻人报》的编辑找到柴科夫斯基，请他为 1876 年的刊号创作十二个月的增刊。其结果就是我们现在所知的《四季》，不过更准确的标题应为《一年中的月份》。据卡什金记录，柴科夫斯基担心自己会忘记完成每月的任务，于是命令阿列克谢在每月当中的某一天提醒他，然后柴科夫斯基当天就会一口气创作出所要求的作品。柴科夫斯基似乎确实有这个本事，从现存的与期刊编辑的通信中可以看出，所有的作品在 1876 年 5 月就都已完成。或许是资金的短缺让柴科夫斯基速战速决。

虽然《四季》可能只是一系列针对业余钢琴家的沙龙小品（但有些也呈现了令人生畏的技术挑战），但我们不该对它嗤之以鼻。《一月·壁炉旁》：和声上的一些润色非常值得留意（其中央部分预示着柴科夫斯基最著名的旋律之一，我们稍后将会听到）。接下来喧闹的《二月·狂欢节》一定是在反映大斋节结束前的庆祝活动。《三月·云雀之歌》中的鸟鸣很是迷人，而《四月·松雪草》是一首轻巧的华尔兹。《五月·纯洁的夜》是一首梦幻的夜曲，但中间部分欢快活泼。毫无疑问，《六月·船歌》因其独具匠心的旋律一直是该系列中最受欢迎的作品之一。《七月·收割者之歌》起初可能会让人联想到重复的割草动作，但它很快会被庆祝所取代，喜悦之情将在《八月·丰收》中得以加强。两首画面感极强的小品:《九月·狩猎》回响着号角,而《十一月·在马车上》模仿了马车铃铛的快乐声响。还有两首稍有些忧伤:在《十月·秋之歌》中,柴科夫斯基在次中音声部为主旋律加入了复调旋律,这是不是从《天鹅湖》第二幕伟大的伴有小提琴与必不可少的大提琴的双人舞中孕育而生的呢?《十二月·圣诞节》——柴科夫斯基笔下根本不可能写出沉闷的圆舞曲来。如果说创作这些小品能让当下他的钱袋鼓起来的话,那么这些音乐也将他的名字带向了普通的俄罗斯人家。

119

11

走向危机：
《里米尼的弗兰切斯卡》

120

　　十年来，柴科夫斯基一直居住在莫斯科，以教师和公民身份在这个城市确立了自己的地位，并在俄罗斯之外树立了声誉。我们并没有掌握关于他这一时期的私人生活，尤其是那些与他的性行为相关的准确信息。然而，现在很明显的是，已经完全成年的柴科夫斯基参与到了莫斯科的同性恋亚文化当中。这种文化在俄罗斯其他城市也一样存在。正如已经指出的那样，这种活动似乎也是他家庭生活中的一个要素，而且在柴科夫斯基的几段友谊中，例如与年轻的弗拉基米尔·希洛夫斯基，尤其是与他的同辈人，如尼古拉·康德拉捷耶夫，显然存在着强烈的同性恋因素。调查这些关系的细节并不是本书的重点，只能说，柴科夫斯基的同性恋欲望与他渴望确立异性恋形象以平息流言蜚语之间的紧张关系，现在正无情地、痛苦地增长，他有充分的理由相信自己已经成为被舆论攻击的对象。

　　可以肯定的是，在即将到来的1876年的整个夏休期间，柴科夫斯基都坐立不安，且经常情绪低落。在这种情况下他似乎不太可能进行重大创作。于是他只得四处游荡。首先是尼济，但他发现康德拉捷耶夫的仆人们散漫无序到令人发指的地步，以至于不到三天的时间，在与康德拉捷耶夫本人发生激烈争执后，他就逃到了卡缅卡去找萨莎，却发现妹妹不在家中。接下来他先是到了维也纳，然后又去了法国的维希温泉，准备在那儿进行疗养。事实证明，后者对他的身体健康大有助益，但这个城市本身令他讨厌。"被诅咒的、

可恨的、令人反感的维希！"他对阿纳托利大声抱怨道。"所有的
一切都合起伙来让我在这儿的日子忍无可忍——喧嚣的街道、泉边
等待喝口水的拥挤人群，完全没有任何自然美景可言。但最重要的
是，孤独——所有这些都毒害着我生活的每一秒。"他以类似的腔
调给莫杰斯特也写了信。"吞噬我的忧郁最为可怕，因为我和你在
里昂度过的那三天在我的记忆中是如此清晰。"然而，在这三天里
开始的事情将对他自己的未来产生严重的破坏性影响，因为在里昂
他遇到了一个七岁的聋哑男孩儿，科利亚·康拉迪。后者将在不知
不觉中成为推动柴科夫斯基走向他一生中最关键一幕的重要因素。

　　早在 1876 年初，莫杰斯特就决定担任科利亚的家庭教师，而
这个孩子的父亲也随即安排莫杰斯特到里昂的一家机构学习，该机
构专门研究了一种教授聋哑人说话的方法。离开维希前往里昂去找
莫杰斯特，柴科夫斯基遇到了科利亚，并和刚取得资格的莫杰斯特
以及科利亚的家庭教师一起，出发前往法国南海岸的度假胜地帕拉
瓦莱弗洛特。事实证明这是一个灾难性的选择。帕拉瓦很沉闷，当
地的水资源受到了污染，除了从维希带了些水来的柴科夫斯基以
外，其他人都生病了。因此照顾科利亚的责任就落在了柴科夫斯基
的肩上。他的热情堪称模范，正如莫杰斯特所回忆的那样：

　　　　他在照顾这个聋哑男孩儿时就是体贴、耐心、温柔的化
　　身，这个男孩儿自己也很紧张，坐也坐不住，只能非常困难地
　　向周围的人表达自己。在此前已经建立起来的两个朋友间的相
　　互爱慕，现在变得更加强烈了。我真的可以说，这段与在那一
　　刻完全依赖于他的男孩的关系，这个短时间内担当起的一家之
　　主的角色，让彼得·伊利奇找到了从折磨他的忧郁，从他近年
　　来的"孤独"中挣脱出来的办法。

　　毫无疑问，柴科夫斯基对科利亚的感情中有一股强烈的同性恋
倾向，但性冲动无疑是与真挚的父爱之情交织在了一起。这些促使

他渴望在婚姻中拥有自己的家庭。在他的同性恋朋友中，有些人身处这种典型的双重境遇。到夏天结束时，重回到俄罗斯的他已经做出了一个决定。8月31日，他写信给莫杰斯特：

> 我现在正经历着我生命中一个非常关键的时刻。有机会我会告诉你更多的细节，但同时我只想说：我已经决定要结婚了。我不能回避这个问题。我必须这样做——不仅仅是为了我自己，也是为了你，为了托利亚，为了萨莎，为了所有我爱的人。尤其是为了你。而你，莫迪亚，需要认真考虑这个问题。

122

他已经踏上了通向灾难的道路。

柴科夫斯基与他的双胞胎弟弟莫杰斯特和阿纳托利在这一时期交换的信件读起来既引人入胜又令人不安。有时，对于婚姻会给他带来的显而易见的问题和焦虑，他似乎只是一笑置之。而在其他时候，他所承受的混乱和痛苦则以不可抗拒的力量爆发出来。萨莎显然对她哥哥宣称的计划感到非常震惊，而莫杰斯特则尽其所能地对他进行劝阻。柴科夫斯基给后者的回答也许是最有说服力的，也最能揭示他现在可怕的内心状态：

> 我弄丢了你的信，我无法逐一回复你反对婚姻的理由。我记得其中有许多是站不住脚的；另一方面，许多又与我自己的想法完全吻合。你说我们不应该在乎别人怎么说。这只在一定程度上是对的。有些人不会因为我的堕落而厌恶我，只因他们开始爱我时还没有怀疑我其实是个名誉扫地的人。比如说萨莎就是如此。我知道她猜透了**一切**又**原谅**了一切。许多其他我所爱着或尊重的人也以同样的方式看待我。你真的相信意识到他们**同情并原谅**我对我来说不痛苦吗，因为归根结底我没有任何罪过！这倒不是什么可怕的念头，爱我的人有时也会以我**为耻**！但是，你知道，这已经发生了一百次，而且还会再发生

一百次。总而言之，我希望通过婚姻，或者通过与一个女人公开的关系，来堵上各种卑鄙小人的嘴，我丝毫不会顾及他们的想法，但他们会给我身边的人造成痛苦。无论如何，不要为我担心，亲爱的莫杰斯特。我的计划并不像你想象得那么快会实现。我的习惯已如此根深蒂固，以至于不可能像丢旧手套一样丢弃它们。此外，我远没有钢铁般的意志，自从我给你写信以来，我已经三次向天性让步【同性恋性行为】。因此，你在信中说，尽管有誓言约束，但人还是不可能克制住自己的弱点，这是完全正确的。

不管怎样，我都会坚持我的计划，而且你可以放心，无论如何，我都会将它们顺利实现。但我不会突然或仓促行事。在任何情况下，我都不打算让自己背负**枷锁**。只有在我能充分保证我的平静和自由的情况下，我才会与一个女人建立合法的或婚外的结合。

虽然柴科夫斯基的一些作品确实不可磨灭地被打上了他在创作时可能正在经历的某种快乐或痛苦的烙印，但他也直言不讳地表示，他完全有能力将自己从当前的情绪中抽离出来，并创作出一首似乎否定这种状态的作品。就在写这封信的三天前，柴科夫斯基应尼古拉·鲁宾斯坦的要求，开始为一场慈善音乐会创作一首作品，以帮助俄土战争中在黑山和塞尔维亚受难的斯拉夫同胞。这场战争似乎可能会把俄罗斯也卷入其中。柴科夫斯基通常并不关心政治，但此时他却感受到了心头涌起的一股爱国主义热情，不到五天的时间里一首八分钟的**《斯拉夫进行曲》*****不仅创作完成，总谱也写好了。在一个月后的音乐会上，它引起了巨大轰动。正如在场的一人所记录的那样："爆发出的骚动和怒吼让人词穷。全体观众都站了起来。许多人跳到自己的座位上：喝彩和欢呼声混杂在一起。进行曲不得不加演，之后同样的风暴又再次被掀起。音乐厅里许多人都在哭泣。"没有哪首曲子能更有力地证明柴科夫斯基在应对委约时超级专业的精神。《斯拉夫进行曲》不是一首伟大的作品，但足够稳准狠。这首作品改编自三首塞尔维亚民歌，中间又加入了一小段沙俄时期的俄罗斯国歌。这为最后掀起一阵狂热的尾声之前的全面重述做足了准备，毫不奇怪这首作品会赢得热烈的反响，在今日仍然值得偶尔上演。

虽然离开帕拉瓦后，柴科夫斯基首先前往了巴黎，但他在那儿只做了短暂停留，因为他必须履行他在离开俄罗斯前接受的一项委约。那是为一家俄罗斯期刊就瓦格纳在拜罗伊特全新歌剧院的开幕撰写的五篇文章。这将是瓦格纳的鸿篇巨著《指环》系列的首次完整演出，这部系列剧由他的四部歌剧（《莱茵的黄金》《女武神》《齐格弗里德》和《众神的黄昏》）组成。所以，在巴黎之后，他前往了拜罗伊特。在那儿他撞见了一些朋友和熟人（其中包括尼古拉·鲁宾斯坦、居伊和拉罗什），他厌恶这个城市，抱怨庆祝活动上挤满的人群让寻找食物变得艰难，并将新的歌剧院评价为"更像是为某个工业博览会匆忙搭建的巨大摊位"。他想去拜访瓦格纳但没能如愿，当一切结束终于可以回家时，他松了口气。然而，他怎么可能拒绝出席这个将被证明是本世纪最伟大的音乐事件的机会，在一个专门建造的歌剧院里呈现出可能是有史以来最大规模的音乐构想？事实上，柴科夫斯基觉得这四部歌剧本身是对耐力的考验。他认为在冗长乏味的音乐当中有一些精彩的瞬间，但在最终离开拜罗伊特时，他还是感到了如释重负。然而尽管如此，（他自己也承认）他还是无法完全摆脱瓦格纳音乐的力量。毫无疑问，如果没有拜罗伊特的经历，他的下一部管弦乐作品不会以现在这样的方式呈现。

柴科夫斯基在 1875 年首次考虑以但丁《神曲》中里米尼的弗兰切斯卡的悲剧为题材创作歌剧，这也是柴科夫斯基在维希时莫杰斯特提出的建议之一，不过这将是一部管弦乐作品。就在离开帕拉瓦前往巴黎的火车上，柴科夫斯基重新阅读了弗兰切斯卡那引人怜悯的故事，并决定采纳莫杰斯特的建议，但直到 10 月，在刚刚完

124

成《斯拉夫进行曲》之后，他才开始着手创作，并在三个星期内完成了作曲，于 11 月完成了配器。他对结果非常满意，而同样感到满意的，还有 1877 年 3 月首演时的观众。

但丁交响幻想曲《里米尼的弗兰切斯卡》*****

【《里米尼的弗兰切斯卡》会对那些喜欢狂暴的音乐的人有着特别的吸引力，不过更精彩的部分可能是核心段落对弗兰切斯卡及其悲惨命运的刻画。这部作品三段中的前两段很庞大，但它们值得你耐心专注地聆听。】

我们很幸运，因为柴科夫斯基在他的总谱手稿上列出了这部作品的完整音乐大纲，并以他在维希向莫杰斯特所引用过的但丁的诗句作为序言：

> 最悲伤的事，
> 莫过于在痛苦中，
> 回忆起往昔的快乐。

> *Nessun maggior dolore,*
> *che ricordarsi del tempo felice*
> *Nella miseria...*

但丁跟随维吉尔的灵魂下到了第二层地狱深渊。这里的空气中充满了呻吟声、哀号声和绝望的哭声。在阴森恐怖之中，疾风暴雨肆虐。地狱的飓风愤怒地一路狂奔，其狂暴的漩涡载着理性被爱欲所蒙蔽的凡人的亡魂。在无数旋转的亡魂中，但丁的注意力特别被弗兰切斯卡和保罗这两个可爱的幽灵所吸引，他们在彼此的怀抱中旋转。但丁对这两个年轻且炙热的亡魂感到震惊，于是将他们召集来，并要求他们讲述是什么罪行让二人被处以如此可怕的惩罚。弗兰切斯卡的亡魂泪流满面，讲述了她的悲伤故事。她爱着保罗，但在违背自己意愿的情况下，被迫嫁给了她心爱之人的可恨哥哥，那个驼背的、畸形的、嫉妒的暴君里米尼。强迫的婚姻的束缚无法让弗兰切斯卡把她对保罗的柔情从心中驱除。有一次，他们一起阅读兰斯洛特的爱情故事。"我们单独在一起，"弗兰切斯卡叙述道，"无所畏惧地阅读。我们不止一次脸色煞白，我们困惑的目光相遇。但有一个瞬间摧毁了我们。当幸运的兰斯洛特最终获得了爱的初吻时，现在没有什么能把我和他分开。他吻了吻我颤抖的嘴唇，而那本第一次向我们揭示爱情之秘密的书从我们手中滑落。"就在这时，弗兰切斯卡的丈夫突然闯入，用匕首杀死了她和保罗。话音刚落，弗兰切斯卡又一次在她的保罗的怀抱中被狂热的、疯狂的旋风卷走了。

有什么比作曲家本人的话语更能引导听众了解一首作品呢？《里米尼的弗兰切斯卡》采用了大规模的三部曲式，三个独立部分中的前两个非常宽广，这般高度活跃的音乐是非常值得花时间去感受的。音乐一开始我们马上就身陷地狱（尤其是在这里，拜罗伊特的经历留下了一些明确的遗迹）。地狱中亡魂的哀号和痛苦在铜管乐器中得到了生动的表现，低音弦乐严肃又忧愁的下行音阶，在长号、大号和巴松管的烘托下，象征着不可抗拒的命运（在接下来的音乐中会有更多这样的内容）。呻吟之风开始搅动，它们聚集在一起制造出了可怕的狂风暴雨。但这些最终都消失了，我们从大自然的动荡转向了两位恋人的苦难，他们永远被困在了拥抱中。地狱的飓风和混乱没有给爱情的喜悦留有任何余地。温柔的单簧管主题（确定无疑是弗兰切斯卡本人）引入了一个奇妙的爱与渴望的小提琴旋律，这是柴科夫斯基最强烈的主题之一：注意它最后是如何溶

126

解为一个微小的三音音型，在单簧管和小提琴／中提琴交替出现，并在整个双主题部分重复时，以不同的配器作为弗兰切斯卡主题的伴奏继续进行（注意，当弗兰切斯卡的主题第三次［在大提琴上］被听到时，它的旋律走向将发生转变）。但随后，该主题让位于整部作品中最柔弱的音乐，一个先是在英国管，后在单簧管上的紧张跳动的旋律。这毫无疑问是弗兰切斯卡的叙述，简短的竖琴琶音打断了她气喘吁吁的乐句，似乎证实了她的脆弱和纯真的本质（这个乐段是不是有点像柴科夫斯基为奥杰塔，另一个脆弱的命运的受害者所写的音乐？）。

无需再进一步详述。弗兰切斯卡的主题会再次悄然回归。爱情音乐喷薄而出，并以巨大的力量继续发展，号角齐鸣预示着里米尼的出现，这对恋人被杀害，（被截短的）风暴音乐重新响起，尾声以一个一次次残忍反复的和弦结束，如柴科夫斯基早期的悲剧爱情杰作《罗密欧与朱丽叶》那样。

————————

从根本上来讲，《里米尼的弗兰切斯卡》与《罗密欧与朱丽叶》和《暴风雨》都非常不同。因为前者是一部戏剧，后者是一幅全景画，而《里米尼的弗兰切斯卡》实际上是一幅以噩梦为背景的音乐肖像画。这是弗兰切斯卡的故事，保罗只是一个被动的存在。柴科夫斯基以遭受多舛命运的年轻女子为中心，开始构建他在《天鹅湖》中以奥杰塔为起点的一系列女性人物形象。

然而，紧随《里米尼的弗兰切斯卡》之后的作品反差极为强烈。这部狂暴、令人心碎又哀婉的作品完成于11月中旬，但在1876年结束之前，柴科夫斯基还完成了另一部重要的作品，为大提琴和小型乐队创作的《洛可可主题变奏曲》。该作品受德国大提琴家威廉·费岑哈根委托所创作，自1870年以来，费岑哈根一直是柴科夫斯基在莫斯科音乐学院的同事，还是柴科夫斯基所有三部弦乐四重奏首演时的大提琴家。二人显然有着良好的私人关系，但这些变奏曲的早期版本是柴科夫斯基所有作品中最让人遗憾的，因为 2004 年以前，市面上一直只流通着一个被删改得面目全非的版本。原有的乐队总谱和演奏材料直到 1889 年才被出版。而与此同时，费岑哈根一直在演奏《变奏曲》，并于 1879 年的威斯巴登音乐节上靠它大获成功，那场演出过后，当时同在现场的李斯特还对他大加赞赏。费岑哈根向柴科夫斯基报告了这一情况，他的信中有一句话非常关键："我完成得是那样出色，以至于返场了三次，在'行板'变奏曲（D 小调）之后，赢得了雷鸣般的掌声。"

128

　　不同于今日的音乐会礼仪，19 世纪的观众在音乐进行中为演出中的精彩时刻鼓掌是很正常的。由于这些变奏通常都是由大提琴家的一段独奏段落无缝连接起来，所以中途鼓掌在我们看来一定显得更加奇怪。费岑哈根发现，挽歌般的"D 小调变奏曲"给他带来了最大的个人成功：问题是这是八首变奏曲中的第三首，而他希望将演出中最热烈的掌声留到最后。在委约了这些变奏曲后，费岑哈根现在似乎认为他拥有了这些变奏曲的所有权，他丝毫没有客气。他把"D 小调变奏曲"挪到了第七首。但是，他随后又决定需要对其他几首变奏曲进行重新排序，甚至要将一首变奏彻底删掉。然而，直到 1889 年，当完整的乐队总谱即将出版时，柴科夫斯基似乎才突然醒悟，意识到了费岑哈根的所作所为。他的反应被在莫斯科音乐学院同时师从费岑哈根和柴科夫斯基的阿纳托利·布兰杜科夫记录了下来，后者在拜访柴科夫斯基时发现他：

> 　　非常沮丧，看起来好像生病了。当我问："你怎么了？"彼得·伊利奇指着写字台说，"费岑哈根来过。看看他对我的作品做了什么——他改变了一切！"但当我问他要采取什么行动时，彼得·伊利奇回答："见鬼去吧！就照现在这样吧！"

　　因此该版本一直沿用了下去，直到 1941 年，原版才在莫斯科的一场音乐会上上演。但它仍然没有流行起来，直到 1979 年拉斐尔·沃尔菲什在一次广播中演奏了它时，才让英国公众首次听到。此后，虽然也有一些大提琴家采用了原版，但沃尔菲什直到 2004 年才找到了出版商。不过，现在所有的演奏材料都已齐全，费岑哈根的这一拙劣版本最终被丢进历史的垃圾桶也只是时间问题。

大提琴与乐队协奏曲《洛可可主题变奏曲》***（*）

【《洛可可主题变奏曲》对听众来说几乎没有什么挑战。它是一首非常轻松但高水准的作品。如上所述，一直以来人们听到的都是被严重破坏的版本，直到近年来这部变奏曲才得以以原作出版，假以时日一定会取代低级趣味的版本。由拉斐尔·沃尔菲什带头录制的原版唱片可能还能买到；如果不能的话，请查阅唱片目录。】

　　许多听众倾向于认为，变奏曲要低交响乐、协奏曲或四重奏等体裁一等。在某种程度上，它确实更容易让听众所接受，因为每首变奏曲都相对简短，自成一体，不需要一个交响乐乐章所要求的持续专注力。但对于有些变奏曲来说又确实需要，而《洛可可主题变奏曲》正是如此，如果你想从这部作品中获得完整的体验的话。洛可可是风格术语，适用于 18 世纪后期以轻松、优雅的风格创作的一些古典音乐，但对柴科夫斯基来说，它更具体地意味着（但也只是在一定程度上的）"莫扎特风格"。当然，《洛可可主题变奏曲》中的乐队按照莫扎特式的比例有所缩小（六种管乐器再加上弦乐），而主题虽然是原创的，但也是"莫扎特式的"。然而，如果柴科夫斯基继续效仿偶像的风格创作以下的变奏曲，那么作品除了满足好奇心外或许就没什么价值了。但他并没有这样做。尽管柴科夫斯基总是对借用的主题一丝不苟，让我们一刻也不会忘记它是每一个变奏的原型，但除此之外他还是放飞了自己的创造力，有时（例如在前面提到的 D 小调变奏中）他只在一开始简单地呈现出主题的音高轮廓及其乐句结构，然后随即发挥自己的旋律天赋，以完全属于他个人的风格来完成变奏。这些变奏曲往往是有组织地在发展，柴科夫斯基甚至两次将主题的小小木管尾声插入了变奏曲本身。第七首，也就是倒数第二首变奏曲，三分钟的《悲伤的圆舞曲》(valse triste)，把我们带到了这套作品在风格上最遥远的边界，而最后的变奏加尾声又把我们带回到了整首作品开始时那相对轻松的世界。《洛可可主题变奏曲》可能听起来很轻松，但仍需要你全神贯注：只有这样，柴科夫斯基安静但丰富的创造力和对音乐空间的完全掌控才会开始变得清晰起来。只有真正伟大的作曲家才能够写出这样一部（听似）低调含蓄的作品。

———————

19 世纪下半叶，生活和工作在俄罗斯的伟大创造性艺术家的数量非常惊人，他们的作品在一个世纪后的今天仍旧非常鲜活。在音乐上，有鲍罗廷、巴拉基列夫、穆索尔斯基、里姆斯基–科萨科夫，当然还有柴科夫斯基；在文学方面，有陀思妥耶夫斯基、屠格涅夫、契诃夫，当然，还有托尔斯泰。所有这些人至少在世时都受到了极大尊重，而最后一位更是受到了万分崇敬。托尔斯泰的鸿篇巨著《战争与和平》被认为是俄罗斯文学之巅（当然没有任何作品可与其比肩），而《安娜·卡列尼娜》则被评为有史以来最伟大的爱情悲剧。柴科夫斯基作为一个阅读量很大的书迷，对托尔斯泰的一些作品怀有矛盾的情感，当《安娜·卡列尼娜》在 19 世纪 70 年代中期初次问世时，他对这部作品进行了严厉的批评，但后来又承认了它的伟大。到 1876 年，托尔斯泰已被一些人尊奉为神（正如柴科夫斯基自己所言），而在这一年，柴科夫斯基终于与这位巨人面对面相遇了。在音乐学院为托尔斯泰举行的音乐晚会上，节目单上有柴科夫斯基的《第一弦乐四重奏》。正如我们已经提到过的，其中《如歌的行板》曾让这位尊贵的客人潸然落泪。十年后，柴科夫斯基仍能回忆起当时的情景，以及他对托尔斯泰的反应所感到的

130

深深自豪。两人后来又一起度过了几个夜晚，互相交换了礼物，托尔斯泰还给柴科夫斯基寄去了一些可供他使用的民歌。但这份礼物并没有引起托尔斯泰期望中的感激之情，因为这些民歌被转录得非常糟糕。在一封现存的柴科夫斯基写给托尔斯泰的信中，作曲家对作家表示了真诚的敬意，但同时又坦率地拒绝了这种状态下的民歌："记录它们的人技巧拙劣，原有的美感只有淡淡遗迹残存。"事实上，与文豪的交谈似乎让他的幻想有点儿破灭了，原来托尔斯泰也有平淡无奇的一面。因此，柴科夫斯基避免了与这位伟人的进一步接触，以满足于继续坚定地保持对作家托尔斯泰的无限崇敬。从此两人再也没有见过面。

随着 1876 年逐渐接近尾声，柴科夫斯基的另一段关系也开始了，而它对未来的重要性是柴科夫斯基永远无法预料的。在柴科夫斯基音乐学院理论课的学生中有一位年轻的小提琴家，伊奥西夫·科切克。作曲家与他建立了深厚的情谊。然后，还是在 1876 年，一位富有的寡妇写信给尼古拉·鲁宾斯坦，表示希望能找到一位年轻的小提琴家常驻她家中，与她一起演奏小提琴和钢琴音乐。给出的薪水非常丰厚。因为她经常旅行，所以小提琴家有很好的机会多出去看看世界，而且因为她的大家庭会占据她很多时间，所以小提琴家理论上会有很多空闲时间独自练琴。鲁宾斯坦推荐了科切克，协议随即达成。这位寡妇对柴科夫斯基的一些音乐已经非常熟悉，并被其深深吸引，现在她向柴科夫斯基提出了一个正式的要求：他是否愿意将他的一些作品改编成钢琴和小提琴版本以供她和科切克演奏？同样，报酬会非常丰厚。在科切克的斡旋下，柴科夫斯基欣然应允，并将完成的作品寄了出去。

131　　很快作曲家就收到了一封感谢信：

请允许我向您表达我最诚挚的谢意，感谢您如此迅速地完成了我的请求。要告诉您您的作品给我带来了多大的快乐，我认为是不合适的，因为您不习惯来自一个像我这样微不足道的人对您音乐的崇拜。这在您看来可能非常荒谬可笑，而我的享受对我来说却是如此珍贵，我不希望它受到嘲笑。因此，我只想说，请您完全相信，有了您的音乐，我活得更轻松、更愉快。

请接受我最诚挚的敬意和最诚挚的爱。

娜杰日达·冯·梅克

柴科夫斯基同样迅速地做出了回应：

我真诚地感谢您写给我的所有体贴和恭维的话。我想说的是，对于一个身处重重障碍和种种失败的音乐家来说，一想到有一小部分人，您也属于这部分人，如此真诚且热情地爱着我们的艺术，我就感到非常欣慰。

真诚地爱着您，尊敬您。

P.柴科夫斯基

这两封信开启了整个西方文化史上最著名、最全面和最不寻常的一系列通信。其重要性对于柴科夫斯基的未来，无论是在物质上还是在创作上，怎样强调都不为过。

12

两个女人：
婚姻

　　娜杰日达·冯·梅克比柴科夫斯基年长九岁。她小时候就已是非常出色的钢琴家，对钢琴曲目了如指掌。十六岁时，她嫁给了二十八岁的铁路工程师卡尔·冯·梅克，很快生下了一个又一个孩子。然而，事实证明娜杰日达是位非常强势的妻子。家庭琐事并没有削弱她的活力，她向丈夫施加压力，让他去寻找有资本的合作伙伴，加入建设俄罗斯铁路网的热潮中去。卡尔被说动了，他在19世纪60年代积累了大量财富。但1876年，他突然去世，她的十一个孩子中有七个尚且还与她生活在一起，于是，娜杰日达将她的精力投入了生意，以及那些仍需要她供养的子女的教育上。

　　在收到她向柴科夫斯基委约的小提琴、钢琴改编曲时，她写了一封感谢信。在信中，她对这段新关系的激动之情以及对互相交流心事的渴望已经跃然纸上：

　　　　当机会来临的时候，我非常非常想给您写信，谈谈我想象中的与您的关系，但我怕打扰您如此有限的闲暇时间。我只想说，这种关系，无论它多么抽象，对我来说都是珍贵的，是人性所能达到的最好、最高贵的感情。

　　柴科夫斯基在回信中说的正是她想要的：

我远比您想象的要更了解您。如果有一天，您愿意将您想说的那许许多多的话以文字的形式告诉我，我将感激不尽。

这足以让娜杰日达放下所有的矜持，她的回信简直就是爱的宣言。她请求作曲家给她寄一张他的照片，并对他的《暴风雨》赞不绝口，那是她第一次听到他的作品（"好几天我都神志不清，完全无法从这种状态中解脱出来"），并承认她已经试图去了解关于他的一切，最后她提出了一个条件，希望能够以此控制他们的关系。

曾经有段时间我非常想见到您。然而现在，我越是迷恋您，就越害怕认识您，我觉得我没有资格与您交谈。不过，无论我们在何地不期而遇，我都不会像对待陌生人那样对待您，我会向您伸出我的手，尽管只是为了握住您的手，但我不会说一个字。现在，我更愿意在远处思念您，在您的音乐中听到您，并在音乐中感到自己与您融为一体。

当然，她对柴科夫斯基的看法无疑是种幻想，而柴科夫斯基的回答本身也同样是夸夸其谈。想到这些话出自一个通常不愿吐露心思的人，就更让人惊讶了：

娜杰日达·费拉列托夫娜，您认为我有能力完全理解您精神上的小怪癖，这一点儿不错。我斗胆说您确信我们之间非常亲密，这更是一点儿不错。就像您试着去打听公众对我的评价一样，我也不放过任何机会了解您和您生活方式的细节。我对您这个人一直很感兴趣，因为您的道德秉性与我自己的有许多共同之处。当然，有一特质将我们紧密联系在了一起，那就是我们都患有相同的疾病。这种病就是厌世——但却是一种特殊的厌世，其根源绝对不是对人类的仇恨和蔑视。患有这种疾病的人不会惧怕那种可能因亲近之人的图谋不轨所带来的伤害，

134

相反，他们害怕的是幻想的破灭，是每一次亲密接触后随之而来的对理想事物的渴望。从我上面所说的您就会很容易理解我对您喜爱我的音乐却并不想结识其作者这点丝毫不感到奇怪。您担心您在我身上找不到您那倾向于把一切理想化的想象力所赋予我的那些品质。您说得很对。我觉得，在与我更近距离的接触中，您不会找到您所梦想的音乐家与其本人之间的那种关联，那种完全的和谐。

就这样二人开始了长达十三年的通信，共交换一千多封信件，其中一些长篇累牍，出版时占据了整整三大卷。对两人来说，这既是一种慰藉，也是一种发泄情绪的手段；对我们来说，这份遗产是洞察柴科夫斯基内心世界的无价之宝。对柴科夫斯基来说，娜杰日达也不仅仅是以幻想（甚至是母亲）的形象存在，她还将成为作曲家日常生活中重要的推动力量。然而，在这么多年里，他们只见过一次面，而那唯一的一次也是一场两人都竭力避免的意外。他们没有说一句话。她看上去很困惑，并没有"将她的手伸向他"；他也只是举帽致意，然后走开。尽管如此，他们仍在寻找一些能够间接让他们的关系圆满的方式，为此，他们安排了她的几个儿子和柴科夫斯基的外甥女们（萨莎的女儿们）之间的会面。1884 年，化学反应奏效，尼古拉·冯·梅克与安娜·达维多娃结婚了。

安东尼娜·米柳科娃比柴科夫斯基小九岁，曾是音乐学院的钢琴学生。柴科夫斯基一直以来完全不知道她的存在，直到 1877 年5 月她写信给他，宣称已经爱了他好些年。这封信和柴科夫斯基的回信都已不见踪影，作曲家显然让她不要对收到肯定的答复抱有任何幻想。但她 5 月 16 日的第二封信保留了下来。她指出，柴科夫斯基曾告诉她要控制自己的感情，但她现在明确表示自己做不到。"无论我在哪里，我都无法忘记你，也无法丢掉对你的爱，"她继续说道，"当我初与你相识时，你身上让我喜欢的地方我再也无法在其他男人身上找到。事实上，一句话，在你之后我不想再看其他任何男人。"

但是，由于安东尼娜无法控制她自己，在这一天结束之前她又写了第二封信。信中的情感越发汹涌，最后近乎歇斯底里：

> 我明白我的信已经让你感到厌烦。但你真的会一次都不见我，就中断与我的通信吗？不，我相信你不会这么残忍。在你的上一封来信后，我加倍地爱你，你的缺点对我来说根本不算什么。也许如果你是个完美的人，我就会对你完全保持冷静了。我渴望得要死，想见你的欲望在燃烧，想和你坐在一起与你交谈。没有缺点会让我停止爱你。
>
> 今天，我派人去给你送信，听说你离开了莫斯科，我非常吃惊，渴望之情更加强烈地蔓延了我的全身。我整日坐在家中，在房间里的一个角落和另一个角落之间来回踱步，像个疯子，心里想着我将见到你的那一刻。我会随时准备好扑向你的脖子，用吻把你闷死——但我有什么权利这样做？也许，你确实觉得我太过放肆。但我可以向你保证，从任何意义上看，我都是值得尊敬且品德高尚的女人，我没有什么想对你隐瞒的。我将把初吻献给你，而不是给世界上的任何其他人。永别了，我亲爱的人！不要再试图让我对你保持清醒，因为你只是在浪费时间。我不能没有你，所以我可能很快就会自杀。所以让我见到你，亲吻你，这样我就能在另一个世界记住这个吻了。永别了。

你永远的，
A. M.

柴科夫斯基向他可能认识安东尼娜的朋友们打听她的情况，但没得到什么好消息。然而，在见到她之前，他已经对外宣布了不可撤回的结婚意向，而现在，命运把他命中注定的新娘交给了他。他会坚持到底，他必须这么做。另有一个因素长期以来一定一直困扰

135

着他：他新结识的"最好的朋友"，娜杰日达·冯·梅克会对这一切作何反应？7月15日，也就是婚礼的前三天，他写下了他所有信件中最痛苦的一封，并在信里坦白了一切。最后，他同意了安东尼娜的请求，会前去看望她：

136

我为什么要这样做？现在在我看来，似乎是命运的某种力量驱使着我去找这个女孩儿。当我们见面时，我再次向她解释，对于她的爱我只心怀同情与感激。但当我和她分开后，我开始思考我的行为是否太欠考虑。如果我不爱她，如果我不想鼓励她的感情，那我为什么要去看她，这一切会有什么后果？从随后的信中我得出结论，如果事情已经走到了这一步，我突然转身离开这个女孩儿，那么我就会让她变得非常不幸，把她推向悲惨的结局。因此，我面临着艰难的选择——要么以这个女孩儿的死为代价来维护我自己的自由（这里死不是一个空洞的词，她确实爱我到发狂了），要么结婚。我不得不选择后面这条路。让我下定决心的是我八十二岁的父亲和我所有亲戚的唯一梦想，就是让我结婚。于是，在一个美丽的夜晚，我找到我未来的妻子，坦诚地告诉她，我不爱她，但无论发生什么，我都会做一个坚定而忠实的朋友。我向她详细描述了我的性格——我的暴躁、易怒、不合群，最后是我的处境。之后我问她是否还想做我的妻子。她的回答当然是肯定的。我无法用语言向你表达我在那晚之后的几天里所经历的那些可怕的感受。我活了三十七年，对婚姻有种天生的厌恶，但受情况所迫我被逼到了新郎的位置上，而这个新郎却丝毫不爱他的新娘，这是多么令人痛苦。我必须彻底地改变我的生活方式，我必须为这个命运与我相连的另一半的安宁和幸福尽我最大的努力。这一切对于一个已经习惯于以自我为中心的单身汉来说并不容易。为了使自己能够改变人生观，使自己习惯于冷静地看待未来，我决定坚持我原来的计划，去乡下待上一个月。我照做了。在一群善良的人的包围下，在令人愉悦的自然环境中，乡村生活的宁静对我产生了非常有益的影响。我决定，我不会逃避我的命运，在我与这个女孩儿的相遇中有些东西是命中注定的。此外，经验告诉我，生活中常有的事就是，那些让人害怕和恐惧的东西有时往往被证明是有益的——当然，也有相反的情况，那些你为得到幸福和快乐所做的努力可能会以失望告终。如果是这样，那就顺其自然吧！

　　这封信读起来真是可怕；确实，这个不幸的人把自己推向灾难的那种顽强的决心，即便不是这般骇人，也足够怪诞了。一直等到婚礼前夕，他才给萨莎写了一封信。对柴科夫斯基而言，他所面临的恐惧不仅是因为他明显担心他的新娘会遭到萨莎家人的嫌弃，还因为他显然认定她配不上他们。最糟糕的是，现在已经十分明了，他虽然声称"爱"她，但她实际上已经变得让他厌恶。我们只能猜测他的信给萨莎带来了怎样的冲击，因为信中渗透出的痛苦比他给娜杰日达·冯·梅克的信更令人心寒：

　　　　我随时准备与一位年轻女子，**安东尼娜·伊万诺夫娜·米柳科娃**举行婚礼。在告诉你这个消息的同时，我将暂时避免描述我的新娘的品质，因为除了她是个非常端庄贤淑的女孩儿并且十分爱我之外，我对她还知之甚少。只有当我们在一起生活一段时间后，她性格的各个方面才会完整清晰地展现在我面前。在我不再为我的外甥女们要管她叫**舅妈**这个想法感到震惊之前，我不会带她去卡缅卡见你。此时此刻，尽管我爱我的新娘，但在我看来，她成为你孩子们的舅妈还是有点无礼的，我爱他们胜过爱世界上任何的孩子。

　　　　我在希洛夫斯基离这里不远的乡下家中住了一个月。我需要待在那儿，首先是为了开始我的歌剧，其次是为了让自己适应我即将要结婚这个念头。我非常平静地度过了这一个月，并创作了整整三分之二的歌剧。这证明我走这一步并非轻率之举，而是经过了深思熟虑。

柴科夫斯基在目前情绪如此混乱的情况下还能够专心于创作似乎让人难以置信。事实上，这部歌剧会被证明是他最伟大的杰作之一。

婚礼于 7 月 18 日举行。柴科夫斯基的一位同事，音乐学院的音乐史教授德米特里·拉祖莫夫斯基主持了婚礼。阿纳托利是唯一在场的家庭成员。他和科切克是证婚人。柴科夫斯基的朋友阿尔布雷希特和卡什金都不知道这场婚礼的存在。拉祖莫夫斯基意识到这件事给柴科夫斯基带来的压力，并尽可能照顾他完成了仪式。"但是，我始终是个旁观者，直到拉祖莫夫斯基在仪式结束时让安东尼娜·伊万诺夫娜和我接吻的那一刻，"柴科夫斯基向卡什金回忆道，"然后，我感到一种撕心的痛。一种很强烈的情感突然朝我袭来，以至于我好像流下了眼泪。但我努力控制自己，装出一副平静的样子。"

138

两天后，柴科夫斯基和妻子抵达圣彼得堡，柴科夫斯基向阿纳托利详细倾诉了他和安东尼娜在新婚之夜的圣彼得堡火车之旅：

> 当火车开动时，我立刻开始哭得上气不接下气。尽管如此，我还是不得不陪我的妻子聊天，一直聊到克林，以便我能赢得在天黑时躺在自己扶手椅上的权利，独自一人待着。在希诺克之后的第二站，梅什舍尔斯基（柴科夫斯基在皇家法律学院的老朋友之一）突然冲进了车厢。当我看到他时，我感到他必须马上带我离开这里。他做到了。在与他开始交谈之前，我不得不先大哭一场。梅什舍尔斯基表现出了温柔的同情，并努力让我颓丧的精神振奋起来。克林之后，当我回到我妻子身边时，我的心情平静了许多。梅什舍尔斯基把我们安排在了卧铺车厢，之后我睡得像个死人一样。我醒来后的余下旅程并没有

特别可怕。我发现最令人欣慰的是，我的妻子并不理解，甚至没有注意到我那并没有掩饰得很好的苦闷。现在，以及接下来，她总是看上去快乐又满足。她对一切都同意，对一切都满足。我们住在欧罗巴酒店——非常好，甚至很豪华。我去洗了个澡。我们在自己的房间里用晚餐。傍晚时分，我们乘马车去了岛上。

我们进行了谈话，进一步澄清了我们彼此之间的关系。**她明确地对一切表示同意，而且永远不会有更多的要求。她只想珍惜我，照顾我。**我为自己保留了完全的行动自由。在服用了一剂缬草[1]并请求我沮丧的妻子不要沮丧后，我又睡得像个死人一般。睡眠真是我的大恩人。我觉得离我终于平静下来已经不远了。

而事实上，又有什么可悲伤的呢？我已经确保了我很大程度上的行动自由，只要我和我的妻子习惯了彼此，她就不会在任何事情上约束我。**她是一个智力非常有限的人**，但这甚至是一件好事。一个聪明的女人可能会向我灌输对她的恐惧。我远远高于她，远远强于她，至少我永远不会惧怕她。

他噩梦般的新婚状况——不仅仅是他对安东尼娜生理上的厌恶，还有对她的蔑视——让人读起来大为震惊。他承认安东妮娜尽她所能去做一个好妻子，但光天化日之下的非婚姻生活中，他发现他们没有任何共同之处——她对他的音乐一丁点儿也不了解。如果他们在外面散步时遇到了亲戚或朋友，他无法让自己承认安东尼娜是他的配偶。他把她介绍给了他的父亲及其第三任妻子利扎维塔：

爸爸被我妻子迷住了，这也是意料之中的事。利扎维塔·米哈伊洛夫娜人非常温柔且贴心，但有几次我注意到她眼

139

---

1. 一种开白色或粉色小花的植物，其根可以入药，有镇静和催眠的作用。——译者注

含泪水。我那敏锐的、亲爱的继母一定猜到了我正经历着人生的关键时刻。我承认这一切对我来说都是痛苦的，也就是说，爸爸表现出的喜爱和亲昵的用词（与我对妻子的冷漠正好相反），以及利扎维塔·米哈伊洛夫娜的洞察力。我确实正经历着我生命中的痛苦时刻，但我觉得，我将逐渐习惯我的新境况。如果我在任何事情上欺骗我的妻子，那将成为一场无法容忍的骗局，而且我已经警告过她，她只能从我这里获得兄妹间的那种爱。肉体上我的妻子让我感到**十足**的厌恶。昨天早上，当我妻子在洗澡时，我去了圣艾萨克大教堂的弥撒。我觉得有必要做个祷告。

在这一周的蜜月结束之前，他觉得有必要和他的一些朋友们聚一聚。这让绝望感突然发作。"危机**太可怕了，太可怕了，太可怕了**，"他在信中对阿纳托利说道，"如果不是我对你和其他亲近之人的爱在这些难以忍受的精神折磨中支撑着我，这一切可能会以悲剧收场，也就是说我要么生病，要么疯掉。"

回到莫斯科后，他拜访了他妻子的家人并对他们极其反感。然而，短暂的逃离在望，因为安东尼娜同意他去高加索地区的埃森图基温泉。中途他会去卡缅卡，此前他试着让萨莎放心。"我已经很爱我的妻子，但这种爱与我对你、我的兄弟、列夫、你的孩子们的爱相比，真是差了十万八千里！！！"他写到。安东尼娜在这里显然是不会快乐的。

8月7日，柴科夫斯基启程前往基辅，在那里他停下来给娜杰日达·冯·梅克写信，详细描述了他所经受的恐惧，并试图以最好的姿态来面对未来。无论她当时作何感想，她在给柴科夫斯基婚前的答信中对他的决定给予了极大的肯定，并对他的未来表示了最亲切的祝愿，在信的最后极尽溢美之词重申了她的爱慕之情与二人的友谊。但很难相信她在收到他最新的消息时，没有思考过事件的发展会对她与柴科夫斯基本人未来的关系产生不利影响。他的最后一

140

句话现在肯定为她证实了这一点。一切都如以前一样，也许更甚。"娜杰日达·费拉列托夫娜，我为您为我所做的一切而祈福。再见了，我最好的，我最珍贵的朋友。"

柴科夫斯基最终没有去埃森图基。相反，他在接下来的一个月或更长时间里与萨莎和她的家人在一起。他消沉的情绪似乎立刻就被治愈了，他还加入了卡缅卡熟悉的集体生活中。但在 9 月 23 日，音乐学院的新学期开始了，他又回到了莫斯科。第二天，他给阿纳托利写信：

> 我的妻子来接我了。她这个可怜的人，在我到来之前整理我们的公寓时受了不少苦。公寓非常优雅、漂亮，而且不乏奢华。你自然会想知道我的感受。托利亚，请允许我避而不谈。我很苦恼，这就是我要说的。但是，当然，当我在卡缅卡经历了极大的幸福之后，这是不可避免的。我知道，我仍需要有耐心，然后是平静、满足。谁知道呢，也许连幸福也会一点一点地到来。

柴科夫斯基的朋友们自然对安东尼娜感到好奇，尤尔根松在家中安排了一次晚餐，这样大家可以见到她。她正如预想得那样不自在，她的丈夫不停随声附和，在她支支吾吾时补上她可能想说的话。尼古拉·鲁宾斯坦后来说，她很漂亮，表现得很好，"但不是特别有魅力；好像她不是一个真正的人，而是某种甜点"。对于柴科夫斯基大多数的朋友来说，那是他们第一次也是最后一次见到安东尼娜。音乐学院的新学期就在眼前，开学后，柴科夫斯基在教学上一丝不苟，但一下课立马不见人影，而且变得越来越难以沟通。

141

卡什金在多年后记录了柴科夫斯基本人对最后危机的叙述。虽然他是以第一人称写就的，而且我们必须有所保留地看待其字面意义的准确性，但没有理由质疑他写下的内容：

　　白天（柴科夫斯基说）我仍然试着在家里工作，但到了晚上就变得难以忍受了。我不敢去找朋友，甚至不敢去剧院，每天晚上我都要去散步，在莫斯科遥远而偏僻的街道上漫无目的地走上几个小时。天气变得阴沉而寒冷，晚上还出现了轻微的霜冻。在一个这样的夜晚，我来到莫斯科河的荒滩上，脑子里闪现出一个想法，那就是我可以通过染上风寒来结束自己的生命。黑暗中谁也看不见我，我就这样走入了几乎及腰的水中，一直待到我无法再继续忍受寒冷所造成的身体疼痛为止。从水里出来时我坚信我一定会死于肺炎或是某种呼吸道疾病。回到家，我讲述了我是如何参加了一次夜间捕鱼活动，并意外落入水中。然而，我的身体是那样的健康，冰水浴对我丝毫没有影响。

　　这个绝望的策略失败了，需要一个更直接的计划。柴科夫斯基立即与圣彼得堡的阿纳托利联系，敦促他以帝国剧院指挥爱德华·纳普拉夫尼克的名义发一封电报，要求柴科夫斯基本人为即将复演的《铁匠瓦古拉》亲自到俄罗斯的首都来。阿纳托利立即采取行动，柴科夫斯基给阿尔布雷希特草草写了张纸条告诉他这个消息，并承诺他将在下周二返回莫斯科。

　　他并没有回去。阿纳托利到车站接他时几乎认不出自己的哥哥。阿纳托利把他带到了一家旅馆后，他的精神彻底崩溃了。一位精神病医生说，彻底地改变环境是至关重要的，他不能再和安东尼娜一起生活。阿纳托利匆匆赶到莫斯科，处理哥哥的各项事宜，并安排了与安东尼娜的会面。鲁宾斯坦会随同前往以确保她被告知全部的真相。安东尼娜把两人请进屋里，听鲁宾斯坦说明当下的境况，后者的生硬态度让阿纳托利很是难为情。然后她邀请两人用茶。鲁宾斯坦推辞了，安东尼娜送他到门口。她回来时满面春风地说："我从没想过鲁宾斯坦今天会在我家里喝茶！"阿纳托利对安东尼娜的麻木不仁和茫然不知大为震惊。10月13日，他回到了圣彼得堡，带着哥哥去西欧进行长期的疗养。柴科夫斯基的婚姻结束了。

13

两部杰作：
《第四交响曲》与《叶甫盖尼·奥涅金》

　　柴科夫斯基在经历他一生中最痛苦的一个阶段时，竟然还能进行创作，这也许听起来会让人惊讶。但一定更让人惊讶的是，他在这场动荡中所构思的两部作品成为他最伟大的杰作。而意料之中的是，这两部作品都被他在这黑暗的几个月中的经历打上了不可磨灭的烙印。在柴科夫斯基此前的交响曲中，没有一部的第一乐章预先暗示了他《第四交响曲》第一乐章的幅度、规模和强度，甚至是暴力。随后他甚至为整部交响曲撰写了详尽的音乐大纲，其中带有明显的自传色彩。也许我们会怀疑，这样一个详细的音乐大纲是否在作曲过程中真的起到了指引作用，又或者它实则是作曲家创作完成后对这部作品创作期间情感经历的一种隐喻。但我在交响曲中发现了一个隐秘但又无可辩驳的证据，指出了支撑第一乐章的基本要素，同时还是整部作品的驱动力。

　　作为一名研究人员，我很早就学会把所有问题考虑在内，哪怕是再微小的、甚至是微不足道的、但看起来有点儿不同寻常的细节。而我现在所描述的这个发现——部分源自注意到了柴科夫斯基为其《第四交响曲》所设定的调性：F 小调（四个降号）。现在再来看，18 世纪末和 19 世纪的大型管弦乐作品的特点之一就是它们几乎都采用不超过三个升号或降号的调性。在柴科夫斯基的二十多部大型管弦乐作品中，只有三部作品打破了这一惯例（交响诗《暴风雨》和《哈姆雷特》也采用了 F 小调，而《第一钢琴协奏曲》则是

降 B 小调——不过对于最后这个选择可能存在一个秘密的非音乐
144　性解释）。[1] 如前所述，柴科夫斯基 1876 年年初在巴黎观看比才的
歌剧《卡门》时被它征服，尤其是歌剧的结局，正如他所说："以
两位主人公的死而告终，邪恶的命运将他们带到一起，驱使他们经
历一系列的痛苦，走向无法逃避的结局。"而在歌剧本身中有两个
关键的、决定性的时刻，它们创造或预示了这一结果，而且都是在
同一个调性上，即 F 小调。一个是埃斯卡米洛的登场，他是命运之
神的代理，他将取代年轻士兵唐荷塞赢得卡门的芳心，从而为唐荷
塞谋杀卡门的悲惨结局埋下伏笔。另一个是当卡门通过纸牌算出了
自己的命运，得知她注定会死去。但柴科夫斯基的《第四交响曲》
也是关于命运的（我们有柴科夫斯基的亲笔说明），而且也是 F 小
调。为了创造出开启第一乐章主体的不安主题，柴科夫斯基显然是
勾勒出了斗牛士出场咏叹调的前四小节和卡门算命的前两小节（总
共约三十来个音符）。完成后，通过采用非常不同于比才的节奏和
风格，以及运用完全不同的、有着他个人特点的节奏处理，他以最
小的偏差从这些音符中"捏造"出了他自己的《第四交响曲》第一
乐章的主题。这绝对是整个西方音乐史上最非凡的主题变形之一。
这也适时提醒我们，尽管"灵感"可能会是个几乎不由自主的过
程——正如柴科夫斯基本人多次所经历过的，他几乎没有时间在纸
上写下他大脑毫不费力就创作出的大量乐思，但"灵感"也可以来
自初期理智且有意识的劳作。事实上，正如我们在后面一章会了解
到的，柴科夫斯基自己也会证明在"灵感"显现之前，有时需要坚
持不懈的努力。

但是从《卡门》衍生出来的主题也证明了柴科夫斯基确实
将命运视为这部新交响曲的核心。他究竟是什么时候开始着手创
作这部交响曲的我们不得而知。在 1877 年 5 月中旬写给娜杰日
145　达·冯·梅克的信中，他说他"早在冬天"就已经开始创作了，而

---

1. 关于对最后一个例子的解释，参见第 9 章，第 98 页，注脚 2。

且三个乐章已经完成，终乐章也指日可待。初稿无疑在 6 月初就完成了，他已经决定把它献给他的赞助人。然而，她不愿意看到自己的名字出现在扉页上，建议题词为："献给我的朋友。"这对柴科夫斯基来说可是不够的，他将它进一步增强："献给我最好的朋友。"我们很难相信她对此会有所不满。

现在交响曲最终的收尾工作已经结束，可直到1878年1月总谱才全部完成。但在2月，它就已经在莫斯科迎来了首演。柴科夫斯基此时仍在西欧逐渐从婚姻的创伤中恢复，因此没有出席。然而，他莫斯科的朋友们中似乎没有一个人愿意评论这部作品，经过了一个月这样的沉默之后，他再也控制不住自己了。他对塔涅耶夫的抱怨和责备得到了迅速的回应，回应中透着柴科夫斯基这位学生特有的诚实。柴科夫斯基认识到了这一点，没有被塔涅耶夫整体上的言论所冒犯，并对他的直率表示了感谢。但有一句话确实刺痛了他。"这部交响曲其中一个败笔是我永远无法接受的，那就是每个乐章中都有些会让人联想到芭蕾音乐的东西。"塔涅耶夫写到。

柴科夫斯基的答复值得详细引用，因为它非常清楚地说明了作曲家是如何看待一部交响乐，以及什么样的内容在他看来是恰当的：

> 我根本不明白你所说的芭蕾舞音乐究竟是什么。你是否把所有具有舞曲节奏的欢快旋律都理解为芭蕾舞音乐？如果是这样的话，你一定也无法接受贝多芬大部分的交响曲，因为在这些交响曲中你处处会遇到这样的东西。因此，我只能假设，我的交响曲中**类似芭蕾音乐**的部分让你如此不快，并不是因为它们**像芭蕾音乐**，而是因为它们很糟糕。至于你说我的交响曲是标题音乐，我完全同意。我唯一不明白的是为什么你会认为这是缺陷。我所担心的情况恰恰相反。也就是说，我不希望从我笔下流出的交响曲毫无表现力，只是空洞地玩弄和弦、节奏和转调。我的交响曲当然是标题音乐，但其描绘的内容是无法用语言来表述的。交响曲，也就是所有音乐形式中最具歌唱性

146

的，难道不该是这样一部作品吗？我的交响曲在本质上效仿了
贝多芬的第五。我的意思是，我并非在模仿它的音乐思想，而
是它最基本的乐思。你认为《第五交响曲》是描述性的标题音
乐吗？它不仅有音乐大纲，而且它所展现出的表现力是毋庸置
疑的。我要补充的是，在这部交响曲中（也就是在我自己的交
响曲中）没有一个音符不是我深切感受到的，也没有一个音符
不是我灵魂深处真实冲动的回声。

这一切读起来都非常引人入胜，**但是**，柴科夫斯基几周前向娜
杰日达·冯·梅克透露的详细音乐大纲似乎与他所声称的"无法用
语言表述"的音乐大纲相悖。我们应该相信哪一个，给塔涅耶夫的
信，还是向冯·梅克夫人透露的音乐大纲？事实上，真相可能介于
两者之间。《第四交响曲》强烈的戏剧性以及我们对其创作环境的
了解，使它自传性的那部分显得非常真实可信，当然，还有与比才
《卡门》之间隐秘但明确的关联。柴科夫斯基给赞助人的导言暗示
着，他对为她写下的音乐大纲感到有些模棱两可：

> 我们的交响乐有一个音乐大纲，也就是说，有可能用语言
> 来表达它所要表达的东西。而对您，也只有对您，我才能够并
> 且愿意去解释整部作品和各个独立乐章的意义。当然，我只能
> 笼统地去做。

接下来，在用非常详细的语言描述了整个音乐大纲后，柴科夫
斯基最后再次告诫他的赞助人不要太拘泥于字面意思：

> 我有生以来第一次不得不用文字将音乐思想和音乐意象表
> 达出来。我应当做到，但没有成功。去年冬天，我在创作这部
> 交响曲时非常抑郁，它是我当时所经历的一切的真实回声。但
> 它也仅仅是个回声。

F 小调第四交响曲 *****

【这是迄今为止我们遇到的最棘手的一部作品，对它的研究也会相应地变得笼统。但这是一部令人印象极为深刻又颇具挑战性的作品，所以我就不为它占据这么大的篇幅而道歉了。在下面的研究中，我用（不同的字体）列出了冯·梅克音乐大纲的细节，因为我确信，许多听众在第一次遇到像第一乐章所带来的庞大而复杂的音乐体验时，会觉得这些细节大有助益。不要指望在你第一次（甚至是第二次）聆听时就能从这个庞大的乐章里充分挖掘其中的宝藏，特别是如果你没有丰富的（或者几乎没有任何）聆听古典音乐的经验。但是，我向你保证，这部作品值得你为它坚持。】

《第四交响曲》以一声刺耳的圆号加巴松管开场。这就是"**命运**"，那股阻挠幸福的冲动实现其目标的决定性力量，它像达摩克利斯之剑一样悬于你的头顶。它是不可阻挡的，而你永远无法战胜它。

那些对瓦格纳伟大的《指环》系列有所了解的读者可能会感觉到，柴科夫斯基对最近拜罗伊特经历的记忆在这个开场中徘徊。但话又说回来，《指环》所讲述的史诗故事结局悲惨，它同样是一个关于命运的传奇。然而，柴科夫斯基的引子慢慢消失，乐章主体以《卡门》的复合型主题开始：**命运不可阻挡，你永远无法将它战胜；你只能与其和解，徒劳地忍受煎熬**。

主部主题所占篇幅是巨大的。主题先是非常安静地，几乎是疲惫地以一种持续、略显艰难的步态开始，然后顺利地展开，变得愈发执着（**阴郁和绝望的感觉更加强烈和焦灼**）。然而，过了大约三分钟后，尽管现在是"很强"（fortissimo），但是以同一主题的开头（又回到了 F 小调）为这个乐段画上了句号。命运的纽带没有断裂。

背离现实，将自己淹没在白日梦中不是更好吗？ 相应地，现在突然变成了新的音乐（到副部主题的过渡）和新的音色，因为一个轻快的单簧管主题（副部主题的第一主题）即将进入，而结束于每个乐句的小轮音（roulade）在其他管乐声部得到了呼应。

啊，欢乐！甜蜜而温柔的白日梦出现了。一个幸福的、容光焕发的人召唤着你。 的确，此处音乐非常从容自在。注意以背景进入的轻轻摇晃的旋律很快就会变得越发自信，然后会在合适的时机显示出自己其实就是副部的第二主题。

这是多么的好！快板【主部主题】着魔般的第一主题现在听起来是多么遥远。白日梦一点一点地将灵魂完全包裹住。一切阴郁的、不快的东西都被遗忘。 她在那里，她就在那里——幸福！小提琴主题在定音鼓轻柔的敲击声上摇晃，其情绪显然与开启呈示部时大相径庭。请注意与小提琴乐句一问一答的新的木管主题：事实上，它不是别的，而是衍生自并经过了变形的《卡门》主部主题开头，现在阴霾现已全部消散。幸福似乎到来了。

然而，随着节奏的加快，很快就出现了愈发强烈的不安感，一个尖锐的新主题进入了。主部主题越来越坚定，直到交响曲开头的"命运"主题在小号上爆发出来。**不！这些只是白日梦，而命运将你从中唤醒。** 并不只是呈示部，就连其表面看上去的乐观也已成为过去。

柴科夫斯基是最善于自我批评的作曲家，他在给塔涅耶夫的信中的一句话值得注意。在写到即将到来的展开部时，他指出他对这个部分"没有深切的感受，它并不是我灵魂深处真实冲动的回声。也许第一乐章的中间部分除外——其间有设计，有接缝，有胶合。总而言之，是**人为**的创造"。

柴科夫斯基对自己实在有失公允。在写到第一乐章的其余部分（包括展开部）时，他没有试图提供任何细节。因此，**所有的生活，都是在艰难的现实与转瞬即逝的梦想和幸福的愿景间循环往复的交**

替。没有什么避难所。**在海上漂泊无定，直到大海在其深处将你吞噬并淹没。这就是第一乐章的大致音乐大纲。**

我用更多的细节让它丰富起来也没有任何意义，因为柴科夫斯基实际上已经在音乐大纲中揭示了四个主要组成部分（引子和呈示部的三个主题）中每一个的含义。现在，决定该乐章其余部分主要框架的将是奏鸣曲式的使用，因此（例如）再现部中主题意料之中的重现与柴科夫斯基的音乐大纲无关，而是与奏鸣曲式有关。剩下的一切就算没有真的进一步加强，也巩固了之前的体验。

那么展开部又如何呢？这当然是一个作曲家可以随心所欲发展的部分，而且事实上它的结构非常恢宏（我故意用的这个词），音乐首先回到了衍生自《卡门》的主部主题，它现在低调、烦躁、紧张，但积蓄着力量，直到一个由简短的延留乐句组成的小提琴主题加入其中。这个乐句被连续重复了一次又一次，每次都要高一个音。强度和音量都在惊人地增长，最后在双倍小号吹奏出的"命运"主题中达到了顶峰，这个曾开启了整部交响曲的主题现在与主部主题发生了激烈的冲突。很少有作曲家不仅能够如此生动地表现冲突的暴力，还能刻画出它的混乱与浑沌。而当主部主题在"极极强"（**fff**）中以看似胜利的姿态出现时，"命运"主题也并非没有受到挑战，因为长号和大号插入了一个经久不息的线条，它从下方稳步上升，然后（听上去好像）随着冲突力量的回落而被彻底耗尽。

主部主题的爆发标志着再现部的开始。但如果像在呈示部中那样把主题完整重复一遍，会让人难以忍受（坦率地说，也很乏味）。柴科夫斯基几乎是不屑一顾地直接跳到了轻快的副部，然后由此来到了由轻轻摇动的弦乐主题所引入的再现部缩略版。应该不难听出来。

然而，在尾声中将出现新的反转。"命运"主题像之前一样突然出现——现在由一个全新的、赞美诗般的旋律予以应答（或许这听天由命的情绪就是柴科夫斯基的音乐大纲所能提供的最光明的希

149

望？）。然而在这之下，衍生自《卡门》的主部主题仍旧焦虑地四处徘徊，这个恢宏的乐章正是以这个主题再一次在"极极强"（**fff**）中结束。

我猜没有哪部交响曲的第一乐章（甚至包括贝多芬的"第九"）能像柴科夫斯基的"第四"这样，将如此丰富多样的素材锻造成这般大胆、磅礴、广泛的体验。在经历了如此非凡的体验之后，一丝喘息必不可少，而两个中心乐章很好地提供了这样的机会，但柴科夫斯基并不愿让我们相信前方的一切都将是愉快和光明：

> 交响曲的第二乐章表达了抑郁的另一个阶段。这是一种在傍晚时分，当你因工作疲惫不堪，独自而坐时出现的忧郁。虽拿出书本，但又却从你手中滑落。一幕又一幕的回忆涌上心头。悲伤的是许多事情都已逝去，但怀念青春又是那么快乐。你对过去抱有遗憾，但又不希望重活一次。生活已经使你疲惫不堪。休息一下环顾四周是多么愉快。你记起了很多。当年轻的血液沸腾，生活令人满意时，快乐的时光也曾有过。但也有痛苦的时刻和不能弥补的损失。所有这一切现在都已非常遥远。让自己沉浸在过去真是既悲伤又不知何故的甜蜜。

150

即使没有柴科夫斯基自己的音乐大纲，此处也无需像前一个乐章那样详尽的评述。流畅的双簧管主题开启了广阔的"如歌般的小行板"（Andantino in modo di canzione），见证了柴科夫斯基有能力谱写出立即吸引听众注意力的旋律，尽管他在整个过程中只使用了一个音值（但听一听双簧管演奏家如何经常用小的二音、三音或四音组来断句，从而赋予了旋律温和的节奏生命）。这个旋律世界被小提琴引入的新主题（现在有了一些不同的音值）扩大了一些，但它与双簧管主题是如此自然地相辅相成，让该乐章最开始的三分多钟在效果上成为了一个统一的旋律跨度。而它所带来的稳定和平衡在精巧的构思之下与第一乐章的狂暴形成了完美对比。中央部分在旋律风格上没有什么变化，只不过它的节奏稍稍加快，力度变化有所提高。虽然开头的主题再次出现以构成一个完整的三部曲式，但这绝不是逐音逐句的反复，因为一些新的旋律素材被插入其中。柴科夫斯基在处理这一迷人且构思完美的乐章时丝毫没有敷衍。

第二乐章中向一个更加光明、少有烦忧的世界的转变在第三乐章中被果断地继续向前推进。它的标题"谐谑曲：持续拨奏"（Scherzo：pizzicato ostinato）只说明了该乐章最鲜明的特点之一：利用了轻快的拨弦和明亮的、有时几乎是尖锐的木管乐之间的对比，以及之后铜管乐器上安静急促的和弦。这是一道令人愉快的甜点，三个声音世界分别由各自的素材所引入，然后又被并排放在一起，有时以令人眼花缭乱的速度交替出现。这是一个奇妙、诙谐、构思精巧，完全具有原创性的乐章。

151

但是，当这一乐章究竟建立在什么之上——即对三个不同乐器家族之间音色对比的利用，是一个如此纯粹的音乐性的决定时，听众肯定会怀疑柴科夫斯基此处所谓的音乐大纲是不是个马后炮，是为满足他的赞助人而写下的。事实上，他的第一句话似乎就证明了：

> 第三乐章没有表达明确的感受。它是由变幻无穷的阿拉伯花纹，由当你喝了点儿酒，刚开始体会到醉意时，脑海中闪现的难以捉摸的意象组成的。你既不欢快也不悲伤。你什么也不想，你放飞了你的想象力。出于某种原因它开始描绘奇怪的图画。此时你突然想起一幅醉酒农民的图画和一首街头歌曲。接下来，在远处的某个地方，一支军队经过。这个乐章是由完全不连贯的图像组成的，这些图像在你睡着的时候从你的脑子里匆匆闪过。它们与现实毫无关联，它们奇怪、狂野、杂乱无章。

第四和最后一个乐章的音乐大纲要更有说服力：

如果你在自己内心找不到快乐的理由，就看看其他人吧，到人群中去。观察他们如何享受，全心全意地把自己交给快乐。一幅人们欢庆节日的图画。你还没来得及忘记自己，就被别人欢乐的样子冲昏头脑。不可抗拒的命运又出现了，它让你想到了自己。但没人在乎你，也没有人注意到你的孤独和悲伤。啊，他们是多么享受自己，他们是多么快乐，因为他们所有的感情都是简单而直接的！要怪也只能怪你自己。不要说这个世界上的一切都是悲伤的。生活中也有简单而强烈的快乐。在别人的欢喜中欢喜吧。还是有可能活下去的！

我们只能猜测柴科夫斯基此处的音乐大纲到底真的是他自己写的，还是从最近刚出版的小说《安娜·卡列尼娜》中摘录的一段话。托尔斯泰在这里描述的是列文看着一些农妇在他身边欢快歌唱时的感受。该乐章开始时的突然爆发（我曾看到观众在听到终乐章第一个和弦时吃惊地跳了起来）无疑暗示着快乐。同样意义重大的是俄罗斯民歌，它在开场一片欢腾的景象过后立即被引入，直到先前那热情高涨的音乐重新出现它才被淹没。然后，这首民歌突然再次出现，并在不同的背景下被听到了三次，然后再次被卷入"人们欢庆节日"的氛围中。第三次，这首民歌被赋予了独立的空间：背景再次变化，热情继续升温，这时交响曲开篇的主题蛮横地闯了进来。但这一次，命运并没有占据上风。正如音乐大纲所称："在别人的欢喜中欢喜吧。还是有可能活下去的！"这首不朽的交响曲就这样在重返乐章开始时的高昂情绪中结束。

———————

歌剧《叶甫盖尼·奥涅金》的创作与《第四交响曲》的创作相重叠。5月25日，柴科夫斯基到他的朋友，歌唱家伊丽莎白·拉夫罗夫斯卡雅家中拜访，他们的谈话涉及了可行的歌剧主题。在拉夫罗夫斯卡雅的丈夫提出了一些拙劣的建议后，拉夫罗夫斯卡雅自已突然提起了普希金的诗体小说，《叶甫盖尼·奥涅金》。"这个想法在我看来很疯狂，我没有回答，"柴科夫斯基五天后写信给莫杰斯特：

> 后来，当我独自在一家旅馆吃饭时，我又回想起了《奥涅金》。我开始思考它，然后觉得拉夫罗夫斯卡雅的想法很有潜在价值，于是激动得不知所措，等到吃完饭时我就已下定了决心。我立刻跑去寻找普希金的作品。我好不容易找到一本，回家后高兴地通读了一遍。我彻夜未眠，最后根据普希金的原文创作出了一部令人愉快的歌剧脚本。

　　当然，这一切都发生在他与安东尼娜·米柳科娃的关系还处于发展初期的那几个星期里，而下面所记录的事实则填补了第 12 章叙事中明显的空白。柴科夫斯基的选择将为他带来他最伟大的歌剧，这也将对他与安东尼娜·米柳科娃的关系产生直接和致命的影响，后者在他决定创作《叶甫盖尼·奥涅金》之前就已经给他写了第一封信。普希金的杰作讲述了少女达季娅娜爱上了玩世不恭的青年奥涅金。达季娅娜写了一封信表白自己的爱情，却遭到了奥涅金的拒绝。多年后，奥涅金归来，看到风韵成熟的达季娅娜现已嫁给一个上了年纪并对她倾心敬慕的丈夫，于是爱上了她。奥涅金强迫达季娅娜与自己见面，达季娅娜坦承虽然自己依然深爱奥涅金，但要对丈夫保持忠贞。即便痛苦万分，但达季娅娜还是拒绝了想要成为她情人的奥涅金。

　　让柴科夫斯基对这个主题尤为着迷的是达季娅娜给奥涅金写下爱之告白的那个瞬间。多年后，他对卡什金讲述了当时发生的事情：

> 我开始为书信场景创作音乐，屈服于对它的不可战胜的精神需求，一时激动到忘记了米柳科娃小姐。我完全沉浸在创作

153

之中，我对达季娅娜的形象如此感同身受，以至于她对我来说就像一个活生生的人。我爱达季娅娜，并对奥涅金怒不可遏。他在我看来是个冷酷无情的笨蛋。收到米柳科娃小姐的第二封信后，我感到非常羞愧，甚至为自己对她的态度而感到愤怒。在她的第二封信中，她痛苦地抱怨没有收到任何答复，并补充说如果这封信遭受了与第一封信相同的命运，那么她唯一能做的就是结束自己的生命。在我的脑海里，这一切都与心中的达季娅娜联系在了一起。在我看来，我的行为比奥涅金要卑鄙得多，我为自己对这个爱我的女孩儿所表现出的无情感到非常愤怒。因为米柳科娃小姐在她的第二封信里留下了她的地址，于是我马上赶去了那里。就这样我与她相识了。

6月1日，柴科夫斯基与安东尼娜第一次见面，一两天后在第二次见面时向她求了婚，完成了《第四交响曲》的草稿，并于6月10日出发前往弗拉基米尔的哥哥，康斯坦丁·希洛夫斯基在格列博沃的庄园。

看起来一定很不寻常的是，柴科夫斯基一旦知道自己与安东尼娜没有直接接触的机会，似乎就能完全将她抛之脑后，因为他在婚后逃到卡缅卡萨莎的家中时亦是如此。至于他在格列博沃的工作环境，那是非常理想的，他告诉莫杰斯特：

> 我有一整栋布置豪华的房子供我使用。在我忙碌的时候，除了我的仆人阿廖沙，任何人都不会出来打扰。而且，最重要的是，我有一架钢琴，在我弹奏的时候，除了阿廖沙，任何人都听不到它的声音【柴科夫斯基在作曲时也有大声歌唱的习惯】。我八点起床，洗澡，（一个人）喝茶，一直忙到早餐。早餐后我散步，再一直工作到晚餐。晚饭后，我会走很远的路，并在大房子里度过夜晚。这里几乎看不到任何客人。总之，这里非常平静和安宁。这地方真是让人愉悦极了。然而，可怕的

是天气：这里如此寒冷，每个清晨都下霜。

由于上述原因，我的工作进展很快，如果在八月之前没什么事情需要我从这儿离开（莫杰斯特对他哥哥的结婚计划仍然一无所知），那么我一定能够起草完成整部歌剧的初稿。但我可能要在 7 月中旬离开这里。我必须到莫斯科和科切克待上几天，然后去找萨莎。我希望在那儿见到你，然后去国外。

柴科夫斯基于 7 月 14 日离开格列博沃的时候，距离婚礼只有四天，此时《奥涅金》三分之二的创作已经完成。他可能在 8 月和 9 月在卡缅卡又对歌剧做了些工作，但直到 1878 年 2 月作品才最终完成。

柴科夫斯基是以极大的热情和爱创作了他的新歌剧。他迫切地希望它能被搬上舞台。甚至在作品完成之前，他就试图说服尼古拉·鲁宾斯坦在莫斯科音乐学院制作并指挥第一幕和第二幕的第一场，用上同事和学生们。他把这四场戏的乐谱寄给了鲁宾斯坦，鲁宾斯坦对音乐表示出了热烈的肯定，但反对将首演托予音乐学院的学生。柴科夫斯基可没有被说动。他需要的不是上了年纪的明星，而是会演戏的优秀年轻歌唱家，一支不会表现得"如羊群一般"的合唱团，以及鲁宾斯坦本人亲自来排练和指挥这部歌剧。如果这部歌剧不能在这个乐季上演，他准备等到下个乐季。最后，一切如他所愿，1879 年 3 月，动用音乐学院人马，歌剧在尼古拉·鲁宾斯坦执棒下在莫斯科小剧院上演。

柴科夫斯基认识到，《叶甫盖尼·奥涅金》在许多方面都与通常的歌剧非常不同，因此坚持认为它应该被描述为"三幕抒情歌剧"（Lyrical scenes in three acts）。他也知道，作品不会满足观众传统意义上的期望，而且敢采用俄罗斯文学中最受欢迎的一部经典作品是要冒着极大风险的。的确，观看了首演的莫杰斯特记述到，那晚他在剧院里不止一次听到"亵渎"一词。然而，每场戏结束后都有观众起立鼓掌，评论界也多对歌剧大加赞赏。最重要的是，柴科夫斯基被他在音乐学院的朋友们的一致热情所深深感动。然而，尽管在 19 世纪 80 年代初，《奥涅金》在更广泛的俄罗斯世界偶尔能被听到，但直到 1884 年帝国歌剧院在圣彼得堡将其制作上演，歌剧才开始大获成功，使其成为今天最受欢迎的俄罗斯歌剧。

《叶甫盖尼·奥涅金》：三幕抒情歌剧 *****

【《叶甫盖尼·奥涅金》是柴科夫斯基的最至高无上的杰作之一。我认为这是一部几乎痛心入骨的动人之作，而这不仅仅是因为柴科夫斯基那精彩至极的音乐。尽管它有宏大的戏剧场景，但它同时也是一部非常私密的作品。是啊，歌剧的七个场景中，有三个场景在舞台上只需要两人参与，而且让我觉得极为不凡的是，柴科夫斯基将强烈的情感集中在了这些场景中所呈现出的让人焦虑不安的个人境遇。《黑桃皇后》，另一部基于普希金的歌剧，主题更吸引人，故事也更加戏剧性。我爱它，但如果我只能保留其中一部，我知道会是哪一部。事实上，如果在所有柴科夫斯基的作品中我只能选择留下三部（苍天，但愿永远没有这一天！），那么《叶甫盖尼·奥涅金》就是其中之一。】

柴科夫斯基七个场景中的每一个都只展示了普希金诗体小说中的一个事件，柴科夫斯基认为他有把握将自己控制在这个范围之内，因为俄罗斯观众对完整的故事非常熟悉，能够将歌剧剧情置于原作背景之下。然而，本书的读者当中很少有人会具备这种优势，因此我会用不同字体简要介绍柴科夫斯基在大幕拉开之前和场景之间删去的剧情和细节。

叶甫盖尼·奥涅金是 19 世纪 20 年代（也就是普希金身处的时代）俄罗斯青年的缩影。他受过良好的教育，受人欢迎，但对圣彼得堡上流社会的空虚生活感到厌烦,于是决定到从叔叔那儿继承来的庄园体验乡村生活。但他只有在邻居连斯基的陪伴下才能找到满足感,18岁的连斯基刚从德国大学归来,还没有被俄罗斯上流社会的俗艳风气所玷污。连斯基与邻居的小女儿奥尔加·拉琳娜订婚。奥尔加性格外向,相反她的姐姐达季娅娜则喜欢独处,醉心于小说。一天傍晚,连斯基将奥涅金介绍给了拉琳一家。

第一幕第一场。**拉琳家族庄园的花园**。拉琳娜夫人和保姆菲丽普叶夫娜在花园中闲聊。大家能听见夫人的两个女儿,达季娅娜和奥尔加在屋内唱起了二重唱。农民们登场,向拉琳娜夫人仪式性地献上了收割的庄稼。他们唱着欢快的歌曲,并为夫人起舞。奥尔加和达季娅娜出场,前者谈论起了姐姐爱幻想的天性,与自己外向的性格截然不同。农民们喝了酒,然后和保姆一起退场。当被问到是否生病时,达季娅娜说是正在阅读的小说让她面色苍白。保姆匆匆赶来,宣布连斯基和奥涅金的到来。达季娅娜的母亲阻止女儿离开。奥涅金被介绍给了大家之后,拉琳娜夫人离开了四位年轻人。在四重唱中,每个人都表达了他/她对当下处境的第一反应,达季娅娜当即透露奥涅金就是她命中注定的爱人。他们两两组成了二重唱,奥涅金评论达季娅娜闭塞的世界,而她则承认她经常阅读并总爱幻想。奥涅金和达季娅娜离开,连斯基现在终于可以重申他对奥尔加的爱。拉琳娜夫人和保姆再次登场,发现奥涅金和达季娅娜不见踪影。这对儿回来时,保姆察觉到达季娅娜已经疯狂地爱上了奥涅金。她再次进屋时,保姆疑惑地摇了摇头。

第一幕第二场。**达季娅娜的睡房**。达季娅娜准备就寝,但无法入睡。应达季娅娜的要求,保姆讲述了她自己的包办婚姻,却看到达季娅娜并没有在听。达季娅娜坦白自己已坠入爱河。她要来纸和笔后便让保姆退下。现在,她独自一人,宣泄着自己的兴奋之情,坐下来给奥涅金写信,先是撕掉了第一次尝试,然后又继续写,不时停下来读一读,评论一下所写的内容或仅仅是思考。信写完时已是天亮。保姆再次出现，达季娅娜恳求保姆让她的孙子把信捎去。但捎给谁呢？"给奥涅金！"她大喊。保姆稍有迟疑，带着信离开了，达季娅娜又一次陷入沉思。

第一幕第三场。**拉琳家花园的另一角**。台下传来女声合唱。达季娅娜急匆匆地登场：奥涅金要来了，她焦虑极了。奥涅金出现，对她讲话的态度"安静、冷淡"。他列举了他不应该和她结婚的种种理由，敦促她把握好自己。达季娅娜受到了羞辱。台下的女声合唱再次响起。奥涅金向达季娅娜伸出手臂，她机械地挽起。两人退场。

奥涅金没有再到拉琳娜家中拜访，直到连斯基说服他来庆祝达季娅娜的命名日。与此同时，达季娅娜在噩梦中预感到连斯基和奥涅金之间会出现麻烦。

第二幕第一场。**拉琳家的宴会厅**。命名日的舞会正在进行。奥涅金与达季娅娜跳舞，连斯基与奥尔加跳舞。一些客人，尤其是女性客人对奥涅金刻薄地说三道四。奥涅金对连斯基的邀请厌烦又恼火，于是在跳华尔兹时与奥尔加调起了情。连斯基责备了奥尔加，但奥尔加却故意让连斯基更加嫉妒。法国客人特里盖先生为尴尬的达季娅娜献唱一曲。舞会以玛祖卡重新开始。奥涅金与奥尔加坐在一起，连斯基站在他们身后。奥涅金与奥尔加短暂共舞，然后假装才注意到连斯基，并问他为什么不跳舞。争吵开始了，连斯基变得愈发激动。其他客人围了上来，连斯基当众宣布与奥涅金绝交。奥涅金试图安抚，但连斯基"要求决斗"。拉琳娜夫人大为震惊，连斯基引领了一场大合唱，大家都在思考事态的恶化。但随后骚乱又爆发了，且愈演愈烈，直到连斯基抛出了最后的咒骂："你这个道德丧尽的勾引者！""闭嘴，否则我就杀了你！"奥涅金愤怒地反驳道。他扑向连斯基，客人们将他们拽开。达季娅娜突然大哭起来。连斯基转向奥尔加，喊道"永别了！"，然后冲了出去。奥尔加晕倒在地。

第二幕第二场。**林间小溪畔的清晨**。奥涅金迟到了，连斯基和他的随从正在等待奥涅金的到来。与此同时，连斯基唱起了他失去的幸福，他未卜的命运，以及他对奥尔加的渴望。奥涅金抵达现场。当他们的随从讨论如何安排时，连斯基和奥涅金在思考现已无法从深陷的灾难性局面中逃脱了。手枪上膛，信号发出，奥涅金开枪，连斯基倒地身亡。奥涅金无比震惊，把脸埋在手心里。

158

奥涅金离开了此地。奥尔加嫁给了一个骑兵，也离开了。晚上散步时，达季娅娜看到奥涅金空荡荡的房子。管家允许她进入奥涅金的图书馆阅读。书中的内容，以及奥涅金在书中的注释，让达季娅娜深入了解了奥涅金的性格，她幻想破灭，不再执着。她问自己："他不过是个不值一提的影子吧？"

拉琳娜夫人带着不情愿的达季娅娜去了莫斯科，希望为她找个丈夫，达季娅娜与上了年纪的格列明亲王成了亲。与此同时，仍然饱受折磨的奥涅金一直在旅行。最后他来到了圣彼得堡，这里已经结婚两年的达季娅娜是出了名的大美人。

第三幕第一场。**圣彼得堡一座豪宅的侧厅**。百无聊赖的奥涅金看着其他光彩夺目的宾客们跳舞。达季娅娜和她的丈夫登场，奥涅金认出了她，达季娅娜的丈夫离开了一会儿，达季娅娜询问这个陌生人是谁。发现奥涅金的身份后，达季娅娜试图掩饰自己的激动。格列明亲王告诉奥涅金，达季娅娜是他的妻子，而奥涅金坦承他们早已相识。格列明唱出了他对达季娅娜的爱，然后将奥涅金重新介绍给她。达季娅娜很快以疲惫为借口和格列明离开了。奥涅金独自一人大声坦白自己对达季娅娜的爱。

奥涅金给达季娅娜写了三封信，但都没有得到答复。最后他突然闯入她家中。

第三幕第二场。**格列明亲王府会客厅**。躁动不安的达季娅娜登场，手中拿着一封信，哭泣着。奥涅金出现，跪倒在地。达季娅娜示意奥涅金起身，并回忆起他先前的拒绝。奥涅金承认自己犯下大错，但达季娅娜痛苦地质疑奥涅金现在对她求爱可是因为她的财富和地位。奥涅金进一步大肆示爱，达季娅娜泪流满面地思考着本该拥有的幸福。然而，她的命运已经注定，她命令奥涅金离开，尽管最后坦承自己仍然爱着他。但达季娅娜从奥涅金的怀抱中挣脱出来，宣布她将继续忠于她的丈夫，现在要与奥尼金永别。在绝望中，奥涅金逃走了。

创作歌剧脚本并不是简单地将人物之间的对话串联起来，然后再让作曲家用适当的音乐装扮它们。首先需要确定的是整个故事情节的结构，而结构的类型可以是多种多样的。例如，莫扎特的四幕歌剧《费加罗的婚礼》，在洛伦佐·达·彭特为莫扎特创作的脚本中，事件层出不穷，每个演员都在编织自己的戏剧线索，并不断与其他参与者的线索交织在一起，从而编织出故事的结构。直到歌剧的结尾，所有的线索才被绑在一起并把系带束紧。这样的剧情是有组织的，也就是说，始终处于不断演变的状态。柴科夫斯基的《叶甫盖尼·奥涅金》则恰恰相反，它更像一幅连环画，每幅画都描述了故事中的一个事件，有时中间存在很大的叙事上的空白（例如，第五和第六场之间整整相隔两年），但观众可以自行填补。因此，《奥涅金》的每个场景都没有什么紧凑的情节（事实上，正如已经指出的那样，七个场景中有三场只有两个人参与），因为柴科夫斯基最关心的是将他的人物作为独立的个体，专注于他们的语言、行动、反应和情感，并将这些捕捉到具有丰富的洞察力、说服力、表达的直接性的音乐当中，从而让我们卷入这些人物的欢乐、困境和悲伤，与他们产生共鸣。最终留给我们的回忆，是一个有时几乎以痛苦有力的方式所讲述的，极为人性的故事。

《奥涅金》的开场在戏剧性上最为复杂，因为此处我们第一次在人物所身处的独特世界中与他们相遇，并开始掌握故事的一些基本要素，都有哪些人物，他们的感情和动机又分别是什么。我们现在也可以开始理解原本打算让康斯坦丁·希洛夫斯基担当编剧的柴科夫斯基，为何最后亲自操刀。只有他最清楚自己要什么。简短但极富表现力的管弦前奏曲基于一条温柔的旋律，它在歌剧中的反复出现暗示这是达季娅娜的主题，音乐将她表现为那个还年轻、单纯的女子。此后，歌剧出人意料地以一个实则为四重唱的段落拉开了序幕。但这是一种一反常规的处理，因为参与者两两一组分别在做不同的事情，其中有两个人观众甚至都看不到，只能听到。两位上了年纪的妇女在从事最平凡的家务活动（制作果酱），她们的闲谈向我们充分展露了她们单纯的生活，以及那个将由奥涅金带入混乱与痛苦的轻松、温馨的世界。同时，台下唱起的一首悲伤迷人的歌曲也让观众了解到她们的娱乐生活。农民们来了（我们必须要记得《奥涅金》发生的时代农民仍然是主人的财产，直到 1861 年，俄罗斯农民才获得解放），我们看到拉琳一家显然与他们的"农奴"有着良好的关系。两个女孩儿出现了，我们发现她们彼此之间有多么不同。虽然达季娅娜率先开口，但柴科夫斯基随后让奥尔加出场，并为她准备了一段咏叹调。咏叹调展现了一个直率、开朗的姑娘（柴科夫斯基将她形容为"索然无味"）轻松地嘲笑姐姐对言情小说的喜好。奥尔加性格外向、善交际、肤浅，而达季娅娜性格内向、隐忍，对更深层次的问题非常敏感。请注意，在管弦前奏曲中已经听到的达季娅娜用于自我介绍的主题，要比奥尔加的音乐有更强的表现力。当连斯基与奥涅金一起出现时，两位姑娘的情绪一度极为兴奋。互相介绍过后，四重唱中四个年轻人之间的化学反应很快就变得非常明显。这个非常简洁的乐章将他们联系在了一起，但柴科夫斯基确保他们中那些个人的、自我揭示的话语可以从集体的声音中跳脱出来，从而让我们能够稍微捕捉到每个人的所思所想。以四重唱的开头，其他人物加入之前奥涅金安静的小独唱为例："哪个是达季娅娜？"他问连斯基，她已经激起了他的好奇心。注意柴科夫斯基如何将达季娅娜放在合唱的最高声部，她关键的唱词（"我知道他就是那个人……"）被更慢、更清晰地唱出以便我们能在其他人叽叽喳喳的声音中捕捉到它们。

四重唱结束后，年轻人们结伴而行。连斯基与奥尔加轻松地交谈，高高在上的奥涅金在他们离开前对还是一片茫然的达季娅娜说着话。现在轮到连斯基展示自己了，他大方的爱情宣言能满足任何女人的期待：先是崇拜，然后是激情，最后是温柔。这是对奥尔加先前咏叹调自然而然的补充。

夜幕降临，拉琳娜夫人和保姆来到阳台上。奥涅金和达季娅娜回来了，前者仍然唱着和他第一次对她讲话时一模一样的音乐，但现在却向达季娅娜介绍了他家族的历史。我们很容易就能猜到是谁在说个不停。他们走到阳台上，留下焦急的保姆跟在身后，她若有所思地摇了摇头。乐队里又响起了前奏曲的主题，在最后一个和弦上，主题在不同的音高上被重申，然后先是上行，再是下行，似乎留下一种悬而未决感。

在第二场中，我们直接从拉琳家全景以及他们的世界来到了歌剧真正的核心：达季娅娜的命运。因为她才是柴科夫斯基真正关注的，而不是奥涅金。是她在歌剧前奏曲中被引入的主题在第一场中反复出现，这反映了她坐在镜子前默默思考时的心境（但注意乐队精美的开场音乐），（对我们来说）可惜它将不再出现：还有什么能比这更完美地表达渴望呢？保姆的音乐明显较为平淡，当达季娅娜询问她早年的情况时，她主导了开头的乐段，直到她意识到达季娅娜并没有在听，达季娅娜坦承她坠入了爱河。音调的变化既尖锐又突然：一个绵长美妙的爱情主题，其效果既归功于柴科夫斯基赋予它的和声，也归功于它自身内在的品质。稍后，这个爱情主题将在乐队中悄然回归，达季娅娜要来纸和笔，并让她的保姆退下——"书信场景"，这也许是所有俄罗斯歌剧中最著名的场景。

这段伟大的独白充满了不断变化的情感、细腻的动态和直截了当的音乐。在本书中，全面的评述可能会变得累赘。这是最值得亲临歌剧院体验的一场戏，但由于大多数读者会在家里对照翻译听录音，所以我将只对一些非常特别的时刻进行评论。当达季娅娜发现自己孤身一人时，她的爱情主题第三次响起，但被一阵欣喜若狂的情绪所淹没，因为现在她可以自由地宣泄自己的感情了。然而，这段爆发是短暂的，属于她的主题又回来了，她陷入了沉思，心思全集中在手头的事情上：在给奥涅金的信中表白她的爱。迟疑片刻后，她又开始第二次提笔。

事实上，这才是柴科夫斯基真正开始创作《奥涅金》的时刻，因为他有时是会从某个特别打动他的关键时刻开始着手去创作歌剧。他使用的文本大多是普希金的原诗。他的音乐不仅反映了达季娅娜的身体动作，还有她的内心状态。首先是一段伴随着她默默写信的管弦乐，紧张的跳动声也许是在模仿她羽毛笔的微小动作。然后在她大声朗读她所写下的内容时，同样的音乐再次响起。但是，与此形成鲜明对比的是，当她焦虑地做这一切时，新的、犹豫不决的音乐出现了。她在之前的音乐中继续写信，她再次重读，再次犹豫：会不会她的真命天子另有其人？她的怀疑转瞬即逝。不，她哭了——音乐的突然变化反映了她新生的果断，然后她又继续全身心投入对奥涅金的思考中，然后回到现实，回到她新的决心。

然而，还有一刻最后的迟疑："你是我的天使和保护神，还是卑鄙的来诱惑我的人？"她问自己。下面是一点个人的感受，我想说的是，对我来说，这个简单的段落几乎是柴科夫斯基写过的最赤裸，最有表现力的音乐。躁动不安的声音已经放缓，然后出现了一个长长的休止，双簧管奏出最简单的旋律——只有六个逐级下行的音符。旋律中间出现了一个神奇的和声变化，然后由一个温柔、扭曲的圆号乐句予以应答。我记得，大约六十年前，我在逍遥音乐节一场音乐会的广播中听到了它，我到钢琴上试图找出这个变化究竟是什么，我想这是我第一次被柴科夫斯基的作品所深深吸引。我想，正是因为它的简单，才使它如此真情流露，而且达季娅娜会一而再再而三地回到这条旋律，好像她的疑虑在纠缠不休。那个六音下行的乐句，确确实实是属于她的命运主题。但是，不！"那就这样吧！从现在起，我将我的命运托付给你！"她喊道。音乐继续前进，现在加入了一些她的个人主题，接着是以挑衅的姿态放声高歌出她的命运主题。无论发生什么，她都要把自己交给奥涅金。在

162

乐队几乎是挑衅地奏响起她的命运主题时，她迅速地收笔，把信封好。但是，正如她的最后一句话所告诉我们的那样，疑虑尚存："写完了！我真害怕重读一遍，我快被恐怖和羞愧折磨至死。但你的荣誉就是我的保障，我将大胆地把自己托付给它。"

黎明破晓时分，当达季娅娜拉开窗帘，乐队映现出阳光洒满了房间。牧羊人的笛声响起，当达季娅娜的思绪转向她新的托付时，大提琴独奏上传来了爱情主题，保姆主题示意她又再次悄悄出场。柴科夫斯基在最后一个段落丝毫没有浪费时间。信被交到了有些困惑且不安的保姆手中，而爱情主题现在被大大扩展，它在乐队中愈发响亮，然后渐渐消逝。

第三场发生在几天后。这场戏只呈现了一个事件，这是全剧最短的一幕——没错，比达季娅娜"书信场景"中的伟大独白还要短。但它在构思上却同样严谨。台下作为开场和结尾的女声合唱可能会被认为是无谓的装点。但事实并非如此，因为这些农家女孩的快乐——玩闹着计划引诱某个年轻人，然后再戏弄他——从侧面上与达季娅娜的痛苦遭遇形成了讽刺性的对比。达季娅娜的激动自然是意料之中，但奥涅金的反应呢？在歌剧中，我们可以很容易地识别出反映欢乐或悲伤的音乐，并将其与我们在舞台上看到的联系起来。但奥涅金登场时的弦乐主题有告诉我们什么吗？如果有的话，它是否只是一种庄重的姿态，缺少任何特别的"表现力"？的确是这样，而这正是关键所在。听听第一幕中拉琳一家对奥涅金的即将到来表现出的激动之情，顿时一片寂静，此后出现的介绍奥涅金的音乐：那个简短的主题也只是一张访问卡，没有透露出有关它所要介绍的人的任何信息。但是，最重要的是，听一听他在决斗场面中的出场音乐。奥涅金不仅要面对死亡，他还迟到了。然而，即使在这里，标志着他实际出场的简短旋律（假设歌剧制作人完全遵守柴科夫斯基的舞台指示）也没有显示出奥涅金的失态、尴尬，以及任何的情感迹象。这不正是普希金小说中，达季娅娜在拜访过奥涅金的图书馆后的所感所述吗？（"他不过是个不值一提的影子吧？"）

而就是这个男人，在花园场景中，高高在上、冷漠无情的他准备对达季娅娜的信不予理会。注意他说的每句话听起来是多么正式，他的声线是多么稳定，不受任何情感的干扰（注意他在歌剧最后一幕出场时将是多么不同）。我们很容易忽略这个花园场景，认为它只是在故事中起到了必要的连接作用。其实不然。柴科夫斯基此处，就像在歌剧中的任何地方一样，都向观众透露了很多发人深省的内情。

第四场，拉琳家的舞会。这是歌剧中两个大场面情景中的第一个。它的设计非常严谨、精巧，以无忧无虑的庆祝开始，以彻底的灾难结束。乐队引子回到了达季娅娜写完给奥涅金的信时的音乐——这实际上是她本人在舞会现场的唯一音乐性标志。因为尽管她就在那儿，但她也不会自己唱出一个音符。一曲盛大的乐队华尔兹为舞会拉开了序幕，这极好地证明了柴科夫斯基在华丽舞曲上的天赋。从音乐上来说，这是一个精心设计的场景，这支华尔兹和随后的玛祖卡提供了一个活泼、无忧无虑的背景。这一背景下与导致舞会灾难性结局的一系列事件形成了对比。奥涅金对连斯基带他来这种小气的乡下场合感到厌烦，他邀请奥尔加共舞，而奥尔加也乐意与他打情骂俏。舞会结束后，连斯基怨声载道，可当奥尔加没有表现出丝毫悔意时，他的痛苦和愤怒开始燃烧。她确实任性地接受了奥涅金对下一支舞恶作剧式的邀请。但是，在现阶段让紧张的气氛进一步升温还为时过早。为了放松紧绷的弦，柴科夫斯基插入了特里盖先生的一曲献唱来祝贺这场命名日的主角：达季娅娜。特里盖是柴科夫斯基其他歌剧中出现的客串人物之一，他在塑造这些角色方面无疑是一位大师。虽然特里盖是个小角色，但这需要一个有好演技的歌唱家来完成。特里盖是个俄语不怎么流利的法国人（他的对句是根据法国作曲家博普朗[1]的浪漫故事改编的），这为一段轻

164

---

1. Amédée de Beauplan（1790—1853），19 世纪法国剧作家、作曲家和画家。他的大部分家人（包括他的父亲），与玛丽·安托瓦内特女王的随从关系密切。他在法国大革命期间遭到处决。——译者注

松的滑稽模仿作品提供了现成的机会。紧张的气氛得到了缓解，集体庆祝活动在更加欢腾的玛祖卡舞中继续进行。奥涅金又一次与奥尔加短暂地跳舞，然后回到连斯基跟前。接下来，两人之间的争吵加剧恶化，他们提高的嗓门儿终于引起了大家的注意，舞者们也停下了脚步。现在，后者被卷入了这场冲突，扮演着他们的群体角色，既是观众又是评论者。奥涅金试图将事态平息，但无济于事。当连斯基"要求决斗"时，拉琳娜夫人试图干预。随即舞台响起了正式的歌剧终场，所有参与者都停下来表达自己对这一灾难性事件的看法和反应。除了提供（至少在分贝上）可能是该场景中最有气势的音乐事件外，这个终场还展现了双重冲击：首先是剧情的戛然而止，接下来是一段静止沉思过后，因一个关键且惊人的因素的突然闯入，导致剧情猛烈地爆发。就这样，连斯基以最悲伤和最克制的表达（从而确保了音量增加的最大潜力）开始了终场。奥涅金和达季娅娜依次加入唱出自己的所思所想，最后是奥尔加和拉琳娜夫人，以及合唱团。但当连斯基谴责奥尔加时，所有的克制瞬间灰飞烟灭，乐队爆发。在任意一个时刻可能都会有五段台词同时被唱响，听众可能无法区分其中的任何一个。没关系，无论出于何种个人原因，这情绪都是共通的，只有奥涅金对连斯基的猛烈攻击和后者对奥尔加的痛苦告别，既打破但又加强了这一幕结束时所有人表达出的恐惧。

可能会有另一种看法认为，决斗发生的第五场实则是歌剧中的第四出双人戏。因为其他两位参与者只是奥涅金和连斯基可忽略不计的随从罢了，其中一人的唱段微乎其微。从戏剧上讲，决斗本身是最重要的，但连斯基的困境（以及奥涅金的来迟）为他提供了最自然的机会来表达他的所思所感。考虑到连斯基可能（而且确实会）在几分钟内死去，他的想法和感受必须非常集中。他的咏叹调是爱情的见证，是歌剧中最庞大的固定情景之一，但我不想它因为任何原因而被缩短，它的感情深度不言而喻，此处无需评述，除了一个特别的关键点。这首咏叹调开头的下行乐句，不管你信不信，其实出自达季娅娜"书信场景"中的命运主题，只不过现在是小调，而不是大调。但通过这一简单的调整和新的表现形式，柴科夫斯基让其焕然一新，尽管它仍然承载着与达季娅娜场景同样富有表现力的信息（我曾遇到一位职业男高音歌唱家，他承认他在唱这首咏叹调时从未注意过两者间的关系）。决斗本身的处理，被呈现得如此生动，也无需进一步评论，除了一点。决斗之前，两位决斗者"互不相看"，对已经发生的以及马上将要发生的事情表达了完全相同的，充满痛苦的反思。柴科夫斯基给了他们一曲卡农——也就是说，两人所唱的音乐和歌词完全一样，但奥涅金紧随连斯基之后开始，因此他们永远不可能齐唱并重归于好。于是，决斗开始，连斯基死去，而他咏叹调的"命运"开场乐句成了他的安魂曲。

第六场是在圣彼得堡的宴会厅。这一场可能比在拉琳家的那场戏更宏大，但是时长更短。因为它没有追踪一个戏剧性的演变过程，而只是记录了奥涅金和达季娅娜重逢的情景。与先前的场景一样，它以一支正式的舞曲开始，不过这次不是乡村华尔兹，而是一曲盛大的国际化的波兰舞曲。奥涅金站在一旁，漠不关心地看着跳舞的人们，不单单是他的举止和言语，还有他的音乐都表明他已经变了一个人。他的语气不同了，自信的神态消失了，他的乐句更加破碎，更加不安，有了更多张力，和声亦然。一段轻松活泼的依蔻赛斯乡村舞（一种苏格兰舞蹈）[1] 打断了他的独白，然后在轻柔的华尔兹的背景下，人们宣布格列明亲王和他的妻子入场。我们再次遇到了一个新的角色，他与特里盖先生一样，只唱了一段咏叹调，此后再也没有出现。格列明倾吐出的对爱妻达季娅娜的成熟之爱与奉献，是歌剧中最精彩的独唱之一。而且对奥涅金来说格列明的表达是那样个人，这更加剧了奥涅金的痛苦。格列明将达季娅娜重新介绍给奥涅金，而乐队则静静地回忆起她在"书信场景"中的爱情主

166

---

1. Écossaise，法语，意即苏格兰的、苏格兰人，18 世纪后期在法国盛行的一种快节奏 $\frac{2}{4}$ 拍舞曲，属于对舞（contredanse）类。贝多芬、舒伯特都作有依蔻赛斯舞曲，多尼采蒂的歌剧也有该舞曲场面。——译者注

题。音乐告诉我们，尽管她表面上控制着自己，但昔日情感已瞬间被激起。她以疲惫为由脱身而去，而奥涅金则在不断攀升的兴奋（"这会是同一个达季娅娜吗……"）中意识到自己爱上了她。讽刺的是，在"书信场景"，正是在这段音乐中达季娅娜第一次向奥涅金表白了她的爱。当奥涅金匆匆离去时，第二首热情洋溢的依蔻赛斯结束了这一幕。

很少有哪部歌剧的结尾能比柴科夫斯基的《叶甫盖尼·奥涅金》更亲密，但最终也更有力。乐队引子的开头是否与格列明的咏叹调遥相呼应？唱出这首忠贞爱情之歌的男人让奥涅金痛苦不堪，因为他给奥涅金的幸福造成了阻碍；这首忠贞之歌也折磨着达季娅娜，因为她与奥涅金有着千丝万缕的联系。伴奏变得愈发躁动不安，达季娅娜手里拿着奥涅金的信冲了出去。先是响起了"命运"主题的双重记忆（奥涅金出现在舞会场景时也唱了完全相同的版本），然后是她自己的、最个人化的主题的记忆。接着乐队狂热爆发引入奥涅金，他也冲了出去，停下来看着哭泣的达季娅娜，然后跪倒在她面前。事情发生了怎样的变化！这最后一幕充满了对往事的追忆：在奥涅金乞求达季娅娜的怜悯时，乐队将悄悄地——非常讽刺地——演奏那段在花园里，他曾如此冷漠地告诉她"梦想和岁月都回不去了"的那段旋律。受篇幅所限无法一一列举所有这些尖锐的、往往十分苦涩的影射，但对照着手中的歌词，你可以更好地欣赏这音乐精准的表现力。但我只想提两个例子。第一，在奥涅金第一次向达季娅娜发出绝望的恳求后，达季娅娜哭泣，音乐安静下来，我们两次听到"命运"主题的影子，歌剧中最感人的段落之一也将随即响起。第二，当达季娅娜严厉谴责奥涅金并恳求他离开时，她突然用最温柔的语言承认"我爱你"，奥涅金感受到了一丝希望。当然，当达季娅娜坚定地反复说出她仍然不能让步时，希望又破灭了。起初，柴科夫斯基计划以格列明的登场来结束这部歌剧，这自然会使一切结束。但这可能会让人怀疑，若不是格列明的干预，达季娅娜可能已经屈服了。事实上，我们知道，拒绝奥涅金完全是达季娅娜的决定，而且是她一个人的决定。

一段我自己的往事。几年前，科文特花园请我给要带学生观看《叶甫盖尼·奥涅金》午后场特别演出的教师们做一次报告。作为酬劳，我得到了两张午后场戏票。卡司则是原本晚场的阵容。米雷拉·弗莱尼饰演达季娅娜，沃尔夫冈·布伦德尔饰演奥涅金（他仍然是我看过或听过的最棒的奥涅金）。组织者把我和我的妻子安排在了皇家包厢（女王陛下当然不会出席），这里可以以最清楚的视角看到歌剧院内的全景。我看到歌剧院内挤满了孩子，有些孩子看起来似乎年纪太小，而且在人数上远远超过了他们的监护人，这有一些令人不安。他们对这个篇幅如此宏大、个人、私密，且伴有如此复杂的音乐的故事会有什么反应？我的担心是多余的。唯一一次出现轻微的骚动是在决斗场景：开枪后我听到了噗嗤的笑声（显然是释放了紧张）。这些年轻人如此投入，以至于在最后一幕中，他们为达季娅娜和奥涅金的出场鼓起了掌！柴科夫斯基的《叶甫盖尼·奥涅金》一定有其特殊之处。

流浪岁月

14

俄罗斯难民：
《小提琴协奏曲》

　　柴科夫斯基婚姻的失败造成莫斯科流言蜚语四起，他的家人和朋友们采取了紧急措施以把伤害降到最低。他们放出口风说柴科夫斯基夫妇将在柏林团聚，需要安东尼娜立即离开莫斯科。相应地，鲁宾斯坦和阿纳托利给了安东尼娜一些钱，然后把她打发去了敖德萨，到了那儿她似乎就人间蒸发了。萨莎意识到她在外面可能会制造麻烦，于是立即赶往敖德萨，历尽艰辛翻了个底儿朝天终于找到了她，然后把她带到卡缅卡监管起来。由于人们会意识到柴科夫斯基有很长一段时间没有现身，所以需要一些解释。1878 年的巴黎国际博览会为此提供了借口。俄罗斯需要派出一名音乐代表，而柴科夫斯基的"蜜月"也可以继续延长，直到是时候承担起这一责任。因此，柴科夫斯基寻求并获得了这项任命。这个职位也将带来生活上的保障。同时，鲁宾斯坦安排音乐学院继续为这位缺席教授支付部分工资。在此危机时刻，柴科夫斯基不仅要好好感谢他的家人，还要好好感谢他的朋友。

　　然而，此时最有意义的干预来自外部。柴科夫斯基最后不得不告诉娜杰日达·冯·梅克他的婚姻已经破裂。我们很容易猜到她内心的喜悦。柴科夫斯基现在在感情上比以前更依赖她，为了更紧密与他捆绑在一起，冯·梅克给他寄去了一千法郎来清偿他的债务，并承诺将来每月给他一千五百法郎的生活费。她的提议非常委婉："也许我和您并不亲密，"她写道，但您知道我是多么爱您，我是多么希望您一切都好。您知道您给我带来了多少快乐的时光，为此我多么地感激您。您对我来说是多么的必不可少，您必须成为您生来注定就要成为的人，这对我是多么重要，因此我不是在为您做什么，我所做的一切都是为了我自己。如果我需要您，您会有求必应的，不是吗？因此这意味着我们互不相欠——所以不要阻止我关心一下您的家务开支，彼得·伊利奇！

柴科夫斯基的感激之情可想而知，在接下来的十二年里，冯·梅克的资助给了他经济上的保障，将他从音乐学院的繁杂事务中解脱出来，并让他能够将全部精力投入创作中去。

到目前为止，柴科夫斯基传记中的日常叙事因一直缺少亮点反而变得值得留意。少年时代、文职生涯、音乐学院的学生、音乐学院的老师——每个阶段都一步步自然且顺利。很快，这一切都将改变，会有大量生平细节涌现而出，不时记录他因过度焦虑而突然变得极度活跃，这是他灾难性婚姻所遗留下的问题。离开圣彼得堡后，阿纳托利带着他心烦意乱的哥哥先是去了柏林，然后又去了日内瓦，最后在日内瓦湖北岸的小镇克莱伦斯住了三个星期，以享受湖边的宁静。然而，即使是在这样的地方，也有一个因素很快让他感到压抑。"群山很美，"柴科夫斯基在给他的老同事阿尔布雷希特的信中写道，"但对一个俄罗斯人来说，我很难长时间忍受它们这种颇具气势的壮观。我非常渴望平原，渴望漫无边际、广袤无垠的景色，渴望旷野，渴望宽阔的地平线。"换句话说，就是渴望他心中的俄罗斯。在收到赞助人慷慨解囊的消息后，柴科夫斯基可以继续前行，于是他和阿纳托利去了巴黎。现在，他还有能力把他的男仆阿列克谢从俄罗斯召唤来。

这是好消息，而坏消息是关于安东尼娜的。她还在卡缅卡，柴科夫斯基担心她可能会损害家人对他的看法。她疯狂地给他写信，有时指责他，有时哄骗他。最糟糕的是，他害怕她会将他的性取向

公之于众。莫杰斯特和萨莎现在希望能达成和解，但柴科夫斯基坚
决反对。"就算你说得对，她心地善良，"他写道，

> 就算我错得彻底，因为我不懂如何欣赏她，就算她真的爱
> 我——但我**不能，不能，不能**和她一起生活。你可以要求我对
> 她作出任何的赔偿：当我回到俄罗斯时，我会把我收入的三分
> 之二交给她，我会按你的意思把自己藏匿于穷乡僻壤，我准备
> 好变成个乞丐——但是，看在上帝的分上，永远不要向我暗示
> 我应该回到安东尼娜·伊万诺夫娜身边。总而言之，从任何意
> 义上说，我都不爱她！

173

　　兄弟俩从巴黎出发，前往意大利。他们先在佛罗伦萨停留两
日，然后去了罗马。如果说柴科夫斯基在瑞士时似乎已经走上了康
复之路，那么现在他又复发了。"我完全无法忍受任何噪音。昨天
在佛罗伦萨和今天在这儿，每一处声响都在撕扯我的神经。狭窄的
街道上人头攒动，真是让我恼火，以至于每个向我走来的陌生人似
乎都是狂热的敌人。"他曾托人将《第四交响曲》的材料寄来罗马，
但他显然还没有收到，所以不得不继续等待。此外，阿纳托利在两
个星期后就得返回俄罗斯了。为了消磨时光，他参观了梵蒂冈、圣
彼得教堂和斗兽场，主要是为了让阿纳托利开心。柴科夫斯基从未
对视觉艺术有过特别的兴趣，但有一座雕像确实吸引了他的注意
力，那是《垂死的高卢人》[1]。让人耐人寻味的是，他觉得这要比维
纳斯的雕像更精美。

　　三天后，装有《第四交响曲》的包裹找到了（它被放错了架
子），他们终于可以离开罗马前往威尼斯了。在这儿他的心情好了
许多。威尼斯这座城市安静，没有什么来来往往的车辆与行人。柴

---

1. *The Dying Gaul*，古罗马时期大理石雕像，罗马人对一件古希腊时期雕像的仿制品，现
藏于罗马卡庇托利美术馆。原作失落，作者不详，多被认为是由青铜打造。雕像表现
了一位垂死的高卢战士，作品逼真写实。——译者注

科夫斯基喜欢那些无比狭窄的街道，尤其是当晚上商店里的煤气灯亮起的时候。他将在这里停留九天，写一写《奥涅金》。在维也纳，他计划与阿纳托利就此分别，然后和仆人阿列克谢碰面，一起返回威尼斯。在维也纳，他也很高兴能有科切克的陪伴。然而，重返威尼斯并没带来他期望的那种快乐。他的情绪发生了变化，他大肆酗酒，借酒浇愁。而在他去世后，从他的私人藏书中发现了一则极为令人不安的证据，能证明他此时的状态。那是一本翻译成了拉丁文的欧里庇得斯的三部悲剧，出版于 1581 年的安特卫普，版本极为罕见。书里面有柴科夫斯基的亲笔字迹："1877 年 12 月 15 日由宫廷顾问、音乐学院教授彼得·柴科夫斯基盗于威尼斯总督宫图书馆。"

不过，柴科夫斯基的抑郁现在终于真正开始有所缓解。阿列克谢开朗的性格帮助了他。意识到自己可以恢复《第四交响曲》的创作让柴科夫斯基建立了每日规律的作息：八点起床，喝茶，工作到十一点，吃饭，与阿列克谢散步到一点或一点半，工作到五点，吃饭，独自散步到八点，然后喝茶。深夜阅读的强烈欲望恢复了（他目前阅读的书有萨克雷的《彭丹尼斯》）。来自卡缅卡的消息也让人欢欣鼓舞。现在，他的家人受够了安东尼娜，已经把她送回了莫斯科，萨莎和列夫的来信进一步消除了他的疑虑，清楚地让他知道他在他们眼中已经获得了救赎。然后，阿尔布雷希特告知柴科夫斯基，作曲家在音乐学院的同事们都为《奥涅金》的第一幕所着迷。最重要的是，莫杰斯特告诉他，他和科利亚将于 1 月 1 日离开俄罗斯，前往地中海沿岸的圣雷莫，柴科夫斯基可以在那儿与他们会合。由于他们的住处尚未确定，柴科夫斯基赶去了圣雷莫寻找住处，然后利用他们抵达前的时间完成了交响曲。

马上，他就收到了被任命为巴黎博览会代表的官方通知。现在有了娜杰日达·冯·梅克的慷慨资助，柴科夫斯基希望能摆脱这一委任，尤其是当他了解了这项委任对他的所有要求，其中包括在巴黎居住。因此，他拒绝了邀请，辩称他目前的状态不宜接受这项任命。为他忙前忙后的鲁宾斯坦非常生气，这当然是可以理解的，卡什金和阿尔布雷希特也都来声援鲁宾斯坦，因此事聚集的阴云要过很长时间才会消散。

事实证明在圣雷莫度过的五个半星期对柴科夫斯基有很大疗效。他对圣雷莫本身有所保留，尤其是它那橄榄树遍布的山坡。但他可以在山中和海滩边散步或骑驴，这里还有座歌剧院，而且科利亚的语言能力也在提高。如果小伙子在柴科夫斯基创作交响曲总谱时前来交谈和提问，柴科夫斯基总是很乐意暂时放下手中的工作。在圣雷莫，他还完成了《奥涅金》。尽管他似乎总是缺钱（在此期间，娜杰日达·冯·梅克曾多次替他解围），但他的慷慨是有目共睹的。在莫斯科时，他曾承诺帮助一个年轻的小提琴学生，亚历山大·利特维诺夫完成学业，他坚持要将此事进行到底——这只是他为贫困学生所提供的众多诸如此类的经济援助之一。至于他的婚姻，他坚持认为事情走到这步田地全是他一个人的责任，安东尼娜没有过错，他建议在他的赡养费协议中反映这一点——只要她肯放过他和他的亲人。但是，当经手此事的尤尔根松对柴科夫斯基的慷慨提出意见时，后者的回答揭示出了这背后一个不那么仁慈的动机："只有用钱才能为自己买到像我恨她一样鄙视她的权利！"

2月19日，柴科夫斯基和他的同伴们离开了圣雷莫。回首过去的七个月，他觉得自己能够从现已成为往事的过去中抽离出来了。正如他在给阿纳托利的信中所说：

> 只有现在，当我完全康复时，我才学会客观地看待我在短暂的精神错乱时期所做的一切。那个在5月因心血来潮娶了安东尼娜·伊万诺夫娜，6月写了一部完整的歌剧仿佛什么都没发生过，7月结婚，9月逃离妻子，11月对罗马抱怨个不停，等等——那个人不是我，而是另一个彼得·伊利奇。

佛罗伦萨是他们最终的目的地，但在经过比萨时，他们停下来观光，并爬上斜塔欣赏壮观的景色。上一次到访佛罗伦萨时，柴科夫斯基还觉得这座城市令人讨厌，他解释这次截然不同的反应证明了自己现已康复。更加令人高兴的是，他发现自己的创作天赋正在复苏，因为第二天，他就为普希金同时代的伟大诗人米哈伊尔·莱蒙托夫（与普希金一样，也是在决斗中早早陨落）的一首诗谱写了一首全新的、充满忧愁与力量的歌曲。《**一个死人的爱情**》** 不仅是一首全新的作品，其质量也是一流的。

第二首歌曲得于一件小事，让我们对柴科夫斯基的性心理有了生动的了解。在近期与阿纳托利一起游览佛罗伦萨时，柴科夫斯基听到了维托里奥，一个 11 岁左右的男孩在吉他上边弹边唱。他在给娜杰日达·冯·梅克的信中说："他的声音非常丰富，有种在专业艺术家身上很少遇到的完美和温暖。"现在，在一位当地居民的帮助下，作曲家被安排与这位少年歌手见了面。"那个男人在那儿，还有一群人也在好奇地等着我，"他在给阿纳托利的信中说，

176　　　　这中间是我们的男孩儿。我最先注意到的是他长高了一点，还有他可真美，而之前他在我们眼里相貌平平。因为聚集的人越来越多，这里很拥挤，所以我朝卡西诺的方向走了一段。在路上，我对他是否真的是我要找的人表示了怀疑。"当我唱歌时，你会知道是我，上次你给了我半个法郎的银币。"所有这些都是用美妙的声音说出的，直达我的灵魂深处。但他唱歌的时候，我又是怎么样的呢？这根本无法描述。我不相信你在听帕纳耶娃【一位阿纳托利正单恋着的女高音】演唱时能获得比这更大的快乐。我流泪，我崩溃，我在快乐中备受煎熬。除了你知道的那首歌，他还唱了两首新歌，其中一首《茴芹》真是好听。

两天后，他再次见到了那个男孩儿。"他在中午时分出现，身着戏服，"柴科夫斯基继续说，

只有在那时我才仔细打量了他。他真是很美，有种难以言喻的同情目光和微笑。他的歌声在大街上比在房间里听上去要好。在室内他很压抑，无法完全打开他的声音。我记下了他所有的歌，然后带他去拍照。

柴科夫斯基安排在两天后再次与维托里奥见面，听他唱更多的歌曲，但后者以嗓子疼为由，没有出现。大概是为了巩固自己对这次会面的记忆，柴科夫斯基对维托里奥的一首歌《茴芹》，进行了改编。他毫不犹豫地对旋律做了一些改进，加入了自己为歌曲创作的第三段，并给它配上了钢琴伴奏。

3月初，旅费几乎已经花光，柴科夫斯基和他的同伴们告别了佛罗伦萨，在克莱伦斯的私人小旅馆里安顿下来。此地对他来说又多了一个吸引人的原因。从柏林到这儿交通较为便利，科切克正在柏林跟随伟大的小提琴家约瑟夫·约阿希姆学习。柴科夫斯基在抵达后的几天内就开始创作一部重要的作品，即他唯一一首成熟的**钢琴奏鸣曲** [**] [(*)]。关于这部作品的质量评论褒贬不一，我个人认为，在柴科夫斯基的所有大型作品中，它可能是最沉闷的一部。柴科夫斯基自己也承认它不是灵感的产物，而是捏造出来的，我觉得它除了音乐辞藻浮华以外，大部分都呆板且缺乏生命力。但也有些人持不同的看法，所以那些研究过后认为我搞错了的读者要知道，也有其他专业人士支持你们的观点。然而，就在柴科夫斯基开始创作这首奏鸣曲的第二天，科切克从柏林带来了一摞最近新出版的作品，他和柴科夫斯基立即着手研究。其中有爱德华·拉罗的《西班牙交响曲》，这实际上是一部五乐章的小提琴协奏曲，音乐充满了西班牙的音乐风情和风格。柴科夫斯基一下子就被它迷住了，正如他在给赞助人的信中所说："与德利布和比才一样，拉罗并不追求深刻，但他小心翼翼地避开常规，寻找新的形式，更多考虑的是音乐的美感，而不是像德国人那样遵守既定的传统。"他在奏鸣曲上又花了一天时间，但灵感没有如约而至。因此，他产生了不可抗拒

177

的强烈欲望，将他的创造性能量用于谱写一部能够与拉罗一较高下的作品。而有科切克在，他不得不将小提琴独奏部分交给这位理想顾问。柴科夫斯基立即放弃了奏鸣曲，开始创作自己的小提琴协奏曲。

将《小提琴协奏曲》与其同时期的《钢琴奏鸣曲》放在一起会引发这样一个问题：两部如此紧密交织在一起的交响作品，怎能在质量上这般不同，奏鸣曲如此呆板沉闷，而协奏曲却又是这么新鲜丰富。创作后者的速度很是惊人。第一乐章只花了五天时间，终乐章只花了三天。当莫杰斯特让柴科夫斯基更加确信自己对原先慢板乐章的怀疑不无道理时，不到二十四小时的工夫，新的版本也创作完成了。毫无疑问，科切克是柴科夫斯基在这部协奏曲中灵感的催化剂。一年前，这个 22 岁的年轻人还是柴科夫斯基在音乐学院的学生。而波兹南斯基所主张的，尽管科切克是异性恋，但他至少曾短暂地成为过柴科夫斯基的情人，这有一定的可信度。柴科夫斯基显然对这个年轻人异常疼爱。但这是一段不稳定的关系。科切克的态度和所作所为可能会让柴科夫斯基不慎烦忧，比如最近，他仍愿意觍着脸继续靠他父亲的钱生活。然而，由此引发的激烈争吵却使他们和谐相处的那些日子更加甜蜜。克拉伦斯的这段插曲无疑就是这样一段时光，它短暂地释放出了柴科夫斯基在婚前就已经积聚的，那些能带来《第四交响曲》和《叶甫盖尼·奥涅金》的创造性力量。

柴科夫斯基起初打算将这部《小提琴协奏曲》献给当时最杰出的小提琴家之一，莱奥波德·奥尔。但奥尔迟迟没有演奏它，最后作品于 1881 年 12 月在维也纳首演，由阿道夫·布罗茨基担任独奏。这引发了音乐新闻史上最臭名昭著的评论之一，当时最著名、最有影响力的评论家之一，爱德华·汉斯利克宣称这部协奏曲的音乐"臭到刺痛你的耳朵"。但在布罗茨基的不断推广下，这首协奏曲迅速获得了巨大的成功，最终作曲家也将作品改赠予他。奥尔后来辩解说，他本想对独奏部分进行修改，但一直找不到时间。事实上，当奥尔最终注意到这部协奏曲时，他玩儿得更过火，直接删去了第一乐章的一大部分内容。很多年来，这部协奏曲都是以这种被玷污了的形式被演奏的。在此需要指出非常重要的一点，有些现存的早期录音可能使用的还是奥尔的删节版。如今，很少有小提琴家会想（或敢）演奏它了。

D 大调小提琴协奏曲*****

【小提琴协奏曲是柴科夫斯基最引人入胜的作品之一，然而可不要低估它（我承认我曾这样做过）。柴科夫斯基没有哪部作品像这部协奏曲那样严重依赖于他的旋律天赋，而他的旋律天赋从不辜负他。这是最伟大的小提琴协奏曲之一。】

从表面上看，《小提琴协奏曲》是柴科夫斯基最不复杂的交响作品之一，当然它也不包含诸如《第一钢琴协奏曲》那样新颖的结构上的探险。但又有什么必要呢？钢琴显然能为作曲家提供比小提琴广泛得多的可能性，因为它既能表现和声，也能表现旋律，让作曲家能够将钢琴变为管弦乐队更平等、更灵活的伙伴。但小提琴的优势在于它在旋律上有更大的潜力。就像歌唱家一样，小提琴传递出的旋律是连续不断的声音，它为一条旋律线内（甚至一个音符内）出现的各种抑扬顿挫留足了空间，这是钢琴无法比拟的。第一乐章直截了当地采用了（协奏曲乐章中使用的）奏鸣曲式。首先是一个非常轻快的引子，暗示了即将到来的主部主题。然后小提琴自我介绍，将我们带入呈示部。在这里，小提琴不仅从没安静过，而且几乎总是处于舞台中央，它有力地呈现着柴科夫斯基为其创作的旋律，或以炫技的音型法让人们目眩神迷。就像柴科夫斯基的许多呈示部一样，此处也有三段旋律，第一段极具魅力，第二段更为轻快，爆发出了短暂的花火以衬托（"非常富有表情的"）第三段，温

179

柔的旋律毫不犹豫地散发出宽广的气息，到达一个广阔的高潮后为呈示部画上句号。对这一伟大宽广的旋律真是怎么赞美都不为过。（如果你碰巧知道柴科夫斯基的灵感之源来自《西班牙交响曲》这部作品，你可以将柴科夫斯基的开篇与拉罗第一乐章进行平行比较，我想前者在旋律上的丰富性会变得更加明显。）

不出所料，一段乐队齐奏标志着展开部的到来。这是自协奏曲开始以来，乐队第一次被置于中心位置，而且这还是一个非常重要的乐段。独奏家继续对主部主题展开变奏，然后进行延展。之后乐队回归，或许有点出人意料地演奏了第二段反复（ritornello）。但原因很快出现。柴科夫斯基参考了另一部著名的《小提琴协奏曲》，即门德尔松的《小提琴协奏曲》。这里没有将华彩乐段放在乐章的结尾，而是置于再现部之前。因此，这段乐队的反复既充当了标点符号，也为独奏家在公众瞩目之下纵情炫技的乐段提供了重要铺垫。与门德尔松的协奏曲一样，再现部紧接在华彩乐段之后，沿用了呈示部的路线（尽管过程当中细节上有所变化），最后，音乐进入到一个丰富、辉煌的尾声。如果听完这部协奏曲的前两三分钟后，因它听起来不那么宏大就断定第一乐章会比《第一钢琴协奏曲》的第一乐章短，那可就错了。它的演奏时间（以及整部协奏曲的时长）与之前的协奏曲不相上下，但它同样能让我们保持住兴趣。

在剩下的两个乐章中，柴科夫斯基的俄罗斯声音突然变得明显。他将慢板标记为"小坎佐纳"（canzonetta，字面意思是"声乐短歌"），这是他自《第一弦乐四重奏》中"如歌的行板"以来所创作的旋律性最强的一个乐章。但这一次所有的旋律都是柴科夫斯基原创的。一段木管引子确定了基调，接下来小提琴旋律上那萦绕心头的俄罗斯风情显著极了。它那种温柔的忧郁，与后面同伴更激昂的音色完美互补。没有任何一个乐章能比这更简洁或能更真挚地与听众对话。现在，引子悄悄溜到了独奏下面的弦乐上（它是那样偷偷摸摸，以至于很容易错过），为我们再现第一主题。之后木管引子既结束了这个乐章，又提供了终乐章过渡段的第一部分。所有的这些都是在一天内创作完成的，真是不可思议。

　　小坎佐纳与终乐章之间没有间断，这加强了两个乐章之间情绪上的极端对比。终乐章与第二乐章一样，是浓郁的俄罗斯风情，但它有着巨大的活力，想必呈现的是乡间的民俗场景。而独奏家现在化身为民间小提琴手（不过是天赋异禀的！），先是给乐器调弦，试了试，然后开始了他的第一段演奏。第一段有着巨大的能量，而第二段则朴实有力，其结实的双音奏法（下面持续的双音低音）也许暗示着农民的风笛。柴科夫斯基对这个主题进行深化，用不同的声音背景装饰它，然后又突然将它速度减缓，以暗示某种或许更加温柔的、有女性气质的说服力。我无法猜测双簧管、单簧管和巴松管之间的礼貌性对话代表着什么，但当音乐本身就已经具有如此大的感染力，以至于我们无论如何都会屈服于它时，真的有必要去破解它吗？这个乐章就是它自己的代言人。在柴科夫斯基的作品中，它与《第二交响曲》（《小俄罗斯》）的恢弘结尾在精神上最为接近。

　　话虽如此，或许我们应该知道这最后两个反差如此之大、却又如此俄罗斯的乐章背后的深层动机。

———————

　　截至此时，柴科夫斯基已经离开俄罗斯自我放逐约六个月了，他的家书中渗透出了对故土愈发浓烈的思念之情。在完成他的《小提琴协奏曲》仅六天后，他就踏上了返乡之旅。但他回到俄罗斯时，整个人非常焦虑，起初和边防人员打交道也没使他的精神振奋起来。他先是碰上了一个醉酒的宪兵，然后是一个海关官员对他为萨莎买的衣服收取了敲诈式的关税，最后又来了一个宪兵似乎觉得作曲家很可疑，迟迟不让他通关。接下来是火车旅行：脏兮兮的车厢，"带着毒气的犹太人无处不在"（尽管柴科夫斯基很仰慕鲁宾斯坦兄弟，但他内心还是有反犹太主义倾向的）。这一列车上全是伤寒病人，而另一列车上则是去参加俄土战争的年轻新兵：这一切都让他非常沮丧。那么他在卡缅卡会受到怎样的接待呢？结果，家人对他的欢迎是那么温暖，那么令人放心。心思细腻的萨莎在离主屋有一段距离的地方为他准备了一间农民小屋，这样一来，如果他愿意，便能在那儿独处。"我的小屋被安排得非常方便、舒适，"他向他的赞助人报告，"他们甚至为我准备了一架钢琴，放在我卧室旁边的小房间里。工作会对我有益。"他完成了《钢琴奏鸣曲》后又接着创作了一批钢琴曲，但没有一首具有重要意义，至少其中较大型的作品是这样。但另一套组曲，即柴科夫斯基所创作的最没有野心的作品，对今天的我们来说仍然非常有吸引力。

　　我们早就能从柴科夫斯基与外甥和外甥女的关系看出，他有和孩子们相处的天赋：想想作曲家七年前为孩子们创作的，会从中萌生出《天鹅湖》的小芭蕾舞吧。现在，萨莎的孩子们已经到了弹钢琴的年龄，毫无疑问正是这个原因让彼得舅舅决定创作他的**《儿童曲集：24 首简单小品（舒曼风格）》**[**][*]，而这些全部是在二十四小时之内完成的。他的范本不是舒曼著名的《童年情景》（*Kinderszenen*）——这套作品以极为复杂高明的手法呈现出了成年人反观童年经历和往事的视角，而是舒曼的《少年曲集》（*Album for the Young*）。然而，舒曼这套四十三首难度递增的曲集是为自己不断壮大的家庭创作的，而柴科夫斯基的《儿童曲集》只是为学琴初期阶段的年轻（或不那么年轻的）钢琴家准备的一组迷人小品，对于我这种只听音乐不弹琴的读者来说，这套曲子不会有什么吸引力。然而，对于那些同时也是钢琴家的读者而言，就算你承认自己琴艺有限，这套曲子也会是不可多得的礼物。将柴科夫斯基的作品与我们这个时代许多初级钢琴教材区分开来的是那些非比寻常的笔触，而它们在初期可能会带来几分挑战：一些惊人的和声会给读谱（有时是指法）造成困难，出人意料的乐句划分会给节奏把握带来麻烦。但是，面对所有诸如此类的问题，尽管可能需要一点额

外的耐心才能把它们完全练对，但最后你的付出会得到回报[1]。许多
曲子都拥有富有想象力的标题，这提示了我们该如何演奏它们。有
一些曲子是对现有旋律的新编，这些旋律有的来自俄罗斯，也有些
来自法国和意大利（包括街头歌手维托里奥的一首歌曲）。还有一
些是舞曲。但一些最好的（当然也是最难的）音乐出现在表现人物
或描述性的曲目中。例如，小骑士在马背上飞驰而过（No.4）以及
木头士兵有力地齐步行进（No.5），对生病的玩具娃娃的悲伤描绘
（No.7）及其肃穆的葬礼（No.9）。情绪上的另一个极端是农民试着
演奏他的手风琴（No.13），最后好像卡在了两个和弦上，以及怪诞
芭芭雅嘎的音乐肖像（No.20）。还有云雀动听的鸣叫（No.22）。这
套曲子以晨祷开场，最后也于教堂结束（至少最早出版的原版是这
样：No.24）。

现在柴科夫斯基的婚姻已经破裂，娜杰日达·冯·梅克向作
曲家提出了进一步的提议，这将使作曲家与她更加紧密地联系在一
起：她邀请他在她离开的时候，到她位于乌克兰布拉伊洛夫的大庄
园暂住。这样，他就能真正享受——并分享——她世界的一部分。
为了确保一切都令他满意，冯·梅克给她的佣人下达了指示，给客
人绝对的自由空间，一切服从于他，让他不受干扰。阿列克谢将充
当中间人。佣人们对这位客人的身份一无所知，他们最后得出结
论，他一定是她一个女儿的未婚夫。柴科夫斯基在5月底住了下
来，虽然他在对赞助人谈起布拉伊洛夫时兴奋溢于言表，但对莫杰
斯特还是有所保留。房子布置得极好，也很舒适，还有一些很棒的
乐器，但他觉得庄园本身并不那么吸引人。不过，在周围乡村散步
是极大的享受，他还发现了一家修道院，里面有一支很好又很懂音
乐的唱诗班，他会到那儿去参加礼拜。他还对采蘑菇产生了热情。
或许这一切当中最好的，是布拉伊洛夫为他提供了一个可以创作的

183

1.《儿童曲集》（由霍华德·弗格森编辑）的一个版本由皇家音乐学校联合委员会出版。
　上述编号除了最后一首，都遵循这个版本的编号。

轻松环境。作为献给缺席女主人的礼物，他为小提琴和钢琴创作了两首作品，即《谐谑曲》和《旋律》（*Mélodie*）。为了表示感谢，他还将《小提琴协奏曲》中被弃用的慢乐章（现称为《冥思》）改编成了小提琴和钢琴版本。他给这三首曲子起了一个共同的名字：《对亲爱之地的回忆》（*Souvenir d'un lieu cher*），这一定让她分外开心。此外，他还创作了一套《六首歌曲》，作品 38 号，其中包括他该类型作品中最优秀的两首：在《**唐璜小夜曲**》***中，唐璜以华丽而热烈的歌声召唤她的尼塞塔到阳台上来，而与此截然相反的是一首忧伤难忘的华尔兹歌曲《**在舞会的喧嚣中**》***。曲中歌手想起了在拥挤的舞厅中瞥见的一个美丽女人，她有着快乐的声音和悲伤的双眼。

　　然而，布拉伊洛夫也见证了一套新作品的诞生，它完全不同于柴科夫斯基此前所有的创作，这套作品将对俄罗斯教会音乐的未来产生深远影响。柴科夫斯基本人早在 2 月就主动提出了这个计划，当时他向尤尔根松询问是否有兴趣出版一些小型的教会音乐作品，或者最好能够出版为俄罗斯东正教会礼拜仪式所创作的音乐。这个问题显然得到了进一步讨论，因为在他拜访布拉伊洛夫时，柴科夫斯基会向娜杰日达·冯·梅克汇报目前的大体进展。他承认当下的一些东正教教会音乐作曲家是值得尊重的工匠，"但是，"他补充说，

　　　　他们的音乐与我们拜占庭风格的建筑和圣像以及东正教仪式的整体结构是多么地不和谐啊。您知道吗，为教会创作音乐是被帝国教会音乐机构所垄断的，他们嫉妒地守护着这种垄断，并断然拒绝让他人尝试为神圣的文本谱曲。我的出版商尤尔根松找到了一个绕过这一奇怪法律的方法，如果我为教会写些东西，他会在国外出版。

柴科夫斯基在布拉伊洛夫为圣约翰[1]的礼拜仪式（俄罗斯东正教的主要仪式）草拟了一首无伴奏合唱，并于 8 月完成。柴科夫斯基发觉尤尔根松正处于一种对抗的情绪：他将正面挑战帝国教会的垄断，并在俄罗斯发行柴科夫斯基的礼拜音乐。果不其然，一经出版，所有的副本都被帝国教会的执政官查封，一场法律之战也随之展开。该案件持续了两年多，直到 1881 年，判决支持了尤尔根松。从此，俄罗斯的教会音乐创作和出版面向所有人开放，而柴科夫斯基为圣约翰创作的礼拜音乐也在教会仪式中找到了合法地位。

184

俄罗斯东正教教会音乐

【至少对西方人来说，听俄罗斯东正教教会音乐是内行才有的小众品位，可能只有少数读者会对它感兴趣。尽管如此，还是应该考虑听一听，不过我将打破时间顺序，介绍柴科夫斯基为俄罗斯教会音乐贡献的全部三首作品。】

《圣约翰礼拜仪式》*** 是东正教会最广泛使用的弥撒形式，其中有很大一部分是主祭和唱诗班之间的对话。这些内容后来演变为一套传统圣歌，柴科夫斯基严格使用这些圣歌，并为它们提供了最简单的主音（即和声）伴奏。最后他创作了大量的功能性音乐。然而，我们的主要兴趣在于他为六段文本自由创作的音乐，其中包括《信条》《主祷文》和《基路伯之歌》，最后一首最为重要。事实上，尽管柴科夫斯基在这里可以随心所欲地创作，他为其中的前两首和第四首《赞美主》配上了简单的和声伴奏，但在《我们赞美你》和《相见》中，他给了自己更多的发挥空间。在后者中柴科夫斯基使用了温和的模进，而在前者中则使用了轮唱（即一个声部与另一个

---

1. St John of Chrysostom：大马士革的圣约翰，基督教神学家、诗人及圣乐家。——译者注

声部进行简短的对话）。从谱面上看，这些音乐可能与我们在教堂里唱的传统赞美诗并无太大差别，但实际效果会非常不同。这种音乐往往需要一种比演唱赞美诗更有分寸的表演风格，而在这种较慢的速度下，它的简朴赋予了它一种庄重的威严，尤其是当表演涉及非常广泛的强弱变化时（正如我的一个学生在参加了《我们的赞美诗》的表演后注意到的那样："地动山摇！"）。但最精致的是《天使颂歌》，其独立、安静、令人敬畏的缓慢开场是对接下来炽热轮唱的最有力的衬托。第一部分像之前那样返回；一句"阿门"后，风格大变，音乐加入了一个充满了巴洛克音乐气息的赋格式段落，用在这里几乎有些尴尬（或者我承认，对我来说是这样）。但是，还是等你自己听过再下结论吧，现在有一些俄罗斯合唱团的表演非常优秀，有 CD 录音可以找来听。

　　柴科夫斯基还将继续在东正教教会音乐领域中进行两次尝试。1881 年，他将注意力转向了另一个仪式，即《**彻夜祷**》**，并在其中力图摆脱他有些礼拜音乐中所能听到的"过度的欧洲主义"。在《彻夜祷》中，与其说他是作曲家，不如说是编曲家，因为现在面对着大量的传统圣歌，柴科夫斯基认为自己的职责主要在于为这些圣歌旋律配上简单的和声。只有在极少数的情况下，他才允许他加入的女中音、男高音和男低音声部有一些真正的独立性，以便听起来像一部真正的作品。然而，虽然《彻夜祷》可能只会吸引那些对俄罗斯东正教教会音乐精神世界特别感兴趣的人，但柴科夫斯基于 1884—1885 年间创作的无伴奏合唱《**九首圣曲**》**** 是一部具有更广泛吸引力的自由创作，其中包含了一些非常出色的音乐。三首《天使颂歌》给人留下非常深刻的印象，尤其是第三首，其中女高音、女中音、男高音和男低音的通常所在位置被一分为二，从而产生一种八声部的织体，有一种特别的重量和声响效果。这首精彩的作品在俄罗斯获得了相当高的知名度，它为后来东正教教会音乐的发展带来了深远的影响。同样令人印象深刻的是另一首八声部作品《我选择的幸福》，这首更加自由的作品让人更加遗憾柴科夫斯基没有更经常地尝试这种类型的创作。音乐所拥有的神秘气息和那种特殊的雄浑，与我在西方传统中听到的任何东西都不同——一定要找俄罗斯本土合唱团的录音来听；我曾尝试指挥英国合唱团演唱这些音乐，但我们在传统和性情上差异如此之大，这使得我们无法充分展现音乐的美。无论如何，俄语合唱几乎总是非常特别的。

186

柴科夫斯基回到俄罗斯已有七个星期。到目前为止，他一直在回避莫斯科，害怕不得不面对的老同事。但其实他犯不着担心，因为同事们显然非常热烈地欢迎他的归来。至于巴黎博览会的问题，似乎已经看不出鲁宾斯坦还在为柴科夫斯基的违约而生气了。现在，他的赞助人慷慨承诺，如果能与安东尼娜达成合理的解决方案，她就会提供金钱资助。看上去他的离婚诉讼会迎来满意的结果。但这需要安东尼娜方面更多的配合，而尤尔根松同意代表柴科夫斯基与她交涉。因此，柴科夫斯基在莫斯科只停留了三天，就于6月16日动身前往康德拉捷耶夫在尼济的庄园。

还有三个月音乐学院的新学期就要开始了，人们认为柴科夫斯基将重返工作岗位。而这并不是他心之所愿，他在这几个月里常常表现得非常焦躁不安。不到几天的工夫，他就再次逃离了尼济和那里混乱无序的佣人，前往卡缅卡。只有在这儿，或者在邻近的韦尔博夫卡家族庄园，他才能找到平静，去享受那些最亲近之人的陪伴，加入他们的集体生活，并似乎能够暂时清除所有困扰他更广阔世界的种种烦恼与不安。在卡缅卡，他会和邻居们一起猎鸭子或大鸨，和卡缅卡的狗儿们一起在乡间漫步，闲暇时作曲，想独处时就独处，然后加入家庭娱乐活动，弹琴助舞，并充分参与到他们更具野心的娱乐中去。一封给莫杰斯特的信展现了他此时生活方式的缩影。各路亲戚都聚集在卡缅卡，被卷入了如下活动：

上个星期，我把自己完全变成了月亮女神的样子。我每天都去打猎。星期天，我和维什尼茨基、沃洛霍夫、罗曼、蒂洪等人进行了一次大规模的捕猎。收获颇丰——但我像往常一样，只是砰砰地不停射击。我们昨天开始为演出【柴科夫斯基正在制作果戈理的戏剧《婚事》】排练。列夫不想让塔妮亚扮演媒人，萨沙·佩列斯蕾尼接替了她的角色。因为缺少更好的人选，只好让迪马扮演雅伊奇尼察。弗拉基米尔·安德列耶维奇拒绝参演。除了《婚事》，我们还为塔妮亚和萨莎安排了两场戏：（一）《死魂灵》【果戈理】中两个女人的戏，（二）【莫里哀】《厌世者》中两个女人的戏。昨天的排练表明娜塔莉亚·安德烈耶夫娜会非常讨人喜欢，但她的表演有点单调。萨莎把媒人演得非常出色。虽然科利亚·佩列斯蕾尼演得过了头，但他饰演的热瓦金还是不错的。托利亚对波德科莱辛的塑造非常令人尊敬。比尤科夫没记住自己的台词。

　　前天我们去韦尔博夫卡森林里采蘑菇。我们发现了杨树蘑菇，其数量之多是我以前从未见过的。同一天，萨莎和最小的三个孩子以及伊斯特伍德小姐【卡缅卡的英国家庭教师】一起去了拉耶夫斯基家，并且经历了一系列的冒险。在回程中，他们遭到了暴风雨的袭击。萨莎差点坠马丧命，他们都被淋成了落汤鸡，也不知最后到底怎么回到的卡缅卡，到家时已是深夜，我们大家都担心得要死。

　　戏剧演出在一周后进行。为了凑足观众，庄园里的农民也获邀参加。柴科夫斯基负责给演员提词。

　　柴科夫斯基与萨莎及其家人一起住了七个星期。在经历了卡缅卡拥挤的家庭生活后，他感到自己需要独处，然后便于8月23日在布拉伊洛夫安顿下来。他的赞助人拥有极佳的私人图书馆，他把自己埋在她的藏书中，有时蹲在地板上数个小时，全神贯注地阅读。他经常在一大群狗的陪伴下去散步。但创作的冲动无法平息。"今天早上，我非常想起草一部管弦谐谑曲，但我根本无法控制自己，我花了好几个小时去创作，"他向他的赞助人坦白。这标志着他《第一管弦组曲》的开始。但在布拉伊洛夫住了一个星期后，他受够了孤独，于是再次前往韦尔博夫卡，在那儿仅用了几天时间他就草拟出了三个乐章。他想在音乐学院新学期开始回到莫斯科前，先去圣彼得堡看一看，于是便在9月9日出发前往了俄罗斯首都。但在去往基辅的路上，他偶然在报纸上看到了一则恶言诽谤的报道。"文章一度谈及了教授们与姑娘们*私通*，"他在给莫杰斯特的信中惊呼，"最后还说：'**音乐学院里发生着不同类型的风流韵事，但出于人人都可以理解的原因，我将不会谈论这些。**'作者在暗示什么再明显不过了。"

188

这让柴科夫斯基下定了决心：他将辞去教授一职，但不是立即，因为那会引起混乱，而是在圣诞节期间。但因为他现在要依靠赞助人持续不断地慷慨施予，所以必须通知到她。于是作曲家给她写了一封信，详细说明了他做出此决定的原因：报纸上那篇带有攻击性的文章，在火车上（据他声称）无意听到的陌生人对他的婚姻和他的疯狂的谈论，鲁宾斯坦的专制，以及音乐学院的压迫。"那么，我的朋友，如果我离开音乐学院，您会怎么说？我将去莫斯科，我会努力让自己适应那里。但我必须清楚地知道您是如何看待这个问题的。我不会做任何违背您的建议和指示的事。请给我您的答复。"他当然知道答复会是什么。

柴科夫斯基的决定加剧了他对音乐学院的厌恶。他回到莫斯科，学期开始，他的心情更糟糕了。一个星期后，他向阿纳托利倾诉了自己的感受：

> 我完全提不起精神，灰心丧气，对周围的一切都抱有冷漠的厌恶。莫斯科让我极不愉快。我试图避免一切社交，避免和任何人接触。我所看到的每一个人都让我无法忍受，这包括卡什金、阿尔布雷希特、尤尔根松和拉罗什。我一来就直接去上课，下课后就立即离开，尽量不与任何人交谈，也不与任何

人接触。对于各种问候，如"您好！"，或"我这是见到了谁
呀？"，我都以甜中带酸的面孔回应，并立即朝反方向匆匆跑
开。我走上几个小时，然后回家吃晚饭。

不过，也有一件好事。安东尼娜遵守了与她达成的财务安排，
看样子已经离开了莫斯科。

鲁宾斯坦已经返回了巴黎，要到 10 月初才能在莫斯科见到他，
所以就柴科夫斯基辞职一事的商讨也就无法展开。当鲁宾斯坦如期
归来时，音乐学院为他举办了一场晚宴，他在第一次致辞中对柴科
夫斯基在国际上建立的声誉大加赞扬，并补充说，音乐学院教职队
伍中能有这样一位名人是多么幸运。但这次盛赞也是把双刃剑：柴
科夫斯基觉得他不得不把辞职推迟到次年夏天。然而，到了第二
天，这件事就已然不受他控制了。尽管柴科夫斯基给音乐学院带来
了如此大的声望，但鲁宾斯坦意识到他已经留不住他了，于是二人
制定了一个策略，让柴科夫斯基在圣诞节期间低调离开：塔涅耶夫
将被邀请临时代授钢琴课程。当柴科夫斯基悄悄溜走时，塔涅耶夫
会接替他的位置。"我会像处理家务事那样到乡下去，"柴科夫斯基
解释说，"从那儿我将写信说我因病不能回来。"就在同一天，他得
知他的赞助人充分肯定了他的计划。

然而，柴科夫斯基看到了一个可以让他在年底前就离开的机
会：为什么塔涅耶夫不能在 12 月前同时接手他的理论课呢？他立
即通知鲁宾斯坦他会在本周末离开。10 月 19 日，柴科夫斯基上了
他人生中的最后一堂课。第二天，他和朋友们——鲁宾斯坦、卡什
金、阿尔布雷希特、尤尔根松和塔涅耶夫，一起吃了晚餐。"尽管
我渴望已久的自由让我欣喜，但在与一起生活了十二年多的人们分
开时，我还是感到有些难过，"三天后他向冯·梅克夫人坦白，"他
们似乎都很悲痛，这让我非常感动。"但是，在告别当天，他就已
经开始毫无保留地对她兴奋地谈起了自己的前景。"昨天我上了最
后一节课。今天我要去圣彼得堡。我是个自由人了！"

15

个人的自由与创作的低谷

　　叙事即将加快，因为柴科夫斯基现在完全可以自由掌握在哪里安顿下来，如果他觉得周围情况变得不合他意，或者单纯想换个环境，他可以随时选择离开。因此我们可能会猜测，摆脱了灾难性的婚姻给他造成的焦虑不安，赞助人的定期津贴又给优渥的生活提供了保障，新作品自会源源不断地流出。事实也的确如此，作品的数量非常惊人，但问题是这些音乐有时在质量上良莠不齐。在技术上，它们一如既往地流畅，但有时几乎是太流畅了。其中一些作品有一种疏离感，没有珍贵无比的个人烙印，没有尖锐的边界，没有那种时而让人兴奋时而又令人不安的追求。它们充其量只是一些图画，有着美丽的概念、完美的笔触——但很被动，不鲜活。直到1885 年，当他在莫斯科郊外约五十英里的克林附近的乡间小屋安顿下来时，他才重新找到了那种稳定。这让他的创造力能够像安东尼娜进入他的生活之前那样自由、充分地运作。不错，在这期间还是出现了至少两个值得注意的特例，其中一些充满人性的元素，一个来自现实生活，另一个源于小说，它们真正触动了他的创造力。第一是一位亲密同事的过世，第二是普希金伟大的叙事诗中讲述的一个年轻女子与她年迈丈夫身陷困境的故事。我们会密切关注这些作品和《第二钢琴协奏曲》。无论怎样，总的来说，在未来五年的作品中仍然可以找到许多上乘的音乐，而且它们大体上比我们已经探究过的一些杰作和后面将会涌现出的作品更容易理解。

上述提到的第一部作品是《第一管弦乐组曲》。柴科夫斯基早在 8 月和家人一起在卡缅卡时就开始起草，但推迟了一年才最终完成。这主要是因为他不确定其整体效果，但它会成为一部非常重要的作品，在演奏时长上与《第四交响曲》相当（约四十分钟）。此外，在呈现出丰富的风格和氛围的同时，它最后还必须达到前后一致、令人满意的体验，这给柴科夫斯基制造了不少难题。

第一管弦乐组曲 ***

【这是柴科夫斯基三首真正的管弦乐组曲中的第一部（第四首是一系列对莫扎特作品的配器），也是最不重要的一部，尽管小进行曲非常迷人。】

简单来讲，组曲可以是从一部较大型的作品中，根据每首曲子真实的或潜在的受欢迎程度，挑选一定数量，比如六首，组建而成（柴科夫斯基的《胡桃夹子组曲》就是一个著名的例子）。但在历史上，组曲有时也作为一种独立的形式而存在。最著名的组曲可能要数巴赫在巴洛克晚期（18 世纪上半叶）所创作的法国和英国键盘组曲。这些组曲主要是由当时的舞曲（主要有阿莱曼德、库兰特、萨拉班德和吉格）组成。相比之下，柴科夫斯基的四首组曲非常多样化。不过，第一首确实显示出了来自巴赫的影响，因为它以引子和赋格开场，并以加沃特，一种巴洛克舞曲结尾。然而，任何熟悉巴洛克音乐的听众都不会相信这些作品出自巴赫之手，柴科夫斯基的赋格显然具有"学院派"特性，因为它的高潮部分直接脱离了巴洛克时期的常规写法。这是唯一一个可能会给听众带来挑战的乐章，紧接着是一个非常广阔，随后又充满预兆性的慢板（相当于一首巴洛克前奏曲）。然而，赋格主题的不断重复给了整首曲子一个非常精确的焦点，最终达到了一个非常有力、非常 19 世纪的高潮——尽管它的结尾事实上非常安静。

　　其余五个乐章主要由独立的部分组成，并以不同的方式重新安排，配器上特别利用了管乐和弦乐之间的音色对比。柴科夫斯基的旋律天赋从没辜负过他，尽管这里表现力一直没有很强烈。这首《嬉游曲》（No.2）也许应该被称为华尔兹。柴科夫斯基在这个乐章的开头似乎将"发现"第一旋律的任务交给了单簧管独奏——还要注意稍后三支长笛之间迷人的私语（这预示着它们在《胡桃夹子》中著名的《芦笛舞》中的应用：年长一些的读者可能会想起那个曾经家喻户晓的"水果和坚果"的电视广告）。《间奏曲》（No.3）更加克制，它的主旋律（实际上是第一乐章赋格主题缓慢的"重影"）与一个宽广的、持续的旋律交替出现，全曲全部采用五段式的ABABA结构。但第四段后出现了一个高潮，第五段的改写也非常有吸引力。但最后的重头戏是可爱的《小进行曲》（No.4），尽管它是目前为止最短的一个乐章。这首曲子是为高声部的木管乐器而作，只有小提琴、三角铁和钟会不时小心翼翼地出现，它是无法抗拒的美味糖果，可以完美融入未来的《胡桃夹子》之中。在这之后的《谐谑曲》（No.5）可能会显得有点儿黯然失色，但柴科夫斯基最早完成的就是这首曲子，也许作曲家当时还没有决定他到底想为这套组曲创作出什么样的作品。至于最后的《加沃特舞曲》，柴科夫斯基在这里有意选择以庄重的巴洛克舞蹈为模型，但他的音乐与巴赫风格毫无关系。的确，它谨慎、神秘又有趣，说不定就是三十八年后普罗科菲耶夫《古典交响曲》中那首著名的《加沃特舞曲》的前身。

　　但是，在这么多不同的音乐之后，柴科夫斯基要如何在四十多分钟后收尾呢？他的解决方案非常简单：不经停顿直接回到第一乐章的赋格，不过这次以极极强（**_fff_**）结束。

———

　　从莫斯科音乐学院辞职后，柴科夫斯基前往圣彼得堡，停留

192

了大约三周后打算继续去克莱伦斯。但他的赞助人现在在佛罗伦萨，她建议他也去那儿住上一段时间。她将为他安排好一切，并支付所有费用。原则上这很令人满意，但柴科夫斯基一安顿下来心中便产生了顾虑，因为她的行为似乎表明她想要他们的关系变得亲近一些。他们每天都有书信来往，为了避免面对面撞见彼此，她给了作曲家一份她的常规路线图和外出时间表。柴科夫斯基感觉到她可能慢慢想要正面相见。她让他去看看她住的地方，第二天他看到她经过他自己的小屋。然后她邀请他在她不在的时候去查看一下她的房子。但他拒绝了。"这一切让我感到不那么自由，说实话，在我的内心深处，我非常希望她能离开佛罗伦萨。"他向阿纳托利坦白。更糟糕的是，几天后，当他去剧院时看到她也在那儿。"这让我很尴尬，就像她的接近也总是让我感到尴尬一样。例如，每天早上我都看到她经过我的小屋时会停下来，试图看到我，幸运的是她的视力很差。我应该怎么做？走到窗前鞠躬行礼吗？但在这种情况下，我是不是也应该从窗口喊一声：'您好！'？"最后，她建议他应该将巴黎之旅推迟到 2 月，那时她也会在法国的首都，然后她会为他提供一间公寓，并做好一切安排。这简直太过头了，他断然拒绝了这个提议，宣称他不能推迟去巴黎的时间。然而，当她先于他离开佛罗伦萨时，他的反应令自己大吃一惊。"我非常渴望她。经过她空荡荡的小屋时我眼里含着泪水，"他向莫杰斯特倾诉，"起初令我感到尴尬和困惑的，现在变成了最真挚的遗憾。"这确确实实成了一段让他既爱又怕的关系。

　　当柴科夫斯基告诉他的赞助人他不能将巴黎之行推迟到 2 月时，他没有说谎，因为他现在正着手创作一部重要的新作品。早在 11 月，当他在卡缅卡小住期间浏览列夫的图书馆时，看到了席勒的戏剧《奥尔良少女》的译本，他大致读了一下，然后立即决定将其作为他下一部歌剧的主题，并在到达佛罗伦萨不足三天的时间里便开始创作《奥尔良少女》，也就是这部歌剧最终的名字。他根据席勒的戏剧构思了自己的脚本，这个主题让他激动得不知所措，头脑中充满了想法，这导致他神经过于紧张，不得不中止创作。但无论如何，继续下一步的工作之前，他需要了解还有哪些文学出处可能会与他的创作有所关联，而法国最有可能提供这些。就这样，他在 12 月底前往了法国。但在巴黎搜寻了与贞德有关的材料后，他断定席勒的戏剧仍会是他的最佳资料，不过他也会从其他作家那里借用一些素材。1 月 11 日，他来到瑞士，在他最爱的克莱伦斯酒店安顿下来。次日，柴科夫斯基郑重投入到了新歌剧的创作中。

柴科夫斯基创作《奥尔良少女》的速度非常惊人。他的作息时间一如既往地一丝不苟。"我早上喝咖啡，简单吃点早餐。佣人打扫房间的时候，我去散步。"他告诉阿纳托利，"我创作歌剧，直到下午 1 点午饭时间，午饭后散很长时间的步。回来后，读书，为明天的创作写好脚本。晚上 8 点，吃晚饭，喝茶，然后写信和阅读。11 点上床睡觉。"然而不到十四天的工夫，半部歌剧的草案就完成了。休息四天后，他又开始工作。再过五天，《奥尔良少女》的四分之三也起草完成。当这部歌剧的声乐钢琴缩编谱（即演唱部分，以及将管弦乐部分缩编为钢琴谱）出版时，它占据了足足 300 页之多。回顾他所完成的一切，他在信中对莫杰斯特说："总的来说，我对自己非常满意——但我有点儿累了。"这无疑过于轻描淡写。

2 月中旬，也就是过了大约五个星期后，柴科夫斯基带着悲伤的心情离开了克莱伦斯，尤其是黎什留旅馆和经营它的玛耶尔一家。正如他在给他的赞助人的信中所说："很高兴知道在西欧的这样一个角落，我将永远受到快乐、贴心和友好的接待，大家清楚我的习惯和要求，总是努力安排好一切，让我在那儿的日子像在家一样舒适自在。"像往常一样，柴科夫斯基在辛勤工作之余从阅读中找到了一些消遣，他现在正痴迷于《小杜丽》。作曲家目前对英国人普遍感觉很糟糕，因为他仍然对英国在近期俄土战争中所扮演的角色感到愤怒。但他对狄更斯小说的喜爱让他萌生了一丝救赎之心。"狄更斯和萨克雷是我唯一可以原谅的英国人，"他对阿纳托利说，"我们必须再加上莎士比亚，在他所生活的时代，那个卑鄙的

194

民族还没有这么无耻。"

　　在克莱伦斯之后，柴科夫斯基回到了巴黎，并于 3 月 8 日将《奥尔良少女》的全部细节起草完成。巴黎无疑是时尚中心，男装也不例外，柴科夫斯基放纵了一把。"我穿着一件新的（夏秋季）灰色大衣走在街上，戴着最优雅的高帽，展露出有珊瑚饰钉点缀的丝绸衬衫，戴着丁香紫手套。在经过和平街或林荫道上的镜面桥墩时，我总是停下来欣赏自己。在商店的橱窗里，我也会看到自己优雅的身影。"但柴科夫斯基的开支有些无度，离开巴黎时，剩余的资金只够支撑他到柏林。到了柏林，他试图从尤尔根松那儿取回他应得的钱，但汇款在莫斯科被拖延，最后和他同住在一起的科切克不得不当掉自己的手表。情急之下，他给他的赞助人发了份电报，请求她预支津贴。她当即答应，他终于可以去圣彼得堡了。

　　和 1878 年一样，柴科夫斯基在乡间庄园：布拉伊洛夫、附近的西马基、尼济——当然还有卡缅卡度过了 1879 年春夏的大部分时间。他的首要任务是为《奥尔良少女》配器，并准备声乐钢琴缩编谱。他非常享受配器的过程。"当一个抽象的音乐概念通过分配给这个或那个乐器或一组乐器而真正成型时，你所体会到的快乐是难以言表的，"他告诉他的赞助人，"即使不是最愉快的，也是创作过程当中最愉快的时刻之一。"柴科夫斯基现在在配器方面会花上更多的时间，特别是研究瓦格纳在其歌剧《罗恩格林》中的配器，因为无论他觉得瓦格纳许多音乐是多么的难听，他都承认这个德国人是位歌剧配器大师。柴科夫斯基当时用了大约三个星期的时间完成《铁匠瓦古拉》的配器，而《奥尔良少女》则花了大约四个月。

　　《奥尔良少女》于 1881 年 2 月 25 日在圣彼得堡首演。演员阵容不错，纳普拉夫尼克担任指挥，不过作品需要经过一定的删减和修改，但这可能反倒给歌剧的未来带去了更多机会，因为它原本的长度仅次于柴科夫斯基后来的《女妖》。舞台制作就没这么顺利了。资金短缺，没有特别的布景，一些陈旧的根本不适用，服装也破破烂烂。"可怜的、肮脏的、可悲的"，关于这一切柴科夫斯基对其赞助人这样描述道。这部歌剧最初的成功并没能维持下去，又演了一个乐季后，它在柴科夫斯基生前就再也没在俄罗斯被听到过。

四幕歌剧《奥尔良少女》***

【就规模和恢宏程度而言，《奥尔良少女》并不是柴科夫斯基较好的歌剧之一。这是一部华而不实的作品，显然是为了与西欧歌剧院的一些大制作相较量而创作的。这部歌剧除了一幕精彩的独角戏（贞德的叙述）和一些好的爱情音乐之外，只有那些真正痴迷歌剧的读者才有可能欣赏得来吧。】

《奥尔良少女》共三幕，分为六个场景。情节简要如下：

第一幕：**乡村场景**。贞德的父亲蒂博，斥责一些女孩儿在法国处于水深火热之中时还顾得上唱歌，大家都前途未卜。蒂博希望贞德嫁给雷蒙德。贞德与内心的情感作斗争，意识到自己有着不同的命运。台下的火光和鸣笛声预示着英国敌人的到来，一群人出场，祈求解救。农民贝特朗报告说，法国战败，奥尔良被围困。贞德让众人擦干眼泪，预言一个全副武装的少女将在奥尔良领导一场胜利。她向迷惑不解的众人宣布，英国指挥官索尔兹伯里已死。一个士兵匆匆跑来报告说这是真的。贞德劝说人们祈祷，并带头唱起了一首胜利赞歌。所有人离开，除了贞德，她悲伤地告别了家乡和童年的伙伴。天色渐暗，贞德突然沐浴在明亮的月光下，台下的女声合唱告诉她要穿上战斗的盔甲，回避世俗的爱情。贞德挣扎着反对这一号召，但意识到自己的命运无可逃脱，她发誓会完成使命。

第二幕：**在希农宫殿的大厅里**。法国国王和他的情妇阿涅斯·索海在听吟游诗人的合唱，但觉得歌声让人忧郁，于是国王召唤他的吉卜赛人、小矮人和杂耍者前来一振精神。之后是一场芭蕾舞。骑士杜努瓦描述了法国当前的困境，阿涅斯离开，说她将为国王的事业奉献自己的一切。当国王宣布他要为阿涅斯而放弃王位时，杜努瓦先是责备，然后劝诫国王。杜努瓦继续劝说，两人下定决心将奥尔良解救于围困。失败的消息再次传来，杜努瓦责骂国王现在要撤退到卢瓦尔河对岸的决定。独自一人，国王感到绝望。即使阿涅斯再次出场时承诺会将自己的一切献给他，也不能使他恢复精神。一段爱情二重唱。小号声预示着贞德的到来，杜努瓦宣布法国胜利。大主教说眼看就要战败之时，一个少女冲了出来，她集结部队，击溃了敌人。她承诺将奥尔良解救于围困。贞德出场。国王命令的一系列测试证实了她的神迹地位，她开始了她的叙述。她是牧羊人的女儿，曾看到过圣母玛利亚的幻象，圣母透露，在菲耶尔布瓦的圣凯瑟琳墓上有一把命中注定属于她的剑。所有人都认定贞德是受到了神的指引，国王将军队交给了她，大主教也为她赐福。贞德还要求有一面带有紫色条纹的白色旗帜。杜努瓦离开，去取来贞德的命中之剑。所有人都跟随国王退场。

第三幕第一场：**一个靠近战场的地方**。叛徒勃艮第公爵的追随者莱昂内尔，在贞德的追赶下匆忙跑了出来。贞德扑向他，扯下他的头盔，却为他的容貌所震惊。贞德放过了莱昂内尔，并示意他逃命，但他并不屑于逃跑。贞德叫他杀了她——而他则困惑不已。相互的吸引发展成为充满激情的二重唱。有人看到杜努瓦靠近，贞德再次让莱昂内尔逃走。相反，莱昂内尔向杜努瓦献上他的剑。杜努瓦报告法国大获全胜。贞德倒下，人们见她受了伤。在莱昂内尔和杜努瓦的搀扶下，贞德离场。

第三幕第二场：**兰斯大教堂前的广场**。贞德和国王率领一支加冕仪式游行队伍进入大教堂。蒂博和雷蒙德从人群中走出，蒂博认为他的女儿已经放弃了上帝，并宣称必须拯救她，即使她将被化为灰烬。游行队伍从大教堂里走出来。国王称赞贞德是胜利的使者，但蒂博站出来谴责她为魔鬼的信徒。众人都很气愤。至于贞德，她为自己对莱昂内尔的爱感到内疚，当蒂博质疑她的贞洁时，她保持了沉默。国王和众人感到困惑，祈求上帝揭示真相。莱昂内尔作为贞德的支持者站了出来：震耳的雷声响起。蒂博谴责她：雷声再次轰鸣。大主教与她对峙：雷鸣。众人围攻贞德，但国王承诺给她通行证。除了贞德和莱昂内尔，所有人都离开了。贞德拒绝了莱昂内尔，并冲了出去。他紧随其后。

第四幕第一场：**一片树林**。贞德仍在她的神圣使命与她对莱昂内尔的爱之间挣扎。她渴望着他，他出现了。他们拥抱在一起。一段爱情二重唱被天使的声音打断。贞德强迫自己挣脱莱昂内尔的怀抱，唱诗班的歌声让她怔住了。听到英国士兵正在靠近。贞德敦促莱昂内尔逃跑。士兵们出场，莱昂内尔与其正面交锋，被击倒在地一命呜呼。贞德吻了莱昂内尔，并预言他们将在天堂相见。贞德向士兵们投降。

第四幕第二场：**鲁昂的一个广场**。冷漠的人群听到队伍带着贞德慢慢靠近。队伍出现时，贞德显然很害怕。人群现在都很同情她。"给我一个十字架！"她喊道，一个士兵用两根树枝做了一个十字架。贞德被绑在木桩上，火堆随即被点燃。熊熊火焰愈烧愈烈，贞德哭喊着要求升入天堂。台下天使合唱响起。贞德"脸上带着喜悦的神情"（原文）宣布"我的痛苦终于结束了！"

《奥尔良少女》是一部为歌剧迷们准备的作品。它标志着柴科夫斯基在歌剧处理上的一个全新方向，其原因显而易见。他之前的四部歌剧都是俄罗斯题材，但在《少女》中，他显然将目标对准了国际歌剧舞台。圣女贞德是法国人，而她的故事在欧洲家喻户晓。同样，柴科夫斯基也下意识地采用了欧洲宏大歌剧的风格：一个强有力的主题，强烈的（情节）戏剧性，壮观的场景和合唱，庞大的规模——所有这些元素都被调动起来以实现极致的效果。但是，参照这些为标准，就没有什么空间来表现那种奇妙的、非常人性的品质，而这种品质在他早期的歌剧，如在《铁匠瓦古拉》和《奥涅金》这样一组对比强烈的作品中创造过许多歌剧中最精彩的时刻。

但《少女》中还是有一些值得注意的，更重要的是，一些好的，甚至是优秀的东西。序曲在很大程度上取材自接下来的戏剧情

198

节，但注意将其与第一幕相连接的一大段长笛独奏：长笛是纯真的
象征，这段独奏无疑与那个将继续推动未来史诗事件的乡村少女有
关。第一幕开场的女声合唱极具魅力（坦率地说，比起法国，听上
去更俄罗斯），接下来的场景和三重唱精彩展现了柴科夫斯基的专
业性：歌唱家的旋律线清晰，并且足够有创意以维持住我们的兴
趣，而管弦乐队是帮了大忙又不张扬的好伙伴。当对话变得更加激
昂时，乐队会以更强劲的伴奏做出适当的回应，而且戏剧节奏始终
坚决、稳定。这是高效又紧张的乐段，其流畅性始终如一。就我个
人而言，我可以欣赏这一切，但它无法吸引我，不像《奥涅金》那
样（必须说，贯穿这首赞美诗的主题远不是柴科夫斯基最好的创作
之一）。柴科夫斯基本人似乎只有在贞德最终独处时才真正被打动，
此时贞德展露了对使命的矛盾心理，她对自己为了服从上帝赋予
的召唤而必须做出的牺牲感到痛苦。这里旋律更自由地延展，有几
处美好又独特的润色，台下的天籁之音也得到了惊人的处理——不
过有些读者或许会同意，该幕的最后几段还是略显生硬。

　　但是，歌剧中（对我来说）最珍贵的音乐将在下一幕结束时出
现。这一幕以法国希农宫廷为背景，以歌剧中必不可少的芭蕾舞开
场。如果有些读者觉得吟游诗人的合唱主题听起来很熟悉，他们真
有可能是对的：这是一首法国小调《我美丽的小亲亲》（*Mes belles
amourettes*）。柴科夫斯基在前一年的《儿童曲集》中也曾使用过这
首小曲。每当柴科夫斯基要根据要求创作芭蕾音乐时，他总能出色
地完成任务，开场的《吉卜赛舞曲》在力量和冲击力上只逊色于最
后的《不倒翁之舞》。相比之下，在后者之前出现的《侍从与小矮
人之舞》是一首小步舞曲，是柴科夫斯基的一首洛可可风格仿作。
国王和阿涅斯之间的爱情戏有很多值得称道的地方，特别是它充
满狂喜的结尾。然而，第二幕中最精彩的部分是国王和贞德的那场
戏，尤其是贞德接下来的叙述。这是整部歌剧最珍贵的段落。这里
没有任何形式主义或无谓的华丽，只是一个年轻女子对绝妙经历的
简单叙述，她通过音乐真挚地讲述尘世的种种和天堂的幻象，这比

接下来的结局中所有强烈的修辞更能深深地打动听众。

　　第三幕的第一场戏巩固了这样一个印象，即柴科夫斯基真的更着迷于他每个角色所身处的个人困境，而不是他们陷入的宏大、有时引得地动山摇的重大事件。这是一场爱情戏，但它的战场背景非比寻常。虽然我们可能会怀疑两个不久前还想试图杀死对方的角色能否真的突然相爱，但我认为我们可以接受的是，鉴于现在需要一个爱情场景，柴科夫斯基接受了这个挑战。事实上，我不得不谈一谈我个人的感受，那就是多年后重返这段音乐，我再次地被它的精致程度所震撼。象征幕后之战的预演，以及随后两位参战者让人紧张不安的入场，都正如我们所期待的那样被处理得娴熟又高效——但正是随着莱昂内尔对他年轻而美丽的俘虏如此平静地表达出刚刚萌发的爱情时，音乐才开始充满了真正的柔情和音乐上的丰富性，这见证了柴科夫斯基如何亲自参与到这位年轻女子的困境之中，她将像之前的达季娅娜一样，为爱而成为命运的牺牲品。这里的确有些非常伟大的音乐。

　　第三幕的第二场对比极为强烈。这是整个故事的转折点，也是整部歌剧中最无所畏惧的大场面。从有着不祥之兆的引子到群众颂扬国王和贞德的进行曲，所有这些都被运用到了极致以达到最大化的效果。一旦游行队伍消失在大教堂中，前景的戏剧在舞台上进一步展开，台后的管风琴就会提醒我们，大教堂里正在进行一场庄严的仪式。这里不需再做进一步的评论。整个场景是为了让观众激动起来，而不是为了应对观众的内心感受。柴科夫斯基游刃有余地应对了场景所需的一切装腔作势，但这一幕的成功（或失败——就像第一部作品一样）既取决于作曲家，也取决于设计师和剧院的资源。

　　第四幕的第一场当然得另当别论。如果第三幕的第一场表现的是爱情萌芽，那么这一场就是爱情的欢乐和痛苦。动荡的管弦乐引子过后，贞德痛苦地权衡爱与责任间的冲突，有力地衬托了她在爱人出现后将与他共患难的安静狂喜。此处有两个爱情主题，第一个

（在莱昂内尔突然出现时）坚定不移、充满激情，另一个则温柔敏感，静悄悄地欣喜若狂——后者更引人入胜，因为在歌剧的其他地方没有类似的音乐：这个爱情场景被处理得很漂亮。但是，歌剧第一幕的天堂之音传来，狂喜被打破，台下的小号声预示着英国士兵的出现，莱昂内尔为保护贞德而丧命，后者被戴上镣铐带走。

201

对我来说没有最后一幕也不是不行，但我想剧中的最后一个事件还是要被呈现出来。这出行刑戏几乎是静态的，只有一个重要事件，但很明显它不过是对现实生活的怪诞模仿（此处，为了使一切合理化，贞德举目向天大声宣告，这让效果更糟糕了）。这一幕无非就是一支庄严的进行曲，其中夹杂着群众适时的议论，然后是激动人心的音乐和天籁般的合唱。如果说这一切只不过是管弦乐墙纸，那倒是有失公允，但它纯粹只具备功能性而已。然而，这或许也让我们更加感激之前出现的那些美妙绝伦、有时又令人感动的音乐。

———————

在 20 世纪 90 年代之前，柴科夫斯基研究者要面临的问题之一就是如何明确界定作曲家的性行为。亚历山大·波兹南斯基是最早利用这一新自由的西方学者之一，他在克林（柴科夫斯基最后的居所，现为柴科夫斯基博物馆）的档案中发现了一封作曲家给莫杰斯特的信，其中包括他对 1879 年 2 月底一次一夜情的记述，当时柴科夫斯基正在巴黎为《奥尔良少女》做最后的润色。最后，在柴科夫斯基本人的话语中（由波兹南斯基博士所译），我们读到了他对这次幽会的描述，以及他本人随后对这一事件的反应。那个年轻人身处的穷迫堕落之境令他大为震惊：

　　一张床，一个可怜的小箱子，一张放着根蜡烛头的脏兮兮的小桌子，几条破旧的裤子和一件夹克，一个靠彩票赢来的巨大水晶杯——这些构成了房间里仅有的装饰。然而在那一刻，这个悲惨的牢房对我来说确确实实是整个人幸福的核心……如他所言，到处充满了各种 calinerie【温柔】，然后我因性爱快乐而变得疯狂，并体验到了不可思议的欢愉。我可以肯定地说，我不是在很长一段时间内，而是几乎从来没有像昨天那样在这方面感到如此快乐。[1]

第二天早晨，他对这次经历又做出截然不同的回应：

我带着悔意醒来，充分认识到了我昨天感受到的那种幸福是具有欺骗性且夸张的，而这种幸福在实质上不过是一种强烈的性倾向，这与我反复无常的品位和那个年轻人整体的魅力契合上了。虽然如此，这个年轻人的灵魂深处还是有很多美好的东西。但是，我的上帝，他是多么的可怜，多么的糜烂放荡！我不但没帮助他改善自己，反而使他进一步堕落。

正如我在本书前面所指出的，柴科夫斯基的性生活长期以来（也许现在仍然如此）都是一个会引起激烈争议的话题。因此，我还是让每位读者从这两段摘录中自己得出结论吧。

202

---

1. A. Poznansky, *Tchaikovsky's Last Days: A Documentary Study*（Oxford, 1996）, p.21.

16

203

对挚友的倾诉：
《第二钢琴协奏曲》

　　一定已经很明显，柴科夫斯基与其秘密赞助人的关系非比寻常，而对于这样一段关系，有人可能会不太公平地说，"这只会发生在俄罗斯"。虽然在我们西欧人看来非常奇怪，但它确实发生了，它对音乐（也就是对我们）的影响是不可估量的。如果没有娜杰日达·冯·梅克，柴科夫斯基整个作曲生涯后半期的生活会非常不同——最重要的是，由于必须自谋生路，作曲家的生产力会大大降低。但是，对于他的赞助人，我们不仅仅要因为那些若没有她我们可能就无缘听到的作品而心怀感激；他们二人之间的大量通信还是一座信息宝库，信中透露了柴科夫斯基对其他问题、对其他作曲家，以及对音乐方方面面的态度。最重要的是信中记写的内容揭示了他的创造思维在概念上以及在实践中的运作。因此，我们将暂时打破顺叙的叙述，揭开这些信件所提供的一些深刻见解。

　　早在他灾难性婚姻后的第一年，柴科夫斯基就开启了四处奔波的生活，并开始向他的赞助人提供他对各种个人事务的观点和回应。关于宗教，他已经越过了固有信仰，认为基督教的死后报应学说毫无道理，也无法接受永生的概念。但东正教会是他所热爱的俄罗斯的一部分，他仍然被其仪式所吸引。他认为东正教的弥撒（圣约翰礼拜仪式）是"最伟大的艺术作品之一"，不过真正吸引他的仪式还是复活节前夕的彻夜祷。

星期六，我来到某个古老的小教堂，站在烟香弥漫的半明半暗之中。我在自己内心深处找寻对永恒问题的答案：**为了什么，在何时，去何处，为什么？**——当唱诗班唱到"从我年轻时起，他们就多次让我饱受痛苦"时，我才从沉思中回过神来，并为诗篇中迷人的诗句所臣服，当他们打开圣像壁的中央门，响起"从天堂赞美上帝"时，我心中充盈着某种安静的狂喜——哦，我热爱这一切。这是我最大的快乐之一。

显而易见，召唤作曲家的并非硬性教义，而是笼罩在其周围的神秘主义氛围。

柴科夫斯基对赞助人拐弯抹角的问题："彼得·伊利奇，你曾爱过吗？"的回答似乎很直接，但巧妙地回避了危险的具体问题，而是将注意力转移到了他在音乐中对爱的表达：

我的朋友，您问我是否熟悉**非柏拉图式**的爱情。是，也不是。如果您用别样的措辞来问这个问题，也就是说，如果您问，我是否曾在爱情中体验过完满的幸福，那么我会回答：**没有，没有，没有！** 然而，我认为这个问题的答案就包含在我的音乐当中。如果您问我，我是否懂得那种感觉的全部力量和无限强度，那么我会回答：**是的，是的，是的！**——我将再次告诉您，我曾不止一次试图用音乐来表达爱的痛苦，同时还有爱的幸福。我不知道我是否成功了——或者还是留给他人来评判。我完全不同意您所说的音乐无法全方位传达爱的感觉。我认为恰恰相反——仅凭音乐就可以做到这一点。您说，这时候语言必不可少。啊，不！恰恰是这时才不需要语言——而当更具有说服力的语言无法起到效果时，音乐会以其全部力量出现。

至于作曲家的赞助人唐突的盘问背后究竟想问什么，我怀疑她自己也不见得清楚。

更有趣的是柴科夫斯基对其俄罗斯作曲家同行们的评论。这些评论写于 1878 年 12 月，当时柴科夫斯基可能感到与那个仍属于他们的现实世界有些疏远，但也可能对他们在专业能力远远不及自己的情况下却仍在其中发挥着作用感到有些嫉妒。在这些人当中，里姆斯基–科萨科夫试图弥补音乐界的缺陷，并在努力提升自己的技术时寻求过柴科夫斯基本人的帮助，他表现最为出色：

205

　　圣彼得堡所有的新晋作曲家都是群非常有才华的人，但他们都染上了最可怕的自负和凌驾于音乐界之上的一种纯半吊子的优越感。他们当中最近出现了一个例外，那就是里姆斯基–科萨科夫。他和其他人一样都是自学成才，但他完成了一百八十度的大转变。他天性非常严肃，非常正直、认真。他年轻时结识了一伙人，他们先让他确信自己是个天才，然后又告诉他没有必要学习，训练会扼杀灵感，使创造力枯竭，等等。科萨科夫是他们中唯一一个大约五年前意识到巴拉基列夫团体所宣扬的思想实际上是没有任何根基的。我有他当时的一封信。信的内容深深地打动了我，让我大吃一惊。他已经变得极度绝望，问我他必须做些什么。当然，他必须学习。于是他开始学习。在一个夏天的时间里，他写了无数的对位练习和六十四首赋格，他很快就寄来了其中的十首让我查看……

我们或许可以从这最后一句话中看出柴科夫斯基对里姆斯基如此偏爱的主要原因。至于圣彼得堡的其他人——

　　居伊是个有才华的半吊子。他的音乐没有原创性，但很优雅、有品位。鲍罗廷是医学院的化学教授。他同样有天赋，甚至是很高的天赋，但他的天赋因疏于照管而消亡，因为盲目的命运将他引向了化学教席，而不是职业音乐生涯。因此，他在品位上不如居伊，而且他的技术非常薄弱，以至于没有外界的帮助连一条旋律都写不出来【这根本不是真的】。你完全可以称穆索尔斯基为无可救药。在天赋方面，他也许要胜于前面所有的人，但他本性狭隘，缺乏任何自我完善的冲动，盲目地相信他小圈子里的荒谬理论和他自己的天才。此外，他的天性中还有卑劣的一面，喜欢粗俗、粗野、粗暴。他炫耀自己是个外行，以自己的无知为荣，无论如何都要混日子，盲目地相信自己的天才无懈可击。然而，他偶尔也会灵光乍现，且不乏原创性。

最后，柴科夫斯基把目光投向了团体的领导者，他自己的恩人：　　206

> 这个圈子中最重要的人物是巴拉基列夫。但他没做过什么就沉寂了。他拥有的巨大天赋已经消亡，因为某些灾难性的境遇使他变成了一个宗教的狂热分子，而此前他一直吹嘘自己根本不相信。现在，他经常去教堂，斋戒，对圣物鞠躬，心无旁骛。尽管他天赋异禀，但他却做了很多坏事。例如，他毁了科萨科夫，并让他确信训练是有害的。他是这个奇怪团体的所有理论的总发明者，这个团体把这么多未受开发、未经指导、过早枯萎的人才都集中在了一起。

这种对巴拉基列夫的猛烈抨击当然是狂妄的，而且极不公平。没有人比柴科夫斯基自己更清楚，这位老牌独裁者经常过于直接，有时毫不知变通的指令和干预——但也是鼓励——所带来的巨大助益。或许比起被攻击对象，这样的判决告诉我们更多的是关于柴科夫斯基本人。然而，他的判决中也有一些颇具洞察力的观点，特别是对居伊的评价，更令人惊讶的是对穆索尔斯基的评价，因为后者的音乐几乎展示了一切会激怒，甚至会让柴科夫斯基——这位俄罗斯作曲家中终极的专业人士，所反感的东西：穆索尔斯基技术上的粗糙，甚至是无知（正如柴科夫斯基看来），以及在维持一个大规模音乐结构方面的无能。但柴科夫斯基仍能正确地认识到穆索尔斯基可能是这群人中最有才华的一个（不过我个人觉得鲍罗廷与他不相上下）。

但最珍贵的是柴科夫斯基对自己作曲过程，以及对那种难以捉摸但最重要的因素——灵感的描述。据我所知，没有哪位作曲家能把这种神秘的现象写得如此详细或生动。当然，他不能带我们进入灵感的实际体验——了解乐思如何在他的构想机能中变得具体化，以及他如何将这些转变成复杂的音符、节奏、和声和结构，让这些抽象的想法最终成为我们所听到的音乐。但柴科夫斯基的文字让我们尽可能近地去"感受"一个创造者在"构思"和"酝酿"时的感觉。那么，"灵感"究竟是怎样的体验呢？

207

未来作品的种子通常以最出乎意料的方式突然自己显现出来。如果土壤是有利的——也就是说，如果我正处于创作的心境当中，那么这颗种子就会以不可思议的力量和速度生根发芽，冲破土壤，长出根、叶、枝，最后开花：我也只能通过这个隐喻去定义创作过程。所有的困难都在于：种子是否会出现，且它是否会出现在有利的环境当中。余下的会自然而然地发生。让我试图用语言向你表达当主要乐思出现然后开始明确成形时，那种笼罩着你的无边无际的幸福感是徒劳的。你忘记了一切，你几乎疯掉，你内心的一切都在颤抖和蠕动，你甚至还没来得及拿起笔记下草稿，乐思就接踵而来。

有时，在这个被施了魔法般的过程中，来自外界的某个冲击会突然将你从这种梦游状态中唤醒。有人会按铃，仆人出现，钟声响起，提醒你必须去做你的事情。这些打断是痛苦的，痛苦得难以言喻。有时灵感短暂地飞走了，你不得不去寻找她，有时徒劳而返。很多时候，你不得不诉诸一个完全冷酷的、智力的、机械的过程。也许这就是为什么即便在最伟大的大师身上你也能找到缺乏有机凝聚力的时刻,暴露接缝的时刻,整体的某些部分被矫揉造作地拼凑在一起的时刻。但别无他法。如果艺术家灵魂的那种状态,即灵感,也就是我刚才试图所向你描述的,不间断地持续下去,那么他们一天也活不下去。琴弦会崩断,乐器会破得粉碎。只有一件事是不可缺少的:主要乐思和独立部分的整体框架不是通过寻找得来的,而是在那种无人解释过的、超自然的、不可理解的力量的作用下自然而然地出现,这就是所谓的灵感。

然而,柴科夫斯基从经验中清楚地知道,并非所有的作品都能幸运地经历上述的构思和酝酿。毕竟,灵感要通过整个音乐语言才能有所体现,而这是一种非常理性和系统的语言,有它自己一套非常严格和复杂的规则。如果违反了这些规则,错误就会变得很明显(简单地说,如果演奏了一个错音,即使对音乐理论一无所知的听众也能听出来。)因此,柴科夫斯基从这种对作曲家所渴望的终极状态的描述转向了一种更为现实的情况,比如说,作曲家接受了一项委约,并且必须在一定期限内完成甚至进行演出。但我们不应假定这样的作品就一定会被证明是一首劣作:

208

> 属于第二类【即委约】的作品最后经常会大获成功,尽管事实上最初激发它诞生于世的因素来自外部。相反,我自己想出来的作品,由于客观条件,反倒没有那么成功。创作一部作品时的心态就取决于这些客观条件,它们很有意义。在创作的时候,内心完全的平静对艺术家来说必不可少。从这个意义上讲,艺术创作总是客观的,即使是音乐创作。认为创造性艺术家只有在情绪激动时通过他的艺术才能来表达他的感受是错误的。我们可以说,悲伤和快乐的感觉总是在对往事的追忆中传递出来。在没有理由感到快乐时,我可以让自己充满快乐的、创造性的幽默感;反之,在感到快乐时,我也能够创作出充满

极度阴郁和绝望情绪的作品。总而言之，艺术家过着双重生活：人类共同的生活和艺术家的生活，而且有时，这两种生活并不一致。不管是哪种生活，我重申，对于作曲来说，最重要的是有可能将自己从这两种生活中的第一种烦忧中抽离出来，哪怕只是暂时地，并将自己全身心地投入第二种生活中。

柴科夫斯基接着描述了他将如何着手完成一部委约作品，以及他必须去哪里找到自己的方式开始工作。对于这样的作品——

有时你必须调整自己。这里，你经常要克服懒惰和不情愿。然后就会有事情发生。有时胜利来得很容易，有时灵感会溜走，让你摸不着头脑。但我认为一个艺术家的责任是永远不要让步，因为懒惰是非常强大的人类特性。对于一个艺术家来说，没有什么比屈服于此更糟糕的了。你不能原地等待。灵感是一位客人，不喜欢拜访那些懒惰的人。她向那些邀请她的人展示自己。你必须，你势必要克服自己。

我希望，我的朋友，如果我告诉您我对灵感的召唤很少白费心机，您不会认为我很虚荣吧。我可以说，上面被我称为任性的客人的那股力量，现在已经和我是老相识了，以至于我们形影不离，只有当某些状况以这样或那样的方式压制我的公共生活，让她觉得自己多余时，才会从我身边飞走。然而，云雾几乎还没散去，她就又回来了。因此，如果我的精神状态正常，我可以说我每时每刻都在创作，无论情况如何。有时我好奇地观察到，在我脑海中那块音乐专属区域，那种不间断的劳动总是自然而然地自己进行着，不管我正在谈论什么话题，也不管我和什么人在一起。有时这是一些准备工作，也就是说，在一些已经计划好的片段的伴奏内完成细节。而其他的时候，一个全新的、独立的乐思出现，我试图将它保留在我的记忆当中。这一切从何而来是个捉摸不透的秘密。

接下来柴科夫斯基描述了他如何着手写下他的乐思:

　　我把我的草稿写在手边任何能用的纸上,有时写在废旧的音乐谱纸上。我以一种非常简略的形式来记录。我的脑海中永远不会出现一条没有和声的旋律。这两种音乐元素,连同节奏,永远不能相互分离。也就是说,每一个旋律乐思都携带其隐含的和声,并且始终都配备自己的节奏结构。如果和声非常复杂,那么在草稿中我可能会记下每个声部的细节。如果和声非常简单,那么有时我只列出低音。有时我把它用数字低音标记出来【即用数字系统来表示伴奏和声】,但在其他情况下,我根本不勾勒低音,我把它记住。至于配器法,如果我头脑中有乐队,乐思出现时配器已经由这样或那样的方式渲染过了。但有时,当我在配器时,我的初衷会有所改变。词永远不能作于音乐之后,因为只要音乐是依照文本创作的,那么该文本就会引导出适当的音乐表达。当然,你可以在一条无足轻重的旋律上附加或挤进文字。但如果是一部严肃作品,这样配词是不可想象的。同样,你也不能写一部交响作品,然后再为它找个标题,因为在这里,音乐大纲的每个插段都会引出相对应的音乐说明。

　　这一阶段的工作,也就是起草一部作品,是非常令人愉快、引人入胜的,有时会带来完全无法描述的乐趣,但同时也伴随着焦虑,伴随着某种紧张的兴奋。在这个阶段,你睡不好觉,有时完全忘记吃饭。另一方面,项目的形成和执行又进行得非常平静、安宁。给一部已经成熟的,在我的脑海中已经完成了最微小细节的作品配器是非常享受的。

　　你问我是否遵守既定的曲式——也是,也不是。某些类型的创作暗示要遵守熟悉的曲式,例如交响曲。这里,在大体框架上,我奉行既定的传统曲式,但也仅限于大体框架,也就是作品的乐章顺序。在细节方面,如果在对涉及的乐思进行展开

210

时有所需要的话，可以随心所欲地偏离。

　　昨天和您谈及作曲过程，我对完成一部作品的起草工作这个阶段表达得不够充分。这个阶段是至关重要的。一时兴起所写的东西随后必须经过严格的审查、修正、补充，特别是要根据结构要求进行删减。有时，我们不得不对自己施以暴力，对自己无情又残忍，也就是说，完全砍掉那些以爱和灵感孕育出的部分。如果我用不着抱怨想象力和创造力的贫瘠，那么在另一方面，我总是为无法创造出一个完整的形式而痛苦。只有通过顽强不懈的努力，我才能让我作品的形式或多或少地与内容相符。过去我过于随意，没有充分意识到对草稿进行批判性审查的完整重要性。正因为如此，在我的作品中接缝总是很明显，在一连串独立的插段中缺乏有组织的连续性。但我的作品永远不会成为曲式的典范，因为我只能改进而不能完全消除我音乐有机体的本质特征。

211

　　所有这些都是如此珍贵。它为我们提供了生动的见解，让我们了解一名伟大作曲家在创作过程中的感受，以及所要付出的一切，然后了解柴科夫斯基本人随时准备好以怎样毫不妥协的方式去承受毁掉用爱孕育出的音乐这种自残式的痛苦，只因它不适用于最终的计划。它消除了在我年轻时仍然盛行的那种老旧的、屈尊俯就的观点，即柴科夫斯基是一个轻而易举就能用不太一流的想法激起我们的热情，操纵我们的作曲家——一个艺德可疑的创作者。事实绝非如此，而现在，我们终于认识到了这一点。柴科夫斯基完全是一位伟大的、勤奋的专业作曲家，是整个 19 世纪最伟大的创造性天才之一，但在修订和重新加工他的作品时，他自我批评起来又毫不留情，为的就是能将作品以最完美的形式呈现给我们，供我们永久享用。

　　自从 1877 年 10 月因婚姻失败而离开俄罗斯后，柴科夫斯基就一直在追求漂泊无定的生活，但到了 1879 年春天，卡缅卡越发成为他的基地，他会在这里度过大部分的夏天。他的收入现在使他能够更多地负担起在那儿的生活开销，可以要求符合自己心意的住宿，安置他的私人物品，从客人身份的约束和礼节中解脱出来，并随心意安排他的生活。当然，卡缅卡的家庭生活可以说是非常热闹的，但在他全新的半独立的状态下，他能够饶有兴趣地在一旁观察家庭中女性成员之间的性格冲突。这里矛盾显然存在。他的大外甥女现在已经十几岁了，在萨莎和列夫不在家中，留下他独自负责管理这群豢养的野性动物时，柴科夫斯基两次亲身经历了她们喜怒无常带来的挑战。但大多数情况下，他都能客观地，甚至津津有味地看待这些问题，例如，一位新法语老师的到来激怒了两位现任的家庭教师。正如他在信中对莫杰斯特所说:

.212

> 戈蒂耶小姐四十多岁，外表朴素但也并不难看。也就是说，她肤色挺好，鼻梁稍微有点塌，目光非常和善。她很会穿衣。她用刀吃饭!! 她的行为举止非常得体、简单。她从一开始就努力展示自己众多的才能。其中，她会用黏土做模型，做得非常好。但塔西娅【柴科夫斯基的外甥女娜塔莉亚】对她心怀憎恶，恨得咬牙切齿，并突然以感人至深的爱迷恋上了伊斯特伍德小姐。后者对法国女人的态度也非常冷淡，她也突然对塔西娅表现出了热情的偏爱。昨天出现了相当戏剧性的一幕。可怜的塔西娅现在很痛苦，泪流满面，不愿意吃饭，不愿意笑，她想和她的兄弟们以及伊斯特伍德小姐一起去特拉斯季扬卡。那个英国女人表示愿意带她去，但萨莎告诉塔西娅，她应该征求戈蒂耶小姐的同意。但塔西娅跑去向伊斯特伍德小姐抱怨，一分钟后，伊斯特伍德小姐飞快地跑进客厅，脸色惨白，满脸愁容，对萨莎连声责备:"这算什么! 我照顾塔西娅五年了，我爱她，她也爱我，但你却不让她和我一起去树林! 你看她多痛苦，她看上去多糟糕，但你还是不肯让她休息。"等等，等等。萨莎让她冷静下来，解释说法国女人已经在负责塔西

娅，塔西娅必须由她看护。珀尔塞福涅【另一位家庭教师】取得了胜利。出于某种原因，她视戈蒂耶为盟友，热情地把她当成是自己人。现在从她的嘴里飞出的一连串法语词汇是如此精炼，以至于越来越难听。她甚至不再和我们说俄语了……

诸如此类，不一而足。然而，无论柴科夫斯基从观察卡缅卡生动的家庭政治和叛逆行为中得到多少乐趣，都无法减轻每年不可避免重现的痛楚。正如他在 6 月 25 日在信中对他的赞助人所说："25 年前的今天，我母亲去世。那个可怕的日子的每一刻我都记忆犹新，仿佛它就在昨天。"

213　　　柴科夫斯基需要定期逃离这样一个动荡的环境也是意料之中，而布拉伊洛夫为独处提供了最佳保障。5 月，当他的女主人不在家时，他去她的庄园住了两周。在此期间，他从女主人那里获得了一个提议，即能让他们二人下次同时住在同一个地方，但仍然保持互不接触。"在布拉伊洛夫附近，我有一座乡间小屋，西马基，"她写道，

　　　这栋小屋非常漂亮，它藏匿于一座阴凉的花园当中，花园尽头是条河。夜莺在花园里唱歌。小屋离布拉伊洛夫约三英里远，有六个房间。我相信您会喜欢它。这是一个孤独的、充满诗意的地方。如果您同意我在布拉伊洛夫的时候来这里住上一整月，甚至更长时间，我会感到无比高兴。尽管，在布拉伊洛夫，我当然不能每天在您的公寓附近散步，但每天我都会感到您就在身边，这个念头同样会让我感到平静和快乐。

柴科夫斯基有些不自在，但在 8 月，当回到布拉伊洛夫并看到西马基时，他高兴不已。他告诉莫杰斯特："一座如群山般古老的房子，"

　　　花园茂密丰盈，有很多古老的橡树和酸橙，它们疏于照

料，却也因此令人感到莫名的愉快。花园的尽头有一条河，从阳台上可以看到村庄的美景，还有远处的树林。这里安静极了，住宿安排得非常舒适，包括一个大厅、一间大书房、餐厅、卧室和给阿廖沙的房间——所有这些都不能更符合我的品位和偏好了。

还有在河里洗澡，在林间采蘑菇，阅读（他问女主人是否还可提供任何狄更斯小说的法译本），田野里的兔子，屋顶上的猫（用来吓跑蝙蝠和老鼠）：所有的一切都比卡缅卡轻松得多。

但是，就算他的赞助人再三保证，他仍然对他们之间如此之近的距离感到不安。尽管她承诺，像在佛罗伦萨一样，她会预先告知她每天的行程安排和其所占时间。事实证明他的担心是有道理的。一天下午，他提早出门散步，她无意中推迟了回家的时间，他们突然面面相觑。"这真是太尴尬了，"柴科夫斯基告诉阿纳托利，

　　虽然我们面对面只有一瞬间，但我还是困惑极了。尽管如此，我还是礼貌地行了脱帽礼。可是她，在我看来，吓得惊慌失措，不知道如何是好。更糟的是她坐在四轮马车上，后面还跟着两辆载着她家人的马车。我在树林里游荡了很久，寻找蘑菇，当我回到准备好茶的野餐桌前时，上面已经摆放好了信件和报纸。看来她派了骑手到树林里找我，并在用茶前给我送来了邮件。总而言之，她的关照永无边界。她对我是多么好啊！

214

最终，一切都没有改变。事实上，正是在拜访西马基期间，作曲家和他的赞助人萌生了给她的儿子和萨莎的女儿说媒的想法，这也间接使他们二人的关系变得圆满，事实证明萨莎欣然接受了这一提议。

夏日里，柴科夫斯基拜访了其他朋友，但 10 月 2 日，他又回到了卡缅卡。三天来他一直在修改他《第一组曲》的校样，完成后发现自己手中已没得可忙。有几天，他靠分担些家务活来消磨时

间，如给毛巾缝边并做上标记，但这丝毫不能使他感到满足。"我经历了一种过于频繁的，几乎不可抗拒的欲望想要睡觉，"他在给莫杰斯特的信中说，

> 先是某种空虚感，最后是无聊。有时我不知道该拿自己怎么办。昨天，我终于彻底明白了问题所在。我必须做点儿事情：我发现自己绝对无法长时间不工作。今天我开始创作些东西，无聊的感觉如被施了魔法般消失了。

柴科夫斯基已经开始了《第二钢琴协奏曲》的创作。

事实上这来得并不容易——至少在写了一周后他这样告诉阿纳托利。然而仅仅过了三天，第一乐章便起草完成。之后他搁置了创作，直到 11 月底在巴黎才重新回到这一乐章。这回又是作曲家的赞助人希望她在法国居住期间他也能来首都，并在为他安排的住所里配置了一架极好的钢琴。就这样他重新开始了协奏曲的创作，并将注意力转移到了终乐章。乐思再次迟迟不肯出现，不过当灵感最终降临时，他很快就勾勒出了整个乐章，而第二乐章已经在他的脑子里了——他向他的赞助人这样汇报。这部作品于 12 月中旬完成，柴科夫斯基表示对它特别满意。

然而，又过了五个月，这首协奏曲的总谱才完成。但题献的问题还尚待解决。柴科夫斯基已经决定将这部作品献给鲁宾斯坦，但想起了后者对他早先钢琴协奏曲最初的反应，又有些犹豫。最后，他的解决办法很巧妙：他把协奏曲寄给鲁宾斯坦，请他就需要修改的细节提出意见和建议，然后让他把协奏曲交给塔涅耶夫进行实际的修改——但无论鲁宾斯坦对协奏曲的内容有什么看法，柴科夫斯基无论如何都不会做任何改动。这样就可以避免与独裁者本人直接接触。"塔涅耶夫回复说绝对没有任何要改的。这意味着这是鲁宾斯坦的意见。"他会适时向他的赞助人报告。事实上，事情还没完全结束，因为 10 月，他透露鲁宾斯坦告诉他，"钢琴部分显得过于

时断时续，没有充分地从乐队中脱颖而出。如果他是对的【其实不然】，这将令人非常恼火，因为我刚好在这上面下了很大功夫：让独奏乐器尽可能地从管弦乐背景中突显。"然而，不管怎样，就柴科夫斯基而言，这首协奏曲已经最终定型了。

　　然而，在继续之前，我必须发出一个健康预警。如同利奥波德·奥尔之于《小提琴协奏曲》那样，柴科夫斯基曾经的学生，后来的朋友，亚历山大·齐洛蒂也准备了他自己的《第二钢琴协奏曲》的删减版。他之所以敢这么做，大概是因为柴科夫斯基原本也打算对作品进行某些删减。齐洛蒂向柴科夫斯基提交了他的建议，但遭到后者坚定的拒绝，主要是因为齐洛蒂对一些乐段进行了重新排序。尽管如此，柴科夫斯基去世四年后，齐洛蒂还是出版了他的版本，与奥尔的小提琴协奏曲一样，它们很快就成为普及的演奏版本。歪曲原作的早期录音目前可能还残留于唱片目录中。当心！

G 大调第二钢琴协奏曲 ***（*）

216

　　【这是一部终于获得了承认的作品。它过去之所以被忽视，一定程度上可能是因为它的技术难度（作品中有一些对独奏家而言极具挑战性的段落）——我还是更喜欢《第一协奏曲》。话虽如此，我非常欣赏《第二协奏曲》：它在第一乐章所展现出的独奏家和管弦乐队之间的关系给人以不同寻常的体验。慢乐章非常美，终乐章更是势不可挡。对一些读者来说，它很可能会成为一部最爱。】

　　据柴科夫斯基的亲密友人，赫尔曼·拉罗什回忆，学生时代，柴科夫斯基曾不止一次告诉他，他永远不会为钢琴和管弦乐队创作作品，因为他无法忍受这种混合媒介的声音。这很有意思。当然，柴科夫斯基在《第一钢琴协奏曲》中处理这两个如此不同的声源之间的互动时的高超技巧能够表明这种反感已经不存在了。但《第二钢琴协奏曲》却暗示着另外一回事，因为第一乐章（和他早期的两首协奏曲一样，以奏鸣曲式创作）最显著的一个特征便是钢琴和乐队的分离度。对于试图在乐章中辨别方向的听众来说，这实际上会使事情变得容易得多，因为从一种媒介到另一种媒介的突然变化有时有助于准确地帮你定位。

但在仔细研究这部协奏曲之前，第一乐章中有一个细小却迷人的元素，最好单独来分析。自从柴科夫斯基写下了他最优秀的歌剧中最精彩的一段——《叶甫盖尼·奥涅金》中达季娅娜的书信独白，她在这个最关键的决定时刻唱响的下行六音音阶，将会成为贯穿柴科夫斯基后来音乐的"命运"象征。它出现在这部协奏曲第一乐章大约两分钟处，在一个重要的停顿之后。它的出现是突兀的、侵扰的，震音演奏的乐队背景是充满戏剧性的。在这六个音符之后短暂出现的音乐有一种在协奏曲中其他地方从没听到过的悲怆感。整个段落将在再现部的相应位置再次出现，在这两次之间，它还将为乐队反复提供核心。有时我们可以猜到为什么这个"命运"主题会出现（在柴科夫斯基的歌剧中，以及根据音乐大纲或文本创作的作品中）。但在其他地方，比如此处，我们最多也只能推测它为什么会出现。

这首协奏曲没有任何前奏，也不像前作那样有个庞大的引子。它以主部主题直接开场——一段虚张声势，甚至有些生硬的旋律，虽然达到了效果，但不是柴科夫斯基写过的最好的（这是否也证明了他所承认的创作开始时遇到的困难？）。钢琴重复了这段旋律，然后简短地为木管旋律伴奏。除此之外，乐队和钢琴几乎是分离的，它们相互对话，直到钢琴最终接任，然后在一个雷鸣般的重复的和弦上反复碾压（我故意用这个词）直至停止，随后一片寂静。这是"命运"主题横冲直入的戏剧性时刻，对我来说，这也是这部协奏曲真正开始一展风采的地方。接下来由钢琴引出的纤细的主题是柴科夫斯基副部中通常出现的两个主题中的第一个。在钢琴一展蓬勃之势后，它由伙伴所取代，这是一个激昂澎湃的创造，柴科夫斯基在此基础上继续将呈示部的结尾推向高潮。

"命运"主题启动了，进而形成了一个强有力的反复（ritornello），随后引出了中央的展开部，其音量、广度、配器和漫长的尾声让这一乐段散发出不祥的预感。在此之后，几乎不需要再多说什么来引导听众，因为该乐章余下的结构很容易理解：钢琴再次登场，短暂地在副部温柔的第一主题上展开了一段华彩，接下来在第二次且更大规模的乐队反复之后，第二段庞大且长达五分钟的华彩将注意力放在了"命运"主题之上。截至此时，有关钢琴和乐队分离的观点应该已经非常明显了。

所有这些都非常广泛，再现部也很容易梳理。主部主题将被缩短，但其余部分（来自"命运"主题）将像在呈示部一样几乎被完整呈现。乐队将引领协奏曲到达精彩的尾声。

任何通过第二乐章了解到这部协奏曲的听众都有充分的理由相信这是一部三重协奏曲。柴科夫斯基为什么决定在"不太过分的行板"（Andante non troppo）中让小提琴独奏和大提琴独奏与钢琴平分秋色，我们不得而知。但它与之前的音乐形成了非常鲜明的对比：两个弦乐乐器的独奏可能会让一些听众想起《天鹅湖》中奥杰塔和齐格弗里德那段伟大的双人舞。缓慢的引子足以告诉我们，我们正在进入一个非常不同的世界，一开始温柔动人的小提琴独奏更加证实了这一点。（它听起来像是引用了曾经家喻户晓的《圣母颂》，由法国作曲家夏尔·古诺在巴赫《48首前奏曲与赋格》的第一首前奏曲中加入的独唱声部：这会与柴科夫斯基是在巴黎创作的这部协奏曲有关吗？）小提琴独奏似乎已经结束，但大提琴却拒绝就此打住，它又独自回顾了超过了一半的旋律，然后将其延展，仿佛不愿意离开，而小提琴一直自由地为它伴奏。这一切都令人陶醉。现在这段旋律来到了钢琴上——乐队在把我们带向乐章的中央部分之前，自己也免不了要来分块蛋糕。

下面这个乐章无需过多评述。一定程度的躁动不安随着新旋律出现了，在其高潮处，我们短暂听到了似乎是《第四交响曲》中重

218

要的铜管主题。然后，两位弦乐独奏家在一连串短小的华彩中欢声雀跃，然后带领我们回到第一主题。现在三位独奏家共同合作。从这一点来看，正如我在本书外偶尔提及的那样，音乐就是它自己最好的代言人。

第三乐章与前一乐章的对比再鲜明不过了。这首"热情如火的快板"几乎可以说是《第一钢琴协奏曲》终乐章的孪生兄弟——一样地充满了活力，但又更加俏皮。它一开始时听起来好像是一首回旋曲，但随即出现的音乐挑战了这一感觉。没关系：音乐以其坚定不移的热情和机敏吸引着听众，独奏家和乐队间的合作很是彻底（这里没人会像谈起第一乐章那样说钢琴家和乐队是在各说各话，而非相互交流）。只有一次，就在结束前，该乐章出现了短暂的停顿，但并非是为了喘口气，而是为了让结尾的声音更加辉煌。

柴科夫斯基的《第二钢琴协奏曲》长时间以来都遭到了忽视。现在，也许是因为齐洛蒂面目全非的版本已被淘汰，我们终于可以估量这部作品的真正地位。相较于《第一钢琴协奏曲》，哪怕只是在稍低一点儿的位置，《第二钢琴协奏曲》也理应有它的一席之地。

17

流浪的隐士：
《1812序曲》与《弦乐小夜曲》

219

　　柴科夫斯基自1877的危机之年以来，变得越发孤僻。赞助人的慷慨资助给了他自由去选择在哪里并以怎样的方式生活。紧接下来的几年他在职业音乐界越来越沉默，不再与同事有所交流。如果他有基地的话，那就是现在的卡缅卡，否则他就住在他选择的地方，经常刻意避免与曾经很乐意打招呼的人接触。康德拉捷耶夫也在巴黎，柴科夫斯基每天都与他见面，但坚持要求如果他要被介绍给陌生人，必须是以"彼得罗夫斯基先生"的身份。柴科夫斯基认为在他的赞助人离开之前，他有义务留在巴黎。但1879年他还没过去，梅克夫人就已经离开，于是第二天他就出发去了罗马，莫杰斯特和科利亚已经在那儿安顿好，计划度过余下的冬季。

　　罗马本来并不是柴科夫斯基的首选，但当抵达时，他发现意大利首都对他的吸引力超出了他的预期。莫杰斯特已经深入探索过这座城市，而且他证明自己是位优秀的向导，这激发了哥哥对罗马丰富文化的热情。在研究米开朗基罗身形健硕的男性雕塑时，柴科夫斯基感觉到了这位伟大的意大利雕塑家与贝多芬之间的密切关联，他还花了很长时间沉思米开朗基罗在西斯廷教堂的壁画，最后确定自己可以真正地欣赏它们，不过他获得的愉悦感总是很有限。事实上，现在柴科夫斯基终于发现他或许能够通过长时间、反复的观赏走进一幅画作当中。但他仍未觉得有哪位画家给他带来了更多的乐趣。"我最喜欢的还是拉斐尔，那个绘画界的莫扎特。"他在给赞助

人的信中写道。这样的比较很有意义。他大概能在拉斐尔身上发现
同样甜美的歌唱性、平衡，以及优雅的完美。对他来说，是这些让
莫扎特成为所有作曲家当中最伟大的一位。

220　　　就在此时，柴科夫斯基对他的《第二交响曲"小俄罗斯"》进行
了修订，很遗憾地产生了今天我们在音乐会上经常听到的版本。在
罗马期间还有一乐事，是他了解到自己的作品在国外的几场演出。
他的《第一组曲》已经被排进了纽约乐季，《第一钢琴协奏曲》最近
也曾在那儿上演，后者在柏林至少演了三次，它还登上了布达佩斯
的音乐厅。所有这些演出都获得了热烈的反响。事实上，莫杰斯特
后来认为，正是在这个时期，他哥哥真正开始在国际上声名鹊起。

　　　这段罗马插曲也确实带来了一部新作品。柴科夫斯基非常了解
意大利人随时随地唱歌的嗜好，他还已经熟悉了他们大量的流行曲
调。现在，正如格林卡在 19 世纪 40 年代在西班牙采用当地素材作
为他两部《西班牙序曲》的基础那样，柴科夫斯基也从这些意大利
曲调中选取了四首作为他《**意大利随想曲**》***的基础，而前奏开篇
的号角齐鸣，（据莫杰斯特记述）是他们每天早上从附近军营听到
的小号声。这是作曲家凭借其高度的专业性，而非灵感创作的音乐。
柴科夫斯基本人对这部作品也没有什么特别的说法。他向他的赞助
人解释，"它的效果会非常符合预期，多亏了我成功地部分从选集、
部分从街头靠耳朵收集来的这些令人愉快的曲调"。他将借用的素材
呈现于有效且对比明显的伴奏之下，或是丰富的配器之中，以此带
来了容易理解但却有趣的聆听体验，这无需进一步的评论。

　　　虽然柴科夫斯基可能从提高视觉艺术鉴赏力中获得了满足感，
但他在与新音乐的邂逅中却没找到什么乐趣。他的赞助人刚刚给他
寄来了一份勃拉姆斯最新的《小提琴协奏曲》的乐谱。虽然勃拉姆
斯从未写过歌剧，但在其他方面，这位同时代的德国作曲家在产量
和地位上都可与柴科夫斯基比肩。人们显然很容易将两位相比较。
（巧合的是，他们的生日在同一天：5 月 7 日。）若干年后，两人会
面，并短暂地维持了一段礼貌但从不亲密的私人关系。显然，双方

都对彼此有一种谨慎的尊重，但也有深深的保留。对柴科夫斯基来
说，他在勃拉姆斯的音乐中感受到的抑制，以及控制音乐全部情感
力量的钢铁般的约束力令他感到不安。正如他在对赞助人谈起这部
新协奏曲时所说的那样：

221

> 有给某些东西做的很多准备，也有对某些想必即将出现
> 的、非常有魅力的东西的暗示——然而，除了乏味之外，什么
> 也没发生。他的音乐没有被真正的情感所温暖，其中没有诗
> 意，却自我标榜为非常深刻。然而，这种深刻中却一无所有。
> 让我们以协奏曲的开头为例。作为某个东西的引子，它是非常
> 美的，是石柱极好的基座——但石柱本身并不存在，基座却一
> 个接一个地出现。

这是一个非常有趣的评论。坦率地说，它告诉我们更多的是
关于柴科夫斯基而不是勃拉姆斯。而他判决的最后一句话也很有意
思，我相信那完全是他的肺腑之言。作曲家们通常不太会相互欣
赏。竞争自然存在，但往往也有嫉妒和反感，甚至还有因对手在公
众面前获得了更大的成功而产生的敌意。但在柴科夫斯基身上几乎
没有这样的迹象，他只是诚实地表示对勃拉姆斯的音乐不来电。

> 作为一个音乐家，勃拉姆斯让我提不起任何兴趣——我无
> 法理解他。无论我如何努力对他的音乐作出反应，我仍然感到
> 冷漠且敌对。这纯粹是一种本能的感觉。

实实在在给柴科夫斯基带来越来越多快乐的是英国小说家。3
月中旬，在离开罗马前往巴黎的火车上，他躲进《潘登尼斯》[1]以

---

1. *Pendennis*: 原作名 *The History of Pendennis*，是英国作家萨克雷的自传体小说，讲述了
　纨绔少爷潘登尼斯的成长故事。——译者注

逃避一位喋喋不休的比利时伯爵。他还认为萨克雷的小说和狄更斯的《大卫·科波菲尔》一样令人愉快。然后他从巴黎去了柏林，观看了瓦格纳的《漂泊的荷兰人》，觉得它"非常嘈杂且无聊"（水族馆里被和野生动物关进同一个笼子里的黑猩猩和狗可比这更有娱乐性）。但来到圣彼得堡后，他又回到了残酷的现实。他名气越来越大的代价，是人们对他时间的要求越来越多，从而挤占了他的创作。然而，这次访问中开始的一段关系不仅证明是很有价值的，而且也给他的生活带来了很多欢乐。沙皇的弟弟，康斯坦丁·尼古拉耶维奇大公，早已是柴科夫斯基音乐的忠实崇拜者，他希望与作曲家见面。柴科夫斯基几乎无法拒绝这一邀请，但这件事本身也使他结识了大公的儿子，22岁的康斯坦丁·康斯坦丁诺维奇大公。他不仅是音乐的忠实信徒，自己本身也是作曲家和诗人。他这个人聪明绝顶、人情练达，十分清楚柴科夫斯基对正式社交场合的厌恶，他利用他与薇拉·布塔科娃（也就是薇拉·达维多娃，她对柴科夫斯基的爱曾使他备受折磨）的个人友谊，要求她在自己家中安排一个适合亲密谈话的夜晚，让他和柴科夫斯基见面。这次会面取得了巨大的成功，二人谈论音乐直至凌晨两点。七年后，柴科夫斯基会将大公的诗作用于他的《六首浪漫曲》，作品63号。他们的友谊也将一直持续到柴科夫斯基去世。

柴科夫斯基终于能够逃离圣彼得堡了，他来到了莫斯科。他试图隐瞒自己的行踪，却白费工夫。很快，他就卷入了莫斯科朋友们的社交世界。由于急于完成《第二钢琴协奏曲》的配器，4月底他终于动身前往卡缅卡。在接下来的七个月里，除了偶尔在布拉伊洛夫或西马基小憩之外，这里都会是他的基地。

事实证明随即而来的一段时间将会是柴科夫斯基自婚姻灾难以来最长的一段稳定期。由于没有紧急的委约要完成，他决定让自己暂时放下重大的创作，修个学术假。无论如何，《奥尔良少女》的各种表演素材都乱成一团，他不得不花很多时间来予以纠正。"我得出的结论是，我写得太多了，我想在一整年内除了零碎的小东西外什么都不写。"他提醒尤尔根松。但柴科夫斯基的天性使他不能完全闲下来，在这个夏天，他不仅创作了一套七首歌曲，还创作了《六首二重唱》。促成这些作品完成的是家庭内部因素。显然，在妹妹萨莎的劝说下，柴科夫斯基组队了一个声乐四重唱，在当地教堂的一次复活节礼拜中演唱赞美诗。其他三位歌手分别是他的妹妹萨莎、长外甥女塔妮亚和弟弟阿纳托利。那场演出本身非常糟糕，塔妮亚唱着唱着跟丢了，导致整个合唱崩塌。女人们感到尴尬极了，但她们还有机会在复活节当天的仪式上进行补救。然而，在听过家庭合唱后，柴科夫斯基似乎决定进一步为家庭娱乐提供素材，结果便有了他的《六首二重唱》，op.46 ** (*)。其中五首是为居住在卡缅卡的表演者而作的女声二重唱，第六首为女高音和男中音（给阿纳托利或柴科夫斯基提供了一个参与机会）二重唱。柴科夫斯基这些声乐作品中大多没有什么值得我们留恋的，但有时也会出现一些立刻引起我们注意的歌曲。这套作品中就有两首这样的作品。其中之一是最后一首二重唱《黎明》，这首安静、幸福的晨歌吸引柴科夫斯基创作出了一曲旋律优异的圆舞曲。但更值得注意的是以俄译《爱德华》为文本所谱曲，写给女高音和男中音的"苏格兰民谣"，这首讲述弑父故事 [1] 的传统苏格兰民谣似乎对非英国作曲家有一种奇特的吸引力（勃拉姆斯围绕它创作了一整首钢琴曲），开头是"为什么你的剑滴着鲜血？" [2]（在阿列克谢·托尔斯泰将它完整翻译成俄文之前，文本肯定构成了一定程度的挑战。）这是一个阴森恐怖的故事，逐步揭露了一桩骇人听闻的家庭悲剧。柴科夫斯基的谱曲采用了单薄，甚至简略的乐句，配以凄冷的钢琴伴奏，通过一些突然向上猛拉猛扯的音符来加强紧张感。但最引人入胜的，是当忧心如焚的母亲质问她杀了人的儿子会给她留下什么时，歌曲突然间转向了新的音乐（但不，这不是新的，它是一个非常接近《奥

---

1. 根据不同的版本，也可能是弑兄。——译者注
2. 原文：Why dois your brand sae drap wi bluid?

涅金》中达季娅娜"书信场景"高潮中开始出现的"命运"乐句的变体）。她的儿子回答说："对你直至生命尽头的诅咒！"如果有哪位听众认为柴科夫斯基没有能力处理好一个持续令人感到痛苦的情景，那么《苏格兰民谣》就是对这种质疑的有力反驳。

早在 6 月，当柴科夫斯基正在创作这些歌曲时，尤尔根松传来了一则消息，说他接到委任，要为次年在莫斯科举行的工业和艺术博览会创作一首作品。正如我们已经注意到的，过往经历令柴科夫斯基厌恶这样的杂活儿，但拒绝像这次委约一般颇具声誉的任务是不妥的。然而，他在生意方面越发自信，在条件谈妥之前，他不会动笔。"对于委约的作品，我需要有启发性的、鼓励的、振奋人心的精确指示，一个截稿日期，以及在或近或远的将来收到 100 卢布（这很多）的佣金，"他告诉尤尔根松，"我不可能不心怀厌恶地以美化的方式去创作从根本上无法让我感到一丝快乐的东西。"在给赞助人的信中，他的抨击甚至更加猛烈："想想吧，我亲爱的朋友！在博览会开幕之际这样一个场合，除了平淡无奇和整体上非常喧闹的段落之外，你还能写些什么呢！"他对委约是这般深恶痛绝，以至于一直拖到 10 月才开始创作，那时已经商定好，作品将用于庆祝新的基督救世主大教堂的开幕庆典。创作在一个星期内完成了。"这首序曲将非常响亮和嘈杂，"草稿完成时，作曲家对他的赞助人说道，"但我在创作它的时候并没有感受到炙热的爱，所以它根本没有任何艺术价值。"然而，对一些读者来说，这会是他们最耳熟能详的一首柴科夫斯基：《1812 序曲》。

《1812 序曲》***(*)

【《1812 序曲》收到过一些非常残酷的评价，其中有些并非无稽之谈。首先我们应该明确，柴科夫斯基本人对他所创作的这部作品并不感到自豪。但让我斗胆反驳一下作曲家，我认为他对这首曲子的全方位谴责是有失公允的，不过对于作品的结尾，我还是得赞同他的观点：它太夸张了。但前三分之二可不是这样，其中包含了一些很好的音乐，你当然有理由去尽情受整首序曲。毕竟，就算柴科夫斯基对这部作品大加斥责，但他最终还是选择将它出版——所以他不可能真觉得它有那么糟糕。】

基督救世主大教堂是为了纪念 1812 年的历史事件而建造的，当时俄罗斯军队和俄罗斯人民（以及俄罗斯的冬天）将入侵的拿破仑法国军队赶出了俄罗斯，而《1812 序曲》反映的正是这一冲突和最后的胜利。对立的双方由各自的国歌所代表，法国由《马赛曲》，俄罗斯则是《上帝，保佑沙皇！》。在俄国国歌传达着胜利喜悦的结尾处，柴科夫斯基将其与自己缓慢的骑兵曲（外加钟声、全套打击乐，甚至一门真正的大炮）相结合，把这首庆祝胜利的曲目推向了最响亮的高潮。除了这些借用的素材，作品中还有一首俄罗斯民歌、一首东正教圣歌节选（"主啊，拯救我们"），以及柴科夫斯基对自己的第一部歌剧《司令官》中女声二重唱的部分改编。

《1812 序曲》以六位弦乐独奏家（两把中提琴和四把大提琴）演奏的东正教圣歌开篇，令人印象深刻，随后又与木管交替，暗示着合唱轮唱，这个克制的乐段让接下来整个乐队的突然爆发更加辉煌。随即而来的想必是一曲挽歌，然后很快又出现了对即将到来的战斗的暗示。再接下来，缓慢行进的骑兵（显然是俄罗斯人）在木管声部被奏响，稍作停顿——战斗（以奏鸣曲式！）开始。而通过即刻引用的《马赛曲》我们可以得出可靠结论，暴力的主部主题代表了法国军队的入侵和最初的霸权地位，副部主题（借用自《司令官》）中的安静主题必定代表着俄罗斯人民。而紧随其后的欢快民歌更是如此——顺便说一下，它为柴科夫斯基的副部主题提供了第二主题这一常规成分。动荡在展开部中再次出现，然后音乐直接进入再现部。所有这些，正如副部主题两个子主题的再现一样，都被大大缩短了。法军做了最后一次绝望的突袭，但也仅是五声炮响

225

（是的，这在乐谱上有所标明），最后终于在尾声响起时被击退。在这里，一切都将被释放，甚至（在四音下行动机上极为夸张的模进后）被引爆：伴有钟声的开场圣歌，骑兵曲，以及与之形成对位的"上帝，保佑沙皇！"，沙皇陛下现在以大炮表达问候。

———————

柴科夫斯基本人是不可能对《1812序曲》感到那么难为情的，因为当博览会被推迟了一年后，他曾试图安排作品在此前首演，但有人劝告他此举不妥。然而，作曲家会以意想不到的速度听到最近创作的第二部作品的实际效果。因为在12月3日，在完成《弦乐小夜曲》后不到六个星期，他被邀请参加一场私人演出，这是莫斯科音乐学院校方为迎接他到访曾经执教过的机构而准备的惊喜。柴科夫斯基自己对《小夜曲》的看法与对《1812序曲》非常不同。这两部作品是同时写就的，柴科夫斯基在9月21日开始创作《小夜曲》，10月中旬曾停滞了兴趣去创作《1812序曲》，然后又恢复了《小夜曲》的创作，并在一周内完成了全部的工作。他对结果非常满意。"我心怀信念创作了《小夜曲》，"他在给赞助人的信中写道，"这是一首诚挚的作品，所以我敢说它不缺乏真正的品质。"然而，尽管作品在音乐学院的私人演出中获得了认可，但它要等到将近一年后才正式首演。那场演出非常成功，第二乐章（圆舞曲）获得了加演。但对柴科夫斯基来说，或许最珍贵的回应来自安东·鲁宾斯坦。他在一年后的音乐会上指挥了这首小夜曲。如前所述，柴科夫斯基旧时的老师长期以来一直对柴科夫斯基身为作曲家的发展方向表示痛惜，对此，后者本人也十分清楚。是尤尔根松转述了安东现在所说的一番话："在第一次排练时，朱庇特【鲁宾斯坦的昵称】向我宣布：'我认为这是柴科夫斯基最好的作品。'他对其他人同样毫无保留地赞美了它，在最后一次排练时，他对我说：'你应该为出版了这部作品而感到自豪。'"如果能知道柴科夫斯基对这一出乎意料的赞誉有何反应，一定会很有意思。但遗憾的是，我们并不知道。

226

《弦乐小夜曲》*****（*）

【这是柴科夫斯基最完美的作品之一，质量绝对一流。既然它将自己呈现得如此直接，我就只提供一些或许能够解释其特点和结构的评论吧——不过，我也会指出柴科夫斯基拿一位亲密友人开的玩笑，真是非常顽皮。】

有许多不同的音乐风格和形式都曾被冠以"小夜曲"之名，但在这个例子中，柴科夫斯基将其应用在了一部本质上为四乐章小型交响乐的作品中。此处的区别在于音乐的性质。它并不寻求在体量或内容上模仿一部完整交响乐的恢宏感；相反，它的素材非常直接，结构也不复杂，目的不是要激发情感或深深打动人心，而仅仅是尽最大可能为听者带来愉悦。它确确实实做到了。首先，它依赖于柴科夫斯基极高的旋律天赋，但这丝毫不意味着这是一首简单的作品，也不意味着柴科夫斯基不会在适当的时候不动声色地调动起他更复杂的技术。

我们可以在第一乐章一开始就立刻听到这一点，它被描述为"奏鸣曲式的曲子"，即"小奏鸣曲"（Pezzo in forma di Sonatina）。这个标签完美地描述了柴科夫斯基这个朴实而迷人的乐章，因为尽管它基本上就是奏鸣曲式，带有一个缓慢的引子，但并没有展开部。引子建立于一个庄重的主题，而它"并非听上去的那样"（这一悖论的答案只有在小夜曲结束时才会出现）。较快的，带有一丝华尔兹味道的主部主题适时地将我们引向了副部主题，片刻的寂静过后，一个更有活力的主题出现，它有些反复无常，按照自己的轨迹进行了下去，直至结束。因为没有展开部，主部主题保持原样，现在引领我们来到了再现部，但其结尾有所调整，以便副部主题现在能够（再次经过一个微小的停顿）在乐章的主调出现。除此之

227

外，一切都和以前一样，音乐在尾声回到了缓慢的引子。整个乐章达到了完美的对称性。所有这一切构成了一个美妙的乐章。

第二乐章名为"圆舞曲"，无需赘述，这些旋律以及对它们的分配让这个乐章一如既往地非常令人满意。第三乐章的标题是"挽歌"，暗示着更深层次的问题或许即将出现，但这并不是一首哀乐——一个充满沉思的乐章没错，但听不到一丝真正的忧伤。有趣的一点是，与前面的华尔兹一样，它的第一旋律以一个上行音阶开始。但这一次，它并没有引出主旋律；相反，它又被听到了三次，但每次重新出现都以不同的方式结束。它为一个美丽的乐章创造了神奇的开篇，与柴科夫斯基创作的所有作品一样可爱（我故意用的这个词）。

然而，要充分了解"终乐章（俄罗斯主题）"，我们需要先回到柴科夫斯基从他以前的学生，现在当然是亲密友人的塔涅耶夫那儿收到的一封信。塔涅耶夫最近给他自己上了一堂音乐史课，并得出结论："只有植根于人民的音乐才是持久的"，并补充说所有艺术都曾是民族的。柴科夫斯基持极度反对意见，并立即告诉塔涅耶夫：

> 我非常重视邋遢和受苦的人民【塔涅耶夫的说法】所产生的丰富素材。但是，我们使用这种素材的人总是会用从欧洲借来的曲式去发挥它。因为，虽然我们生为俄国人，但我们同时更是欧洲人，我们如此坚决而深刻地培养和吸收了他们的形式，以至于要摆脱他们，我们就必须损伤自己并对自己施以暴力。

228　　但是，正如已经揭露的那样，柴科夫斯基有一种顽皮的幽默感，现在他打算搞点恶作剧证明塔涅耶夫是"多么正确"（尽管事实上柴科夫斯基的笑话绝对没有证明，也没打算证明塔涅耶夫是"对"的）。《小夜曲》的结尾包含了不止一首，而是两首民歌，它们分别为缓慢的引子以及接下来"精神饱满的快板"（Allegro con spirito）中的主部主题提供了基础。接下来的内容实际上是一首带有展开部的完整的奏鸣曲式乐章，巧妙地展示了民歌能够非常好地融入如柴科夫斯基所巧妙构思出的完整的西方风格和结构。但是，在临近乐章的结尾处，开启整首小夜曲的庄重主题突然闯入，这听起来与民歌完全不同。也就是说，直到它的速度被加快方才显示出它是终乐章的第二首民歌。据我所知，并没有记录表明塔涅耶夫对这个非常尖锐但又无伤大雅的笑话做出了怎样的反应。

————————

　　7 月，当柴科夫斯基在乌克兰时，娜杰日达·冯·梅克从巴黎来信说她聘请了一位刚完成音乐学院课程的年轻法国钢琴家。他将教授她的孩子们，并与她合作演奏钢琴二重奏。他们一起从头至尾演奏了柴科夫斯基的《第四交响曲》。"他对你的音乐如痴如狂，"梅克夫人说，"昨天我和他一起演奏了你的组曲，他非常喜欢其中那首赋格。【钢琴家】曲子写得很好。"

　　两个月后，她现在又从佛罗伦萨写道："我寄了一首小曲供你评判，是我的钢琴家写的众多作品之一。这个年轻人准备成为一名作曲家，他的曲子非常好，尽管有他老师马斯内的影子【事实上，马斯内从不曾是他的老师】。他现在正在创作一首三重奏。"这让柴科夫斯基提高了警惕。他莫不是发现了潜在的对手？最好现在就把他打倒。"《波希米亚舞曲》是一首非常好的小品，但它确实太短了，"他回复说，"没有一个乐思得到充分发展，形式枯瘦，且缺乏完整性。"

　　与此同时，这位年轻的法国人通过演奏柴科夫斯基的各类钢琴作品，以及与她演奏柴科夫斯基钢琴缩谱版的《第一交响曲》，讨得了雇主的欢心。他还被要求将《天鹅湖》中的《西班牙舞曲》《拿波里舞曲》和《俄罗斯舞》改编成钢琴版本，她请求柴科夫斯基同意将它们出版。（尤尔根松为版权所有者，这些改编将在 1881 年在市面出现，但没有署上改编者的名字，他出于某种原因担心马

229

斯内知道这件事后会大发雷霆。)

　　10月初，一位年轻的大提琴家加入了帕楚尔斯基，并准备接替一位钢琴家的位置，但这位钢琴家还是被要求再多留一个月，这样一来他们的雇主就能享受钢琴三重奏的乐趣了。"彼得·伊利奇，您为什么从没写过三重奏呢？"她这样质问，却不知一颗重要的创造性的种子已经就此埋下。同时，她为她的三重奏拍了一张照片并把它寄给了柴科夫斯基。"布西的脸和手与安东·鲁宾斯坦的有几分相似，"他观察到，"上帝保佑他能和'钢琴家中的沙皇'一样幸运。"事实上，这位年轻钢琴家的名声最终会完全盖过鲁宾斯坦，不过是以作曲家而不是钢琴家的身份，因为"布西"就是时年18岁的克劳德·德彪西。

18

家务事：
《钢琴三重奏》

1881 年 3 月，柴科夫斯基得到消息：与他分居的妻子秘密生下了一个孩子。在当前叙事的最近三年中，安东尼娜·伊万诺夫娜几乎没有被提及，但所有这些时间里，她一直藏匿于背景中，有时只是个鬼影，但有时却会突然令人讨厌地出现在柴科夫斯基的现实生活。早在 1878 年她就同意离婚，娜杰日达·冯·梅克准备在尤尔根松那里存下一万卢布，作为离婚时支付给安东尼娜的和解费。但这一过程所涉及的协议和手续会非常复杂且费力，所以最后安东尼娜解决问题的方法就是人间蒸发。柴科夫斯基的赞助人再次介入，提出如果安东尼娜同意离开莫斯科生活，她会为安东尼娜未来几年的生活提供保障。有一段时间她遵守了这个条件，但在 1879 年年初，她第二次要求离婚，这让柴科夫斯基再次预见到如噩梦般复杂且揭露隐私的法律程序。更糟糕的是，三个月后，安东尼娜突然出现在了柴科夫斯基圣彼得堡的公寓里。这次相遇让我们对安东尼娜的行为和她能给柴科夫斯基造成的折磨有了最生动的感触。不过我们必须承认，柴科夫斯基的记录是单方面的，毫无疑问，并非所有细节都准确无误：

> 我刚一进门，她就扑了上来，挂在我的脖子上开始没完没了地反复说整个世界上她只爱我一个人，她不能没有我，只要我和她一起生活，她就同意我提出的任何条件，等等。我无法

详细地告诉你在接下来至少两个小时里她是怎么折磨我的。我竭尽所能保持镇定，向她解释说，无论我有多么对不起她，无论我多么希望她幸福——但在任何情况下，我都绝不会同意和她一起生活。我承认，我花了极大的力气才控制住自己，我没有告诉她我心中灌满了对她的憎恶。当然，在这期间，她一如既往地突然岔开了话题，开始大谈特谈我狡猾的亲戚们在这件事上对我产生了多么恶劣的影响，继而又谈起我为《奥涅金》创作的音乐，说她觉得那好极了。然后是更多的眼泪、示爱，等等。我要求她别再浪费口舌，把我对她说的话仔细考虑几天，之后她要么会收到我的一封信，要么我会在莫斯科单独与她见面。同时，我给了她一百卢布的巨款作为回莫斯科的路费。这时，她突然开心得像个孩子一样，向我讲述冬天里有几个男人如何爱上了她，并表示希望见到我的双胞胎弟弟们，他们出现了，她向他们大肆示好和表达爱意，尽管在刚刚过去的半个小时里她一直大呼小叫称他们为敌人。告别时，她问我，我们会在哪里见面，好像觉得我渴望见到她似的。我不得不告诉她，我在这儿的这段时间不能和她相见，我要求她今天去莫斯科，她答应了。

但安东尼娜没有信守承诺。一天早上，柴科夫斯基在阿纳托利家附近遇到了她，他这才发现她一直住在同一栋公寓里。安东尼娜打算和柴科夫斯基一起去莫斯科。之后她又写了一封冗长的爱情宣言。柴科夫斯基决定，他唯一的出路就是提早去莫斯科，在那里住上三天，然后逃往卡缅卡。但事情并没按计划来：莫杰斯特和科利亚也在圣彼得堡，因后者生病，导致他们推迟了启程的时间。柴科夫斯基不得不忍受与安东尼娜的又一次痛苦交锋。她说，由于人们对她的看法，她希望他把给她的津贴折算成 15000 卢布一笔付清；然后她将去国外，全身心投入音乐中。柴科夫斯基答应给她书面回复，然后离开莫斯科去了卡缅卡。在卡缅卡他写信给安东尼娜，他拒绝了她的要求，并补充说，此后任何她的来信都会被原封不动地退回。

关于柴科夫斯基婚姻惨剧的更多细节在此不再赘述。至于未来对付安东尼娜的策略，阿纳托利承诺会处理一切。安东尼娜似乎会时不时地提出离婚，但她也意识到没有必要进一步骚扰她的丈夫。因为不管怎样，她的丈夫每月打款时偶尔会加些甜头。柴科夫斯基曾建议她成为一名教师，并希望她能在外省而不是在莫斯科找一份工作，他还要求尤尔根松给她提供财政援助，以让迁移变得可能。

但在1880年7月，安东尼娜再次出现，她指责柴科夫斯基在莫斯科通过朋友，阿玛利亚·利特基在国外散布关于她的谣言。"你为什么不从自己开始，告诉她你那可怕堕落的恶习？"安东尼娜愤怒地写道，"妈妈好心好意亲自去与你的律师谈判，就是为了了结此事。"然而，安东尼娜还是承诺离开莫斯科，不再找柴科夫斯基的麻烦，只要他能保证她行动的自由。最后这一点很有意思，原因既在于安东妮娜答应得如此爽快（以及随后又完全沉默），也因为她将今后有关她自己的任何谈判都转交到了她母亲的手中，她母亲显然也希望整件事赶快结束——尽管后者的保证背后潜藏着明确的威胁："你是个天才，你的好名声对你来说很重要。相信我们，我们不会玷污它，我们会像一个可敬的、高贵的家族那样，履行对你的高尚承诺。"从这一刻起，安东妮娜保持了沉默——这并不奇怪，因为她现在有了个情人，她早就知道自己怀孕了，而这会使她的丈夫有理由与她离婚，且再不需要继续承担对她在经济上的责任。

至于柴科夫斯基对这一消息的反应，他最担心的是孩子是否会登记在他的名下。他要求尤尔根松就此事进行法律咨询。但他绝不会与安东尼娜离婚，因为法律诉讼可能会重新翻出即使没被彻底遗忘，也已经被掩盖起来的事情。事实上，安东尼娜不会再给他找什么麻烦。然而——这又一次深刻且动人地揭示出了柴科夫斯基的为人——尽管安东尼娜给他带来了这么多痛苦，但他仍然对她心怀怜悯和责任感，在几个月内他又开始向尤尔根松寻求帮助：

如果这个人【安东尼娜：柴科夫斯基根本无法忍受写下她的名字】需要帮助，如果她被她的爱人抛弃了（这极有可能），并且无处安身，那么我必须来帮助她。因此，我想请你联系那位已经受雇打听她消息的先生，并再次委托他去找她，看看她是否需要物质上的帮助。如果是这样，一定要给她钱。请原谅我强人所难。

就这样，五年过去了，1886 年，安东尼娜突然再次出现，声称她仍然疯狂地爱着柴科夫斯基。不过柴科夫斯基知道，她再也无法控制自己了——

尽管如此，我还是感到无比痛苦。但最重要的是，尽管发生了这一切，我还是为这个不幸的人感到难过。她是如此精神错乱，当我在第一封信中说她应该放弃和我一起生活的任何希望时，她却回信邀请我去看她，让我问问旅馆的仆人她是不是真的离开了她的情人（但她的情人显然还爱着她，可能会突然出现），然后和我做爱（据她说，她现在知道如何唤起我的激情了）。最后我给她写了一封措辞妥当的信，给了她一笔生活费，我想她现在终于不会再来打扰我了。

相应地，他请尤尔根松管理这笔钱。一年后，当沙皇授予他年俸时，他把给安东尼娜的这笔生活费增加了一倍。她仍然会时不时地，但也非常短暂地突然闯入他的生活，但这现在也只不过是烦人的小事罢了。然而，她最后一次表演非常公开——那将是一次浮夸的致敬，也是一出精心策划的作秀。她用非常扎眼的方式提醒所有人，自己曾与柴科夫斯基有着非常特殊的关系。在柴科夫斯基的葬礼上，作曲家的棺材旁放着一个用勿忘我和蓝丝带编织的花环，这个花环因其尺寸而格外引人注目。这是安东尼娜·伊万诺夫娜·柴科夫斯卡雅最后的任性。

　　虽然发现安东尼娜的婚外情缓解了柴科夫斯基的些许痛苦，但有件事情造成的压力远远超过了他所获得的解脱。尼古拉·鲁宾斯坦长期以来忙碌而无序的生活方式对他的健康造成了严重影响，他的医生现在命令他到国外休养。柴科夫斯基这时人已在意大利。尽管新制作的《叶甫盖尼·奥涅金》在圣彼得堡越来越成功，尽管他在 2 月 25 日《奥尔良少女》的首演中受到了热烈欢迎，但他的情绪还是非常糟糕。他正在成为名人，要面对随之而来的社会压力。"我当然爱名誉，我全心全意地追求它，"他早些时候曾向塔涅耶夫坦白，"但这并不意味着我喜欢那些从晚宴、晚餐和音乐晚会中所体现的名誉。在这些活动中我备受折磨，因为我在任何陌生人面前都总是感到痛苦。"甚至莫斯科也失去了它的魅力。"尽管它有种种缺点，但我对这个古老的、可爱的城市的爱丝毫没有消减，但它已经呈现出了某种病态。"他在 12 月给他的赞助人写信说道："仿佛我早已死去，仿佛曾经的一切现在都已沉入遗忘的深渊。我不得不通过增加工作，大肆饮酒来淹没这种精神上的痛苦。"阿列克谢现被征召入伍已经有一段时间了，柴科夫斯基在圣彼得堡时曾到军营探望过他，并对他那沧桑的外表和严酷的生活大为震惊。他通过一位能左右团长的表兄弟恳求改善他仆人的境况，这的确带来了缓解，但也是有代价的。柴科夫斯基现在不得不整晚为司令官的妻子提供声乐伴奏。当务之急是逃离这一切，《少女》首演后，他立即出发前往维也纳，并于 3 月 6 日抵达罗马。

　　在那儿等待柴科夫斯基的是康德拉捷耶夫，他立即把作曲家拉进了俄罗斯同胞在这座城市的社交世界。没有莫杰斯特和科利亚在身边，柴科夫斯基被一种孤独感所吞噬，他欣然接受了康德拉捷耶夫的建议，去了那不勒斯。他爬上维苏威火山口，并参观了他喜爱的索伦托。他们的下一个目的地是尼斯，安纳托利告诉他们，鲁宾斯坦也正在前去休养的路上。但后者始终没能抵达。3 月 22 日，柴科夫斯基从尤尔根松那里得知，鲁宾斯坦在巴黎病得很重。第二天，他去世了。

可以肯定地说，自从大约三十年前柴科夫斯基的母亲去世后，没有任何人的离世曾给他带来如此沉重的打击。尼古拉·鲁宾斯坦一直是他职业生活的奠基石，是这个人给了他第一个音乐职位，鼓励他作曲，指挥了他许许多多作品的首演——最重要的是，尽管有时难以相处，但或许他始终都是柴科夫斯基最忠实的朋友。

柴科夫斯基匆匆赶到巴黎，参加在俄罗斯教堂举行的葬礼。有很多人出席：作曲家马斯内和拉罗都在现场，还有屠格涅夫。仪式结束后，柴科夫斯基鼓起勇气去瞻仰了遗体。"他已经变得完全认不出了，"第二天他在信中对赞助人说道，"我的上帝，我的上帝，生命中这样的时刻是多么可怕！请原谅我，我亲爱的朋友，我给您写得如此详细——但我被悲伤压得喘不过气来。"最令他不安的是，他曾经的老师，安东·鲁宾斯坦，对哥哥的死似乎非常满意，而来巴黎参加葬礼的尤尔根松对此给出了解释：嫉妒。当柴科夫斯基看到尼古拉的棺材在巴黎北站被装进一辆货车时，他再次感到极度的悲痛。正是这种离世的屈辱感使他深受打击。他自己本想立即返回俄罗斯，但他推迟了几天，为的是不必亲眼目睹安东·鲁宾斯坦在尼古拉下葬时冷漠的态度。

在尼古拉去世之际，柴科夫斯基似乎曾决心把对他的记忆珍藏于一首含有突出的钢琴部分的作品中，以向友人在钢琴上的杰出才能致敬。但在尼古拉去世后的这一段时间里，他感到自己无法创作。何况还有其他分神的事情会来干预。自从他为他的外甥女们构思出那部后来成为世界最著名的芭蕾舞剧《天鹅湖》的雏形以来，十年间，卡缅卡的生活发生了巨大变化。塔妮亚现在已经19岁了，她想嫁给一个叫瓦西里·特鲁别茨科耶的军官。而其他孩子们也都十几岁了，他们组成了一个非常活泼有时又很任性的群体。但最令人担忧的是他们的母亲本人。多年来，萨莎一直服用吗啡来缓解某些不适，现在她对药物产生了依赖性，并且出现了一些症状，需要到圣彼得堡找医生咨询。柴科夫斯基到达圣彼得堡时，发现萨莎和塔妮亚已经住了下来。但前者病倒了，列夫也从乌克兰被召唤回

来。医生叮嘱萨莎去卡尔斯巴德（现在的卡洛维瓦利）泡温泉，但
她非常渴望见到家人，于是大家决定她和列夫一起留在圣彼得堡，
直到她身体好些，能够旅行为止。与此同时，彼得舅舅留在卡缅卡
当家。事实证明，这是一项非常艰巨的任务，孩子们要占用他大量
的时间。由于住家的音乐教师，一个叫布卢门菲尔德的人已经离职
了三个月，柴科夫斯基只好接手了他的工作。（正如日后所见，很
遗憾布卢门菲尔德还是回来了）接下来，塔妮亚去了莫斯科，据说
特鲁别茨科耶也被派去了那里，但她现在已经解除了婚约，因为他
喝醉酒出现在了她的公寓里并试图强奸她。与此同时，萨莎回到了
卡缅卡，家人意识到她的好转可能要归功于与长女的分离。所有人
都祈祷塔妮亚能留在莫斯科，但她却突然出现在卡缅卡，因酗酒而
浑身湿透，还给自己注射了吗啡。在列夫不在的情况下，柴科夫斯
基不得不尽力应付，试图通过与塔妮亚交谈，与她演奏二重奏，鼓
励她阅读，转移她的注意力来安抚她。这并没什么效果，而愁容满
面的列夫的归来让事情变得更加糟糕。

　　此时，柴科夫斯基不顾一切想要逃跑，他采用了在莫斯科逃离
安东尼娜时的相同策略：他恳求尤尔根松发一封电报，通知他急需
赶到莫斯科。尤尔根松答应了，但事到眼前，柴科夫斯基发现自己
根本无法抽身。在卡缅卡，人人熟悉他的习惯，他可以按照自己的
意愿行事，而且无论如何，"现在离开会让人非常难堪，就好像我
在糟糕时刻来临时抛弃了他们。一个人的命运是多么奇怪啊！"他
继续对尤尔根松说，

　　　　多亏了娜杰日达·费拉列托夫娜，她让我成了一个完全自
　　由的人，总是能够在我想要的地方生活。但这也证明了自由不
　　是靠被供养就能买到的。我不知道这个地球上还有哪个地方能
　　比卡缅卡更无聊（就自然美景而言）。以前吸引我来这儿生活
　　的唯一魅力，即与我亲密家人们快乐地生活在一起这个念头，
　　现在却变成了完全相反的东西。然而，我注定要在这里度过我

236

生命中的大部分时间，对此我无权抱怨，因为没有任何人和事
阻碍我离开——但我要留在这里，因为这里是家，我在一个完
全熟悉的地方，没有人妨碍我。这一切都非常古怪！

就这样，柴科夫斯基留在了卡缅卡。7月初，萨莎终于前往卡
尔斯巴德，列夫陪着她走了一程，以便与娜杰日达·冯·梅克的两
个儿子，亚历山大和尼古拉见上一面。除了柴科夫斯基和他的赞助
人为后者的一个儿子和萨莎的一个女儿说媒之外，让女儿早早出嫁
一直是一个正常的、父母普遍关心的问题。熟悉简·奥斯汀小说的
读者会了解这一点。事实上，今年早些时候，驻扎在附近一个团的
一名轻骑兵军官已经从卡缅卡的女孩儿中做出了选择，7月下旬，
他将与年仅16岁的瓦尔瓦拉结婚。由于父母都不在身边，柴科夫斯
基再一次留下掌管轻骑兵横行的卡缅卡。他尽其所能应对着。最后，
在9月初，萨莎从卡尔斯巴德回来，住了几天后，她启程前往雅尔
塔继续治疗一个月。列夫带着剩下的家人去基辅过冬。柴科夫斯基
觉得自己终于可以离开了。他松了一大口气，不过另一则消息让他
更加悲伤：9月初，他听说他的赞助人因财务问题而不得不出售布拉
伊洛夫和西马基的房产，这些对他意义重大的避风港不复存在了。

然而，对柴科夫斯基来说，卡缅卡的苦恼以及失去布拉伊洛夫
和西马基从长远来看会是有益的。尽管他目前需要卡缅卡，但在接
下来的两年里，他对一个属于自己的家的渴望会越来越强烈。它需
要远离这两座大城市，因为在那里居住会危及他自由支配自己的时
间，但从这里也要能方便到达这两座城市。因此，他将在1885年
搬去迈达诺沃，一个位于莫斯科和圣彼得堡之间的铁路小镇。他的
余生都将以这里，以及后来附近的克林为家。

10月，柴科夫斯基回到现已人去楼空的卡缅卡做一些日常工
作。与此同时，他的外甥女薇拉与她在雅尔塔遇到的一名海军军官
订了婚。当这对年轻夫妇来访时，柴科夫斯基与他们见了面，以
便薇拉能接受她祖母的祝福。新郎的名字一定让柴科夫斯基大吃

一惊。尼古拉·里姆斯基–科萨科夫，与作曲家的名字一模一样。他看得出这个年轻人疯狂地陷入了爱河，这让他尤为感动。"莫迪亚，"他对他的同性恋弟弟孤苦地感叹道，"你和我是多么不幸！你知道吗，我们一辈子都体会不到爱情的幸福！"他参加了薇拉在基辅的婚礼，然后前往维也纳，最终与莫杰斯特和科利亚在罗马安顿下来。他创作的冲动又回来了。事实上，截止到 12 月中旬，他已经为一部新歌剧完成了初步的起草工作，但随后更重要的事出现了。数月前，他的赞助人曾表示希望他能为她当时常驻家中的三重奏写些音乐。同样地，柴科夫斯基本人也表示希望为尼古拉·鲁宾斯坦创作一首包含显著钢琴声部的纪念作品。现在他决定在一次创作中同时满足这两个要求，在 1881 年结束之前，他就开始了他的《钢琴三重奏》。

238

起初一切来得并不容易，但到了 1882 年 1 月 18 日，作品的框架被勾勒了出来。柴科夫斯基对其质量的信心随着三重奏的创作本身而不断增加，但他仍然怀疑自己是否能够很好地处理这种媒介。他坚持对尤尔根松表示，担任作品首演的演奏家应该先在"我们整个圈子"完整演奏一遍，以获得他们对此的看法。这部作品让担任钢琴家的塔涅耶夫喜出望外："我研究了三个半星期，每天演奏六个小时。我不记得在学习哪首新曲子时经历过比这更大的快乐。"3月 23 日，在鲁宾斯坦逝世一周年之际，《钢琴三重奏》举行了首演。它在柴科夫斯基生前获得了极大的欢迎。1893 年，它和《第三弦乐四重奏》一起，被选入在莫斯科和圣彼得堡举行的纪念音乐会，以缅怀它们的创造者。

《钢琴三重奏》****

【除了《第一弦乐四重奏》之外，《钢琴三重奏》可能是柴科斯基所有室内乐作品中最能吸引观众的。但仅仅在音乐上，无论是主题的一致性方面，还是第二乐章在质量的一致性方面，我都不觉得它是柴科夫斯基最完美的创作之一。不过，它确实是一首非常有气势的作品，喜欢戏剧性的室内乐的听众一定会享受其中。】

《钢琴三重奏》最先给你留下深刻印象的可能就是它不寻常的形式。与其他室内乐，如奏鸣曲、弦乐四重奏和五重奏等一样，三重奏通常像交响乐一样分为四个乐章。然而，柴科夫斯基的《钢琴三重奏》只有两个乐章，这让我想到了一个明显的先例：贝多芬的最后一首钢琴奏鸣曲（C 小调，作品 32 号）。许多音乐家认为这是德国大师最伟大的钢琴奏鸣曲（有些人甚至认为这是有史以来最伟大的钢琴奏鸣曲）。与柴科夫斯基的三重奏一样，其第二乐章也是一组变奏。对于大多数听众来说，贝多芬的"作品 111 号"是他的钢琴奏鸣曲中最具"精神性"、最"超然"的作品，然而柴科夫斯基并不是因为什么明显的理由而遵循这一先例，作曲家或许认为"作品 111 号"为他的新三重奏提供了理想的模板。而这部三重奏将见证柴科夫斯基对这位在最深层次上的挚友和同行的爱与尊重。

如果柴科夫斯基是为钢琴四重奏（钢琴与三件弦乐器）或更具体地说，为钢琴五重奏（与四件弦乐器）而创作，他就会有一个能够演奏完整和声的弦乐补充声部，能够像钢琴一样被派以有分量的自主乐段。但如果只有两件弦乐器，除了短小的片段外，这种选择其实是行不通的。柴科夫斯基将小提琴和大提琴处理为两件旋律独奏乐器，它们时而独奏，时而以对话的方式呈现出具有独特美感的旋律线。钢琴则既参与它们的对话又提供和声支持。标题为"挽歌"（Pezzo elegiaco）的第一乐章，至少在一开始，是一连串相连但轮廓分明的乐段，理解起来不会特别困难。三重奏的开场主题由小提琴和大提琴奏响，然后又在钢琴上重复，直到音乐进入明显的过渡段。开场主题逐步增强，发展为厚重的钢琴主题，开启了广泛的主部主题——尽管事实证明小提琴立即引入的旋律才是更重要的。在一个强有力的高潮之后，节奏有所缓和，弦乐在音乐恢复其更为动荡的发展进程之前呈现出了轻柔不安的副部主题。

　　所有这些都遵循了与第一乐章呈示部相似的路径，但接下来的内容是万万无法预料的。动荡开始减弱，钢琴紧紧抓住一个单一和弦，随着弦乐声部渐行渐远，它一次次重复，越来越安静，越来越缓慢——然后这个和弦被稍作修改，成为一个信号，让弦乐重新开始。现在音乐终于就一个新的、温和的、温柔凄美的主题展开对话，钢琴也将在适当的时候分享这个主题。这首三重奏的纪念意图在可能是整部三重奏中最美丽的音乐中突然变得明显。它吞并了整个展开部，对再现部的影响也是巨大的，因为当再现部到来并且三重奏的开篇主题回归时，它现在由小提琴呈现为"悲伤的慢板"（Adagio con duolo）。钢琴唤起了葬礼进行曲，大提琴反复强调一个微小的，充满克制和忧伤的四音音型。再现部最后会恢复它之前的风格和既定路线，纪念音乐悄悄溜走，该乐章的尾声将我们带回整首三重奏的开篇主题。现在该主题由钢琴缓慢奏出，慢到几乎失去了它的性格，弦乐精疲力尽地暗示着一首葬礼进行曲，它最终也陷入了寂静。

　　第二乐章是主题与变奏。在介绍为大提琴和乐队所作的《洛可可变奏曲》时，我注意到听众需要一个在乐句结构与和声方面都非常清晰，从而容易回忆起来的主题，这样听众至少就更有可能感觉到它与某个变奏之间的联系。这首三重奏的变奏主题和先前的作品一样简单（且有吸引力）。再次给人留下深刻印象的是柴科夫斯基拓展了变奏曲本身的表现范围，有时甚至是规模，以创造出一个最终"优于其各变奏之总和"的乐章。卡什金回忆，第二乐章主题的灵感来自柴科夫斯基的一段回忆，当时他与鲁宾斯坦等人在莫斯科附近的风景胜地度过了愉快的一天，还有农民们唱歌舞蹈供他们娱乐。它是一个三部曲式结构（AABA），共 11 个变奏，外加一个非常有分量的变奏终曲（Variazione Finale）和一个建立在整首三重奏开篇主题上的尾声。在变奏 1 中，柴科夫斯基很满意将原始主题分配给小提琴（这又是一次巩固对主题记忆的机会），钢琴提供了大量的装饰性伴奏，但在变奏 2 中，他将原始主题变成了大提琴上的华尔兹，小提琴伴奏着一路跟随。在变奏 3 中，尽管保留了旋律原本非常清晰的乐句结构，但更复杂的装饰还是掩盖了原始主题。截至此时，听众对后者的记忆已悄然巩固，柴科夫斯基可以在变奏 4 和变奏 5 中拓宽范围，前者以热烈的弦乐二重奏开始和结束，后者则以叮当作响的钢琴愉快地模仿巴音盒。

241

现在，与原始主题的密切关联已经有所松动，变奏 6 是一个广阔的华尔兹，出乎意料地以歌剧《叶甫盖尼·奥涅金》中达季娅娜"书信场景"里部分"命运"主题开始。我们或许会想，这和主题有什么关系呢，答案是没什么关系——直到后来，钢琴奏响《奥涅金》开场的"极强"（fortissimo），两件弦乐器同时齐奏，这才展现出原来变奏原始主题的开头可以与之完美匹配。变奏的尾声也再次确认了这一点。厚重的变奏 7 把我们带回到了原始主题，但变奏 8 是一个自由赋格，其主题基于整个主题的第一乐句（后来柴科夫斯基准许在演奏时省略这个变奏——一个不失明智的决定）。情调凄婉的第 9 变奏，标注为"忧伤的行板"（Andante flebile），似乎是最具纪念意义的一个变奏。变奏 10 是一首欢快的玛祖卡。我们现在很可能已经忘记了原始主题是什么，变奏 11 则不断地提醒着我们它的开头，以便为轻松的"变奏终曲与尾声"（Variazione Finale e Coda）做准备。此时，这首曲子真的不再是一组变奏曲，因为接下来是一个完整的奏鸣曲式乐章（主副部主题分别基于主题 A 和 B 部分的开头），但柴科夫斯基随后（也许再一次明智地）将该乐章减少了三分之二，只保留了再现部部分。最后，整部作品回到原点，柴科夫斯基不间断地以"极极强"（*fff*）重述整首三重奏的开篇旋律，将其发挥到极致，然后音乐突然平息，继而响起的简短的葬礼进行曲像在第一乐章中那样逐渐消失。

《钢琴三重奏》在柴科夫斯基生前广受欢迎，在圣彼得堡和莫斯科为其创作者举办的纪念活动中，自然也有它的一席之地。这部作品或许比今天看上去的更值得人们关注。

19

从《马捷帕》到《第二组曲》

　　叙事现在已经到了 1882 年。距离柴科夫斯基犯下一生中最愚蠢的错误——和安东尼娜结婚以来，已经过去了将近五年，此后他一直过着漂泊无定的生活。由于无法在任何地方长期定居，他在整个西欧四处游荡，很少在任何一个地方逗留超过几个星期。如果说他有一个基地的话，那就是卡缅卡，但正如已经慢慢浮现出的那样，这里已不再是一个他可以找到真正满足感的避风港，未来也不会让他从他那仍然珍贵但越来越不正常的家庭所带来的焦虑和压力中有任何喘息的机会。就这样，这种情况还将持续两三年，没有必要详细描述这些持续的旅行和家中的紧张局势，只有在发生了一些重要的事情时才会在此指出。

　　然而有两件事，且都是花好月圆的喜事，在这一时期确实给柴科夫斯基带来了巨大的快乐，值得一提。首先是阿纳托利要结婚了。一段时间以来，时不时地给予这对双胞胎以精神上的支持让柴科夫斯基非常疲倦，现在他终于有望松口气了。但这一消息也勾起了他对很久以前发生的一件事的回忆，而这件事仍然困扰着他。"我非常高兴你感到幸福，"柴科夫斯基 2 月份在罗马时曾给阿纳托利写过一封信，

　　　　虽然我从来没有过这样的体验，但我想我完全能够理解你所经历的一切。这是一种只有女人才能满足的对关怀和爱抚的

需求。有时，我有一种强烈的渴望，想被女人的手爱抚。有时我看到善良的（但不是年轻的）女士们，只想把头枕在她们的腿上，亲吻她们的双手。

他母亲的形象（那位拥有"虽然不小，却异常美丽的手"的女士）永远印刻在他的脑海中，无法抹去。另一件喜事则非常不同。2月间，他赞助人的两个儿子，尼古拉和亚历山大，来基辅时曾拜访了达维多夫一家，并小住了四天，而他写给外甥女安娜的一封试探性的信得到了非常满意的答复，两年后她将与尼古拉结婚。

但是现在，让我们暂时把重点放在这一阶段的作品上。《钢琴三重奏》证明，柴科夫斯基婚前所创作的那些构成了他最珍贵作品的，充满了丰富个人印记的音乐已经开始重新涌现，而他已经开始断断续续创作的歌剧将进一步证明这一点。《马捷帕》的主题来自普希金的叙事诗《波尔塔瓦》，讲述了18世纪初哥萨克酋长（或军事指挥官）马捷帕试图从俄国沙皇彼得大帝的统治下获得乌克兰独立的真实故事。其中还包括年轻的玛利亚与年长的马捷帕之间悲惨的爱情故事。（拜伦在其叙事长诗中所讲述的马捷帕被绑在一匹野马上穿越乌克兰的可怕经历纯属虚构。）柴科夫斯基在1881年5月首次对这一主题表现出了兴趣，但直到9月他才开始根据维克多·布列宁的脚本断断续续的创作，完成了玛利亚和马捷帕之间的部分爱情场景。但在1882年初，《钢琴三重奏》占据了他全部的精力，直到5月在卡缅卡，他才开始系统地创作《马捷帕》。塔妮亚和萨莎仍在基辅，这让卡缅卡的环境适于工作，但歌剧的进展仍然十分缓慢。然后不到十天的工夫，传来了科利亚的父亲突然去世的消息，莫杰斯特和科利亚不得不动身前往格兰基诺的康拉迪庄园。然而，最终证明此次插曲是有益的，因为康拉迪与他的妻子分居了，他的妻子现在对遗嘱提出了异议，而莫杰斯特是遗嘱的受益人。柴科夫斯基意识到他的弟弟可能需要帮助，而且现在塔妮亚和萨莎的归来可能会让卡缅卡失去它大部分的魅力，于是他出发前往了格兰基诺。他本想在这儿停留两个星期，但莫杰斯特病倒了，所以最后住了七个星期。但事实证明，对于《马捷帕》来说，作曲家被困在格兰基诺是件好事，因为当他在 8 月回到卡缅卡时，创作已经取得了重大进展，到了 9 月下旬，歌剧的草稿已经完成。不过，要等到 1883 年 4 月配器才完成。

　　用时之久或许会让人大吃一惊，因为从一开始柴科夫斯基就在处理乐队方面展现出了与生俱来的高超技巧和才能。但很明显，他意识到一些管弦乐潜力还有待他开发，他现在就要开始寻找和利用这些潜力——不同的器乐组合，更广泛的管弦音色和织体，在快速流畅的对比和精致细节方面更多的可能性。柴科夫斯基的配器正悄悄地变得越来越讲究，越来越精湛。这个演变过程并不突兀，听一听，比如说《天鹅湖》（1875—1876）中的管弦乐队，然后再听一听《胡桃夹子》（1891—1892），我想你能感受到这种转变。

244

　　公众对柴科夫斯基新歌剧的反应最能揭示作曲家现在在俄罗斯音乐生活中的地位。他怀疑，可能也不无道理，是沙皇本人亲自在幕后助推了在莫斯科和圣彼得堡的帝国剧院同时制作《马捷帕》这一史无前例的决定。歌剧在制作或舞台设计方面毫不吝啬，曾令《奥尔良少女》大打折扣的严重资源匮乏现在已成为过去。《马捷帕》的首演于 1884 年 2 月 15 日在莫斯科举行，而圣彼得堡的演出仅在三天之后。由于无法同时监督两地的制作，柴科夫斯基将精力集中在莫斯科的排练工作上，但整个过程压力极大。尽管演出后人们起立热烈鼓掌，但首演后的第二天他就逃离了俄罗斯，从而错过了圣彼得堡的首演，引起沙皇的不快。然而，虽然歌剧起初大获成功，还在接下来圣彼得堡的乐季上复演，但这之后《马捷帕》再没有在柴科夫斯基生前被听到过。这么说吧：我们不应该以这为标准来评判这部歌剧的质量。

三幕歌剧《马捷帕》[****]

【《马捷帕》的音乐和戏剧场景与柴科夫斯基的任何一部歌剧一样精彩，但它却很少被听到。（它的英国首演似乎是在 1984 年的英国国家歌剧院）我想，问题可能出在了故事身上，因为不像《叶甫盖尼·奥涅金》（或《黑桃皇后》），它并不是关于像我们这样的普通人，能让我们轻易地产生认同感。这真是遗憾。然而，我们还是可以在家中与《马捷帕》的音乐联系起来，这种联系非常值得一试——对歌剧迷来说更是不容错过。】

245   与《奥尔良少女》一样，《马捷帕》也是三幕，分为六个场景。其情节如下：

第一幕第一场：**河岸边的科丘贝农庄花园**。台下传来女孩们乘船而来的歌声。她们向科丘贝的女儿玛利亚问好，然后离开。独自一人，玛利亚吐露她迷上了年长的马捷帕。爱着玛利亚的安德烈出现了，他感觉到玛利亚被什么东西分了神，于是对她示爱，但玛利亚向安德烈坦白她爱上了马捷帕。一曲激昂的二重唱后二人双双离开。科丘贝、他的妻子柳博夫、玛利亚和马捷帕登场。马捷帕要求来点乐子，于是合唱和戈帕克舞随即上演。当众人离开后，马捷帕请求科丘贝同意让玛利亚与他结婚。科丘贝表示反对，说他们二人的年龄差距造成了障碍，但马捷帕依旧态度坚决，争吵开始酝酿。马捷帕现在向科丘贝透露，玛利亚已经承认了对他的爱，并希望嫁给他。愤怒的科丘贝拒绝了马捷帕，并要求他离开。其他人听到了争吵，然后出场。玛利亚很纠结，但她确定自己愿意嫁给马捷帕。马捷帕逐渐失去了耐心，召集了他的手下。玛利亚试图干预，这里出现了短暂的平静。但马捷帕召集了更多的人马，要求玛利亚自由选择，而玛利亚最终跑进了马捷帕的怀抱。马捷帕讽刺地感谢了科丘贝，然后带着玛利亚离开。

第一幕第二场：**科丘贝家的一个房间**。柳博夫的女仆们为她们的女主人唱起了同情之歌，柳博夫对玛利亚给她父母带来的耻辱表示悲痛。柳博夫让这些女人退下，然后劝说科丘贝直接对马捷帕采取行动。但科丘贝有一个秘密计划。所有在场的人都发誓会保密，他讲述了马捷帕如何向他透露过一个阴谋，即与瑞典结盟，打败沙皇，解放乌克兰。他，科丘贝，将警告沙皇这一危险。安德烈和科丘贝的副手，伊斯克拉对这个计划表示强烈支持。安德烈提出，他要不顾风险把消息带给沙皇，因为他要报复马捷帕。伊斯科拉和合唱团对此表示赞同。科丘贝感谢了安德烈，先是对发生在他身上的不公愤愤不已，然后又充满了复仇的渴望。柳博夫和合唱团接过了他的呼声。

第二幕第一场：**贝洛策科夫城堡下的地牢里**。科丘贝被锁链拴在墙上。沙皇不相信他对马捷帕的指控，并把他和伊斯克拉交到马捷帕手中。明天他们将被处死。科丘贝深深地感受到身陷窘境的耻辱、荣誉的丧失、听到不明真相支持者咒骂自己的酸楚，以及看到马捷帕对自己被处决时幸灾乐祸的痛苦。听到门上钥匙转动的声音，他想一定是神圣的隐士来给他赦罪了。但这是马捷帕的心腹奥里克。他要求知道科丘贝的宝库的下落，宝库会被国家没收。科丘贝回答说，他只有三件宝物：他的荣誉，他现在已经失去了；他的女儿，马捷帕将她偷走了——以及向马捷帕进行神圣复仇的希望。科丘贝痛苦地预言，玛利亚会在他被处决后向马捷帕透露他的财宝。科丘贝恳求奥利克让自己静一静，并警告他，他也必将面对审判日的到来。奥利克对此不以为然，并召来了施刑者。

第二幕第二场：**夜晚。马捷帕城堡里的房间，有一扇门通向露台**。马捷帕对着夜晚的美丽和宁静沉思，将其与自己心中的阴霾进行比较。他为科丘贝必须要被处死而忧心忡忡，并害怕玛利亚对这个消息的反应。奥里克进来报告说科丘贝拒绝屈服，马捷帕确定处决科丘贝。独自一人时，马捷帕的思绪回到了玛利亚身上，他赞

美她，并以爱的告白结束。玛利亚出场，责备马捷帕最近对自己的
冷淡，并提醒他她为他做出的牺牲。她并不后悔，因为他曾发誓会
爱她——但他为什么变了心？马捷帕重申了他的爱，但玛利亚继续
责骂他的心思全在别处。最后玛利亚要求马捷帕告诉她到底在为
什么分心，马捷帕决定悄悄地告诉她：解放乌克兰的时机已经成
熟，很快他就会登上王位——玛利亚也同样。玛利亚的疑虑立刻被
打消，但马捷帕让她别高兴太早，万事还没有定数。玛利亚准备和
马捷帕一起赴死，在二重唱中玛利亚表达了她的兴奋和奉献，而马
捷帕的脑海中则在不断闪过等待她父亲的命运。马捷帕问玛利亚谁
对她更重要：是他，还是她父亲？她回答说："我愿意为你牺牲一
切。""那就记住你的话，玛利亚"，他离开时说。

现在是玛利亚对着夜晚的美丽和宁静沉思，将其与父母没有
她在身边的孤独进行对比。但柳博夫突然出现，向她透露了她父亲
即将被处决的消息。玛利亚非常困惑，她的母亲认为她已经不再
忠诚。但当柳博夫告诉玛利亚所发生的一切时，真相渐渐浮出水
面。玛利亚在压力之下晕倒。柳博夫试图将她唤醒，台下传来了军
乐队的声音。处决正在进行，玛利亚醒了过来，两个女人赶忙冲去
阻止。

247　　　第二幕第三场：**一片有断头台的田地**。人群在思考，人怎么会
突然失去天恩。他们向上帝祈祷，让自己免于这样的灾难。一个喝
醉酒的哥萨克人因不得体的寻欢作乐而遭到训斥。他为自己辩护，
但一切都被渐渐逼近的游行队伍的声音所打断。两个刽子手出场，
然后是马捷帕。众人向他行礼。科丘贝和伊斯克拉被带入场。两个
人一起祈祷忏悔，互相拥抱，登上断头台。人群向他们靠拢，将他
们遮掩。鼓声隆隆，斧头出现在人们的头顶上。斧头落下时，玛利
亚和柳博夫冲进了人群。玛利亚倒在母亲的怀里，人群祈祷二人得
到宽恕。

第三幕：**如歌剧开场时一样，但现在是一片荒烟蔓草。夜晚**。
一幅交响音画描绘了波尔塔瓦之战。瑞典士兵被俄方追赶。安德烈

出场寻找马捷帕，他意识到了他周围的环境，并反思所发生的一切。他徒劳地呼唤着玛利亚的名字，渴望一死了之。听到有人靠近，安德烈躲了起来。马捷帕和奥利克出场。他们停下来休息，奥利克牵着马儿离开。马捷帕独自思考着所发生的一切，当他意识到自己身处何方时，他的痛苦更加强烈。安德烈认出了马捷帕的声音，他再次出场。安德烈谴责了马捷帕，马捷帕警告安德烈不要攻击他。但安德烈还是朝他扑了过去，马捷帕拔出手枪，向他射击，并唤来了奥利克——但就在这时，月光下的玛利亚从树林里走了出来。她没有注意到马捷帕，并开始疯狂地胡言乱语。看到丈夫，玛利亚让他千万不要出声，以防她的父母听到他们。马捷帕无助地看着这疯狂的一幕在眼前发生。玛利亚越来越狂热地要求马捷帕和她一起回家，但后来她相信眼前的人绝不可能是她的马捷帕。奥利克出场提醒马捷帕，他们的追捕者正在逼近。马捷帕想带玛利亚一起走，但奥利克反对，于是两个男人离开了。

玛利亚突然发现了受伤的安德烈。起初玛利亚以为这是她的父亲，她弯下腰，将他的头轻轻托到腿上。她没有认出这是谁，认为"这是一个睡在茂密草丛中的孩子"，当安德烈低声呼唤她的名字时，她知道这个声音很熟悉，但安德烈仍然无法让她认出自己。她唱起了摇篮曲，安德烈再次试图让她明白，但无济于事。当玛利亚继续唱起摇篮曲时，安德烈死了，玛利亚摇着他，面无表情地茫然望向前方。

歌剧的序曲显然是关于马捷帕的，其粗暴、有力的开篇主题非常符合他的性格，投射出一种无情的力量。接下来急促的音乐无疑描述了他年轻时传奇的横跨乌克兰的骑行。序曲中对比鲜明的第三主题揭示了他天性中更温柔的一面，而这将带来歌剧中一些最动听的音乐。第一幕以迷人的女声合唱开场（每小节有五拍），随后音乐立即将歌剧置于一个充满俄罗斯风情的世界中。至于玛利亚接下来的咏叹调，它揭示了一个既热情又果断的年轻女子，而安德烈的音乐表明他们可能会是很般配的一对儿。然而，在结尾部分二人声音的纠缠不清捕捉到了他们关系中的痛苦与紧张，同时也与马捷帕和科丘贝入场时的音色形成了强烈的对比。此刻的放松是非常刻意的，因为这一幕余下的部分将主要关注两个男人之间不断加剧的紧张关系，而这种紧张关系最后将以灾难告终。马捷帕享受着（根据乌克兰民歌改编的）合唱和戈帕克舞，满足了我们对柴科夫斯基笔下此类舞蹈的全部期待。

现在剧情开始向前推进。两个男人被留在台上开始了他们关键性的交流。起初还只是闲谈，但后来因马捷帕揭示了他对玛利亚的爱而发生了变化。在这一时刻，柴科夫斯基同时揭露出了哥萨克酋长对玛利亚的感情那既温柔又强烈的本质。现在，音乐的基调变得越来越不安，直到两个男人的高声呼喊将其他主要角色和合唱团带回台上，由此引发众人的焦虑。但这并不仅仅是一个封闭的、形式上的发展。争吵本身继续在合唱中简短地穿插进行，随着敌对程度的上升，合唱团将继续充当评论者和边缘的参与者。音乐在这一幕的结尾处达到了超强的戏剧性。

这一场景节奏把控良好，场面壮观。相比之下，接下来的场景则是亲密的，尽管充斥着深层次的强烈情感。女声合唱再次为接下来的剧情拉开序幕，这一次，是从侧面以慰藉口吻烘托柳博夫对女儿的痛苦哭诉。这位母亲简短的哀叹或许充满了悲痛，但她愈发强烈的坚持也表明了内在的力量和决心：柳博夫后来试图拯救她的丈夫也就毫不令人惊讶了。现在进入正题。柳博夫直接呼吁她的丈夫行动起来——此举看来似乎没有必要，因为这正是他心之所向。在这样一个被连续的对话所贯穿的场景中，即没有音乐的空间也不需要音乐，除非音乐能够以精巧的，符合对话表现力和语言结构的乐句来支撑对话，同时乐队还能给予有效支持并强调情绪的变化。但也有一些时刻，这种自由的流动会巩固成为一种集体的、饱满的回应，而这些时刻将被配以完整的旋律以便在其他自由展开的叙事中提供稳定的标示。最好能够对照着歌剧歌词去听这个紧凑的、戏剧性的场景，这样你就能跟上它戏剧性的细节了。

我们已经注意到，俄罗斯歌剧的剧情如果是以著名的文学经典为基础（如《马捷帕》），那么连续的场景中间可能会出现巨大的时间差，只有事先对故事情节有所了解才能理解歌剧剧情。阴谋场景和紧随其后的场景之间便存在着这样的缺口。干掉马捷帕的行动已经失败，沙皇已经被说服。他认为科丘贝和伊斯克拉是叛徒，并判处他们死刑。这场狱中戏可能是柴科夫斯基有史以来最阴森残忍的创作。这实际上是科丘贝的独白，而奥利克只是推动情节的工具。这里甚至比前面一个场景更需要听众对照着歌词去聆听，因为它与唱词和唱词间种种细微之处紧密相连。乐队引子在凄凉与激动的情绪中来回轮转，科丘贝既痛苦又强硬。在这段令人悲伤的独白中，只有两次音乐突然失去了它痛苦的力量：第一次是当科丘贝想象对马捷帕进行"神圣复仇"时，第二次是当他警告奥利克"审判日"终会到来，他的施虐者无处可逃。尽管如此，这一幕还是让人听得津津有味。可别再说柴科夫斯基不能为最不妥协的痛苦情境创作无情的音乐了。

没有什么比下面城堡场景的第一个声音更能与这一切形成鲜明对比了，不过音乐同时也会让我们想起马捷帕看着乌克兰夏夜的平静和美丽时内心的动荡不安。这是哥萨克酋长的私人忏悔时刻，他的痛苦感受在介绍和伴随他的音乐中清晰呈现。他对玛利亚的爱仍然是绝对的，正如接下来正式但深刻感人的咏叹调所充分展示的那样。从歌剧的第一场之后我们就再没有遇到过玛利亚，而她现在的出场立即证实了她积极自信的性格，她可一点儿都不腼腆羞涩。事实证明，马捷帕透露他解放乌克兰计划之前的乐队进行曲片段具有讽刺意味，因为在接下来的场景中，科丘贝将在这首进行曲中被处决。在马捷帕透露他的计划时，乐队引用了格林卡的爱国主义歌剧《为沙皇献身》中的两个片段（来自第二幕的玛祖卡，以及结尾的"斯拉夫合唱"）。这对非俄罗斯的听众来说可能没有什么意义，但会让柴科夫斯基当时的听众产生很大的共鸣。一想到王位，玛利亚的情绪突然发生了变化，她用一曲简短、华丽而克制的咏叹调来迎

250

接这个消息，证实了她对马捷帕的忠诚，也证实了她拥抱新命运的决心。马捷帕敦促玛利亚谨慎行事，还有很多事情要做。但玛利亚的幸福（和野心）不会被驯服，随之而来的是一场短暂的爱情戏。当仍旧感到苦恼的马捷帕离开时，这个场景在看似平静的告别中达到高潮。然而，玛利亚的幸福是短暂的。柳博夫突然出现，很快这位老妇人的性格就得到了确认：她用强烈的、宽广的拱形旋律清楚表明只有玛利亚能救她的父亲。这也证实她和她的女儿一样，坚定起来可以毫不妥协。在玛利亚最终明白发生了什么之前，柳博夫两次使用了这一旋律。真相大白后，柳博夫重复了她的禁令主题，玛利亚也立即将旋律接了过来，在台下的行刑进行曲声中，两个女人冲了出去执行她们无望的任务。

　　与上上个场景一样，接下来的场景也是痛苦的，尽管痛苦的方式截然不同。处决在即，众人等待，大家对即将目睹的恐怖既着迷又恐惧。引入的醉酒的农民起到了烘托作用，这让接下来的恐怖更加有冲击力。台下的处决进行曲预示着游行队伍的临近。游行队伍越发骚动，而死囚的祈祷和人群的沉默回应对此提供了更有力的衬托。随着两个男人登上断头台，这种回应变得越来越强烈。处决本身是残酷而迅速的，乐队以"极极极强"（$ffff$）重复了两人祈祷的最后部分："……在那里，没有悲伤、哀叹，也没有尘世的折磨。"

　　《马捷帕》的结尾场景之前有一首管弦乐幕间曲《波尔塔瓦之战》，幕间曲代表着 1709 年见证马捷帕野心被击败的历史事件。它包含了取自其他俄罗斯音乐中的熟悉素材：首先是穆索尔斯基在其歌剧《鲍里斯·戈杜诺夫》的加冕场景中已经使用过的民歌（在此之前，贝多芬在其第二首《拉祖莫夫斯基四重奏》（op.59 no.2），作品 59 号中也曾使用过），然后是柴科夫斯基本人在《1812》开场时使用过的圣歌。第一首大概是俄罗斯至高无上地位的象征；第二首表示战后的感恩，而幕间曲最后部分则传达了俄罗斯人民的胜利喜悦。

　　尽管 19 世纪歌剧演员在表演艺术界的至高地位受到了器乐演奏大师的挑战，但前者仍然是观众的宠儿。每位首席歌唱家仍然期待（或希望）有机会展示他或她的歌唱天赋。在《马捷帕》中，布列宁为四位主要歌唱家中的每一位都提供了充分的展示机会。科丘贝在地牢场景中有极好的戏份，马捷帕在接下来的城堡场景开场时有一大段自我表白外加一段咏叹调，而玛利亚的炫技部分则出现在歌剧结束时的发疯场景。第三幕开始时轮到了第四位主角安德烈——一段精彩的"场景"（*Scena*, 即由不同类型的音乐组成的高度戏剧化的段落），然后是一段表现力更强的咏叹调。马捷帕和奥利克的出场让剧情开始发展。马捷帕在序曲中的一部分主题预示着他和他的随从正在靠近。安德烈藏了起来，新的角色出现，奥利克将马儿们牵走，马捷帕认出了自己的所在之地。安德烈出现并攻击了马捷帕，马捷帕对安德烈造成了致命的重伤（这里原本有一段二重唱，但柴科夫斯基后来将其删除）。马捷帕叫来了奥利克，但就在这时，玛利亚出场，她的发疯戏开始了。在这一幕的早些时候，当安德烈意识到他身处歌剧开场时的科丘贝花园时，这里曾适当地引用了歌剧第一幕的音乐。现在涌现出许多这样的回忆——当玛利亚出现时，小提琴独奏回顾了她与马捷帕第二幕爱情二重唱的最后部分。但现在她的丈夫只能是一个无助的旁观者，他不时插入的感叹反映了他在看到他精神错乱的妻子时的痛苦。玛利亚郁郁沉思着父亲的死刑和她所认识的那个马捷帕，并回忆起她曾在城堡场景的音乐声中称颂他为未来的沙皇。奥利克出现进行干预，劝说马捷帕撇下玛利亚独自离开。柴科夫斯基对这一切的处理棒极了，而接下来的内容也有其独到的精彩之处。玛利亚看到了奄奄一息的安德烈，她的狂热变成了对"孩子"的温柔，现在她要摇着"孩子"入睡。有那么一瞬间，如果我们相信乐队的话，她那些未说出口的忧虑让她想起了将她父亲送上断头台的进行曲，以及安德烈同时回忆起的第一幕爱情二重唱中的一小部分音乐。当玛利亚抱着安德烈时，后者试图让玛利亚认出他是谁，但无济于事，玛利亚开始唱起

252

了温柔的摇篮曲。安德烈咽气前再一次尝试——但是，已经完全脱离现实世界的玛利亚重新唱起了她的摇篮曲。这是一个不折不扣的悲情结局——而且绝对正确。

————————

1882 年 10 月 8 日，柴科夫斯基刚一完成《马捷帕》的草稿，便前往基辅领取他赞助人的最新一笔津贴。他经常去参加兄弟修道院的弥撒，但往往在仪式结束前就逃走了，这次也不例外。柴科夫斯基认为给报纸写信太过公开和苛刻，于是亲自写信给主教。音乐的风格和表演都冒犯了他：

> 上周日，我不情愿地听着那首奇怪的、像玛祖卡一样的、矫揉造作到令人作呕的《主啊，怜悯》，对《主的恩典》更加没什么耐心。但当他们打开圣像壁的中央门，随着歌手们在一个和弦上叽叽咕咕地唱着《从天堂赞美主》，他们仿佛把赞美上帝的重任丢在一边而去用音乐会的音乐来娱乐公众，并铆足了劲儿开始表演一个冗长的、无意识的、不成形的协奏曲。它基于陌生的调式，琐碎，毫无天赋，充斥着与礼拜场所不相称的声乐技巧。我心头涌起一阵愤怒，他们越是唱，我的愤怒越是强烈。这时，一个男低音发出了狂野的嘶嚎；这会儿，一个童音独唱又开始尖叫。然后我听到了一句意大利托列巴克舞曲，现在又听到一个歌剧的爱情主题在最粗糙、赤裸、乏味的和声中以极不自然的甜腻被唱响。这时整个唱诗班的声音逐渐消退到一个精致到夸张的弱音，然后又开始咆哮，扯着嗓子吼个不停。啊，上帝啊！这场音乐狂欢又是从哪里开始的呢？正是在庆祝整个宗教仪式核心活动的那一刻，当主教大人和您的执事们施行基督的身体和血液时。

后面还有更多不留情面的句子。评论起创作品位和职业操守这类问题，柴科夫斯基可没有失去他犀利的修辞能力。他的尝试和努力巩固了他对东正教教会音乐现状的关注，在他的《圣约翰礼拜仪式》中，他以符合东正教仪式精神的风格进行创作。他还将继续创作更多的作品，体现出他认为既现代又尊重仪式基调和惯例的风格。至于眼下的问题，我们对主教的反应一无所知。但毫无疑问的是，一个大名鼎鼎且声誉愈发显赫的作曲家出来干预，是不会有任何坏处的。

　　一种性质完全不同的担忧将在他生活中一个更为关键的部分表现出来。基辅之后，柴科夫斯基前往妹妹家中，他的大甥女塔妮亚将引发一场危机，彼得舅舅发现自己必须处理这场危机所带来的非常复杂和敏感的后果。卡缅卡的音乐教师，斯坦尼斯拉夫·布卢门菲尔德，与塔妮亚持续的亲密关系已经让柴科夫斯基非常震惊。柴科夫斯基抵达后不久，这些暧昧的言行又开始了。最后，柴科夫斯基再也无法忍受这种对分寸感的极大侮辱，他宣布他将离开卡缅卡前往莫斯科。塔妮亚立即表示要和他同去。他一想到她的陪伴就惊恐不安，于是他拖延了几天，然后编造了一个故事，说他将前往布拉格观看捷克歌剧院制作的《奥尔良少女》。一旦他到达基辅，他会说歌剧制作被推迟，他将改道前往莫斯科。

　　到达莫斯科后，柴科夫斯基决定完成《马捷帕》第一幕的配器，这让他推迟了前往圣彼得堡的时间。他本打算在那儿与莫杰斯特会合。他发现塔妮亚也来到了首都，但是和其他亲戚住在一起。他很少见到她，然后，1883 年 1 月 9 日，他去了巴黎。在两个星期的时间里，他陶醉于他最心爱的欧洲城市。他经常出入剧院，享受了至少两场莫扎特的《费加罗的婚礼》。他向（并不是莫扎特爱好者的）莫杰斯特表达了对演出的思考，为莫扎特的音乐为何如此吸引他提供了又一深刻的见解。他承认，

　　　　莫扎特既没有贝多芬的深度和力量，也没有舒曼的温暖和　　254
　　激情，更没有梅耶贝尔、柏辽兹、瓦格纳等人的光彩。莫扎特

既没有征服我，也没能让我震惊——但他吸引我，让我快乐，使我温暖，我活得越久，越是了解他，也就越爱他。

然而，当莫杰斯特赶来与他会合时，巴黎双周的快乐却被残忍地打断了——因为和他弟弟一起来的是塔妮亚。

他们的外甥女来巴黎对外假称是为了咨询名医，现代神经学的创始人之一，让-马丁·夏科，希望他能治好她的吗啡瘾。柴科夫斯基觉得他必须留下来帮助莫杰斯特，直到外甥女完成治疗。与此同时，塔妮亚不得不被安置在"健康之家"，她自己的女仆和康拉迪家的一位前任家庭教师会共同负责她的个人需求和照看工作。柴科夫斯基和莫杰斯特轮流去看望她。

这同时还是一个非常敏感的责任——因为尽管他们的外甥女来巴黎确实是为了药物治疗，但这并不是主要原因。布卢门菲尔德让塔妮亚怀孕了。家人中尚且只有莫杰斯特和柴科夫斯基知道真相，甚至塔妮亚的母亲和父亲都没有意识到她的真实情况。为了萨莎的身心健康，事情必须保密。然而，这给柴科夫斯基的财务带来了可怕的后果。如果向卡缅卡要钱来支付塔妮亚在此地继续逗留直到孩子出生所需的费用，她的父母就会得知她的秘密。在绝望中，柴科夫斯基向他的赞助人申请预支两个月的津贴，还从尤尔根松那里获得了2000卢布的借款。更糟糕的是，到了4月中旬，莫杰斯特不得不回到俄罗斯和科利亚的身边，这样他哥哥得全权负责有关塔妮亚的决定以及随后可能采取的任何行动。

柴科夫斯基是如何做出并执行这些决定，这进一步以生动和十分感人的方式展现了他的性格。塔妮亚产下一男婴，受洗名为乔治-莱昂，出生于5月8日，也就是柴科夫斯基本人43岁生日的第二天。柴科夫斯基为自己看到新生儿时所感受到的柔情而惊讶。"我告诉塔妮亚，只要我还有一口气在，她就不需要为乔治-莱昂担心。"他对莫杰斯特说。甚至有那么一刻，他还想自己收养这个孩子。但塔妮亚冷静地看待回到父母家后必须生活在谎言当中这一现实，让柴科夫斯基感到非常失望。与此同时，柴科夫斯基办理了乔治-莱昂的出生登记手续，并为他安排了洗礼。至于孩子的未来，几天后，奶妈把他带到了她在巴黎南部维伦纽夫的家中，在接下来的三年里，他会一直留在法国，柴科夫斯基也将继续负责乔治-莱昂的生活，并尽可能地常去寄养家庭看望他，直到最后柴科夫斯基的哥哥尼古拉和他的妻子承诺收养这个男孩儿。

与此同时，柴科夫斯基3月收到了两项委约，这关乎到即将举行的新沙皇亚历山大三世的加冕典礼。十七年前，柴科夫斯基曾为当时还是沙皇太子的亚历山大三世创作过《丹麦国歌主题节日序曲》。这两项委约一个是仪式性的进行曲，另一个则是更有分量的作品——根据诗人，阿波龙·迈伊科夫的文本创作的康塔塔《莫斯科》。这两项委约都是在巴黎期间完成的。柴科夫斯基对这些曲目的评价非常不同：

> 行进曲很热闹但很糟糕，但是康塔塔，考虑到它的创作速度的话，它并不像人们想象的那样差。迈伊科夫的文本非常优美且富有诗意。有一点爱国主义的空洞自大，但除此以外，它很是深情。它有新鲜感，语气诚恳，这让我能够将他美丽的词句在我心中激起的情感写入我的音乐当中。

加冕礼的一个奇怪习俗是沙皇独自用餐，其他人在一旁观看。这部康塔塔就在克里姆林宫里作为这一仪式的伴奏获得了首演。柴科夫斯基没有为这部作品收取任何费用，但沙皇下令，作曲家应获得1500卢布的奖励，而这些钱将以一枚戒指的形式呈现——就像十七年前柴科夫斯基为庆祝这位未来沙皇大婚而创作《丹麦主题节日序曲》时一样。那次柴科夫斯基把戒指弄丢了，而这一次，由于无力偿还债务，他以375卢布的价格当掉了戒指。但很快他又弄丢了赎票，以至于他这次为沙皇效劳所获得的唯一收益，正如他对他的赞助人所说，是"一种做了坏事的犯罪感"。

256

加冕康塔塔《莫斯科》***

【虽然这首康塔塔算不上柴科夫斯基的主要作品，但它是一首很有吸引力的曲目，对于那些特别喜欢交响合唱的读者来说很值得研究。作品的结尾可能比较生硬和正式，但前面的部分包含了一些精彩的音乐。】

《莫斯科》由六个乐章组成。开场时，听众可能会怀疑是不是听到了《1812》。但这个美丽的四声部大提琴乐段带我们进入了一个充满魅力的交响合唱乐章，描绘了莫斯科的建立，这座城市的历史苦难以及它在鞑靼部落的攻击下所跌入的无尽黑夜。在第二乐章中，次女高独唱讲述了莫斯科的复兴。在第三乐章中，合唱团为沙皇的出现而欢呼和致敬。第四乐章中较为忧郁的男中音独唱唱出了沙皇的领导力和他捍卫其他斯拉夫王国（塞尔维亚、格鲁吉亚和保加利亚）的重任。该乐章以一个胜利的宣言结束："两个罗马已经沦陷【罗马本身在 410 年被哥特人占领，君士坦丁堡在 1453 年被奥斯曼土耳其人占领】，第三个【莫斯科】仍然屹立不倒，第四个不会出现！"合唱团铿锵有力地回应他的宣言，乐队也在庆祝。在第五乐章中，次女高音独唱表达了沙皇自己对现在所承担的责任的冷静思考。如果这段音乐对一些读者来说听起来很熟悉，那是因为柴科夫斯基将其中的一些内容改编成了《黑桃皇后》第二幕一开始时波丽娜的浪漫曲。终乐章是集体庆祝。男中音带头，合唱团响应，很快又有两位独唱加入，以适当的喧腾赞美沙皇，并表达了一个强大而理想的俄罗斯的愿景。

在解决了乔治－莱昂的问题后，柴科夫斯基获得了自由，并于

5 月 22 日离开了巴黎。阿纳托利现在心满意足地结了婚，在莫斯科附近的波杜什基诺租了一套房子，这将是柴科夫斯基最终的目的地。阿纳托利最近也当上了父亲，已不再是柴科夫斯基经常要劝导和帮助的那个问题弟弟。这所房子的地理位置非常有吸引力，柴科夫斯基可以在周围的树林中漫步，采摘蘑菇。第二桩喜事让他更加欣喜：他的外甥女安娜现在与尼古拉·冯·梅克正式订婚。柴科夫斯基到莫斯科看望朋友，并试图处理音乐学院的人情事务。尼古拉·休伯特现在因一系列的内部问题从他的岗位上被赶了下去，柴科夫斯基为他说情，希望能让他复职。事实证明这是徒劳的，（尽管心怀疑虑）但他还是说服了校方将空缺的职位提供给拉罗什，他这位亲密、才华出众、但情绪不太稳定的朋友。

　　柴科夫斯基在波杜什基诺住了大约三个月。但一个月后，《马捷帕》的谱样到了。每个作者或作曲家在作品出版时都必须面对的一项工作是检查拟发行内容的准确性，并进行必要的修订。校对一本书是比较容易的，因为文本是一个单一而连续的文字链，只需逐行阅读，并标记出任何必要的修订即可。但乐谱就非常不同了，有太多太多不同的元素需要检查。不仅音符的音高要检查，每个音符的时值和任何附加的表情记号（例如任何重音）也必须检查，还有各种其他的演奏指示和分句标记要检查，垂直排列必须非常精确——也就是说，所有同时响起的音符都必须非常准确地放置在一起。在柴科夫斯基的乐谱中，任何时候都可能会有多达二十个或更多这样的音符同时响起。所有这一切都需要坚定而敏锐的专注力，特别是对于一部两三小时的歌剧来说，既费时又费力。众多到访波杜什基诺的客人和朋友（他们经常发出回访邀请）对他的日常作息造成了越来越大的侵扰也就不足为奇了。此外，他的创作欲望也越来越强烈，面对这样的冲动，他最终屈服了。所以当他 9 月 13 日离开波杜什基诺时，一部全新的管弦组曲已经起草完成。当他四天后到达卡缅卡时，首要任务就是完成这部颇具分量的作品。

　　在接下来的两个半月里，柴科夫斯基一直住在卡缅卡，在最

初的五个星期里，他每天要花大约六个小时的时间为他的《第二管
弦乐组曲》进行全面创作和配器，因为他在继续谨慎地扩大他在配
器上的广度和精炼度。作品的首演于次年 2 月在莫斯科举行，由
1882 年接替尼古拉·鲁宾斯坦担任俄罗斯音乐协会莫斯科分会的
音乐会指挥马克斯·厄德曼斯多夫执棒。新作品大获成功，一周后
又再次加演。然而，柴科夫斯基并没有出席这两场演出。他被制作
《马捷帕》的压力弄得筋疲力尽，以至于之前所指出的，在《组曲》
首演的前一天就立即逃到了西方休养。

第二管弦乐组曲 ***（*）

【这套组曲完美呈现出了一些非常有吸引力的音乐，第四乐章
还包含了柴科夫斯基所有作品中最出色的乐段之一。然而，就整体
质量而言，它无法与未来的《第三组曲》比肩：因此，第四颗星被
框在了括号里。】

尽管柴科夫斯基将这套组曲的第一乐章命名为"声音的游戏"
（Jeu de sons），但他此处对配器的关注并不像在后续乐章中那么明
显。本乐章采用了奏鸣曲式结构，开头缓慢的引子会在结尾时再次
出现。这里的"游戏"（Jeu）只存在于弦乐乐句之间，结尾由木管
呼应。然而，当快速的乐章主体开始时，音乐织体上持续短时间的
变化往往与弦乐和木管之间短时间的音色转变交相呼应，值得留
意。呈示部有三个清晰的部分：第一部分充满活力；第二部分在旋
律上更加直接；第三部分（在短暂的休止过后）又恢复了拨弦与弓
弦，有时是拨弦与木管乐器之间飞快的音质上的交流。展开部是基
于主部主题开头旋律的赋格，但赋格的本质（即持续的、单一主题
的、不间断的声音）并不适合各种不同的配器。赋格与再现部相衔
接，主部主题直接进入了旋律性更强的副部主题。（也许超级细心

的听众会注意到，此时，副部主题也重新出现在了低声部。柴科夫斯基将这两个主题设计在一起，这个组合马上将会被反复，但高低声部颠倒过来。）第三主题的进入和之前一样，很容易通过前面的休止来识别。如前所述，一部分该乐章开始时较慢的音乐现在再次出现以结束这一乐章。

就算这不是柴科夫斯基最讨喜的乐章之一，这也是非常引人入胜的作品。但接下来的《圆舞曲》，就像柴科夫斯基几乎所有的作品一样，让人无法抗拒。可以说其中的旋律是全新的。柴科夫斯基早期华丽的圆舞曲一般都比较平淡，但这首更加柔韧优雅，幅度也更大（试着唱出或用口哨吹出例如《天鹅湖》开头的圆舞曲主题，然后再唱这首，我想你就会明白我的意思），它所包含的节奏变化在芭蕾表演中会引起混乱。注意紧紧跟随第一主题之后反复出现的乐思：这之所以会吸引你，是因为它耐人寻味的配器，而非内容。柴科夫斯基现在就肌理和音色方面向伴奏中引入了更多不突兀、不张扬的变化，而这样的伴奏如果出现在芭蕾舞中就很容易被察觉，因为注意力会被舞台动作和音乐所分散。还要注意的是一些旋律片段，这些片段往往非常有效地丰富了伴奏。这真是一个美妙的乐章。

第三乐章《戏谑谐谑曲》（*Scherzo burlesque*）更出彩，更辉煌。它引入了一种可能很少有读者在 19 世纪的古典作品中听到过的声音。是的，它们就是钢琴手风琴！柴科夫斯基总是乐于接受新的声音和乐器。（几年后，当他在巴黎遇到另一种新的乐器——钢片琴时，他将不顾一切地保守这个秘密，以防里姆斯基-科萨科夫听说后在他之前使用它。）这首《戏谑谐谑曲》几乎会让人觉得是配器成就了音乐。留给我们的普遍印象是旋律片段满天飞，它们的个性因其在声音织体中稀疏的间距而得以彰显，又往往因其对比鲜明的管弦乐音色而得以体现。微小的旋律片段，甚至只是音点（例如，木管突然冒出来的一声，弦乐的拨弦），都为其增添了细微的味道。圆号在中央部分引入的大胆的民歌式的旋律对比极其强烈

（和有效）。真是让人兴奋的音乐。

260　　　但是，最迷人的声音——事实上，也是整首套曲中最精彩的音乐——即将到来，而且会与之前形成极其鲜明的对比。人们很难想象会在一首被简单地命名为"孩子的梦"（*Rêves d'enfant*）的曲目中找到一场激进的音乐冒险，而且该乐章的开头没有任何迹象表明柴科夫斯基会创造出奇怪的，甚至可能令人不安的声音。配器初听上去好像属于一首令人安心的摇篮曲，可它和这套组曲中的任何一个乐章一样，审慎且灵活多变。虽然随着音量逐渐增加到"极强"（fortissimo），人们会对其助眠效果产生一些怀疑，但接下来的音乐很快又会打消这种怀疑。因为当我们酣然入梦时，任何现实世界的痕迹都会消散。没有明显和声基础的奇怪、精致、零散的声音织体——疾行的竖琴琶音，以及从重复的、现位于高音短笛上的，从双簧管旋律中衍生出的七音片段——将在越来越响的颤音弦乐的烘衬下，在一个低沉且纠缠不休的单簧管、中提琴乐句上飘扬。甚至在芭蕾舞剧《睡美人》的迷人音乐中也不会遇到像这样的音乐。或许任何一位听过另一部以令人不安的童年恐惧和幻想为背景创作的音乐，即本杰明·布里顿的歌剧《螺丝在拧紧》（*The Turn of the Screw*）的读者一时间都会纳闷，布里顿的世界是否很快就要展现在眼前。但柴科夫斯基的幻梦最后会不断沉沦，渐渐消失。片刻休止过后，摇篮曲再次开始，重新回到安全、可靠的人类世界。

　　在这首非同寻常的音乐之后，组曲的终乐章把我们带回到了前面几个乐章中那个更接地气的社会。《巴洛克舞曲》对于这个非常不符合18世纪舞蹈风格的乐章来说似乎是个有些奇怪的标题。但"巴洛克"这个形容词在柴科夫斯基这里的意思是"古朴"或"怪诞"。它的副标题《对达尔戈米日斯基狂野舞蹈的模仿》更有启发性，而其模版显然是这位早期俄罗斯作曲家的《卡扎乔克》（*Kazachok*）的"哥萨克舞"，不过柴科夫斯基的版本要好得多。无需更多的评论，一句话，它为这套组曲画上了完美的句号。

20

判若天渊的关系：
《第三组曲》

到现在为止，我们应该能清楚地看到柴科夫斯基不爱交际，但也不喜欢独处。在家人当中，以及无论与职业上还是社会上的朋友在一起时（对于后者，我们可以推测其中有些是同性关系），他都是一位好客人、好朋友，在必要时也能成为好的支持者。生活中有些时刻或阶段，外部环境和精神压力会驱使他逃离，去过独居生活，但这种抽离几乎总是暂时的。柴科夫斯基对他人的关怀，以及乐意出面提供资金支持去帮助他人解决，或至少是减轻问题，已经得到了多次证明。但在其他时候他的干预可能会让人意想不到，有时看上去还有些任性，甚至怪异。然而，话又说回来，这背后的动机只能有一个，那就是去帮助他认为值得帮助的个体。列昂蒂·卡申科正是这样一个人，这段离奇的插曲以绝无仅有的方式为我们揭示了柴科夫斯基性格中的隐蔽角落。这一切早在 1879 年就开始了，最好还是通过柴科夫斯基给娜杰日达·冯·梅克的信摘来讲述接下来发生的事情。

列昂蒂·卡申科的奇异事件

早在 1879 年 10 月，柴科夫斯基就收到了居住在沃罗涅日的卡申科的第一封来信。在信中，后者宣称他热切希望学习音乐，但由于没有足够的经济能力支撑自己，他表示愿意给柴科夫斯基为仆以换取学费：

> 因为这封信写得非常得体，而且充满了诚意，我回复说，虽然我不能接受他作为我的男仆，但如果从他的下一封信中，我看到他足够有天赋且适龄，可以去学习并学有所成，那么我可以帮助他。昨天我收到了他的回信。他今年 22 岁，他的音乐知识很薄弱，但他渴望成为职业音乐家的愿望却很强烈。他的信写得很好，这让我对这个年轻人产生了极大的同情。但是，对于一个二十二年来只爱过音乐的人来说，你能拿他怎么办呢，除了用耳朵去听，他什么也不会。我不得不在回信中说出我的真实看法，那就是他浪费了太多时间，起步太晚。我为他感到非常遗憾。

整整一年过去了，柴科夫斯基才讲述了这个故事：

> 前天，我收到他的一封信。他要把我的信还给我，以免他死后这些信落到别人手里。他向我告别，说他已经决定自杀。这封信散发着如此真诚的气息，如此深刻的绝望，让我非常震惊。从他的信来看，他是一个奇怪而狂野的年轻人——但很聪明，且非常可敬和善良。

柴科夫斯基承认，卡申科的信对他影响很大，以至于他读信时哭得像个孩子。他立即与阿纳托利联系，恳求他拜托住在沃罗涅日的一位朋友找到这个年轻人。这位朋友按要求做了，发现卡申科现在的情况非常糟糕。柴科夫斯基立即再次写信：

> 我必须要亲自和你认识一下。如果此刻我行动自由，我会到沃罗涅日去，但出于种种原因我不能。因此如果你到这儿来

找我会更方便些。我给你寄去了 50 卢布的路费。我有足够的
财力，向一个朋友（我认为你是这样的朋友）提供不仅是精神
上的，还有物质上的帮助，对我来说不费什么事儿。请温柔地
看待生活和未来——最重要的是，不要怀疑，虽然我还不认识
你，但我已经是你真诚而坚定的朋友。

然而，两星期后收到的卡申科的答复让柴科夫斯基沮丧又
愤怒：

> 我本以为他会对我向他伸出的援助之手表示感谢，但丝
> 毫没有！他急忙向我保证，我自作主张向他保证美德尚存是没
> 有用的（尽管我从来没有想过要说起这方面的事情），我将无
> 法向他证明活在这个世界上是值得的，他不需要我寄给他的
> 钱——但他还是答应 22 日这天到莫斯科来听我把话说完。这
> 一切都非常奇怪，让人无法理解。

263

的确如此！但这个怪人准时出现了：

> 总的来说，他是一个富有同情心的人【柴科夫斯基最喜
> 欢用这个形容词来描述能与自己友好相处的人】。他的痛苦源
> 自他的抱负和严酷现实之间的差距。他很聪明，很成熟——尽
> 管如此，为了一口面包，他要被迫在铁路上当警卫。他非常紧
> 张、胆小，而且异常害羞。他的观点相当怪异，但是，我再说
> 一遍，他远非蠢钝，而且我决心照顾他。我现已决定把他送到
> 音乐学院学习半年。因为他在我心中激起了真诚的同情，我觉
> 得治愈他，把他变成一个有用的，能与生活和解的人并不是
> 难事。

然而，不到两个星期，在他离开莫斯科的前夕，柴科夫斯基得

知了这个令人难以置信的提议所造成的后果。他的门徒出现了，宣称他需要与柴科夫斯基进行一次严肃的谈话，柴科夫斯基听后更加震惊和愤怒。

他是一个非常奇怪的人。在我离开的前夕，他来到我面前警告我，他必须与我进行一次严肃的谈话。以下是他谈话的要点。他的脑子里出现了这样的念头，认为我向他提供帮助和扶持不是为了他好，而是为了我自己，为了给我自己赢得一个慈善家的名声。他把我比作那些女士们，因为赶时髦才热衷于慈善事业，以便成为大家的谈资。他说，他不想成为我哗众取宠这一弱点的牺牲品，他坚决拒绝把我当作他的恩人，并警告我不该指望他会心怀感激。

这对柴科夫斯基来说太过分了，他随即把卡申科打发走了。

我告诉他我要离开莫斯科，不会再见他，并请他不要再想起我，只考虑他的学业。

264　柴科夫斯基认为事情到这儿就结束了。他可真是大错特错！

柴科夫斯基将在卡缅卡度过 1881 年的夏天，8 月下旬，他从那儿转述了一起突然而不寻常的事件。现在和他通信的是莫杰斯特：

今天早上我正准备给你写信，西拉【卡缅卡的农奴之一】出现，悄悄地告诉我，有一个不知名的年轻人想要见我。因为他没有说这人是谁，所以我拒绝前往。然后比留科夫出现了，他看到了这个奇怪的年轻人，对他充满了同情。他从某个地方徒步走来，在车站待了一整天，没有任何东西吃。他顽固地拒绝了所有帮助，并扬言如果警察想抓他请随意。根据描述，我猜到这人是卡申科,于是非常紧张地跑到了车站。我以为他在等我,这样他就可以马上在我面前一枪把他自己的脑袋打爆。我就不去描述这个不幸之人身处的绝望情形了。他见到我时高兴得难以言表,无法抑制自己歇斯底里的抽泣。他是个奇怪的人!我尽可能地安抚他,让西拉给他倒了点儿茶,留他独自坐着以便他能自己平复下来。然后我离开了。傍晚时分回来,我途经哈尔科夫把他送到莫斯科,看来他是从那儿一路走过来的。他来的目的是为了当面拒绝我,考虑到他没有能力,没有意志力,而且整体上来讲认为他一无是处而决定提供给他津贴。然而,他承诺从哈尔科夫(他在那儿有个妹妹)给我寄来他整个夏天的日记,其中包含了他想说但不能当面说出的一切。我今天遭受的动荡让我精疲力竭,但卡申科再一次引起了我的同情。他具有陀思妥耶夫斯基笔下人物那种善良但破碎的天性。

日记如期而至,厚厚的一本涵盖了七个月的内容。内容有时坦率得令人不安,但读到最后,柴科夫斯基相信他已经发现了卡申科问题的根源。他的青年时代太过被肉欲所支配——柴科夫斯基的回答暗示他从中认出了与自己相似的经历:

> 至于你纵欲行为中道德的那一面,首先我没有权利指责你,因为我自己也不是无辜的。其次,在我看来,这样的人往往对自己的性情有一种致命的依赖。很多时候,贞洁不过是缺少了情欲的性情。关键是要能够超越自己肉体上的欲望,并且能够控制它们,而这是需要训练的。就你的情况而言,训练很糟糕。啊,列昂蒂·格里高利耶维奇,你是一个善良的人,但道德败坏。当然,这不能怪你,只能怪环境。

截至此时,柴科夫斯基不得不得出结论:卡申科永远不会在音乐方面有所作为。但在阅读日记时,他认为他的门徒有一定的文学天赋，这一点在莫杰斯特读过日记后也给予了肯定。因此，在年底与卡申科会面时，柴科夫斯基劝说他离开音乐学院，并在1882年间资助了他。卡申科现在坚持不懈地修炼写作技艺。到了6月，这似乎有了结果，柴科夫斯基也继续密切关注着他的作品，并对其进行表扬和批评。然而，问题在于，尽管柴科夫斯基相信卡申科的日记有成为小说的基础，他的文字技巧也确实在进步，但他看不到任何迹象表明卡申科对人性和人类行为有足够的理解以便有能力在小说中有所体现。柴科夫斯基渐渐试图将他引向另一个目标。最后，在11月下旬，他尽可能委婉地提出了他的门徒应该努力实现的职位和新目标：

> 由于你还需要很长时间才能通过自己的努力，去弥补学校教育上的不足，成为一名成熟作家，所以你要过上几年即使有坚定的目标，但没有明确任职的生活。最重要的是，你没有那些**责任**，而履行那些责任会让我们的生活更加完整和美好。你需要的是一份让你感兴趣的工作，在你成为严肃的作家之前让你的生活在不久的将来变得有用，同时又不会让你偏离你的主要目标。你知道我认为什么工作完全符合你的气质吗？**乡村教师**！不，在我看来，没有什么比作为一名乡村教师为社会服务更光荣、更**神圣**的了！

卡申科对这一突然提议做何反应，我们不得而知。他在一封简短的回信后便杳无音讯，看起来这段关系已经结束了。至于事情的大结局，在柴科夫斯基于1883年10月从韦尔博夫卡写给莫杰斯特的信中有所记录：

> 当我到这儿时，我发现等待我的是来自卡申科的包裹，他现在人在波尔塔瓦。事实证明，这是我写给他的所有的信。因为他第一次想自杀的时候，就把我的两封信退还给了我，所以

我明白这次他实际上是在通知我他准备自杀。不过，我只是刚
开始那一瞬间有点担心。之后不知怎的，我觉得我的卡申科肯
定还活着。果不其然，今天我就收到他要我寄钱给他，完全没
有提起我的信。他的信一如既往地带有讽刺的口吻。一个可悲
的，但非常没有同情心的人！

正如我们已经指出的那样，柴科夫斯基有一种与生俱来的能
力，知道怎么去和孩子们相处，并充分参与到他们的世界中。例
如，正是在卡缅卡的家庭环境中，他构思出了有史以来最著名的芭
蕾舞剧，《天鹅湖》的雏形。但那已经是十几年前的事了。这些孩
子现在全都已经长大，他亲眼目睹了，有时也忍受了他现在正值青
春期的外甥女们的任性（更不用说塔妮亚因为怀孕持续扰乱他的私
人生活）。然而，恰恰在这一代人渐渐步入成年之际，新的一代也
来到了世界上。柴科夫斯基的弟弟阿纳托利现在有了一个小女儿，
而柴科夫斯基已经当上了舅公，因为除了塔妮亚的乔治-莱昂，还
有薇拉 1 岁的伊丽娜，柴科夫斯基起初认为她不怎么可爱（"她让
我想起一个寡妇，这样的孩子不对我胃口"），但他很快就承认喜
欢上了她。同时，三外甥女安娜即将和尼古拉·冯·梅克结婚，有
望给家中再添新丁。柴科夫斯基有一段时间一直想为孩子们写一套
歌曲，如今，在完成《第二组曲》后仅过了一个星期，他就写好
了**《十六首儿童歌曲》**^{**}中的第一首，余下的在两个星期内全部完
成。这些诗句几乎都很伤感，出自一位名不见经传的诗人，阿列克
谢·普列谢耶夫之手。它们关于春天、冬雪、花园、鸟儿、孤儿和
清贫却舒适的家庭生活等等。作为一个整体，我们无需为它耽搁过
多时间，不过那些对和年轻人以及与他们世界有关的音乐感兴趣的
读者来说——比如说，那些（像我一样）喜欢舒曼的钢琴组曲《童
年情景》的人，可能会发现这些作品中有一些是非常值得欣赏的，
尽管它们远没有舒曼的那么复杂。这些作品丰富多样，其中有两首
对我来说特别突出：一个是《布谷鸟》，其中标题中的布谷鸟因被

267

其他鸟儿抢去了风头而大发脾气，所以布谷鸟决定通过不停地重复它曲库里仅有的两个音符引起人们的注意（柴科夫斯基的幽默感在此显露无遗）；另一首曲子可能已经作为柴科夫斯基若干年后改编的四声部合唱为一些读者所熟知，它通常被称为《玫瑰花冠》，第一句是"当耶稣基督还是个孩子时"。这也许是一首多愁善感的作品，但它如此简单、自然，听上去既动人又庄重。

一直到11月底以前，卡缅卡都是柴科夫斯基的基地。与此同时，塔妮亚仍是个令人头疼的问题。她在到达卡缅卡的同时还带来了一则消息，称一位名叫费雷的法国医生向她求了婚，这位医生曾在她分娩的时候照顾过她。现在她打算返回巴黎，解决这一问题。柴科夫斯基劝她不要急于做出任何决定，虽然他还在对她提供经济上的帮助，但婚姻会让一切终止。按理说，柴科夫斯基现在应该不那么待见塔妮亚了，但当她离开时，他自己的反应却让他大吃一惊："当她说再见时，我真是心如刀绞。"他向阿纳托利坦白，

> 不知何故，她变得很可怜。最重要的是，她与家人的关系那么疏远，就像个陌生人似的。每个人都因为摆脱了这样一个难缠的客人而呼吸得更加顺畅。即使是她的父母，无论他们多么爱她，也掩饰不住没有她的日子一切都更好，更无忧无虑。

人性再一次显得比本能更有力量。尽管另一段正在发展中的关系带来了无尽喜悦，但同时也激起了他心中的遗憾。尼古拉·冯·梅克正在拜访卡缅卡，虽然柴科夫斯基很高兴看到他和未婚妻安娜如何"整天坐在角落里，忍不住地亲吻对方"，但这也让他心里隐隐作痛。正如他在给莫杰斯特的信中所说："我羡慕地望着他们，一直在想，这的确是真正的幸福，而我永远也体会不到。"他知道弟弟会明白。至于很快从巴黎传来的消息，事实证明它是负面的。甚至在费雷进入塔妮亚的生活之前，富商奥托·克恩就已在追求塔妮亚了，而后者当时还没有完全出局。可现在塔妮亚发

现，在她离开巴黎期间，费雷已经和一个法国女孩儿订了婚，而克恩也渐渐没了音讯。对她的舅舅来说，更糟糕的是她生了孩子的消息已经传到了卡缅卡的仆人那儿，有好几天他都很害怕这消息传到她父母耳朵里。但是，当家里人听到些风声时，立刻表示这太过骇人，不可相信，所以这个秘密目前还是安全的。

12月1日，柴科夫斯基《第一交响曲》的演出将他吸引到了莫斯科，该曲自1868年首演以来还从未重演过。作品反响好极了。但接下来的两个月里，他会忙于个人和商业事务，并在适当的时候为《马捷帕》的制作做准备。如前所述，柴科夫斯基在第一场演出后的第二天就逃到了国外，甚至没有留下来参加次日《第二组曲》的首演。2月21日，他抵达巴黎，一度陷入孤独，甚至感到还好他有塔妮亚在身边。后者现在所有的婚姻计划都泡了汤，变得像往常一样懒散。他两次没提前打招呼就去看望乔治–莱昂，离开时都很满意，因为孩子得到了很好的照顾。他曾希望前往罗马，安娜和尼古拉·冯·梅克正在那儿度蜜月，但由于缺乏旅费以及塔尼娅的健康每况愈下，这迫使他不得不留在法国首都。截至此时，他已经在这个城市结识了许多朋友，而每次到访的压力又一次唤醒了他对有一个自己的家的渴望。"这个家是在莫斯科郊外的某个地方，还是在更偏僻的地方，数以千计的计划挤进我的脑袋里——但是，无论如何，我最后必须有一个属于自己的地方。"他本打算返回卡缅卡，但纳普拉夫尼克报告说，沙皇对柴科夫斯基缺席《马捷帕》在圣彼得堡的开幕之夜感到十分诧异，并补充说他的君主想要见他。此事刻不容缓，3月12日，柴科夫斯基离开了巴黎前往圣彼得堡。

柴科夫斯基与沙皇一个星期后的会面对于作曲家的重要性怎么强调都不为过，因为他在离开巴黎时并不知道陛下会授予他一项荣誉——圣弗拉基米尔（四级）勋章。近七年来，柴科夫斯基非常痛苦地意识到，他的婚姻惨剧早已是人尽皆知，这带来了一种咬牙切齿的屈辱感。还有什么比沙皇亲自授予的这一荣誉更能证明名誉的恢复呢？公众可能永远不会忘记发生过的一切，但他们现在至少能

269

够原谅。3 月 31 日，他兴致勃勃地来到了莫斯科。在莫斯科，他又一次充当拉罗什的书记员，拉罗什竟然懒散到了如此地步，以至于到了 1 月份，柴科夫斯基已经开始亲自负责朋友的各项事务。"我建议我每天来几个小时，以便他能向我口述一篇给《俄罗斯信使》的文章，"他在给赞助人的信中说，"这让他受宠若惊，感动不已，一篇长文已经完成了一半，送去了印厂。他需要一个护士，而我承担起了这个角色。"现在，柴科夫斯基再次担任抄写员，让拉罗什继续工作，完成写作。柴科夫斯基还与阿纳托利及其家人一起享受了一段时光，还受益于莫斯科教堂举行的大量、通常非常辉煌的复活节仪式。但所有这些活动愈发坚定了他拥有一个属于自己的家的决心，他第一次开始考察合适的房产。这并不成功，他吩咐阿纳托利，莫斯科附近但凡出现合适的房子就立刻通知他。4 月 24 日，他来到卡缅卡住了两个月。同一天，他开始记写一本新的日记。

卡缅卡日记

柴科夫斯基成年后的大部分时间里一直坚持写日记，不过他在去世前两年销毁了其中的一些，因为他认识到自己声名显赫，日记的内容会被后人搜罗翻阅，从而揭露他不希望被公开的私事。因此，如果一本日记得以存世，则表明科夫斯基并不反对后人了解其中的内容。他把在 1884 年 4 月 24 日至 6 月 21 日期间对卡缅卡生活的记录汇编成了这样一本日记。它为柴科夫斯基在家庭这样一个非正式环境中的状态提供了最生动的认识。日记详细记录了他的日常活动、他对同伴的看法，有时还揭示了他的内心世界；这些日记读起来往往像是私人忏悔录。就当下讨论的内容而言，这些资料非常宝贵，记录了作曲家在创作《第三组曲》时的逐日进展，也记录了他与他最小的外甥，弗拉基米尔（"鲍勃"，现年 12 岁）的一段亲密关系的开始。九年后，柴科夫斯基将把他的《第六交响曲"悲怆"》献给鲍勃，而舅舅对他的迷恋显然在这个孩子长大成人后让他愈发难以承受。但鲍勃本身也有问题，1906 年，在他舅舅去世十三年后，他自杀了。人们不禁会怀疑，在 1884 年，他是否就已经因舅舅而感到抑郁。这并不重要，在此我们只关注柴科夫斯基的态度——而且我对一点深信不疑：无论他对外甥有怎样的感情，柴科夫斯基从未对他有过不正当的行为。

因为这本日记提供了大量的深刻见解，所以我对它进行了详细的引用。然而，除了极少数条目因提供了特别生动的特写而几乎是被逐字逐句呈现出来以外，下面的摘录都经过了大量的编辑，并且基本上完全聚焦于《第三组曲》的创作和舅甥俩的共同活动上。不是每一天都有记录。日记中经常提到的文特（Vint），是一种类似于惠斯特和桥牌的纸牌游戏，在俄罗斯非常流行。

4 月 25 日。起得很晚。天还很冷。喝完茶后，去找列夫，他很快就走了，我留下来弹琴，构思些新东西。我突然有了一部钢琴协奏曲的灵感，但结果很糟糕，而且也不是新的。在花园里散了会儿步。两个人的晚餐。姐姐【安娜·波波娃，1854年柴科夫斯基的母亲去世后搬来料理柴科夫斯基家务事的表亲】生病了。弹了马斯内的《希律皇后》（Hérodiade）。闲逛了一会儿。在家喝了茶。读了奥托·雅恩的《莫扎特》。晚饭后和弗勒贡【卡缅卡的一位家庭教师】打了文特。

4 月 26 日。又起晚了。去拜访亚历山大神父【卡缅卡神父】……继续无所事事，没有一丝灵感。

4 月 28 日。晚餐前一直待在特拉斯季扬卡森林中，采摘紫罗兰，获得了极大的乐趣。在特拉斯季扬卡森林里和晚饭后在家都试图为新的交响曲打下基础，但我对一切都不满意。在花园里散步，萌生了新想法，但不是未来的交响曲，而是一套组曲。三人文特：我可真是倒霉透顶。

4月29日。清晨，尽管寒风刺骨，我还是去了特拉斯季扬卡森林。记下了一些想法。

271

4月30日。特拉斯季扬卡森林，又记下了一些糟糕的想法。

5月1日。醒来时身体稍有不适。走完了一段路……对自己非常不满意，因为我脑海中出现的一切都很平庸。我是不是累坏了？

5月4日。去车站接家人。愉快的会面。鲍勃。读了很久的书。在家收集签名，准备给莫迪亚送去作生日礼物。五人文特。我的运气很差，气得不行。刚刚读了《圣经》中《列王纪》第一卷。

5月6日。很快我就44岁了。活了这么久，说实话而并非虚伪的谦虚，我做的事情太少了！即使在我的常规职业中，诚恳地说也没有什么是完美的，堪称典范的。我仍然在寻找，左右摇摆，不够坚定。至于其他方面呢？我没有读过什么重要的书，我什么都不知道。只有在文特上我才会花费大量的宝贵时间。但我相信我的健康是不会好到哪儿去了。今天我非常生气，非常恼火，我相信再过一会儿，我就会大发脾气，变得面目可憎。我今天大体上脾气都不好，我那段平静、安宁，不受任何打扰的生活已经过去了。很多事让人大惊小怪，很多事让人看不顺眼，很多事让我这个年纪的疯子无法漠然承受。受不了了！是时候在我自己的家里以我自己的方式生活了。

整个上午都是在愉快的散步中度过的。我还没来得及在晚上散步，就被叫去吃晚饭了——这是新的安排。我忍受着饥饿和对我的忽视。然后是文特，还有无尽的愤怒。

5月8日。我就是行走的恶意！因为萨莎喜欢在牌桌上给我找麻烦，让我更生气的是考虑到她昨天手气太差，我上一局才刚刚大度地让她出了梅花。怎样？这就是一个享有盛名的艺术家的感受吗？呜呼！彼得·伊利奇，好家伙，这太可耻了！上午尽最大努力工作（那首谐谑曲）。在我的房间里喝了茶。

之后又写了一点。鲍勃和我一起在花园里散步。啊，这个鲍勃真让人愉快！晚饭后（我气消了），三个人玩儿了文特。啊！多么美好的生活啊！

5月9日。走了一小段路后，整个上午都在工作。现在情况好转了……啊，这个鲍勃是个多么完美的存在啊！

5月10日。今天非常成功。首先，因为我的工作进展得非常顺利；其次，因为我的肠胃很好。早上和鲍勃在花园里散步（他是多么可爱！）。他们晚餐时说英语很是美妙，我开始能听懂了，但姐姐总是插嘴。

5月11日。完成了谐谑曲。

5月12日。我为什么要打文特？唯一的结果就是心烦意乱和坏脾气。花了一整天时间为组曲创作华尔兹，但我不确定它是否完全令人满意。

5月13日。继续创作华尔兹。晚饭后（在这之前，我和我亲爱的、无可比拟的、美妙的、理想的鲍勃演奏了二重奏，这让他非常高兴），打文特。

5月14日。华尔兹的创作非常艰难。不，我正在变老。在华尔兹上煞费苦心，一直工作到将近七点，但毫无进展。

5月15日。在花园里闲逛了一会儿后完成了华尔兹的草稿。

5月16日。我内心平静，泰然自若地坐下演奏莫扎特的《魔笛》，正沉浸在狂喜之中时被鲍勃打断，他带着惊恐的表情告诉了我关于图斯亚·巴兹列夫斯卡雅【列夫年轻的亲戚】的死讯。巨大的悲痛……我们的文特终于开始了。我非常疲惫。亲爱的图斯亚！啊，可怜的人，可怜的人啊！为什么？但这是上帝的旨意。

5月17日。晚饭后，和鲍勃一起闲逛。一直到七点，在慢板乐章的一个地方挣扎了好久。想起图斯亚非常难过，流下了伤心的泪水。晚饭时迟到了。两人打了文特。

5月18日。去做了弥撒。我很容易被宗教所感动。全程

272

我几乎一直站着，眼里噙着泪水。我的灵魂深处总是被普通人身上简单、健康的宗教情感所触动。和鲍勃一起去了市场。工作非常成功。晚饭后孩子们跳舞，我弹琴伴奏。

5月19日。只做了一点工作。和鲍勃一起采摘了铃兰。

5月20日。整个上午都在工作，虽不轻松，但我的慢板有所进展，我想完成后会很不错。了解到图斯亚死亡的悲惨细节，太痛苦了，让人哭泣。工作到七点钟。

5月21日。工作并完成了慢板，我对它非常满意。

5月23日。又是寒冷且刮着大风。组曲的第一乐章，名为《对比》，这让我非常讨厌。摆弄了一整天之后我决定放弃它，写一些完全不同的东西。工作对我来说变得多么困难啊！难道终归还是老了？

5月24日。弹了莫扎特。茶余饭后，我正准备再次与令人厌恶的《对比》作斗争，但突然一个新的想法在我的脑海中闪现，问题就这样自行解决了。鲍勃，早晚有一天他会用他那难以言喻的魅力彻底把我逼疯。

5月25日。弥撒提前结束。工作。晚饭后和鲍勃一起坐在我的工作室里。用茶后做了点创作。

5月26日。顺利工作到晚餐时间。晚饭后和鲍勃一起读克里洛夫[1]。

5月27日。创作了最后一个变奏曲（波罗乃兹终曲）。用茶后继续工作。

5月28日。一直创作到晚餐时间。用茶后继续工作。与鲍勃和弗勒贡在温室里的长椅上坐了很久。练习英语。

5月29日。没有散步就坐下来工作，一直写到中午。弹了莫扎特，很是陶醉。从莫扎特那里获得了一套组曲的灵感。

---

1. Ivan Andreyevich Krïlov（1769—1844），俄国著名的寓言作家，诗人，与伊索和拉·封丹齐名。他通过寓言这一体裁将俄罗斯民间生动朴实的语言引入俄罗斯文学，为俄罗斯文学的进一步发展奠定了基础。——译者注

5 月 30 日。我工作得太努力了，好像被人驱赶着一样。这种劳累是不健康的，可能会在糟糕的组曲里表现出来。我散了散步。创作非常成功（终曲前的变奏曲），之后和鲍勃坐在屋顶上（我只会为这个天使爬到这上面去！）。之后喝了茶，然后疯狂地工作，以便明天能够开始新的创作。

274

5 月 31 日。上午我写了一首变奏曲。和鲍勃（我亲爱的！）一起散步到悬崖边，然后参加了湖上聚会，之后和他一起回家去了晚祷。一个舞蹈之夜，我弹钢琴伴奏。当我根据他给我的主题演奏夸德里尔舞曲时，鲍勃开心得说不出话来。最后，当大家都散去时，一直都很体贴的娜塔【列夫的远房表亲，很受柴科夫斯基的喜欢】突然对我说："啊，佩蒂奇卡，生活不值得继续过下去！"这样的话从娜塔这样健康、冷静的人嘴里说出来，让我非常悲伤。晚上，薇拉·瓦西里耶夫娜【她在十七年前曾爱上过柴科夫斯基】显然抱着遗憾回忆起了过去。但她所回忆的一切都让我厌恶，我不希望其中任何事情重演。

6 月 1 日。我在家中写出了一首变奏曲。晚饭后打了文特，我输了 7.5 卢布。

6 月 2 日。我今天工作得很顺利，因为写了整整四首变奏曲。上午我只在花园里转了一圈，之后就开始工作，十二点半结束，期待着鲍勃的出现。他答应要来上一堂声乐课，但他辜负了我的期待。徒劳地走来走去寻找鲍勃。

6 月 3 日。晚饭前鲍勃来了，我给他演奏了我的儿童歌曲。喝完茶后，我正准备坐下来工作，但鲍勃把我引开了。我一工作或散步就开始想念鲍勃，没有他我感到很孤独。我非常爱他。

6 月 4 日。工作顺利。完成了组曲！美好的夜晚，要不要安排场排练——《女学究》【莫里哀所作】？！！

6 月 5 日。和薇拉·瓦西里耶夫娜谈了很多。要么是我误

会了，要么是她【对我】旧情未改。晚饭后和鲍勃一起读果
戈理。

　　6月6日。上午将变奏曲改编成钢琴二重奏。

　　6月10日。改编变奏曲。

　　6月11日。研究变奏曲。帮鲍勃准备好骑马。

　　6月12日。晚饭后的两个小时里，我和我美妙的、无与
伦比的鲍勃形影不离。起初，他懒洋洋地躺在阳台的长椅上，
放松得让人陶醉，然后聊起了我的作品。

　　6月14日。终曲改编完成。晚饭后和鲍勃坐在我的书房
里，聊起了学校的事情。

　　6月15日。奇怪的是：我非常不愿离开这里。我想这是
因为鲍勃。

　　柴科夫斯基在卡缅卡剩下的五天里，再没有在日记中提到鲍勃。

———————

　　上面的叙述包含了柴科夫斯基的《第三管弦组曲》是如何问
世的最清晰记录，不过给这部作品配器还需花费更长时间，直到
7月31日整部作品才全部完成。1885年1月24日，《第三组曲》
在圣彼得堡首演，由伟大的德国钢琴家和指挥家汉斯·冯·毕洛
执棒，取得了非凡的成功。"我从未取得过这样的胜利，"柴科夫
斯基写信告诉他的赞助人，"我看到所有观众都被感动了，并对我
表示感谢。这些时刻是一个艺术家生命中最美好的装点。多亏有
了这些，生活和工作才变得值得。"他不妨再补充说明这种毫无保
留的、一致的赞许是俄罗斯公众对沙皇授予的奖项所代表的意义
的认可。评论界也给予了一致好评。马克斯·厄德曼斯多夫当时
指挥了柴科夫斯基《第二组曲》的首演，但柴科夫斯基没有出席，
当晚就逃去了西欧，希望从前一天《马捷帕》首演时的焦虑中恢
复过来。不出所料，厄德曼斯多夫对柴科夫斯基的缺席非常难过。

作为补偿，柴科夫斯基把这套新组曲题献给了他，并通过在组曲最后一个乐章的变奏中使用具有德国特色的音乐形式（赋格曲和众赞歌）让题献变得更加个人化。

G 大调第三组曲 ****（*）

276

【与之前的两部作品不同，《第三组曲》不单单是一套对比鲜明的曲目合集，而更像是一部四乐章的交响曲，其中第一乐章是奏鸣曲式。但它并不追求交响乐的复杂性和严肃性；它是娱乐性的音乐，但却具有最高意义和最高质量，不太可能给普通听众带来任何特殊的挑战，或许除了其长度——约四十分钟。尽管如此，还是有一些值得注意的地方可能会引起更敏锐的听众的兴趣。】

这套组曲的每个乐章都有一个标题。第一乐章的标题为《悲歌》（Elégie），但它散发出的更多是沉思而非忧郁的情绪。尽管柴科夫斯基以奏鸣曲式创作了这首曲子，但其组成部分在更广泛的结构中几乎没有发挥其通常的作用（例如，主副部主题之间没有对比，简短的展开部也没有呈现出这个部分该有的复杂性或挑战性）。相反，奏鸣曲式只是提供了一个框架供柴科夫斯基源源不断地创造出优雅的，甚至如田园牧歌般的旋律。主部长约三分钟，这里没有过渡段，副部在长度上与主部相当且基本保留了主部的情绪。展开部确实给音乐带来了变化（木管啁啾鸣叫，音阶向上飞翔），并有力地逐渐发展到再现部。此处，主副部主题的先后顺序被颠倒，插入的大段英国管为尾声提供了支持。接下来《忧伤的圆舞曲》（Valse mélancolique）是暗色调的，但不忧郁。这是柴科夫斯基最复杂优雅的主题之一。在芭蕾舞剧中，它无疑会把一些舞者难住（试着用口哨把它吹出来，不仅要吹对音高，还要吹准音符的时值）。它被设计为了一个简单的回旋曲，而与这个三度被听到的主题交叉在一起的另外两条旋律要更加有规律。在整个过程中，柴科夫斯基提供的一些伴奏虽不张扬，但却惊人。

接下来的《谐谑曲》将我们带入一个迷人的世界，其中最突出的特点是管弦乐的色彩和织体，而中央部分因其水银般纤细的素材以及令人眼花缭乱的点彩技法而令人惊叹（拉罗什在其中看到了小人国的军队，小精灵士兵正在游行）[1]。我想不出还有什么音乐能像这首谐谑曲一样，它无疑是柴科夫斯基最精彩，最迷人的甜点之一。我就不给大家进一步的暗示了：只要去听就可以了！

277

最后的《主题与变奏》整体听上去更加沉重，但绝不严肃乏味，而是充满了惊喜。与为大提琴和乐队所作的《洛可可变奏曲》一样，这首变奏曲的主题是对莫扎特风格的模仿。它由一个清晰的三部曲式构成，轮廓及和声简单明了（每个变奏都保留了一个元素，那就是主题开始时旋律轮廓的一小部分）。前四个奇数变奏显然是对厄德曼斯多夫的德裔背景的赞美，每个变奏从始至终都是复调，其中前两个变奏完整地保留了原始主题。在变奏 1 中，弦乐以拨弦演奏出这个主题，而两对单簧管—长笛在主题上进行双线对位。在纯木管声部（三支长笛、两支单簧管和两支巴松管）的变奏 3 中，主题出现在外围部分的顶部，中央部分的底部，其他六个参与者提供了一个复杂的六声部网络。变奏 5 和变奏 7 更明显地是日耳曼式的，前者是一个"沉重的"赋格风格曲（真正的德国赋格可没有这么笨重，这种处理方式是否有意带着一丝柴式的幽默？），后者将主题变成了一个庄严的德式四声部合唱（也就是赞美诗旋律），然后不加停顿地进入到了雄壮的——非常不日耳曼式的——英国管坎蒂莱那（cantilena）。相比之下，中间的偶数变奏曲具有更熟悉的俄罗斯风情，特别是变奏 4 热闹的中央部分。这个主题。现在在响亮的铜管乐器上瞬间变成了著名的《末日经》（Dies irae）素

---

1. 指爱尔兰作家 Jonathan Swift 所著《格列佛游记》（Gulliver's Travels）的第一部分《小人国游记》，又名《厘厘普游记》（A Voyage to Lilliput）。——译者注

歌。变奏 9 实则是一首戈帕克舞曲。除了最后的波兰舞曲外，变奏 10 是这套组曲中最长的，它同样由一段小提琴华彩引入，这个新的独奏声部将继续主导接下来的整首变奏，也就是一种摇摇晃晃的华尔兹。变奏 11 让我们回到了最初的主题，但它截然不同的背景赋予了它截然不同的味道，它做好了极富预示性的铺垫，准备领我们进入终曲。这首辉煌的、庞大的波兰舞曲注定会成为听众的兴奋点——如果你能注意到的话，会发现这中间还小小影射了一下该组曲第三乐章奇妙的中心部分，《谐谑曲》。

21

最终扬名和他自己的家

柴科夫斯基现在非常清楚他在寻找一个什么样的家。当他给赞助人写信说起这件事时，后者现在的驻家音乐家，弗拉迪斯瓦夫·帕楚尔斯基曾主动提出过帮忙寻找：

> 土地对我来说是完全没有必要的，也就是说，我只想要一栋普普通通的房子，有一个漂亮且生机勃勃的花园。有条河当然最好了。如果附近有一片树林，那就更好了。当然，我指的是属于别人的树林，因为，我再说一遍，我只想拥有一栋不太大的房子和花园。这个乡间小屋（dacha 或 cottage）必须是完全独立的，不与其他的小屋联排。最重要的是，它必须离火车站不远，这样方便我随时去莫斯科。最重要、最关键的条件是，房子的所在之地应该是和谐且美丽的。如果房子的位置很低，那么就看不到窗外的风景，也就不符合我的要求。我想，这就是我想要的一切。

离开卡缅卡后，柴科夫斯基在哈尔科夫与莫杰斯特会合，然后前往格兰基诺的康拉迪庄园。这里有安宁、新鲜的空气和宜人的生活，柴科夫斯基在这里工作进展迅速：《第三组曲》的配器很快就完成了，莫扎特《费加罗的婚礼》的歌词也被翻译成了俄语，他还为第三部钢琴协奏曲做了一些初步的起草——不过，经过思考，柴科夫斯基决定把它改成一部两个乐章的音乐会作品。接下来，他于 8 月 1 日来到莫斯科附近的斯卡贝耶沃与阿纳托利及其家人团聚，他的弟弟在这儿与拉罗什共享一栋小屋，拉罗什现在染上了梅毒，这让阿纳托利非常害怕，让柴科夫斯基很是沮丧，因为后者意识到这严重影响了他朋友的智力。拉罗什并不是他当时唯一一位问题朋友。4 月，柴科夫斯基出席了于莫斯科音乐学院举行的莫扎特《魔笛》的演出，由塔涅耶夫负责排练——至少他是这样愤怒声称的——但由阿尔布雷希特指挥。当时，柴科夫斯基温和地责备了他这位旧时的学生，说他不应该嫉妒年长于他，且不太受公众尊敬的同事享受属于个人的荣耀时刻，但塔涅耶夫不以为然。于是，柴科夫斯基再次搬出了他在处理与自己无关的事情时常常用到的圆通得体和同情心。在强调了阿尔布雷希特的正直、无私和认真之后，他又以一种既不妥协又不失风度的方式就塔涅耶夫冒犯的理由与他直接对质：

279

　　　　即使是现在，我也不为你没能指挥成《魔笛》感到不快。让我们假设，必须由你一人承担所有枯燥乏味的工作。但以你对莫扎特的热爱，关乎到上演莫扎特最好的作品之一时，哪儿还谈得上什么枯燥乏味的工作呢。最重要的是，如果阿尔布雷希特是个糟糕的指挥家，只会破坏你精心准备的演出，那么我很可能会非常生气。但问题是，他把这部歌剧指挥得极为出色。那么，我该同情谁呢？是你吗，因为你被剥夺了指挥的乐趣。但我无法掩饰我会更加同情阿尔布雷希特，因为阿尔布雷希特以他现在的职位，他有能力也有资格站在指挥台上，可他却要第一千次躲到幕后的阴影中去。当然，我是不会为莫扎特歌剧的命运感到遗憾的，因为我毫不怀疑你会指挥得非常好，可卡鲁沙也指挥得好极了。

我想如果时机正确，柴科夫斯基本会成为一位非常成功的外交家吧。

　　柴科夫斯基与阿纳托利一起生活了六个星期后本应搬回卡缅卡，但他在那里的住所目前被安娜和她的新婚丈夫占用着。与此同时，列夫去往巴黎看望塔妮亚，却意外地和她一起回来了。柴科夫斯基一直关注乔治–莱昂的福利，他通过一个值得信赖的代理人匆匆向孩子的养父母寄去了7500卢布（列夫和萨沙仍然对他们外孙的存在一无所知）。由于卡缅卡不是可行之径，柴科夫斯基询问他的赞助人，他是否可以拜访她在普列谢耶沃乡下的新住所。不过在此之前，他先绕道去了莫斯科，为了向塔涅耶夫介绍他现已完成的为钢琴和乐队创作的《音乐会幻想曲》的草稿。他希望他的朋友能担任其中的独奏部分。

280

　　至于普列谢耶沃，柴科夫斯基认为这房子对他来说过于奢华了，但音乐和乐器、书籍和美酒却是一应俱全。他住了一个月，（在他赞助人的允许下）他鼓励拉罗什定期前来小聚，一部分是为了演奏各种缩编为钢琴二重奏的曲目，但同时也是为了让他的朋友有事可做，以摆脱目前的懒散状态，给柴科夫斯基自己也带来些欢乐。此外，他希望鼓励拉罗什重新撰写评论文章。柴科夫斯基不仅阅读了大量的俄文书籍，而且还阅读了法文、德文和英文书籍。几个星期以来，他一直在用英语研读狄更斯的《大卫·科波菲尔》。他的赞助人还为他提供了乐谱，让他了解到了最近的一些新歌剧，其中包括穆索尔斯基的《霍万兴那》和瓦格纳的《帕西法尔》。这两部作品没有一部令他满意。然而，他并没有忽视自己的创作。10月初，《音乐会幻想曲》完成了。

　　正如六年前听到年轻小提琴家伊奥西夫·科切克的演奏激发柴科夫斯基创作出了他的《小提琴协奏曲》一样，（他在7月对赞助人说）激发他创作《音乐会幻想曲》的原因是遇到了"一个叫阿尔伯特的年轻人，他去年冬天来到莫斯科，我在音乐会和私人家中曾多次听到他的演奏。在我看来，他是一位天才钢琴家，也是鲁宾斯坦兄弟的真正继承者"。尤金·阿尔伯特（Eugen d'Albert）虽然是意大利裔，但出生于格拉斯哥，在伦敦受训，后与李斯特相识，正追求国际职业钢琴家生涯。在他所生活的那个时代，他同时还享有作曲家的声誉。尽管一开始，柴科夫斯基认为作为钢琴家，阿尔伯特要比塔涅耶夫出色，但1885年在莫斯科举行的《幻想曲》首演还是由后者担任了独奏。柴科夫斯基对他的演奏和观众的反应表示非常欣喜。这部作品在作曲家生前曾享有一定知名度，但名气早已不在，今天通常只在柴科夫斯基为钢琴和乐队所作的作品全集系列中才能听到。柴科夫斯基本人似乎对第二乐章持有保留态度，而且还为第一乐章创作了另一版更长的结尾，这样一来该乐章就可以被拿来单独演奏了。

钢琴与乐队《音乐会幻想曲》^{***（*）}

【尽管柴科夫斯基的《音乐会幻想曲》肯定不是作曲家最重要的作品之一，但这首引人入胜的《音乐会幻想曲》还是很值得偶尔一听。作为一次有趣的实验性创作，它介于柴科夫斯基的两部三乐章钢琴协奏曲和他的单乐章《第三钢琴协奏曲》之间。】

《音乐会幻想曲》分为两个乐章，分别被称为《类回旋曲》（*Quasi rondo*）和《对比曲》（*Contrastes*）。不过第二乐章的标题表明，在这一乐章中，具有慢板特征的音乐会携手（不夸张地说，有一刻真的是这样）非常活泼且典型的"终乐章"素材。尽管柴科夫斯基自己的标题表明了第一乐章与回旋曲的联系，但更重要的是，这一乐章的结构似乎是为了实现在《第二钢琴协奏曲》第一乐章中已经显现出来的一种趋势。在《第二钢琴协奏曲》中，展开部中不仅只有一个，而是有两个提前创作好的华彩乐段；而在本部作品中，取代了整个中央部分的是一个长约八分多钟的庞大钢琴华彩。在侧翼部分，柴科夫斯基三主题奏鸣曲式的主要特征又出现了，钢琴与乐队的呈示部由三段主题性的欢快音乐（是否反映了柴科夫斯基与沙皇会面后的愉悦？）所构成，并以主音结束。再现部紧随华彩之后，但调整为以主调结束。至于这个乐章让人有些困惑的标题《类回旋曲》，我只能提出一个可能性，那就是柴科夫斯基想到了莫扎特和贝多芬常规的回旋曲乐章中典型的轻快氛围，而这个标题则出自这首音乐中与之相应的欢欣鼓舞的感觉。

在《对比曲》的开头，大提琴独奏很快就加入了钢琴，而温和且"非常宁静的"（*più tranquillo*）乐队呈示部中摇动的法国号动机，无疑会让一些听众想起《罗密欧与朱丽叶》。甚至在这个篇幅浩荡的乐段强有力的高潮结束之前，单簧管和巴松管就穿插进一段非常欢快的音型：这段"对比"音乐正是在提醒着听众它们的到来。刚刚提到的这段音乐一会儿就会向四处蔓延，但先前轻快的音乐将突然重返，在钢琴重新引入更活泼的音乐之前，恢复该乐章开始时的气氛。这表明柴科夫斯基如此设计就是为了让这两种音乐真正可以同时并存。接下来，活泼的音乐再一次占据上风。其他的无需过多评论，除了要注意一下在"活泼的"（*vivace*）尾声开始前，"非常宁静的"（*più tranquillo*）管弦乐主题再次出现，瞬间唤起了整个《音乐会幻想曲》的主题。

10月15日，柴科夫斯基准备离开普列谢耶沃，他将使用过的乐谱和书籍重新码放整齐，并为不幸弄坏了卧室里的大钟而向赞助人连连致歉。大钟不走了，因为喜欢在夜里听到它的滴答声，柴科夫斯基自己给它上了发条，但由于用力过猛，导致它需要大修特修一番。柴科夫斯基的首个目的地是圣彼得堡，歌剧院正应沙皇的明确旨意制作一部全新的《叶甫盖尼·奥涅金》，他需要出席最后的排练。月底的开幕非常成功，虽然评论界普遍以批评的声音为主，但歌剧每晚都座无虚席。它日益成功的消息传遍了整个俄罗斯，这出制作很快也被其他歌剧院所采用。十五年后，莫杰斯特认为就是在这时，他哥哥的名字变得"被大众所熟知和欢迎，彼得·伊利奇在其祖国境内所受到的欢迎程度达到了有史以来任何一位俄国作曲家所能达到的顶峰"。从这一刻起，柴科夫斯基的个人前途也有了保障。

尽管这证明了柴科夫斯基在俄罗斯公众中的地位，但快乐现在却被焦虑所中和。科切克在瑞士达沃斯患上了严重的肺结核，柴科夫斯基一有机会就去看他。在圣彼得堡忙得不可开交的几个星期之后，他在柏林住了一段时间，享受了短暂但迫切需要的宁静与自由，然后向达沃斯进发。在乘坐只有一匹马儿拉着的马车在山上艰难行进了八个小时后，这趟让人精疲力尽的旅途终于把他带到了这个迷人的小镇。他怀疑科切克的病情实际比表面看上去的要更加严重。他在科切克身边待了六天，然后出发去了巴黎，在那儿看望了乔治-莱昂，事实证明后者正茁壮成长。他会在法国首都停留两个星期，但绝没有完全闲下来。考虑到《奥涅金》和《马捷帕》都在圣彼得堡上演，《奥尔良少女》也在排练中，他的思绪转向了他早期的歌剧《铁匠瓦古拉》。他对这部充满幻想而又充满人性、时而又如此有趣的迷人之作的感情一如既往地强烈，他计划了一系列的修订，希望能以此让它更受欢迎，还将其更名为《女靴》：现在人们通常听到的正是这个版本。

从巴黎回到圣彼得堡后，他及时赶去为莫杰斯特壮胆，因为后者的戏剧《利扎维塔·尼古拉耶夫娜》即将上演。兄弟二人在格兰基诺的居住期间，柴科夫斯基曾在这部戏剧上给了他弟弟很多的帮助，戏剧首演算是获得了一定程度上的成功。柴科夫斯基的下一站是与安娜和尼古拉在他赞助人的家中团聚，但他发现等待着他的是一则关于科切克的坏消息。一个星期后，他得知他年轻友人的死讯，并主动承担起向科切克的父母传达这一噩耗的任务。这是如此令人痛苦，以至于柴科夫斯基拖了三天仍然无法说出口。

就是在这个时候，各种情况凑在一起，让拥有一个属于他自己的家的需求变得更加迫切。这种切身体会是在他与这对新婚夫妇

283

相处期间开始的。安娜的性格一直很粗暴，待人尖酸刻薄，柴科夫斯基不得不听她对各位亲戚一连串的恶意指责。而尼古拉现在完全看妻子脸色，甚至把他的母亲，柴科夫斯基的赞助人，描述为一个"本质上让人难以忍受且精神失常的老女人"，将弟弟亚历山大诋毁为"邪恶、报复心强、无情无义"，称弗拉基米尔是"恶棍"，认为弗拉基米尔的妻子是"放荡的老巫婆"。至于尼古拉的姐妹们，尤利娅是"恶毒的婊子"，亚历山德拉是"八婆"，而伊丽莎白是"十足的傻瓜"。"你还记得那个好脾气的家伙吗——那个经常给家里人拍照的科利亚？"柴科夫斯基在忍受了两个星期后写信给莫杰斯特，"安娜把他变成了什么？"他还反映了现在污染着卡缅卡氛围的那些诽谤和恶毒的八卦。毫无疑问，他不可能再和这些人中的任何一个长期生活在一起。

　　然后就是来自他职业生活的无情压力。检查作品的谱样需要时间和专注力，但大量前来拜访的朋友和外出就餐的邀请让他应接不暇。如果他继续留在莫斯科，就永远无法摆脱这些。最重要的是，他现在是个名人，要面临着身份地位所带来的所有压力。公众的赞誉让他的自尊和自信得到了极大的满足，但这也是一种可怕的压力。他的《第三组曲》在首演时受到的热烈欢迎就是如此。

284

　　柴科夫斯基专门为此次活动回到了圣彼得堡。"之后的疲惫感是巨大的，"他告诉他的赞助人，"第二天我就像个病人。我为自己日益增长的成功感到痛苦，而不是快乐。我有一种把自己隐藏起来的愿望。对自由、安静和独处的渴求战胜了获得艺术自尊的满足感。"柴科夫斯基在圣彼得堡的最后一天，沙皇出席了《奥涅金》的演出。"沙皇想见我，和我聊了很久，对我展现出了高度的亲切和友好。他抱着极大的兴趣详细询问了我的生活和音乐。在这之后，他带我去见了皇后，而皇后给予我的关注非常令人感动。"在离开莫斯科之前，柴科夫斯基在一份报纸上刊登了一则广告：单身男士求租乡村小屋。现在这个需求更加迫切了。

　　第一则广告没有得到回应，柴科夫斯基一度决定放弃寻找，到

国外去。但经过一番思考，他知道这并非长久之计，到了 1885 年
2 月中旬，他决定不能再等了。"昨天我做了一个勇敢的决定，让
阿列克谢去租下一栋小屋，我听说这个小屋的位置很好，有家具、
餐具和一切必需品，"他告诉他的赞助人，

> 一周后，一切都将准备就绪，我将搬进属于我自己的长期
> 住所。这房子有很多房间，装修得极好，小屋旁边有个极其美
> 丽的公园，窗外的风景也非常美。我得在那儿住上一年，如果
> 维护它的费用超出了我的能力，我将设法在这一年内找到更合
> 适的地方。

这座小屋位于莫斯科郊外的迈达诺沃，在通往圣彼得堡的铁
路线上。起初，柴科夫斯基觉得小屋本身令人失望，但他很快就打
消了疑虑。"在我自己的家里是多么快乐啊！"他对他的赞助人感
叹道，

> 知道没有人会来干扰我的工作、阅读和散步是多么幸福
> 啊！现在我彻底明白了，我定居俄罗斯乡下的梦想不是一时的
> 心血来潮，而是满足我天性的基本要求。我已经开始陆续收到
> 报纸和杂志，我读了很多书，我享受着英语的进步，我的工作
> 进展得很好。我想吃就吃，想睡就睡，想散步就散步。总之，
> 我是在生活！

285

柴科夫斯基将在这里或这附近度过他的余生。他的流浪岁月结
束了。

名 人 岁 月

22

《曼弗雷德交响曲》与《女妖》

　　自从巴拉基列夫哄骗和劝诱柴科夫斯基创作出了他的第一部杰作《罗密欧与朱丽叶》以来，这个曾经遍布本书的名字几乎就再没有出现。事情已经过了十五年，而现在二人的关系即将得到恢复。事实上，在此期间，巴拉基列夫经历了一次严重的个人危机。到了 19 世纪 70 年代初，巴拉基列夫对圣彼得堡的音乐生活基本上已经失去了控制，他遭受了严重的自我怀疑，并在 1871 年受一个占卜师所蛊惑，从一个自由的思想家变成了一个狂热的、迷信的基督徒。他不仅放弃了音乐活动，还退出了社交圈。1872 年，他在俄罗斯铁路上谋了份差事，大约有四年的时间在俄罗斯音乐界销声匿迹。但后来，他开始逐渐回归到他以前的环境中。1881 年，柴科夫斯基曾有机会就公事给他写信，但一直等到 1882 年，他的这位老导师才终于与他取得联系，赞扬了《暴风雨》和《里米尼的弗兰切斯卡》。除了表示希望与他见面之外，巴拉基列夫还说要"交给你一个交响曲音乐大纲，你一定能将它处理得极为精彩"。巴拉基列夫显然已经恢复了状态。

　　柴科夫斯基立即对巴拉基列夫的这个没提及名字的方案表示出了兴趣，而巴拉基列夫也迅速将其寄给了他。这是一部基于拜伦的戏剧诗歌《曼弗雷德》的四乐章交响曲，由弗拉基米尔·斯塔索夫于 1868 年为巴拉基列夫本人所构思。但后者认为这并不适合自己，所以拒绝了它。现在轮到柴科夫斯基以同样的理由将它拒绝，并且

拒绝得非常干脆彻底，事情就此搁置了两年。接下来，在1884年
11月，借着沙皇下令在圣彼得堡制作全新版本的《叶甫盖尼·奥
涅金》之际——正如我们所看到的，此次制作标志着柴科夫斯基真
正名人地位的开始——柴科夫斯基和巴拉基列夫进行了面对面的交
流。二人见面后，巴拉基列夫写信给柴科夫斯基：

> 亲爱的彼得·伊利奇：
> 　　我把弗拉基米尔·斯塔索夫为我抄写的音乐大纲单寄给
> 你，并附上了我的笔记。我真诚地希望《曼弗雷德》会成为你
> 的一颗明珠。
> 　　今天与你交谈是如此愉快，如果你明天方便的话，请不要
> 拒绝，在同一时间（11点）到教堂来吧。届时我将在那儿等
> 你，带你出去散散步，我有许多今天完全没提到的重要事情要
> 告诉你。如果有什么事情让你不能在上午给我这几个小时的时
> 间，我会很失望的。愿基督保佑你！
>
> 永远属于你的，
M. 巴拉基列夫

很明显，他们的谈话是关于宗教的。这一时期，基督教信仰
是柴科夫斯基最为关注的问题。他最近读了托尔斯泰的《忏悔录》，
一部作家找寻生命意义的自传式独白。这让他得出结论，是农民的
榜样指明了道路：人必须侍奉上帝，而不是为自己而活。柴科夫斯
基之前无疑积极认真地参加过复活节的礼拜仪式，而且现在对宗教
的关注仍然十分强烈。"我每时每刻都在感谢上帝，主给了坚定的
信仰"，他当时这样给他的赞助人写道——不过，他不久之后写给
表妹安娜·默克林的信或许才更接近事实：

> 　　现在亟须克服对死亡的恐惧。在这方面，我没有理由自鸣
> 得意。我并没有那么深厚的宗教信仰，以至于可以坚定地将死

亡视为新生命的开始，我也够不上是个哲学家，无法让自己接
受我终将会坠入不存在的深渊。

不管柴科夫斯基的信仰究竟是什么，他仍然沉浸在一种情绪当
中，这让他愿意与巴拉基列夫这样的信徒进行讨论。当然，他听得
很认真，第二天就回答说：

亲爱的、善良的朋友，

　　我们昨天的谈话使我深受感动。你是多么好！你是我真正
的朋友！我多么希望降临于你灵魂的那种开悟也能降临到我的
身上。我可以坦率地说，我比以往任何时候都更渴望从基督那
里得到安慰和支持。我将祈祷对主的信仰更加坚定。

看来，在两人通过这次非常私人的接触而建立起的亲密关系
中，巴拉基列夫重新提出了《曼弗雷德》计划，而柴科夫斯基也接
受了。但种种因素让他们不可能再次见面，而且两人似乎也没有更
进一步的讨论。无论如何，柴科夫斯基做出了承诺，并且会将其
兑现。

《曼弗雷德》中，拜伦的同名主人公独自在阿尔卑斯山中游荡，
为自己对昔日挚爱，阿斯塔蒂的所作所为感到悲伤和内疚。诗中充
满了超自然的生物，一个神志不清的修道院院长，一个代表凡人的
山羊猎人。拜伦本人是出了名的浪漫好色之徒，而他迷恋上的人中
包括他同父异母的妹妹奥古斯塔。正是这种不正当的关系激发他创
作出了《曼弗雷德》，而他的主人公对阿斯塔蒂所犯下的罪过（"他
唯一所爱——已由血缘注定"）是乱伦的诱惑，正如拜伦在他的诗
句中所暗示的：

你曾深爱我，

　　一如我深爱你，我们并非生来

就要这般折磨彼此，尽管
爱如所爱是最致命的罪行。

从那时起，曼弗雷德就一直在阿尔卑斯山上游荡，愧疚如影随形——孤独、阴郁，徒然地渴望忘记自己的罪过。至于柴科夫斯基，他非常清楚社会对他性取向的看法给自己造成的焦虑与折磨，以及由此带来的孤立感，甚至是被抛弃之感。曼弗雷德的形象无疑深深地触动了他。这是另一个身处困境的局外人，而作曲家对于这种困境，有着深切的理解并感同身受。

292 　　柴科夫斯基还不能立即投入到工作中，因为他要去瑞士看望病重的科切克，直到 1885 年 4 月在迈达诺沃定居后，他才终于开始创作。在瑞士期间，他读了拜伦的《曼弗雷德》，现在他手边不仅有斯塔索夫 1868 年的音乐大纲，还有来自巴拉基列夫的一些详细说明和一份"有用素材"的清单。巴拉基列夫认为这份清单将为柴科夫斯基这部交响曲的四个乐章注入灵感。

　　如果我们完全按照字面意思去理解柴科夫斯基在《曼弗雷德交响曲》的手稿上草草记下的一些评述，那么可以看出创作过程是相当艰难的。"5 月 25 日——但在结尾之前，仍有大量工作要做……今天是 7 月 18 日，但我仍然没有进展…… 而今天是 8 月 12 日——哦，什么时候是个头。"事实上，抛开这些忧郁的旁白，他对这部作品的整体信心一直在悄然增长，甚至在作品完成之前，他就从友人，曾饰演《禁卫兵》中玛利亚一角的女高音歌唱家，艾米利亚·帕夫洛夫斯卡雅那里获得了她会出席首演的承诺，并对她说："我为这部作品感到非常自豪，希望这个世界上我最珍视的，能和我产生共鸣的人们（你首当其冲）听到它时，能感受到我创作它时的喜悦。"不出所料，当柴科夫斯基通知巴拉基列夫作品已完成时，他那个自诩为大师的老家伙要求看一看钢琴二重奏缩编谱，以便提出修改意见。柴科夫斯基断然拒绝了。

　　《曼弗雷德交响曲》于 1886 年 3 月在莫斯科首演。排练非常充分，演出也很出色。"第一乐章无疑是最好的，"柴科夫斯基在给巴拉基列夫的信中写道：

> 谐谑曲速度很快，当我听到它时，并没有像我经常（因技术难题而对一些乐章）那样感到失望。慢板听上去也不错。终乐章现场演出的效果好极了，而且证明是观众反响最好的一个乐章。我认为这是我最好的交响作品，尽管由于它的难度、演奏性和复杂性，它注定会失败，并被忽视。

事实上，《曼弗雷德交响曲》是作曲家所创作过的最长、最具挑战性的管弦乐作品，对乐队人数要求也最大。柴科夫斯基认识到这部作品不会被经常演奏，所以将其免费送给了尤尔根松。然而在这一年结束之前，它就已经在圣彼得堡上演了三次——甚至传到了纽约。

293

根据拜伦诗剧创作的《曼弗雷德交响曲》*****

【这真是一部庞大又耗费精力的作品。音乐往往颇为强硬，第一乐章在形式上别出机杼，第二乐章包含的音乐又全然相反：薄如蝉翼，似乎没有什么实质内容，却又独具匠心，绝对正确。只有终乐章会让听者对整部作品的连贯性产生质疑——但每位听众都可以对此持有自己的观点。】

斯塔索夫为《曼弗雷德交响曲》编写的音乐大纲对情绪和风格有所暗示，但对于音乐的规定微乎其微：

第一乐章：曼弗雷德在阿尔卑斯山上徘徊。他的生活支离破碎，他难以释怀的，关于宿命的问题仍然没有答案。生活中，除了回忆，他一无所有。对他理想的爱人，阿斯塔蒂的回忆时不时地在不知不觉中涌上心头。回忆、思绪在他身上燃烧，将他折磨。他试图并乞求忘记一切，但没有人能给他解脱。

第二乐章：阿尔卑斯山猎人的生活质朴、善良、纯真，由男性所主宰。曼弗雷德闯入其中，与之形成鲜明的对比。这是一个安静的牧歌般的慢板，包含了曼弗雷德的主题，这个主题就像一个固定乐思（idée fixe），必须渗透到整部交响曲中。

第三乐章：阿尔卑斯山仙女从瀑布喷射出的彩虹中走来，出现在曼弗雷德面前。

第四乐章：一个狂野、放纵不羁的快板，充满了野蛮的无畏。场景是阿里曼斯炼狱般的地下大厅。接着曼弗雷德出现，激起地下亡魂的众怒——最后，阿斯塔蒂的召唤和出现将与这场肆无忌惮的狂欢形成美妙的对比：这音乐必须轻快，清澈如空气，还要完美。再往下，妖魔鬼怪再次出现，广板结束——曼弗雷德之死。

对此，巴拉基列夫附上了他自己的"有用素材"清单。

关于第一和末乐章：柴科夫斯基的《里米尼的弗兰切斯卡》；李斯特的《哈姆雷特》；柏辽兹的《哈罗德在意大利》的终乐章；肖邦的 E 小调、降 E 小调和升 C 小调（作品 25 号：与其他作品分开）前奏曲。关于小广板：柏辽兹《幻想交响曲》的慢板。关于谐谑曲：柏辽兹《罗密欧与朱丽叶》中的《玛布女王》；柴科夫斯基《第三交响曲》中的谐谑曲（B 小调）。

那些熟悉柏辽兹两部杰出的交响曲，《幻想交响曲》和《哈罗德在意大利》的读者，会认识到它们对斯塔索夫根据拜伦的《曼弗雷德》所编写的音乐大纲有多么大的影响。而所有的读者都能看到，当柴科夫斯基创作《曼弗雷德交响曲》时，斯塔索夫的音乐大纲又起到了多么关键的作用。他做出的一个重大改变是将第二和第三乐章的顺序颠倒过来。柴科夫斯基在他自己的第一乐章的序言中明确指出了它所代表的内容："曼弗雷德在阿尔卑斯山上徘徊，被对宿命的疑虑之痛所折磨，被悔恨和绝望所撕扯，他的灵魂忍受着不可名状的痛苦。"第一乐章由五个广泛的乐段体现，中间被四段寂静分隔开来。忧郁的第一主题，有片刻只是单线条旋律，但当它下降到更阴沉的音域时，旋律被配以低声部弦乐上一连串粗暴的断音和弦，投射出曼弗雷德本人。乐章开头的两小节将在交响曲随后的乐章中几乎以原样重新出现，表示这个命运多舛的主人公。音乐宽广又宏大，弦乐上的曼弗雷德第二主题迅速巩固了对他的描绘，随后寂静的乐段中那微小、纠缠不休的音型也许暗示着曼弗雷德被愧疚所充斥的偏执。强有力的渐强，急促而短暂的寂静——整段音乐在不同的音高层次上被重复，从而呈现出第二乐段。但这一次音乐被推向了柴科夫斯基所创作过的最响亮的高潮：高潮褪去，整个部分以开篇时的阴沉乐段结束，最后消逝于第二段明显还未尘埃落定的寂静中。

我的文字读上去有些情绪激动，但我刚才描述的是柴科夫斯基创作过的最有力、最不妥协的音乐，是对一个强大、坚韧的人物忍受着就连他都难以承受的痛苦的恢弘投射。但第三乐段中的曼弗雷德似乎更平静，但还是同样强大：伴奏中可能有一些持续不断的躁动，但曼弗雷德第二主题发展出了一种新的广度，而它所构成的高潮也足够有力，但完全没有先前音乐中的狂热。不过响亮的、多次重复的结尾听起来还是非常令人震惊——确实如此，因为第三次寂静标志着阿斯塔蒂亡灵的出现。

如果说我们刚刚听到的是柴科夫斯基写下的一些最无情的音乐，那么现在我们听到的则是他最美妙、最感人的音乐。正如他最后三部歌剧中的达季娅娜、贞德和玛利亚一样，对柴科夫斯基来说，阿斯塔蒂同样是一位深受命运所害的年轻女子。与之前的这些人物一样，她从柴科夫斯基那里获得了一种特殊的音乐品质，就她而言，这种品质是温柔。起初，她听上去脆弱又犹豫不决，之后她的话语获得了适当的广度和强度，但即使当它们达到了顶峰，也没有破坏被曼弗雷德所辜负和伤害的那种柔弱感。阿斯塔蒂的音乐越来越温柔，直到最终消逝在第四段寂静中。

面对阿斯塔蒂这样富有说服力的表达，曼弗雷德的情感防线被攻破。曼弗雷德再也无法抑制他的痛苦与悲伤，他开篇的音乐再次出现。小提琴、中提琴和大提琴在乐队其他声部低沉有力而不规则的烘托下，以"极极极强"（*ffff*）齐奏出他的主题，所有的一切达到与之前一样狂热的高潮。但这一次音乐没有逐渐消逝；就像《罗密欧与朱丽叶》一样，一连串野蛮、突兀的和弦最终驱使这一乐章奔向最极致的结尾。

　　大约两年后，柴科夫斯基现在能够冷静地审视《曼弗雷德交响曲》，他得出了一个令人不安的结论：他指责中间的两个乐章糟糕，终乐章令人厌恶，并宣称如果尤尔根松同意，他想要销毁它们。然而，他又写道，他将保留第一乐章，"把一部冗长到不可思议的交响乐写成一首交响诗。这样一来，我相信我的《曼弗雷德》会变得讨人喜欢。没错，就是这样。我写第一乐章的时候很享受，其余的乐章则是在紧张劳累中创作的，我记得有一段时间我感到非常不适"。当然，这个评价也证实了他对第一乐章的骄傲。幸运的是，柴科夫斯基从未将他的威胁付诸行动——我想我们真是要对此感激不尽。

　　谐谑曲非常不同，但一样精彩。内容很简单："阿尔卑斯山的仙女从彩虹中走来，出现在曼弗雷德面前。"正如柴科夫斯基的标题所示。他在近些年致力于探索配器中全新的可能性，这让他能够以新的音色和更精致的对比来呈现他的音乐。尽管音乐可能经过特别的调整以使利用这些新元素变得可能，但它仍然是由以前的旋律与和声构成的。然而，在《曼弗雷德》的谐谑曲中，优先次序几乎被颠倒过来：作曲家不再是让音乐适应配器，而是让配器成就音乐。仿佛柴科夫斯基是直接以音色和织体去思考创作，并在编织音网时将其作为首要考虑因素。用最简单的话来说：这里没有旋律，也没有清晰的和声基础——最多只有少之又少的旋律片段和最轻的和声薄膜，而当这些东西悄悄溜进音乐当中时，很快又融化开了。这首谐谑曲像魔术一样，让我们进入了一个诱人的、脆弱的、难以捉摸的世界，营造出神奇的听感。当"真正的"旋律出现，并占据了该乐章的中心部分时，音乐终于回归主题——这无疑是阿尔卑斯山仙女的音乐化身。这种对比得到了完美的效果，这段新的旋律将在适当的时候与曼弗雷德的替代主题相配合。现在后者具备与它的同伴一样优雅的性格（如果可以的话，再注意一下悄悄出现的一小段谐谑曲的音乐）。稍后，当该乐章的彩虹音乐准备回归时，曼弗雷德主题的回归就远没有那么优雅了。当曼弗雷德主题在乐章结尾处悄悄出现时，听上去甚至有些对往事的伤感怀恋，可阿尔卑斯山的仙女已经越飞越高，直至消失不见。

慢乐章轻轻地，但坚定地将我们带回到了人类世界，"一曲牧歌。山区人民简单、自由、宁静的生活"是柴科夫斯基的标题。在此，巴拉基列夫指定柏辽兹的慢板（《幻想交响曲》中的《田野景色》）为柴科夫斯基的模版，但柴科夫斯基却选择了《哈罗德在意大利》中的《小夜曲》。这首曲子以西西里舞曲开场，长期以来作曲家们经常选择以这种轻柔、轻快的舞曲来描绘田园世界。再往后，我们听到了猎人的声音，他的三音号角与一个单一的、持续的木管和弦相映成趣（当这个和弦在乐章结束第三次时，也是最后一次响起时，注意现在支撑它的非常简单但又非常美丽的弦乐和声进行）。开头的主题回归，然后我们听到了一段（据我判断很可能是）活泼的农民舞蹈，以及一场大爆发（一场暴雨？），直到开头的旋律再次出现。长笛的一个快速震荡（且越来越快）的三音音型，加上第一小提琴上高亢的颤音（鸟鸣声？）引入了该乐章的第二主题，其愈发不安的情绪为曼弗雷德的闯入做好了准备。但后者对这个乡野世界的影响是短暂而微不足道的：先前的氛围得到了恢复，猎人的声音第二次响起，开头的牧歌主题以更宽广、更饱满、更有装饰性的音乐返回。曼弗雷德的闯入没有留下任何痕迹，一切恢复常态，曼弗雷德被遗忘。远处的猎人吹响了他的号角，小小的农夫舞曲再次出现，在最后逐渐消逝的和弦之前，有一个微小的、蹦蹦跳跳的加了弱音器的弦乐间奏，支撑着该乐章的开篇旋律，给这一迷人的乐章画上了迷人的句号。

297

如果……如果柴科夫斯基的终乐章能够与前面三个恢弘的乐章在质量上保持一致，那么《曼弗雷德交响曲》就能无可争议地与柴科夫斯基所有伟大的交响作品平起平坐。问题其实不在于音乐本身，而在于音乐大纲。"阿里曼斯的地下宫殿"，柴科夫斯基的注释这样写道，"曼弗雷德在一场纵酒狂欢中途现身，召唤阿斯塔蒂的幽灵。她预言他在尘世间的痛苦将会结束。曼弗雷德之死。"到目前为止，柴科夫斯基非常成功地将每个乐章音乐之外的设定与能达到圆满音乐结构的基本要求统一起来。然而，现在音乐大纲占了上风，这导致乐章支离破碎。其中音乐分裂混乱而且前后不合逻辑，以至于最后，我猜柴科夫斯基不得不以这样的方式来结尾：曼弗雷德（在管风琴声音中）在恢弘的日耳曼风格合唱中实现了神化（柴科夫斯基在《罗密欧与朱丽叶》的结尾处对此类情节的处理要好得多！）。事实上，最后逐渐消亡的结尾确实让这个乐章有所改善，但仍旧无法彻底挽回局面。

然而，问题在更早些时候就出现了，而且要严重得多。这个乐章的开篇是很有希望的。纵酒狂欢的场面被生动地描绘了出来，音乐捕捉到了曼弗雷德突然闯入所造成的影响，也传达了它所造成的错乱感以及大伙儿面对这个陌生入侵者时的屏息凝神。曼弗雷德通过他的第二主题确认了自己的身份——所有这些都处理得非常好。但只有天知道柴科夫斯基为什么会选择用赋格来表达人群对曼弗雷德的反应，一旦他们从最初的惊讶中回过神来（但或许赋格"学识渊博"的性格暗示着人们正在就此事进行辩论。我对此表示怀疑！）。赋格本质上是完全不具备任何戏剧性，它是对一个固定的主题思想（也就是其主题）坚定地进行内向探索，而且整个过程极有分寸。在这种语境下，它听起来只能是沉闷的——它也确实是这样。这才是交响曲的致命缺陷，它随后再也无法完全从中恢复过来，狂欢重新开始，接下来阿斯塔蒂（在她被加入了大段竖琴和新素材的第一乐章音乐中）登场，曼弗雷德回应，然后第一乐章结尾处的他的主题音乐再次出现。但接下来曼弗雷德的神化过于夸张：

太多的故作姿态，太少的实际内容。然而，有些听众可能觉得是我太苛刻了。我还是让他们来决定吧。

如果前三个乐章不是那么精彩，我想我不会对终曲的某些内容如此严苛；我是出于悲伤，而非愤怒，才写下了这些话。但抛开我的保留意见，我同意《曼弗雷德交响曲》与柴科夫斯基在安东尼娜干预之前创作的任何作品一样，是了不起的成就。他又找回了自我，真正恢复了状态。

《曼弗雷德》的故事余音有些伤感。柴科夫斯基对巴拉基列夫保留着极大的敬意和喜爱。"他是个奇怪的人——作为你我之间的秘密，可以说他就是个疯子——但本质上，他很了不起。"他对尤尔根松说。毕竟，是这个人促成了，然后又在某种程度上引导了《曼弗雷德》的创作。但巴拉基列夫已经给柴科夫斯基明确规定了下一部作品（"升 F 小调或升 C 小调钢琴协奏曲"），柴科夫斯基预感到如果不小心行事，前方可能会有隐患。他确实在 1886 年与巴拉基列夫见了面，可尽管后者一再要求他每次到圣彼得堡时都上门探望，柴科夫斯基似乎还是避免了见面。1891 年，他们最后一次交换了非常简短又非常务实的短信。事实证明，他们的关系结束了。

搬到迈达诺沃从根本上改变了柴科夫斯基的私人生活。莫杰斯特对哥哥新环境的详细描述，让我们对作曲家日常生活的方方面面都有了更多的了解。相比我们从他的信件或旁人对他的回忆中费尽心机收集来的证据，莫杰斯特的描述能告诉我们更多关于他的世俗态度和日常活动，从而证实我们从他之前的文字、话语中注意到的信息，并为其填补一些迷人的细节。柴科夫斯基痛恨变化。"从这时起，东西的具体安排摆放就开始遵从一种惯例，这种安排在每次更换住所时都尽可能地保留下来。因此，无论彼得·伊利奇住在哪里，他的房间看上去几乎都是一模一样的。"莫杰斯特回忆说。他对奢侈品、风格或外观没有兴趣，他不会抱怨桌子摇晃，橱柜关不严，或者窗帘用料低廉——不过他为拥有"自己的厨子、自己的洗衣工、自己的银器、自己的桌布和自己的狗"感到非常自豪。阿列克谢和他在一起这么长时间，知道"主人会喜欢什么"，他不仅安排柴科夫斯基的日常生活，甚至还负责挑选家具等事宜。柴科夫斯基唯一真正宝贝的东西是他的书和乐谱，必要时会将它们重新装订，还会追回被朋友借走但没有及时归还的书。

莫杰斯特描述了柴科夫斯基在迈达诺沃的典型的一天，既证实了、也从而扩充了我们从他先前的记录中了解到的情况。他的哥哥会在七点到八点之间起床，在八点到九点之间用茶，而且——也许令人惊讶的是——会读圣经，然后学习英语。他还读德文书籍——例如奥托·雅恩的《莫扎特》，以及斯宾诺莎和叔本华等人的哲学著作。阅读期间，他会查阅字典，并记下他不认识的单词。如果有客人来访，他会和客人一起晨间散步，然后用一天的剩余时间来处理日常事务，如写信、校对或给一部作品配器。但如果他在作曲，则会要求绝对不能受到干扰。在创作阶段，他唯一能忍受靠近自己的人是阿列克谢，即使后者就在房间里，他也可以把他"屏蔽在外"。但任何交谈是万万不可的。有一次，他的仆人对《奥涅金》中的一段合唱大胆地发表了（高度赞扬的）评论，柴科夫斯基不仅感到惊讶，而且十分不安。正如莫杰斯特所说的那样：

> 他感到非常欣慰的是，在这个月黑风高的夜晚，他仆人的音乐性第一次也是唯一一次被照亮了。似乎对于彼得·伊利奇来说，新处境最重要的奢侈之处正是在创作阶段所能提供给他的幽居独处的机会——就算这不是唯一的，也肯定是他在迈达诺沃期间最主要的装点。

莫杰斯特还补充说，他哥哥早年间会向别人展示他正在创作的作品，并寻求他们的意见。"从1885年开始，他几乎完全不再向任何人透露他的新作品，第一个看到作品的人是尤尔根松的雕版工。"

　　如果上午没有其他工作压力的话，那么九点半到中午的这段时间则专门用于作曲。

　　　　十二点整，彼得·伊利奇吃午饭，因为他的胃口极好，所以他觉得无论给他端上来的是什么样的饭菜，那都是精心准备过的。他对大厨或厨子赞不绝口，并让阿列克谢向他们传达他的感激之情，并要求他们经常做一些这么好吃的东西。但是，由于主人对他的菜肴要求很低，所以客人们往往不愿意向厨房表达赞美之情，而是恰恰相反。彼得·伊利奇总是吃得很高兴，但非常节制，特别是当他独自一人时。午餐后，无论天气如何，他都会去散步。他散步的大部分时间也都是在创作。散步时，他构想出主要乐思的雏形，考虑作品的框架，并记下主要乐思。第二天早上，他将这些草稿放在面前，并在钢琴上对它们进行最后的润色。据我所知，除了《奥涅金》中的两个场景以及他的一些钢琴曲和浪漫曲外，他都是在钢琴上逐步完善草稿。在这期间，因为不信任自己糟糕的记忆力，他会把一切写下来，甚至在一些地方注明配器。在大多数情况下，完整的作品都脱胎于这些草稿。

　　据莫杰斯特回忆，如果散步时，柴科夫斯基没有一心想着音乐，那么他可能会（用法语）即兴表演几段戏剧。柴科夫斯基对昆虫很着迷，尤其是蚂蚁，会仔细观察它们。遇到孩子们，他会大方地给些零用钱，但这也造成了麻烦，那就是这些年轻人的数量很快便开始膨胀。为了躲避他们，他试着到更僻静的树林里散步，但现在会有越来越多的孩子们从树丛中钻出来。接下来，孩子们的父母也收到了消息。事实上，情况变得如此糟糕，以至于有一段时间，柴科夫斯基不得不将他两个小时的散步限制在迈达诺沃的私家公园里。

"接近四点的时候，彼得·伊利奇回家喝茶，"莫杰斯特继续说道，

301　　　　如果独自一人，他会阅读报纸和历史期刊，如果有人和他在一起，他则非常喜欢闲谈。从五点到七点，他又一个人去工作了。晚饭前（八点开饭），如果是夏天，彼得·伊利奇会再出去散步，欣赏落日余晖。这时他很乐意有人陪伴。秋天或冬天，他会弹钢琴自娱自乐，如果拉罗什或卡什金（他最喜欢的客人）前来小住，他们会四手联弹。晚饭后，他将与客人一起坐到十一点。有牌友的话，他喜欢玩儿三到四轮文特牌，而当没有伙伴时，他非常喜欢有人为他大声读书。他最喜欢的朗读者是拉罗什，倒不是因为他拥有什么特殊的技巧，而是因为当他阅读时，他能把自己所感受到的喜悦在每句话中表现出来，特别是对于果戈理或福楼拜的作品。如果没有客人，彼得·伊利奇大部分时间都在阅读关于 18 世纪末和 19 世纪初的历史书籍，表现出很有耐心，但总是发现自己有点坐立不安。十一点，他回到自己的房间，写日记，并在睡觉前再次长时间阅读。自 1866 年夏天以来【当时他因《第一交响曲》过于劳累而差点让自己彻底神经崩溃】，他从没有在晚上创作过一个音符。

柴科夫斯基在迈达诺沃定居后的第一项任务是将歌剧《铁匠瓦古拉》修订为《女靴》，今天通常上演的正是这个版本。这项工作完成后，他在 1885 年中间的几个月投入到了《曼弗雷德交响曲》的创作。然而，这些远不是这段时间里唯一吸引他注意力的要务。柴科夫斯基现在被任命为俄罗斯音乐协会莫斯科分会的会长，这要求他分担 5 月下旬音乐学院年度考试的相关职责。这不是他在莫斯科的三周内必须承担的唯一公务。他全新的显赫地位带来了额外的权威，而这种权威在对莫斯科音乐学院自四年前鲁宾斯坦去世后所

陷入的混乱进行干预时，无疑是很有价值的。接任鲁宾斯坦的两任校长，休伯特和阿尔布雷希特都很糟糕。早在 4 月，柴科夫斯基就呼吁里姆斯基-科萨科夫，一个因置身事外所以能保持公正的局外人，来接受这个职位。

但里姆斯基拒绝了，而年轻的塔涅耶夫，尽管还不到 30 岁，成了柴科夫斯基眼中的不二人选。相应地，他动用了自己所有的外交技巧来安抚这两位前任校长，说服他们继续留任，同时力劝塔涅耶夫接受任命，后者最终答应了。他的个人生活也还算活跃，友人康德拉捷耶夫和其妻子同意分居，但事实上情况相当难对付。结果柴科夫斯基花了整整四天时间来解决这个伤感的、非常人性的问题。至于音乐学院，他仍需继续保持活跃，因为塔涅耶夫人在国外受到耽搁一时回不来。在新院长不在的情况下，柴科夫斯基亲自上任招聘新的教职工，包括年轻的钢琴家和指挥家瓦西里·萨福诺夫，后者会成为该机构最好的教师之一。萨福诺夫于 1889 年接替塔涅耶夫担任院长，通过他日益增长的教授声誉和充满活力的领导力，塔涅耶夫他为提高音乐学院的威望做出很大贡献。

所有的一切都是在柴科夫斯基忙于创作《曼弗雷德交响曲》时发生的，这些干扰无疑是造成这部作品进展如此艰难的主要原因。但到了 8 月下旬，疲惫不堪的柴科夫斯基终于能够回到迈达诺沃安顿下来，而亲密朋友的来访也开始让他恢复活力。到了 9 月底，在他为期五天的莫斯科之旅期间，阿列克谢负责把他们搬进了迈达诺沃的一栋更大的、更舒适、更隐蔽的乡间小屋。这次搬家让柴科夫斯基非常欣喜。现在他的客人只在周末来访，他的生活也逐渐不再那么忙乱，《曼弗雷德交响曲》迅速完成。五天后，他可以开始创作他的第八部歌剧《女妖》。

柴科夫斯基在前一年 1 月初次读到伊波利特·什帕金斯基的戏剧《女妖》就立即被它吸引，并写信给作者，建议他将其改编成歌剧脚本。尽管什帕金斯基对柴科夫斯基的提议立即表示赞同，但事实证明这是个行动力迟缓的合作伙伴，因为离婚诉讼干扰了他的日常生活。结果，柴科夫斯基在六个月后才收到第一部分的脚本，而且由于什帕金斯基继续极度拖延，导致这部歌剧直到 1886 年 8 月才全部起草完成，那时柴科夫斯基已经意识到其长度必须被大幅削减（即便这样，最终的成果仍是他最长的一部作品）。这还不是全部，因为在此期间，皇后要求作曲家创作一套歌曲题献给她，他不得不转移注意力去创作《十二首浪漫曲》，作品 60，同时还要监管《女靴》的制作。他已经同意在演出上指挥。这本身就是个巨大的挑战，因为学生时代第一次尝试指挥就给他留下了阴影。他感觉自己的头可能会从肩膀上滚下来，他习惯性地用左手抓住下巴，用右手指挥，从那以后他就再也没有重复过这样的经历。然而，在 1887 年 1 月的歌剧首演中，他控制住了自己，随后指挥将在他的音乐生活中扮演越来越重要的角色，尤其是因为他意识到这将确保他自己的作品获得更多的演出。

这样的繁剧纷扰极大地影响了《女妖》的命运，这部歌剧直到 1887 年 5 月才完成。它的首演于 11 月 1 日举行（柴科夫斯基再次担任指挥），尽管他对演出总体上感到满意，而且最后的掌声也表明这部歌剧是成功的。但观众很快就开始减少，在第十二场演出后，这部歌剧就从歌剧院常规剧目中撤下了。

简而言之，《女妖》是一个悲剧性的爱情故事，情节如下。纳斯塔西娅（昵称库玛，故事中的"女妖"）在奥卡河畔有家旅馆。尼基塔王子到访该旅馆，爱上了库玛，但被她拒绝。尼基塔王子的妻子，伊弗拉克西娅公主，听到这个消息时非常嫉妒。他们的儿子，尤里王子，知道这个情况后，发誓要杀死库玛。但见到库玛时，尤里被她的美丽和看似纯洁的外表所征服，疯狂地爱上了她，而她也爱上了尤里，二人计划私奔。得知此事后，公主决定毒死库玛，于是去与能给她提供毒药水的巫师见面，之后公主遇到了前来与尤里相会一同逃跑的库玛。公主哄骗库玛喝下毒药，尤里赶来，看到死去的库玛，痛斥母亲。他的父亲出现，他谴责了父亲，然后自己被刺死。公主扑向儿子的尸体，然后尸体被抬走，在暴风雨和巫师的狂笑声中，尼基塔王子疯了。

很难相信柴科夫斯基会被一个如此牵强、荒谬的情节所吸引。但从他给艾米利亚·帕夫洛夫斯卡雅的信中可以看出，他对这个故事有着非常不同的看法。他希望艾米利亚·帕夫洛夫斯卡雅能扮演库玛一角，但她本人对柴科夫斯基选择的主题是否明智，以及他的女主人公能否成功地把年轻的王子变成一个热情而忠诚的情人表示怀疑。柴科夫斯基回应说，尽管库玛最显而易见的魅力是那些能让她顺利经营旅馆的平凡优点，但她也拥有其他更高贵的品质：

> 关键是，在这个放荡不羁的村妇的灵魂深处，有一种道德力量和美感，只是它们无处展露。这种力量就是爱。她的天性是极为女性化的，她只爱一次，一爱就是永远，并且会为了这种爱而放弃一切。当爱情刚刚萌芽的时候，纳斯塔西娅轻率地滥用她的权力，也就是说，她用能让所有遇到她的人都爱上她的魅力来自我消遣。在这一点上，她不过是个有趣、迷人，却也堕落的乡村妇女。她知道自己很迷人，对此很满足，在她还是个孤儿的时候，她既没有受到宗教信仰的启迪，也没有受过教育，她把快乐地生活视为她生活的唯一使命。但那个命中注定要触动她天性中更好的那一面的男人出现了，在此之前这些天性一直在沉睡，她被彻底改变了。除非她达到她的目标，否则生活对她来说就会变得毫无意义。她魅力的力量，以前只是本能地发挥作用，现在变成了一个战无不胜的武器，能在瞬间摧毁外来的力量——即年轻王子的仇恨。在这之后，两人都屈服于他们那无法控制的爱情洪流，导致了不可避免的灾难和她的死亡，而这种死亡给观众留下了一种和解和温柔的感觉。

> 自从想要创作《女妖》以来，我一直完全忠于我灵魂的根本需求，即在音乐中呈现歌德【在其《浮士德》中】所说的："永恒之女性，指引我们向上。"

但柴科夫斯基试图将库玛与歌德伟大史诗中拯救浮士德灵魂的理想女性玛格丽特相提并论，是愚蠢可笑的。库玛就是库玛，仅此而已。导致这部歌剧最终失败的原因显然是因为柴科夫斯基的观众意识到，这部歌剧没有真正的戏剧内核，剧中的角色就像在什帕金斯基的脚本中他们被卷入的重重事件一样空洞，一样无趣。然而，柴科夫斯基的音乐往往要另当别论。音乐大部分是非常好的，最好的那些更算得上是极品佳作。事实上，第一幕相当精彩——设计周密、节奏紧凑，质量稳定。而第三幕的爱情场景更加令人印象深刻，它不是传统歌剧中对表白爱情的赞美，而是详细地追溯了库玛将前来杀害她的尤里王子转变为她激情、忠诚的情人的过程。非常难过《女妖》成为创作者选题失误的牺牲品，尽管近年来这部歌剧偶尔得到复兴，但它永远不会成为一部常规曲目。尽管如此，我还是为那些仍有兴趣了解这部歌剧，特别是其中较好部分的读者提供了以下指南。

305

《女妖》：四幕歌剧 *** (*)

【这也许是柴科夫斯基所有主要作品中最令人难过的一部：大量优秀的音乐被一个配不上它的主题拖了后腿。给这部歌剧评级非常困难。我起初确实给它打了三颗星，但很长一段时间后再回头听，我发现音乐的总体质量是如此之高，于是我给它提升了一等，并决定用更多的篇幅来聊一聊。那些非常热爱柴科夫斯基的音乐并能容忍剧中可笑之处的读者应该完整听完它，其他人就跳过吧。由于歌剧很长，在此我把音乐评论和剧情概要合二为一。】

序曲：序曲分为两个部分，第一部分基于第一幕中间库玛感人的咏叹调，第二部分基于一首俄罗斯民歌。

第一幕：这是四幕中质量最稳定的一幕，而且它特别有趣的一点在于，柴科夫斯基回到了他在 19 世纪 70 年代早期运用起来生疏蹩脚，后来很少涉及的俄罗斯风格（特别是在他的《第二交响曲》和《铁匠瓦古拉》中）。第一个场景发生在伏尔加河畔，库玛在这儿有间旅馆。音乐风格很喜庆，也很有乡土气息。我们了解到库玛被指认为女巫，这对她和尼基塔王子的关系非常不利。当女性的声音标志着库玛和一群女孩儿正在走来时，狂欢者们暂时停了下来。库玛很快就成为人们关注的焦点，但有人警告她说，不露声色的老执事马米罗夫正计划带着尼基塔王子来亲眼看看库玛及其同伴们的罪恶行径。第二组人，这次是男性客人，乘船而来，很快河对岸城市的教堂钟声响起，在进一步的交流之后，库玛唱起了歌，赞美"我们的恩人，母亲河伏尔加"。这首反差很大的歌曲基于序曲的两个主题。尤里王子带着一支狩猎队出现在河边，但没有时间上岸（但他的出现也向我们介绍了他这个人物，而库玛的激动不安也揭示出她已经被他所迷住）。突然，有人看到尼基塔王子走来，人们惊慌失措。一些狂欢者逃走了，但库玛控制住了局面，并下令为尼基塔王子铺好桌子。这让气氛完全改变，用以介绍尼基塔的严肃弦乐主题立即将他确立为一个令人生畏的人物。马米罗夫列举了这个地方发生的种种罪行，但库玛却巧妙地避而不谈，说尼基塔可以自己判断。面对使用巫术的指控，库玛不卑不亢地否认，并邀请尼基塔做她的客人。尼基塔同意了，他称赞了库玛的酒，并将一枚戒指丢进他的酒杯。

306

所有这一切的节奏都把控得非常好。但现在，一个十声部的乐段介入了——十位独唱歌手组成一个集体的静态乐章，每个人都表达着对现在发生的事情的反应，合唱团也起到了一定的烘托作用。我们显然只能听到十段文本中的一些片段，但这并不重要。倒不如说，这个乐章给戏剧提供了喘息的空间，以迎接这一幕最后阶段的情节，殴打马米罗夫。王子现在爱上了库玛，她提出给倒霉的执事斟酒。之后，库玛提议跳起充满活力的翻筋斗舞，在库玛的撺掇之下，王子最终命令执事也加入进来。马米罗夫被彻底羞辱了一番。

第二幕的基调发生了突然的转变。现在场景是尼基塔王子家的花园，而这一幕的主要关注点是王室成员和他们的烦恼。公主首先登场，乐队引子呈现了她主题开头的片段，然后伪装成各种各样的形态在越来越激烈的背景下疯狂地反复出现，直到终于将自己完整呈现：这个女人显然经受了折磨，怒气冲冲，但又坚韧不拔，是柴科夫斯基中年妇人角色中的又一代表。其天生的脆弱与决心与看起来万分惊人的忍耐力不相上下（想想《禁卫兵》中的博亚里娜，或《马捷帕》中科楚贝的妻子柳博夫。注意，后者也有一队女伴合唱）。马米罗夫出场告诉公主，她的丈夫去了库玛的旅馆。公主命令马米罗夫做她的耳目。女仆试图安慰她，让她平静下来，但她拒绝了：库玛必死无疑。尤里现在出场，而伴随着他的音乐——节奏悠闲，情绪平静——反映了他轻松的心情。他的母亲试图掩饰她不安的状态，但随后透露，她和他的父亲已经为他选择了一位新娘。他对此不予理睬，因为他正为父亲的暴躁易怒和母亲的心事重重深感不安。可母亲没有理会他的烦恼，母子俩的谈话最后没有任何结果。在公主离开之前，他们一起以一首二重唱表达对彼此的奉献。从外表上看，一切平静如水："上帝保佑，我们将生活在幸福之中！"但这也是对即将到来的动荡的有力衬托。

帕西，一个醉醺醺的流浪和尚，同时也是库玛旅馆的常客，出场后试图讨好尤里（注意他的声部有多少一连串的重复音符，这是宗教圣歌标志性的重复音的痕迹？），但被马米罗夫的出现打断了。尤里离开后，马米罗夫命令帕西在库玛的旅馆里暗中监视。帕西（伴随着烦躁不安的音乐）离开，马米罗夫独自一人对尼基塔发泄着愤怒，因为后者在库玛的酒馆里让他出尽洋相。尼基塔出场（背景中又是弦乐上的八度，尽管现在他的音乐不稳定且令人不安）。他命令马米罗夫召唤公主，同时说出了自己内心的挣扎，以及由于他一直无法忘记库玛而给妻子带来的痛苦。公主的音乐响起，标志着她再次出场。接下来的对峙是这一幕最让人拍案叫绝的。尼基塔试图打岔，但他的妻子直奔主题，控诉他，责备他，这全面揭示了她强硬有力的性格。这场表演令人印象非常深刻。尼基塔试图压制她，但没有成功，最后尼基塔威胁要把她关进宗教牢房。和解是不可能的，他们最终朝相反的方向匆匆跑开。

一段管弦乐插曲为一群农民的强行闯入作了铺垫，他们抱怨尼基塔王子的仆人们一直在打劫。这是剧情中第一个非常薄弱的时刻（但不是在音乐方面）。这场入侵显然非常牵强，既是为了在一场演员数量相对较少的戏中引入一些变化，也是为了展示尤里在农民中的权威和受到的尊重。尤里一出现，闯入者就毕恭毕敬地沉默了，他让农民们回家，农民们照做。公主出现了，责备尤里干涉他父亲的事情，并问她的丈夫在哪里。帕西透露王子在库玛家。尤里终于听到了真相，一旦他完全消化了事实真相，他的音乐就会呈现出一种更具好战色彩的音色。也许，在公主先前与其丈夫的交流中，她的音乐已经表现出了极为强烈的不安，这让我们对她最后一些话中的稳定感和没有明显表露出的激动有些惊讶。但到了这个阶段，一种我只能称为是"超越仇恨之狂喜"的东西已经完全支配了她。有人为她而战，她的对手必死无疑。

库玛没有在第二幕中出现，但她却是第三幕的主导者。地点是她的小屋，场景一开始就有一种与之相应的亲密感。开场音乐是库玛主题，这在音乐为她的第一句话提供基础时就得到了确认。和库玛在一起的是尼基塔王子，后者因库玛迟迟没有回应而深感沮丧。他现在成了乞求的那一方——他在这一幕开场时的语气与第一幕那个独裁专断的语气有多么不同！尼基塔为自己辩解，但白费口舌，库玛坦言她爱上了别人。尼基塔质问情敌是谁，但她不肯透露。对于紧接着的内容，我没有什么想要评论的。库玛在尼基塔的权力面前利用起自己的脆弱，但当最后尼基塔王子试图强行将她带走时，她拔出刀子，以自杀威胁。王子在愤怒中离开，一段简短的管弦乐插曲让气氛发生了巨大改变。独自一人，库玛思考如果她对尤里的爱被人知道会发生什么，但她的沉思被她的朋友波利亚和她的叔叔福卡不安的出场所打断了。他们说尤里认为她是个女巫，并发誓要

308

杀死她。他们告诉库玛要保护好她的小屋，然后离开了。月夜，库玛暗中发现门外有两个人。她惊恐地回到床上，并拉上了床帘。尤里带着猎手朱兰闯入，拔出刀，拉开了窗帘。

接下来，被柴科夫斯基本人形容为是"歌剧中最重要的一幕"就这样开始了，并且为第三幕画上了非常精彩的句号。这是一场爱情戏，追踪了一个不断演变的情况。什帕金斯基对其结构有特别的关注。"我向你提供了一种可能性，即通过你美妙的音乐，由九个动机来传达我们英雄的感情。"他向柴科夫斯基解释。而后者的回应极其精彩。如果想要充分欣赏这个场景的效果，则需要对这些连续阶段有非常详细的了解，所以我用表格将其呈现出来，并配上一小段翻译指出（如什帕金斯基所说的）每个"动机"开始的地方。你的剧本很可能不会使用和我一模一样的语言，但我希望它们的出处能被对应上。正如在歌剧中听到的那样，在我看来，这幕场景自然而然被分成了十个阶段，但也许什帕金斯基认为最后对承诺之爱的庆祝超越了这个系统。

乐队：暴力的齐奏——尤里第一次见到库玛

1　库玛：虚伪的纯真——"你要去哪里，王子……？"
　　尤里：尴尬的指责

2　库玛：温柔的嘲弄——"这还不是全部：我给了王子一种
　　　　　药水……"
　　尤里：警告
　　库玛：渴望解释

3　库玛：自我辩解1（挑衅的语气：农妇）——"你真可怜！
　　　　　在这件事上，你相信了含糊的诽谤……"

4　库玛：自我辩解2（哀求的语气："女妖"）——"王子，
　　　　　我流着泪听任你的摆布……"
　　尤里：心软（窘迫）

5　库玛：爱的告白1（准备）——"但这都怪我……"

　　尤里：困惑

6　库玛：爱的告白2（吸引）——"我的猎鹰，我悄悄地跟
　　　　在你身后，寸步不离。"

7　库玛：爱的告白3（笃定）——"让我说完，王子！你发
　　　　誓要把我的心挖出来。"

　　尤里：困惑——终于答应保护库玛

8　库玛：爱的告白4（恳求）——"但你用可怕的痛苦压抑
　　　　我的精神……"

　　尤里：困惑——试图离开，但无力为之

310

9　库玛：爱的告白5（自我牺牲：向他告别）——"我向你
　　　　敞开心扉……"

　　尤里：最终屈服

10　尤里-库玛：相爱——"当你平复了我心中的怒火……"

　　这个扩展的爱情场景给柴科夫斯基带来了严峻的挑战，因此他最终所实现的效果就显得更加了不起。在此，他不仅展示了自己是这些绝妙音乐的创造者，而且还是个能在每个阶段为每个角色谱写出任何所需音乐的天才。这些音乐为这场戏带来了极其动人的结尾。

　　如果（又来了！）……如果最后一幕的情节能与前三幕的水准持平就好了！尽管如此，其中还是有一些非常好的内容。幕间曲开头的主题是一首民歌，是歌剧开始时幕间曲的姊妹篇，为当前歌剧提供了一个大小适中的框架。对比之下，接下来的号角声预示着将要发生的事情。场景是奥卡河畔的森林，巫师库德玛对噪音不满，回到了他的山洞后，朱兰和其他猎人出现了。朱兰要在这里等待尤里，且已经为他的主人和库玛的私奔做好了安排。尤里到达后，他不顾朱兰的劝说，拒绝放弃他的计划，并向他的爱人唱响了狂热的赞美之歌——这是该剧音乐上的高潮之一。演唱结束，人们发现一只熊，所有的人都跑去追逐它。帕西和伪装成朝圣者的公主出

场。巫师再次出现，帕西落荒而逃。前者粗野地问候公主，公主立即愤怒地让他闭嘴。看到一个装满钱的袋子，他决定不把她变成一只母狼。他有最致命和最令人痛苦的毒药吗？是的，他有——二人都沉湎于它的可怕效果，然后消失在他的山洞里，他将在那儿准备毒药。

整个事件本来相当荒谬，但由于公主在第二幕中与丈夫的交锋中重新展现了那种毒辣凶狠，多少对此有些补救。在前一首幕间曲民歌的衬托下，一艘船载着库玛和她旅馆里的一些朋友抵达了树林，这一点处理得很好。他们的相互告别深情动人，然后一行人退回到他们的船上，准备在那儿拦截追兵。库玛独自一人唱出了她对尤里的渴望，这一告白在表现力的深度和质量上都与尤里早期的独白相吻合。但这几乎是《女妖》中最后一个有实质性内容的段落。在这一刻，展现人性的戏剧（而非用以营造氛围的夸张剧情）让柴科夫斯基能够创作出感动听众的音乐，而不是通过对一系列高度紧张（有时甚至是过度紧张）事件的巧妙、精彩的详细描绘来激发听众的热情。诚然，所有这些在某种程度上是非常激动人心的，但只有库玛之死、尤里对死去的库玛绝望的悲鸣，以及男人们带着她离开时的安魂曲，才可能真正触动更深层次的东西。

但是——总结一下这一幕最后一个，也是非常复杂的阶段——公主从山洞里出来，暗中发现库玛，并接近她。公主称自己是个朝圣者，比同伴走得快，现在等他们赶来。这里再一次是公主提高了总体的戏剧性水平。在这里，她通过残忍的讨好，让她毫无戒心的受害者对自己产生了信任。她声称当地的泉水有疗愈功效，并递给库玛一杯，把毒药偷偷倒进杯子里。库玛喝了下去——舞台下传来了巫师的笑声。公主退场，库玛等待，尤里冲进来，拥抱她，他们唱起了二人幸福的未来，而公主和巫师则在身后幸灾乐祸。

突然间，库玛身感异样。尤里惊慌失措（背景中的公主和巫师则兴高采烈）。库玛讲述了她是如何被递上一杯水，公主带着胜利的姿态走来，说出了真相，感叹道"我已洗刷了我家族的耻辱"，而巫师则回到了他的洞穴中。尤里谴责他的母亲，狩猎的号角声响起，库玛死了。公主试图为自己辩解，尤里再次谴责她，并被带到一边。公主命令猎人们把库玛的尸体扔进河里。他们把尸体抬走了。尤里回过神来，问库玛的尸体在哪里，他母亲告诉了他。尤里陷入绝望。天色渐暗。载着尼基塔王子及其仆人的船出现了。尼基塔质问库玛人在哪里（他现在已经知道了这对恋人的私奔计划）。尤里指控尼基塔害死了库玛，而尼基塔刺中了尤里。儿子死了，公主惊恐地大叫，扑到他的身上。远处雷声滚滚。在人们的合唱哀悼中尤里的尸体被抬走。暴风雨来袭，王子逐渐丧失理智，巫师走向他。王子看到他后吓得连连后退，巫师发出恶魔般的笑声，王子疯了。

如前所述，最后一幕后面阶段的许多音乐仅仅关注加强，或至少是具体化《女妖》结尾处倾盆而下的一系列事件。（如果柴科夫斯基能再活五十年，他肯定会是能和普罗科菲耶夫比肩的电影作曲家。）但是，最终我们还是脱离了这个尚且还有任何可信度的局面。剩下的一切都变成了夸张的、令人窒息的闹剧，尽管柴科夫斯基是营造和维持气氛的天才，但这个故事已经把有可信的人类情感和关系的世界抛在了身后。这真是太可惜了——因为《女妖》中还有许多精彩之处，有些地方甚至很伟大。

312

23

开阔眼界：
欢愉与痛苦

柴科夫斯基搬到迈达诺沃自己家中给私人生活带来的转变，以及突然意识到他的音乐不仅受尊重而且还受欢迎，都会反映在他自己对周围世界的态度上。突然间，他似乎获得了一种新的自信。但惊人的是，这种自信并没有表现为过度的傲慢，而是体现在与他人接触时更加的从容——对现有的关系更为热情，也更愿意建立新的关系并基于共同兴趣进行合作。而他常常对家庭成员，有时也对素昧平生的人表现出的那种体贴，以及力所能及地提出建议和提供实际帮助进行干预的意愿，似乎也变得更加强烈。饰演了《女妖》中库玛一角的艾米利亚·帕夫洛夫斯卡雅知道自己的歌唱生涯现已接近尾声：她该如何应对退休带来的极端空虚？柴科夫斯基提出了一些兼具娱乐性和实用性的建议：

何不走一走呢——并不是指这个动作本身，也不是简单地四处闲荡，而是去与大自然那无限的，不可言喻的美进行生动的交流？你就不能忙起来，把俄文翻译成意大利文吗，你似乎精通意大利文？俄罗斯文学现在无疑在西方引起了强烈的兴趣。请原谅我擅自提出建议，但是，你看，我感兴趣的不仅是帕夫洛夫斯卡雅——也就是我在舞台上的最佳代言人——同时也关心艾米利亚·卡尔洛夫娜，二十五年后我也会像现在一样爱她。

　　然后是尤利娅·什帕金斯卡雅,《女妖》剧作者的前妻,现在有孩子要抚养的单亲妈妈。就和她之前的列昂蒂·卡申科一样,柴科夫斯基认为尤利娅或许可以成为一名作家,在接下来的六到八年里,作曲家给她写了八十多封信,其中不乏长信。在她断断续续的学艺过程中,柴科夫斯基提供建议、批评和鼓励,虽然最后没有成功,但他也曾与帝国剧院商议让她的作品得以演出。

　　这类的干涉消耗的是时间,但其他的则涉及财务上的资助。家庭成员如果遇到了用钱可以缓解的困难,都会得到他的帮助。而在这期间,还有乔治-莱昂要抚养。受到作曲家帮助的也不乏外人。柴科夫斯基在抵达迈达诺沃时,曾下令将当年演出其作品所获得的所有版税都捐给音乐家慈善基金。音乐学院的学生也从中受益:在同一乐季,有个学生曾收到过100卢布来帮助她度过意外怀孕;另一个钢琴学生因作为编外人员录取而被额外收费,柴科夫斯基秘密替她支付了额外的学费,而这个学生永远不曾知道她的恩人是谁。

　　最后,还有对他周围社区的帮助。在他搬到迈达诺沃仅仅几个月后,三分之二的地区就惨遭大火烧毁。柴科夫斯基不仅参与了救火,还慷慨出资为救济基金提供捐款。然而,他对社区服务最大的贡献是教育。他越是了解他贫困的邻居,就越是钦佩他们。"他们的小屋是最可怜、最渺小、最阴暗的那种,"他在给娜杰日达·冯·梅克的信中写道,

　　　　他们一定闷得透不过气来,当你想起他们一年中有八个月要在这样阴暗和拥挤的状态下生活时,你的心会滴血。我不知道为什么,但这里的人格外穷苦。然而——这是最值得注意的一点——成年人,不管老人还是小孩子,外表看上去都非常快乐和满足:他们丝毫不抱怨自己命运的不济。他们越是不表达对自己生活的不满,我就越是同情他们,并为俄罗斯民族的谦逊和长期忍受的苦难所感动。孩子们有着极富同情心的面孔。附近没有学校,而最近的在四英里之外。我希望能做点儿什么。

他真的去做了。村里的牧师确认，如果他愿意资助这个项目，那么就会得到批准。柴科夫斯基没有浪费时间，1886 年 2 月，迈达诺沃学校开学了。三天后，柴科夫斯基进行了一次视察，他认为在这个阶段，教学工作更多的是一种善举，而并不具备专业性。不论怎样，现在有 28 名男孩和女孩正在接受基本教育：这笔钱花得很值得，而且在此后的日子里，他一直在支持这所学校。

在上一章中，关于《女妖》创作过程的描述在叙事上超前了，现在需要填补传记上的一些空白。如果在 1885 年 2 月后，柴科夫斯基在迈达诺沃定居的几个月里，他以为自己能从那些让他的职业生活变得愈发难以忍受的外部压力中永远地解脱出来，那么他全新的显赫地位很快就会让他对此失去信心。1885—1886 年的冬天，莫斯科的会议、官方活动、委员会、招待会和社交场合以及个人咨询越来越多，更不用说家人、朋友和熟人来迈达诺沃看望了。还有一些体量不大的作曲任务，其中包括一首内容丰富的钢琴曲《杜姆卡》(《乡村场景》)，这是为他的法国出版商菲利克斯·马卡尔创作的，他与该出版商建立了业务联系，以促进他的音乐在法国的发展。还有为奥斯特洛夫斯基的戏剧《司令官》的重演创作的一部小"情景剧"（即演员在背景音乐中朗诵作品），该剧曾是柴科夫斯基第一部歌剧的主题。情景剧要支撑起剧中多莫沃伊（家神）[1] 的独白，而音乐则需要表达出"夜晚的噪音"。柴科夫斯基六天前才接到通知，并且有人提醒他说乐团是"如此卑劣，你不能把任何严肃作品交给它"。可奥斯特洛夫斯基是作曲家的朋友，多年前曾帮助柴科夫斯基首次公开展示自己的音乐。而事实证明，到头来柴科夫斯基为五个木管乐器、竖琴和弦乐所作的作品还成了一部小体量的精品。然而，所有这一切和其他公务让他更加决心不再继续拖延。他马上接受弟弟阿纳托利早就发出的邀请，到他现在位于高加索地

---

1. Domovoy，在斯拉夫宗教传统中，"多莫沃伊"是家族的家神，是被神化的祖先。
　　——译者注

区第比利斯¹的新家去看望他。因此，在出席了《曼弗雷德交响曲》的首演后，柴科夫斯基又花了五天时间处理公务，1886年4月4日，他终于能离开莫斯科，到塔甘罗格短暂看望弟弟伊波利特及其家人，然后继续南下。

柴科夫斯基从未在俄罗斯境内去过这么远的地方，他发现高加索地区的风景，特别是到第比利斯的最后一段路，让他激动得不知所措。这一切给他带来的快乐在他对莫杰斯特的叙述中跃然纸上：

　　起初，你非常缓慢地靠近山脉，接下来特列克河谷变得愈发狭窄，然后你从中走出，来到达里亚尔斯科耶峡谷——可怕、阴暗、野性——然后，渐渐地，你进入了雪域。傍晚六点，我们下到阿拉格维河谷，在姆莱蒂过夜。我吃过晚饭，在月光下沿着长廊走了一圈，九点多睡下。我们第二天一早出发，总能遇到风景如画的村庄和各种各样的民居。下山的速度有时真的很吓人，特别是在弯道上。在离杜谢特车站不远的地方，突然出现了非常奇妙的远景，让人不禁流下欣喜的泪水。你走得越远，就越能感受到南方的气息。最后我们通过姆茨赫塔，大约在四点三十分就已到达第比利斯。

　　城镇风景如画。不是所有的树都发了芽——但是，在花园里，所有的果树都开了花。花团锦簇，鲜艳夺目，像6月一样温暖，总之，这就是春天该有的样子，和我们四年前离开那不勒斯时一模一样。主街道非常热闹，商店豪华，完全是欧洲的味道。但今天，当我走进本土街区时，我发现自己处在一个对我来说完全陌生的环境当中。街道异常狭窄，就像在威尼斯一样。楼下两边是一排排小商店和各种工艺品店。当地人盘腿而坐，在路人的注视下工作。这里有面包店，还有特殊种类的食

316

---

1. Tbilisi，格鲁吉亚首都，在某些语言中（以及本书中）仍使用的是这座城市1936年以前的名称，即Tiflis。本书的译文统一按照今日官方名称译作第比利斯。——译者注

品店。人们在里面烘烤和煎炸各种东西。非常有趣和新颖。

吸引柴科夫斯基来到第比利斯的不仅仅是探亲。当地歌剧院的指挥是 26 岁的米哈伊尔·伊波利托夫-伊万诺夫，他于四年前就来到了第比利斯，现在负责当地音乐学院和俄罗斯音乐协会地区分会的工作。从柴科夫斯基的角度来说，他更看重伊万诺夫是当地歌剧院的指挥，而且最近凭借着进取心制作了柴科夫斯基新鲜出炉的《马捷帕》。伊波利托夫-伊万诺夫对这位大名鼎鼎的俄罗斯作曲家的到来感到非常兴奋。为确保柴科夫斯基在访问期间享受快乐，他在 5 月 7 日为作曲家四十七岁的生日安排了一场《马捷帕》演出，一周后又安排了一场盛大的全柴科夫斯基作品专场音乐会，其中包括《罗密欧与朱丽叶》《弦乐小夜曲》以及由他妻子瓦尔瓦拉·扎鲁德娜娅演唱的《叶甫盖尼·奥涅金》中达季娅娜的《书信场景》。当柴科夫斯基进入总监包厢时，他受到了热烈的欢迎。俄罗斯音乐协会向他致欢迎词，并献上了用锻银制成的花环。该场合最后以盛大的晚宴和演讲告终。柴科夫斯基对这个夜晚充满了恐惧，但当他在五天后给他的赞助人写信时，他回忆说："这一切让我非常疲惫，但这次胜利，这种我在任何地方都从未受到过的照顾，会给我留下一生美好的回忆。"莫杰斯特后来把它放在了一个更大的语境之下："这是人们第一次公开承认他为俄罗斯人民的服务。"他的哥哥正逐步被公认为是最伟大的俄罗斯作曲家。

柴科夫斯基在第比利斯停留了一个月，当他离开时，一群人在车站为他送行，并向火车投掷鲜花。他最终的目的地是巴黎，但他打算先走海路前往马赛，然后从那儿再到法国首都。从巴图姆出发的十二天航程沿着土耳其北部海岸开始，中途有许多停靠点，人们有时间上岸冒险，包括在特雷比松："风景如画，非常有趣——特别是集市。在一家咖啡店喝咖啡，抽水烟。骑马上山去了修道院——只有两个希腊僧侣，景色极美。"抵达君士坦丁堡【现在的伊斯坦布尔】后，他在岸上过了一夜，听了半场音乐会，睡在一个臭虫横行的房间，并在导游的带领下参观了这座城市："圣索菲亚让我感到惊讶和快乐——但总的来说，君士坦丁堡是冷漠的。"船只经过希腊附近，然后驶向西西里岛，那里埃特纳火山正在喷发，柴科夫斯基在凌晨2点被叫醒观看这一奇观："事实证明，海面上波涛汹涌，根本无法呈现月光与埃特纳火山的火焰和狂风暴雨的结合之美。"他们穿过撒丁岛和科西嘉岛之间的博尼法西奥海峡："撒丁岛让我想起了弗拉马里昂【天文学普及者】书中看到的月球景观。科西嘉岛壮美如画。"5月23日，他们在马赛停泊。

之前的六个星期是柴科夫斯基人生中最愉快的一段时光。但到了巴黎意味着要谈生意上的事情。尽管在他把乔治-莱昂的未来安顿好之前，现在的安排是由他无儿无女的哥哥尼古拉及其妻子奥尔加来收养这个男孩。他们计划先让奥尔加前往巴黎，然后她再带着这个孩子和柴科夫斯基一同返回俄国。走法律程序期间，柴科夫斯基尽可能多地去看望这个孩子，以帮助他适应新的家庭环境。他与他的法国出版商马卡尔讨论了生意上的问题，然后发现许多法国著名作曲家都希望与他见面，其中包括德利布，后者表现出了令人满足的恭敬（"我特别看重这一点，因为我认为他是继比才之后最有才华的法国音乐家"），安布罗伊斯·托马斯（"一个非常友好且温和的老人"），拉罗，还有福雷（"我非常喜欢他，无论是这个人还是作为音乐家"）。在一次特别安排的晚会上，人们上演了柴科夫斯基的一首弦乐四重奏和他的几首歌曲。但四个星期后，他对俄罗斯的想念变得难以抗拒。不到四岁的乔治-莱昂以其完美的天真无邪，为自己完成了离开法国的最后手续："突然，他打破寂静，开始高声唱起《马赛曲》。即使是办公室主任，那个手握所有决定权的严厉老人，也开始大笑起来。"然而，三天繁忙的旅程并不能驱除对三十二年前的那件事的记忆。他在第二天的日记中写道："母亲的忌日。"

这也不是造成悲伤的唯一原因。柴科夫斯基在旅行中似乎不时地与其他男人发生了显然涉及性的露水情缘。伊万·维利诺夫斯

318

基可能就是其中之一，这位炮兵军官的名字几乎每天都出现在柴科夫斯基在第比利斯最后三个星期的日记当中，而且不知出于什么原因，他在柴科夫斯基离开三天后就自杀了。日记中通常只提到了维利诺夫斯基的名字，但偶尔也会有一些隐晦的补充（"富有同情心的"或"迷人的维利诺夫斯基"）。日记中提到"约会"，但也暗示了采取主动的并不是柴科夫斯基（"再次收到维利诺夫斯基夸张的示爱"）。有两处很是蹊跷，提到了柴科夫斯基发现维利诺夫斯基"正穿着我的衣服"。但很明显，柴科夫斯基对他也非常关心（"打了一宿牌，维利诺夫斯基输钱了"），同样非常明显的是，阿纳托利的妻子，普拉斯科维亚（昵称"潘妮亚"）喜欢调情，她已经把注意力转向了维利诺夫斯基（"在潘妮亚家，她对维利诺夫斯基做出了无耻行为"，"午餐时，我和潘妮亚为维利诺夫斯基争吵"，"为维利诺夫斯基感到无比遗憾，并对那个可恶的女人感到愤怒"）。柴科夫斯基是在巴黎时才偶然得知维利诺夫斯基自杀的消息。回到俄罗斯后，他终于了解了"维利诺夫斯基的死亡细节。我歇斯底里地痛哭，什么都吃不下"。10月，柴科夫斯基仍然被是自己导致了维利诺夫斯基自杀这个念头所折磨，他向阿纳托利和伊波利托夫-伊万诺夫了解详情，尽管得知自己本来也爱莫能助，但还是"为万尼亚·维利诺夫斯基哭个不停"。

7月，柴科夫斯基回到了迈达诺沃的家。他这三个月的旅行是他迄今为止时间最长和走得最远的一次。而且，随着在巴黎受到的待遇证明了他日益增长的国际声誉，这次旅行预示着将来还有更多的诸如此类的职业考察，包括对英国的访问，以及最雄心勃勃的美国之旅。但所有这些曝光度都是将来的事了。相比之下，他现在发觉自己越来越感激乡下相对隐蔽的家给自己带来的日益丰富的内心生活。他开始了一本特别的日记，记录自己对当时令他着迷的事物的反应。有一段时间，他非常关注托尔斯泰："我比以往任何时候都更加相信，列夫·托尔斯泰是有史以来最伟大的作家。当欧洲给予人类的一切都被计算在内时，仅他一人就足以让俄罗斯人不必羞愧地低下头。"他质量量表的另一端是勃拉姆斯。他与拉罗什演奏钢琴二重奏时弹了这位德国作曲家的一部交响曲。"真是个没有天赋的傻瓜！这个自以为是的平庸之辈竟然被认为是天才，真让我生气！"很快，在见到勃拉姆斯之后，他的看法有所缓和。他在简单的事情上发现了越来越多的乐趣——他花园里的花，喂鸡，还有不太单纯地在邻居吃饭的时候用望远镜偷窥他们。他与托尔斯泰就一事有极大分歧，那就是酒精。柴科夫斯基认识到了过度饮酒的危险，然而，"我——也就是一个神经质的病人——没有酒精是坚决不行的。每天晚上我都会喝醉。在醉酒的第一阶段，我感受到了最完整的快乐，在这种情况下，我所理解的东西比我在没有酒精时要多得多。我也没有注意到我的健康因此而受到特别的影响"。不过，"只许州官放火，不许百姓点灯"，他心满意足地补充道。

　　随着秋天的到来，创作时最让他头疼的事儿——周围小屋里传来的钢琴声——终于随着夏天的住客一同消失了。然而，到了10月底，过度辛劳地为《女妖》配器已经影响到了他的健康。他和莫杰斯特一起前往圣彼得堡休息了三周，享受家人的陪伴。看到乔治－莱昂已经适应了新环境，他感到非常放心，同时他还见到了鲍勃，他现在15岁，和他舅舅一样高，而且比以往任何时候都更英俊。如前所述，柴科夫斯基新的显赫地位让他在与其他作曲家相处时更加从容，无论是在个人层面还是在对他们作品的主观评价方面。但令他高兴的不仅仅是他在同行中享有的尊重，还有广大公众对他音乐的喜爱。这也反映在他们对他个人的态度上。"在圣彼得堡的每个角落，我所到之处都遇到了如此多的同情和爱，以至于我经常感动得流泪。"他对娜杰日达·冯·梅克回忆说。他刚刚被选为圣彼得堡室内乐协会（CMS）的荣誉会员，还有为此场合举办的柴科夫斯基专场音乐会，其中包括他的《第二弦乐四重奏》和《钢琴三重奏》。"人们的热情是真诚的，离开时激动的情绪和感激之情让我不知所措。两天后，我仍然因情绪激动而身感不适。"

　　如果说1886年年底，柴科夫斯基的职业士气在公众层面上比以往任何时候都要高涨的话，那么第二年将带来两件令他非常痛苦的事情。1887年原本开年顺利，他以指挥家的身份在《女靴》，也就是《铁匠瓦古拉》的重大修订版的首演中获得了巨大成功。柴科夫斯基从未成为指挥行当的大师。几年后，在哈尔科夫的一场音乐会上，一位在他手下演奏的小提琴手回忆起了他的指挥方式以及由此带来的问题：

321

> 他没有像大多数指挥家那样用手指握住指挥棒，而是把它紧紧地攥在拳头里。然后他把指挥棒举过头顶，在第一拍时把它猛地落下，第二拍时把它举到左肩，第三拍时举到右肩，第四拍时再把它重新举起来。乐手们不习惯这样的指挥方式。每个人都环视四周，但作曲家亲自指挥这首作品的感觉让我们很快忘记了最初的尴尬，我们全力以赴——排练结束时，我们已经习惯了彼得·伊利奇自成一派的指挥方式。

　　显然，就像五十年后爱德华·埃尔加爵士和伦敦交响乐团一样，是演奏家们对柴科夫斯基的尊重，让演奏者以一种不同于对待不那么成功的指挥家的方式去积极配合。至于观众，柴科夫斯基的成功源于他从观众那里赢得的越来越多的喜爱，因为他们现在从他的音乐中获得了许许多多丰富而多样的体验。

　　然而，就在指挥《女靴》首演的几个小时后，柴科夫斯基收到一封电报，通知他的长外甥女塔妮亚，乔治-莱昂的母亲，在圣彼得堡一场假面舞会上晕倒并去世。柴科夫斯基曾不遗余力地帮助过她，精心照顾她的儿子并坚持承担责任，同时塔妮亚的生活似乎终于才开始有了起色。这对柴科夫斯基的打击非常大，正如他第二天写给他的嫂子帕拉莎的信中所说："可怜的塔妮亚！现在一切都结束了，你不禁忘记了她所有的阴暗面，只记得十二年前她是一个多么了不起的女孩儿。"他指挥了第二场《女靴》，但——"是时候回家了！啊，时间到了！"他从这极其令人心烦的经历中熬了过来，在给莫杰斯特的信中这样写道。塔妮亚的姐姐安娜，人在莫斯科，柴科夫斯基把这个消息告诉了她。但幸运的是，她对刚出生女儿的关注分散了她的注意力。作曲家和莫斯科的亲戚一起参加了一场特别为塔妮亚举行的追思弥撒。然后，在他指挥《女靴》的任期一结束，他就回到了迈达诺沃，去完成《女妖》的配器。

　　这一次，他将在乡下的家里住上三个半月，但要经常去莫斯科或圣彼得堡处理越来越多的各项事务。有些是职业上的，有些是私人的，但他的良心告诉他，他不能懈怠。他还就音乐学院的事务和帝国剧院内的争权夺利进行了会谈和商洽（他在赶走帝国剧院一位独裁又无能的院长的过程中发挥了重要作用）。他把大量私人时间花在了音乐学院的教授，年轻的安东·阿连斯基身上。虽然后者把自己最新的作品，一首管弦乐幻想曲《玛格丽特·高缇耶》题献给了柴科夫斯基，但柴科夫斯基觉得音乐大有缺陷。在写了一篇很长很详细的批评文章后，柴科夫斯基在圣彼得堡与准备指挥一场音乐会的里姆斯基-科萨科夫私下协商，让他用阿伦斯基的作品代替原本的《罗密欧与朱丽叶》，但这仅仅是为了安慰后者。有一则消息让他特别高兴。马卡尔从巴黎报告说，一场柴科夫斯基专场音乐会吸引了一千名观众，其中有两百人不得不站立观看。同样，圣彼得堡邀请他指挥一场他的作品专场音乐会也令他非常满足。这是他第一次以指挥家的身份出现在公开音乐会上，这次活动引起了巨大轰动，有几首作品获得了返场加演，评论界（甚至包括他的老冤家居伊）也热情高涨。然而，这次访问也有悲伤的一面：他的朋友康德拉捷耶夫染上了梅毒，病得很重。柴科夫斯基会即刻返回圣彼得堡停留一个星期，只是为了看望他。

　　所有这一切终于让他精疲力尽。6月初，柴科夫斯基离开莫斯科前往第比利斯，这次他朝东行进，前往下诺夫哥罗德，这样他就可以沿着俄罗斯最伟大的河，伏尔加河，到达它的河口。在旅途中，柴科夫斯基为一位年轻的音乐学院学生伴奏了一首他自己的歌曲。这位学生不知道他的真实身份，认为他对音乐的理解有缺陷，而她所认定的权威正是她的老师，后者曾随柴科夫斯基本人学习过这首歌曲！柴科夫斯基始终没有揭穿秘密。他们沿着伏尔加河游览了几座城市，包括喀山（"从远处看非常美丽"）和萨拉托夫，在那儿他看到前一天晚上刚刚上演过的《奥涅金》。穿过里海后，他们停靠在已是重要石油来源的巴库。他在高加索地区度过了近一个月的时间，但在第比利斯只有十二天，因为该镇的音乐季已经结束，而伊波利托夫-伊万诺夫夫妇也不在家中。一个巡演剧团正在上演什帕金斯基的戏剧《女妖》，心有抵触的柴科夫斯基被说服去观看了演出。演出让他讨厌，但也有好消息，就是他得知伊波利托夫-伊万诺夫提议制作柴科夫斯基的歌剧。果然，12 月底《女妖》上演了，柴科夫斯基同意指挥（结果到头来他不得不放弃）。

323　　　　在这次访问中，他有能力报答这个城市在前一年对他热情又慷慨的接待。一座新的歌剧院正在建设当中，但因资金不足无法完工，于是柴科夫斯基立即给沙皇写信，而陛下的反应也同样迅速，立即拨款近 25 万卢布来完成这座建筑。

　　　　在第比利斯停留了十二天后，柴科夫斯基按照原计划在博尔若姆度过了六个星期。博尔若姆是一个温泉小镇，有很多地方可以散步，到处是美丽的植被，但最重要的是相对私密。他还进行了温泉疗养。因为很奇怪，当地的一名医生断定他胃里的压力已经把他的肝挤错位了。已经有一个月没有写过任何作品，柴科夫斯基现在开始着手创作《第四组曲》，但这次不是一套他自己新创作的音乐，而是将莫扎特的四首作品改编成了管弦乐版本，他将这四首曲目统称为《**莫扎特风格曲**》***。1887 年是莫扎特《唐璜》首演百年纪念，这会是他向有史以来最伟大作曲家所作的最伟大作品的一次致敬。而这四首曲子本身是典型的"旧曲新编"。柴科夫斯基选择了三首钢琴曲：《G 大调吉格舞曲》，K. 574；《D 大调小步舞曲》，K. 355；《"我们愚蠢小民认为"变奏曲》，K. 455；以及莫扎特最精致的小型作品之一，为声乐、弦乐和管风琴创作的《圣体颂》，K. 618。不过柴科夫斯基是根据李斯特的钢琴改编版本创作的，这位匈牙利作曲家给音乐加入了一个引子和尾声。

　　柴科夫斯基对这三首钢琴曲的处理既恭顺又深情：恭顺的意思是他保留了莫扎特原作的本来面貌，深情则是他使用了 19 世纪末的配器语言。但这些只是为了让他心爱的莫扎特在柴科夫斯基那个时代的听众耳中更加迷人。第四首曲子则另当别论。使用李斯特的钢琴改编版本意味着柴科夫斯基的音乐文本已经被"腐蚀"。柴科夫斯基配器中天籁般的弦乐和大段竖琴刮奏助长了李斯特善意的破坏行为，从而将莫扎特超凡飘渺的柔情转化为了糯糯的感伤。这重要吗？并不——只要我们理解莫扎特知道自己在做什么，而且柴科夫斯基的致敬行为（因为柴科夫斯基会是这样看待它的）绝不是在否定莫扎特的原作就行了。

　　柴科夫斯基原本以为康德拉捷耶夫的病情已有所缓解，因为他搬到了亚琛，希望温泉镇的矿泉水能进一步延长自己的生命。对柴科夫斯基来说这意味着他能按计划过暑假了。但这时来了一封电报。"乞求前来：你的到来可以使我复活。"[1] 柴科夫斯基放弃了所有的计划，经海路前往敖德萨，然后乘火车前往亚琛。7 月 27 日，他见到了康德拉捷耶夫。

　　他发现他的朋友既没有家人的帮助，也没有朋友的支持。甚至他的妻子也不在那里，两个星期以来是柴科夫斯基填补了这一空缺。病人的情况显然很糟糕，情绪时好时坏，乐观很快就被绝望所取代，并经常对照顾他的人大发脾气，毫不领情。柴科夫斯基的日记记录了他自己在这段时间里经受的折磨和自我追问，以下只是这段记录的一些片段：

　　7 月 29 日：我越来越觉得自己对他非常重要……

　　8 月 3 日：现在我很懊悔。就拿现在来说吧。我坐在这儿，一直为自己的牺牲而感到自豪。但哪儿有什么牺牲可

324

---

1. 原文为法语：*Supplie venir : votre arrivée peut me ressusciter*。

言……我可以安然享受，在餐桌上大快朵颐……我本质上难道不是一个自私自利的人吗？

8月5日：我发现他在和萨沙【他的仆人】说病情实际上并没有任何改善。他哭了很久。啊！这是多么痛苦啊！我已经不记得我对他说了什么，只记得他一点一点安静下来……

8月12日：在萨沙的房间里与他交谈。我们得出的结论是，情况很糟糕……

两周后，柴科夫斯基意识到必须要休息一下，于是他去了巴黎。那儿有他的朋友，有各种娱乐活动，而且还能见到马卡尔。但他的休息时间没超过一个星期：

8月19日：…… 晚餐和散步后，我发现他仍然很虚弱。我和他坐在一起。他突然对我发火。虽然我没法生他的气，但我非常冷淡……后来事情过去了，但过程艰难。怜悯占据了上风。他正遭受着可怕的痛苦……

8月23日：他在我心中激起了痛苦的想法。他的自私和对真正的善行美德的缺失，以如此尖锐又丑陋的方式显现出来，到现在，除了怜悯，我对他没有任何感情了。我是否很快就能从这个地狱中解脱出来？

最后，康德拉捷耶夫的一个侄子，德米特里·扎西亚德科同意来亚琛。柴科夫斯基的守候终于有了结果：

8月27日：还要在这个地狱里再生活十天！！！……

8月28日，星期日：从早上开始，他的情况更糟糕了。他陷入了彻底的绝望。我无法描述所发生的场景。我永远不会忘记它们……数小时的煎熬。一件奇怪的事——我被恐惧和痛苦彻底拖垮了，但却没有被怜悯之心压倒！！！然而，上帝啊，他是多么痛苦啊！不！我知道我并不邪恶和无情……

8月30日：从今天早上开始，自由的光芒照耀着我，因为一个星期后我将离开这里……

8月31日：他很安静，很温顺。在这样的状态下，他格外引起了我的同情……躺在床上，我开始想他，想他无尽的抑郁和痛苦，我像个孩子一样抽泣了很久……

9月2日：他非常虚弱……他不时地抱怨和哭泣。疲惫的、可怕的时刻！

康德拉捷耶夫的侄子于9月4日抵达。

今天我一整日都生活在噩梦之中。他极度的自私把我撕成了碎片。只有一个念头：离开！！！！我的耐心被磨光了……主啊，有没有可能有一天我将不再遭受这样的痛苦！可怜的尼古拉·德米特里耶维奇！可怜的米迪亚·扎西亚德科！等待着他的将会是什么！

9月6日，柴科夫斯基启程前往迈达诺沃，由于太过疲惫，他不得不在柏林休息。在圣彼得堡，他见到了康德拉捷耶夫的妻子。9月11日，他回到了家中。在如此近距离地观察了一个人与死神的对抗后，他给自己起草了一份新的遗嘱。

这本日记是对一个非凡之人一生中一起事件的非凡记录。柴科夫斯基正在迅速成为继托尔斯泰之后全俄罗斯最著名的平民，但直到他生命的最后一刻，他都没有失去他的人情味儿和积极与他人共情的心，也从未变得自命不凡。这也是为什么当他仅在六年后去世时，默哀的人群涌向圣彼得堡的街头表达他们的敬意，将他的送葬队伍拖延了四个小时之久。

326

柴科夫斯基回到俄罗斯后的第一个任务是参加最后的排练，然后指挥《女妖》的首演。一周后，他在莫斯科指挥了一场自己作品的专场音乐会，包括《里米尼的弗兰切斯卡》和《1812》，以及《莫扎特风格曲》的首演。这场音乐会是如此的成功，以至于第二天不得不再次上演。然后，他又回到迈达诺沃住了三个星期，既是为了休息，也是为了整理他在音乐方面的一些事务。整个 1887 年他都没怎么创作，也没产出什么重要作品。在巴黎，在给康德拉捷耶夫守夜的休息间隙，他遇到了布兰杜科夫。他勉强**为大提琴和管弦乐队创作了《随想曲》**[**][(*)]，这转移了他的注意力，让他暂时从终日守候在病危朋友的日子里解脱了出来。但这是一首不起眼的曲子。这首随想曲，加上为康斯坦丁大公的六首诗歌谱成的歌曲，还有一些其他声乐作品（当然还有《莫扎特风格曲》），就是他这一年所有的创作。

柴科夫斯基将开始在俄罗斯境外指挥自己作品的消息以惊人的速度传开。瞬间，邀请函开始纷至沓来。7 月，汉堡爱乐协会邀请他指挥一场作品专场音乐会；9 月，一位经纪人为他争取到了在布拉格的演出机会，随后柏林爱乐乐团也迅速发出了邀请。柴科夫斯基认识到，接受这些邀请将是在俄罗斯之外推广其音乐的最好方式。他欣然同意，最终在莱比锡、柏林、汉堡、布拉格、巴黎和伦敦进行了演出。在离开俄罗斯之前，他还必须指挥《莫扎特风格曲》在圣彼得堡的首演。在 12 月 24 日履行了这一承诺之后，不到三天他就赶去了柏林，开始了他的第一次国际巡演。

24

第一次国外巡演，一段关系的恢复： 《第五交响曲》与《哈姆雷特》

327

柴科夫斯基的第一场演出是在莱比锡，他将在此指挥他的《第一组曲》。但音乐会之前发生的事情更有意义。曾在 1881 年首演了柴科夫斯基的《小提琴协奏曲》并成为其受题献人的小提琴家，阿道夫·布罗茨基，邀请柴科夫斯基共进午餐。当柴科夫斯基赶到时，他发现主人正在排练勃拉姆斯的《C 小调钢琴三重奏》，而坐在钢琴前的正是作曲家本人。接着，在排练结束之前另一位人物也出现了，"一个非常矮小的中年男子，弱不禁风，顶着一头醒目的卷曲金发，留着很稀疏，几乎是刚蓄起来的胡子，有着异常迷人的蓝色眼睛，具有不可言喻的吸引力，让人想起迷人的、纯真孩子的模样"。这个人就是格里格，和他一起的是他的妻子，同样非常矮小（当他们后来在柴科夫斯基作品专场音乐会上与他坐在一起时，有一位观众声称这是"柴科夫斯基和他的孩子们"）。他立刻就喜欢上了这对夫妇。至于勃拉姆斯，第一次的接触至少打破了僵局，柴科夫斯基在给尤尔根松的信中说，觉得他是"一个非常好的人，而且完全不像我想象的那样骄傲"（不过他对莫杰斯特却说勃拉姆斯"面色红润，大肚翩翩，是个可怕的酒鬼"）。为了巩固这些新关系，布罗茨基为三位作曲家举办了一场安静的独家晚宴，据说当晚在一片欢声笑语中结束。布罗茨基用他孩子们的圣诞礼物表演了魔术，勃拉姆斯还要求知道每个魔术背后的秘密。柴科夫斯基在莱比锡住了六天，又遇到了勃拉姆斯几次。柴科夫斯基发现勃拉姆斯尽其所能地让自己讨人喜欢，但是比起聊天，他还是认为一起喝酒更加自在随意。

柴科夫斯基与莱比锡布商大厦管弦乐团的第一次排练非常顺利。勃拉姆斯也在场，据说他对组曲的第一乐章（引子与赋格）表示赞赏，但对其他乐章则保持沉默，对小进行曲发表了尖刻的评价。至于音乐会本身，则被认为非常成功。第二天，这里举行了一场全柴科夫斯基室内乐演奏会（非常清楚地证明了他的国际地位有了怎样的提高），这包括《第一弦乐四重奏》和《钢琴三重奏》。柴科夫斯基的下一个任务在汉堡。1 月 9 日，他与布罗茨基结伴前行，后者在这座城市有约在身。由于距离柴科夫斯基自己的演出还有十天，而且他担心如果他继续留在汉堡，可能会被卷入社交活动当中，于是他前往了吕贝克，发现那是一个有良好文化生活的迷人城市。在吕贝克他还得知沙皇授予了他每年 3000 卢布的养老金。柴科夫斯基以其标志性的慷慨大方决定也分一部分给安东尼娜。糟糕的是，他想家了。1 月 16 日，他回到汉堡准备排练音乐会上的作品（《弦乐小夜曲》《第一钢琴协奏曲》和《第三组曲》的变奏终曲），但无可奈何地被卷进频繁的社交生活，结识了很多新人。其中大部分都没给他留下什么印象，但有一个人，且是最不可能的那个，却偶然对他的创作生涯产生了非凡而深刻的影响。这个人名叫西奥多·阿维-拉莱蒙，是位年事已高的教师，但仍努力参加柴科夫斯基的所有排练。他坦率地告诉作曲家，他不喜欢他嘈杂的配器，特别是对打击乐的过度使用。他还补充说，如果柴科夫斯基在德国定居并遵循他们的古典传统，他的音乐会得到改善。但他还是非常尊重柴科夫斯基，并给他拍了照片为此次访问留念。总的来说他对作曲家很是热情，正如柴科夫斯基所说，他们"像挚友一样握手道别"。至于人们对他音乐的整体反应，他至少是感到满意的。他对尤利娅·什帕金斯卡雅说："虽说我并没激起无尽的狂喜，但我也确实唤起了极大的兴趣。"

他的下一场音乐会在柏林，但那是两个星期以后。尽管如此，他还是去了柏林一天，以确定音乐会的曲目，然后在马格德堡停留了两天，剩下的时间在莱比锡度过。在那儿他见到了年轻的古斯塔夫·马勒，当地歌剧院的四位常驻指挥之一。柴科夫斯基成功的消息带来了来自魏玛、德累斯顿，以及巴黎的更多邀请。柏林的音乐会是柴科夫斯基的作品专场，其中包括《第一钢琴协奏曲》《1812》（柴科夫斯基对柏林人选择这个曲目而不是《里米尼的弗兰切斯卡》感到惊讶，柴科夫斯基对后者的评价要高得多，并且认为它更符合他们的口味）和《罗密欧与朱丽叶》。格里格和布罗茨基夫妇都从莱比锡赶来参加最后的排练和音乐会，相比莱比锡和汉堡的音乐会，柏林的专场引来了评论界更广泛的好评。这是柴科夫斯基在德国的最后一次亮相，他的自信心大增。他在给赞助人的信中写道："您现在是否能从这位在欧洲旅行的俄罗斯音乐家身上认出那个几年前逃离了社交生活，隐居于国外或乡下的人！！！"

下一站是布拉格。途中柴科夫斯基在莱比锡过了一夜。第二天早上他被一支在他窗下为他演奏小夜曲的军乐队吵醒（这是乐队指挥安排的，他已然成了柴科夫斯基的狂热崇拜者）。这事儿虽讨人欢心，但也有代价，柴科夫斯基被迫在寒冷的清晨在敞开的窗前站了一个小时。但即使是这种自发的赞美，也根本无法让他为接下来布拉格的接待做好思想准备。

当他的火车到达边境时，就已经有了种种预兆。正如他向莫杰斯特叙述的那样：

> 高级警卫询问我是不是柴科夫斯基，他一路都对我照顾有加。在布拉格的前一站，克拉鲁皮，有一伙人和代表团在等待我们，陪同我们前往布拉格。到了终点，有一大群人、代表和捧着花束的孩子们来迎接我们，最后还有两段俄语和捷克语的致辞。我在两堵人墙和阵阵"斯拉瓦！"【"万岁！"】的欢呼声中走向我的马车。

329

他随即被安顿在一间豪华的酒店，并配有一辆马车专供他使用。在当晚威尔第全新歌剧《奥赛罗》的演出中，他受到了重要的民族主义政治家弗兰蒂塞克·里格的欢迎（柴科夫斯基很早就意识到，这次对斯拉夫同胞的访问带有反德的政治因素）。他在带领下游览城市，见到了非常好客的德沃夏克，并被介绍给其他捷克名人。在舞会上，他被安排在荣誉主宾之席，并被献上了在街头火炬光下演奏的小夜曲。这让他不得不在酒店的阳台上聆听。在参观市政厅时，全体成员起立向他致意，然后他受到了学生会的欢迎和公民协会的起立欢呼。而艺术协会，一个由艺术界重要成员组成的协会，为他安排了一场盛大的音乐晚会，向他展示了他花环簇拥下的画像。音乐学院还有一场特别的音乐会，其中包括德沃夏克的《D小调交响曲》。德沃夏克将其亲笔签名的乐谱赠予柴科夫斯基作为此次访问的纪念。

柴科夫斯基本人将在布拉格指挥两场音乐会。在三次排练的第一场中，乐队号角齐鸣迎接他的到来，德沃夏克出席了全部三场排练，音乐会（包括《第一钢琴协奏曲》《小提琴协奏曲》《罗密欧与朱丽叶》和《1812序曲》）大获成功。在接下来的晚宴上，他用（俄语注音过的）捷克语致辞。当晚晚些时候，他在日记中写道："毫无疑问，这是我生命中最引人瞩目的一段日子。我非常喜欢这些善良的捷克人。而且理由非常充分！！！天啊！人们是多么的热情，但这一切根本不是为了我，而是为了亲爱的俄罗斯！"他以前没有意识到捷克人是有多恨德国人。他的第二场音乐会是在两天后，但这次他只指挥了一半的曲目（包括《弦乐小夜曲》），因为第二部分包含了《天鹅湖》第二幕的演出。"一个完满幸福的时刻"，他在日记中写道。

柴科夫斯基离开布拉格时和他到来时一样，都很有排场。他对离开感到非常难过。但现在他必须赶去巴黎参加他的第一次排练。莫杰斯特认为，他哥哥在布拉格受到的欢迎本质上深刻而真诚；而他在法国受到的欢迎只是因为当时碰巧在流行任何与俄罗斯有关的东西，他当下的成功只是恰巧撞上了好时候。他的第一场音乐会是在旅居法国的俄罗斯人，尼古拉·别纳达尔基的豪宅里举行的，他已经做出了很多力所能及的事情在法国推动柴科夫斯基的事业。法国的曲目单比德国和捷克的要零碎得多，柴科夫斯基只指挥了《弦乐小夜曲》中的两个乐章，以及为弦乐团编排的《第一弦乐四重奏》中的《如歌的行板》。不过他还为独唱家德雷杰两兄弟，让和爱德华，两位 19 世纪末的传奇明星提供了钢琴伴奏。到场的三百名观众来自巴黎社交界的精英，柴科夫斯基直到凌晨四点半才回到家中。事实证明这是"一个著名的夜晚"，正如他在日记中记录的那样。他的另一指挥任务是与爱德华·科隆一起举行两场半场的音乐会。乐手们热情地欢迎他的到来，但评论界却很冷淡，也许是因为《音乐会幻想曲》（路易·迪耶梅担任独奏）和《里米尼的弗兰切斯卡》不太对法国人的口味。但在更广泛的巴黎世界里他被视为大明星，《费加罗报》为他举办了一场特别晚会。他见到了古诺（"非常和蔼可亲"）和德利布（"极富同情心"），以及年轻的钢琴家扬·帕德雷夫斯基——他后来还成为了他祖国波兰的总理和外交部长，并在第一次世界大战后于 1919 年代表波兰签署了凡尔赛条约。柴科夫斯基非常欣喜地了解到，他的早期歌曲《只有那孤独的心》是如此著名，还出现在了埃米尔·古多的小说《洛克的故事》当中[1]。他还参加了路易·迪耶梅和他的学生们的试演，全场演奏柴科夫斯基的作品——共有 40 多首。（他在日记中写道："很感动，但也很疲倦。"）

至此，柴科夫斯基确实非常疲惫。他在法国的演出没有获得任何薪酬，而他现在继续前往伦敦的唯一动力是将会收到的报酬。旅途的第一阶段并不愉快：横渡英吉利海峡很是艰难（但至少他发现

331

---

1. Émile Goudeau（1849—1906），法国小说家、诗人。《洛克的故事》讲述了一位牧师企图自杀，因为他爱上的那个精明女子对自己的示爱无动于衷，但这个女子最终在听到了一位歌者对柴科夫斯基《只有那孤独的心》极为感性的演绎后，心软了下来。柴科夫斯基的歌曲作为中心主题贯穿整部小说。——译者注

自己不容易晕船），而肯特郡则被大雪覆盖，火车在伦敦晚点了五个小时。但事实证明，位于莱德街由法国人经营的迪厄多内酒店是他在英国首都五天的绝佳基地。他原本希望格里格愿意来伦敦，在他的单场音乐会中担任指挥。但他没能如愿，取而代之的是钢琴家、作曲家和指挥家弗雷德里克·考恩，他指挥了部分音乐会，并担任了柴科夫斯基与乐队之间的翻译。柴科夫斯基对英国乐队一直以来盛名在外的视奏能力大为震惊，音乐会上《弦乐小夜曲》和《第三组曲》的变奏终曲都获得了非常令人满意的热烈掌声，而此前曾有人提醒柴科夫斯基，英国观众不会轻易表露情感。音乐会的发起人非常高兴，他们将柴科夫斯基的酬金从 20 英镑增加到了 25 英镑，虽然他只指挥了一场音乐会，但他发现他在英国的受欢迎程度将超过除美国以外的任何其他国家。

在伦敦，他免于被迫参加像在法国那样的社交活动，这反而常常让他感到无聊，觉得伦敦本身也阴郁惨淡。他已经放弃了迈达诺沃房子的租约，而由于阿列克谢还没有找到新的房子，他决定将第比利斯作为他的第一个目的地。3 月 24 日离开伦敦时，他本想沿着前一年从第比利斯到巴黎的陆海路线逆向折回。但他害怕地中海和黑海的风暴，于是选择了一条更直接的陆路路线，途经亚琛。在那儿，他对康德拉捷耶夫的记忆痛苦地涌上心头。接下来到了维也纳，他停下写了多封感谢信，感谢那些为他旅行的成功和快乐做出巨大贡献的人。他对德沃夏克尤为热情：

> 我永远不会忘记您在布拉格是如何热情友好地接待了我。亲爱的朋友，请向您亲爱的妻子转达我衷心的问候，并请允许我再说一次，我非常高兴和幸运获得了您最珍贵的友谊。

在维也纳，他观看了一场英国歌剧——但一幕的《天皇》已经是他所能承受的极限了。在塔甘罗格，他与伊波利特及其妻子小住了三天。尽管经受了马拉松式的指挥煎熬，但他在这次巡演中享受到了成功的滋味，无论是个人上的还是音乐上的。"我将努力争取明年或两年后获得去美国指挥的邀请，"他向赞助人坦言，"经过三个多月让人精疲力竭的国外旅行，我又开始梦想着旅行了。这难道不奇怪吗？"4月7日，他来到了第比利斯，与阿纳托利和帕拉莎相聚。

　　所有这些音乐会都大大提升了柴科夫斯基的国际地位。但另一方面，当柴科夫斯基抵达柏林开始第一阶段的巡演时，有一次意外的重逢既让他深受感动，也对他后续的创作活动产生了重大影响。自他上一次见到德西蕾·阿尔图，这个在1868年短暂考虑过成为他妻子的女人，已经过去了大约二十年。现在他们再次相遇，重逢似乎让两人都很感动。而接下来，在1888年2月初，当柴科夫斯基回到柏林指挥柏林爱乐协会的音乐会时，他们在阿尔图安排的招待会上再次相遇，她请柴科夫斯基为她创作一首歌曲。他让阿尔图放心，答应她的一定会做到，不过他解释说目前的委任不能让他迅速履行这一承诺。阿尔图平静地说："我不着急。有一天，当你在创作歌曲时，如果认为我可以很好地演绎其中的某一首，那么就考虑把它献给我吧。这就是我想要的。"

333

　　五个月过去了，但这一推延带来了丰硕的成果。正如他在次年10月所写：

　　　　我刚刚向我的出版商尤尔根松交付了我为你创作的六首《旋律》(Mélodies)，我请你同意接受题献。我非常希望这些《旋律》能令你满意，但我必须承认，我最近工作太多，我的新作品很可能更多的是善意的产物而非出自真正的灵感。但另一方面，当一个人为他心中最伟大的歌唱家创作时，他多少会有点儿胆怯。

至于阿尔图，她似乎也被她前追求者的礼物体量所吓到了：

我只要一首歌曲——而你却如此慷慨地为我创作了六首。有言道"慷慨得像位国王",他们忘了加上"或像位艺术家"。我自然很想结识这位新朋友,但我不希望给你带来额外的负担。我会等到尤尔根松出版这些作品,但那时请他立即将它们寄给我。

然而,尤尔根松拖了很久才将歌曲出版,与此同时,1889 年 2 月,在柴科夫斯基第二次欧洲巡回音乐会期间,他被困在柏林八天,忙得不可开交。柴科夫斯基无限感激能有她在身边。他对莫杰斯特说:"我唯一的安慰是阿尔图,我到哪里都邀请她和我一起同去,我非常喜欢她。"至于这些歌曲,它们计划于 5 月出版,但尤尔根松拖了三个月都没有给阿尔图寄去她的谱子。当乐谱最终送达时,她赶忙告知柴科夫斯基她已收到:

终于,终于,亲爱的朋友,我拿到了你的歌曲,等待着将它们转化为我的歌声。是的,的确,第四、第五、第六首都极好,但第一首《小夜曲》那么可爱,有种迷人的新鲜感。《隐瞒》也让我非常开心。总而言之,我爱上了你的新作品,并为你一边想着我一边创作这些作品而感到自豪。

但阿尔图很快就会带来一些麻烦。1890 年初,当她在巴黎时,一个不知名的法国小作家,约瑟夫·卡普,构思了一个俄罗斯题材的歌剧脚本,并把它拿给了阿尔图。阿尔图立即决定只有柴科夫斯基能为它创作音乐,然后马上给他写信,此时他正在佛罗伦萨,沉浸在《黑桃皇后》的创作当中:

他【卡普】准备来见你,并亲自把它【他的脚本】交给你。给我回个话儿,如果你愿意让我更高兴的话,就发个电报说:"我等卡普来",这就够了。两小时后,他就会上路。

然而，这对柴科夫斯基来说太过分了，尤其是在他当下还有任务在身。为了阻止卡普出现，他给阿尔图发电报说他马上就要离开佛罗伦萨，并在信中声称他手中已有一系列的委约，这让他在接下来的几年内都非常忙碌。当然，这一切都是编造的。然而，柴科夫斯基真是不忍永久地毁掉他与阿尔图的友谊。无论如何，她可能都会发现真相。"我最后要向你坦白一个谎言，"他写道，

> 我今晚不回俄罗斯。我撒这个谎是为了让卡普先生确信他不会在这儿找到我。我担心，你对我的友谊（我极为珍惜你的友谊）会助长他来这儿找我。谢谢你，千千万万遍，谢谢你演唱我的歌曲。我不知道我什么时候会来巴黎。我只知道，如果我来了，我将非常高兴见到你。

阿尔图没有回复，两人再没见面。

柴科夫斯基与阿纳托利和帕拉莎一起度过了三个星期，慢慢从指挥之旅的劳累中恢复过来。在第比利斯时，他曾思考自己的下一部作品该是什么，然后断然决定创作一部交响曲。他为阿列克谢在弗罗洛夫斯科耶为他找到的新房子感到非常高兴，尽管它离克林比迈达诺沃要远一点儿。这里风景极好，"但最珍贵的是，你可以从花园径直走进树林，在那儿漫步一整天。这里没有一丝一毫居民的痕迹"。他还补充说，也没有他们的琴声。阿列克谢现已顺利结婚。他早先的一次尝试曾以失败告终，因为他的第一位新娘在婚礼当天受到惊吓逃跑了，但第二位新娘与他意气相投，而柴科夫斯基也认可他的选择："非常善良，而且富有同情心"——尽管他觉得她最好的地方其实是她的牙。事实上，柴科夫斯基特别喜欢费克卢莎，她在 1890 年因肺结核去世让他悲痛万分。当下让他苦恼的一个原因是卡缅卡，他去那儿探亲并住了十天。萨莎的吗啡瘾越来越严重，而且她老了。鲍勃身上堆满了不健康的赘肉，塔西娅的美貌也消失了。回到弗罗洛夫斯科耶后，柴科夫斯基重新审视了各种作曲

335

方案，但在十天内又回到了他在第比利斯做出的决定。5月21日，他开始着手创作他的《第五交响曲》。

　　然而，现在出现了利益上的冲突。十二年前，莫杰斯特向哥哥提供了一份《哈姆雷特》的交响诗音乐大纲，但柴科夫斯基却选择创作《里米尼的弗兰切斯卡》。尽管如此，《哈姆雷特》始终在他的脑海中挥之不去，在他最近的巡回音乐会上，他的演员朋友吕西安·吉特利曾要求他为一场莎士比亚戏剧慈善演出创作一些标题音乐。那次活动虽被取消了，但这个主题却牢牢地印在了柴科夫斯基的创作头脑中。当回到俄罗斯时，他已经记下了一些关于交响诗的想法。然而，他现在决定应该优先将交响曲勾勒出来，但在6月底将其完成后，他直接开始创作《哈姆雷特》。不到五天的时间，交响诗也有了雏形。由于中间又有了其他的任务，两部作品在10月底才最终完成。两场首演于11月举行，彼此相隔不到一周。它们都在观众中大获成功，但在评论界却没有那么顺利，包括居伊，他将交响曲形容为是"例行公事"。

　　事实上，从表面上看，居伊的评断是可以理解的——这把我们带回到前年1月的汉堡以及那位年长的音乐教师，西奥多·阿维-拉莱蒙。从根本上讲（但也可以非常广泛地概括为），19世纪的交响乐传统主要是从18世纪后期海顿和莫扎特的作品中发展而来的德奥传统。这建立了一个由贝多芬和勃拉姆斯等作曲家在19世纪延伸出来的一系列交响作品，它们以"严谨周密"的手法为特征，往往带有强烈的知识分子气息。对于以强大的论证能力而闻名的民族来说，这是手到擒来（许多评论家在评论古典交响乐作品仍会谈论其"论点"），但斯拉夫作曲家则是更为冲动地在创作。柴科夫斯基对自己创作过程的描述生动地揭示了这一点，对于这些作曲家来说，进入主流交响乐传统意味着采用一些对他们来说并不自然的手法和态度。这样说吧，奥地利或德国作曲家的交响乐创作（借用化学类比）是一种化合物，而外来作曲家的创作则更像是一种混合物——或者借用穆索尔斯基简洁但更加精确的格言："一个德国人，当他思考时，先分析，再创造。俄罗斯人先创造，然后用分析来自我消遣。"19 世纪最伟大的俄罗斯作曲家们，如柴科夫斯基，经常修改传统的交响乐形式，甚至在一些情况下几乎完全将其摒弃。这往往是个非常令人振奋的迹象，表明这些作曲家认识到了他们若想做真正的自己，就必须准备好剑走偏锋。柴科夫斯基《第四交响曲》伟大的第一乐章正是这样一个典型的例子。该乐章是可辨识的奏鸣曲式，但却被大幅修改和重塑，以便柴科夫斯基最自然的创作天赋能够发挥到极致。然而，柴科夫斯基在《第五交响曲》第一乐章中所做的，在某种程度上甚至比上述那种激进的冒险更加大胆。他无畏地假装进入德奥交响乐堡垒，并以自己的方式占领了它。四个乐章的相对长度和特点反映了德奥模式，各个乐章的结构比例遵从了古典交响乐的典型比例，只有在慢板乐章中才出现了第四乐章第一和最后一个乐章中的那种令人生畏的突然爆发，但又不是典型的西欧传统。然而——也是最关键的一点——《第五交响曲》只能出自柴科夫斯基之手。让我们不要低估这一成就。

如果我们拿不准到底是谁造成了柴科夫斯基在风格上的这一转变，那么答案无疑就在交响曲的题献词中："献给西奥多·阿维-拉莱蒙。"事实上，这部作品是对阿维-拉莱蒙的建议的一次刻意的、精彩的反驳。柴科夫斯基不是非要离开俄罗斯到德国定居，浸淫于古典传统和最高度的文化中才能够纠正他的缺点。他在俄罗斯可以做得很好——但要以他自己的方式，且不牺牲他自己的风格。

然而，这段故事的结局非常让人难过。第二年，柴科夫斯基会再次进行欧洲巡演，并将汉堡列入了他的行程当中。《第五交响曲》无疑被纳入了演出曲目当中。然而，令人遗憾的是，他的受题献人无法出席音乐会，也无法对这部他在不知不觉中造成如此大影响的作品做出评价。

337

E 小调第五交响曲 *****

【如前所述，和前作相比，《第五交响曲》是一部更常规（我不用"传统的"一词，它可能暗示着平庸）的作品，对它的仔细研究将不如《第四交响曲》那样全面。但这并不能反映这部作品的重要性。】

在《第五交响曲》的草稿中，有证据表明第一乐章背后有一个音乐大纲：引子。对命运的完全屈服——或者说同一回事，神秘莫测的天意的安排。快板 1.喃喃自语，疑惑，哀叹。对 ××× 的责备；2.我应该投入信仰的怀抱吗？一个美妙的音乐大纲，只要能够实现它。

我们不知道 ××× 所代表的责备对象是否暗指柴科夫斯基的同性恋性向，但对信仰的提及表明，他这一次有可能通过神的力量摆脱一些灾难性的结果，有信心相信自己的罪过会得到宽恕。作品开头的乐句似乎承载着这部交响曲背后的乐观主义，这个乐句听上去像是引用自格林卡的歌剧《为沙皇献身》中劝诫人们"不可看重悲伤"的部分。这似乎成为了这部交响曲的希望主题——请注意，紧随其后的一个六音逆向级进乐句，似乎与我在歌剧《叶甫盖尼·奥涅金》中达季娅娜的《书信场景》中首次辨识出的六音命运主题相呼应。事实上，有强烈迹象表明，整部交响曲的创作确实基于一个大致的音乐大纲。

这部交响曲有一个低沉、绵长、缓慢的引子，（正如我们所注意到的）以源自格林卡的"希望"主题开始，接着是六音"命运"主题。呈示部以拨弦和弦悄然开始，为主题提供支撑，尽管该主题速度较快，但它几乎是引子的延伸，并且逐渐达到了非常有力的高潮：显然有某种强大的修辞在等着我们。按照惯例，柴科夫斯基的呈示部通常包含三个主题。副部主题很容易辨认，是弦乐中突然出现的强有力的上升旋律，它将继续与木管声部中重复的二音和弦动机交替出现；从这个紧密的对话中，第三个主题出现了，我们可以将其描述为一曲温柔的华尔兹。或者，这对于那些熟悉调性用法的读者来说会觉得自己被戏弄了：第三主题是否从重复的二音乐思开始，与副部主题的上升主题短暂重叠？事实上似乎是这样的，因为这里到达了第三主题的调性，D 大调。

呈示部顺利地过渡到了展开部，展开部悄然开始（应该很容易就能听辨出这一时刻）。三个主题的素材全部都经过了深入细致的处理。再现部和展开部分一样安静地开始，（在巴松管独奏的引领下）几乎完全是对呈示部的反复，其间有一些调性的调整。尾声又回到了展开部开始时的音乐，尽管随后是以非常务实的方式，像乐章开始时一样安静地结束。

第二乐章"有些自由的，如歌的行板"（*Andante cantabile, con alcuna licenza*）迅速证实这部交响曲与前作是多么的不同。在《第四交响曲》的第一乐章之后，非常必要的出现了一个轻松的慢乐章，即柴科夫斯基明确指出的"如歌一样"（*in modo di canzone*）。而此处，一连串安静庄严的和弦引领我们进入慢乐章本身，预示着正在酝酿着一些非常有分量的内容。很有趣的是，据说该乐章的第二段旋律（双簧管）配有文字"我是多么的爱你，我的朋友"（*"O que je t'aime! O mon amie!"*）。这轻松证实了这一乐章带给我们的印象，即它可能是一种深情的个人爱意的流露（不过应注意，法语"朋友"一词的阴性词尾表明爱的对象是一个女人，而不是男人）。无论怎样，这是整部交响曲表现力的核心，它是柴科夫斯基最伟大的慢乐章之一，以音乐中最著名的一段圆号独奏开场，很快单簧管独奏就会加入到安静的对话当中。双簧管介入了该乐章的第二个主要旋律（"爱情"主题？），随着圆号成为单簧管如影随形的伙伴，单簧管安静了下来，然后大提琴声部集体回到圆号主题上，伴随着

339

之前的三位独奏者提供的复调旋律。第二主题再次出现，它广泛而深远。现在主题由弦乐奏响，将这一不断流淌出的丰富旋律引向了力度上的高潮，然后逐渐消失，为构成这一乐章的三个主要部分中的第一个部分画上句号。

第二个主要部分由单簧管上新的第三主题所引入，听上去似乎更加轻松。但它也将有所发展，而这次会达到一个更加戏剧性的高潮，因为小号上以"极强"（ff）挑衅般闯入的正是低调开启了整部交响曲，而之后又没再出现过的，源自格林卡的"希望"主题。这证实了柴科夫斯基简短的音乐大纲所提供的指示，即这部交响曲不仅仅是一个动人的、纯粹的音乐创作，自传色彩在其中也发挥了一定的作用。这个慢乐章是如此有说服力，以至于第三主部不需要我的进一步评论，因为尽管它有所变化，但还是通过第一部分追溯了之前的路径，包含了爱情主题，但这一次，它结束于对"希望"主题第二次强横的干涉。现在，一切都将走向一种解决，"爱情"主题（现在在小提琴上，平静地演奏）将整个乐章引向了一个比一切开始时更安静的结尾。然而，这个起初犹豫不决，又安详笃定，最后获得宁静的结尾是否就是柴科夫斯基在其不完整的音乐大纲中所提到的"信仰的怀抱"？

这个伟大的慢板乐章结尾处宁静笃定的感觉似乎一上来就被随后的《华尔兹》变得更加具体。诚然，开启了第三乐章的是达季娅娜在《奥涅金》中的六音"命运"主题，但当下它听上去不慌不忙，为轻松、欢快的间奏曲奠定了基调。这是一个三部曲式结构，中央部分充满了活泼的装饰，装饰一直蔓延到第一部分的反复。而在乐章的结尾，在慢板中一而再再而三闯入进来的"希望"主题，温柔地加入到舞蹈当中。这部交响曲的主要氛围已经发生了根本性的变化。

终乐章缓慢的引子证实了这一转变，引子回到了第一乐章开始时的"希望"主题，不过它现在是大调，中强（mf）且雄伟庄严（maestoso），听起来信心满满。它的自信在提供了该乐章主体

的"活泼的快板"（Allegro vivace）中被强调。这是一个奏鸣曲式，
"希望"主题两度被融入一片欢腾之中，第一次是在呈示部和展开
部之间；再现部在漫长的渐弱之后爆发，展开部安静地结束。我只
想补充一点：我确实觉得终乐章中"希望"主题的恢弘号角过于夸
张了。坦率地说，旋律本身并不特别好，但考虑到它先前是在怎样
的背景中被听到，这倒也不那么重要。的确，它在慢乐章中傲慢鲁
莽的突然爆发几乎是一种美德，如果它们确实代表了对阻碍幸福的
邪恶的、不饶人的障碍的打击。在这种情况下，只有以相匹配的力
量，而不是礼貌地要求对方讲道理并走开，才能取得胜利。在音乐
中，平凡的，甚至是丑陋的，哪怕是许多人认为粗俗的东西，也
有一席之地。例如，听听马勒是如何出色地运用了原本平庸的东
西——但其理由取决于其语境。然而像这部作品中这样浮夸的庆
祝，会有趾高气昂的味道，让我觉得有点儿讨厌。在此，我的听众
朋友，你面临着一个挑战——但我相信，如果你随我完成了本书中
的大量案例研究，你可能已经掌握了（我知道，有些人在拿起这本
书之前可能已经非常精通）如何理解音乐，并能够开始应对严峻的
挑战，在深思熟虑后作出判断（尽管你不一定总是正确的。事实
上，我也不是每次都对）。还有无需争议的一点需要注意：交响曲
以第一乐章第一主题的"极极极强"（*ffff*）小号结束，从而为整
个构想提供了框架。

340

幻想序曲《哈姆雷特》***（*）

【这首相对简洁的作品从未获得像《罗密欧与朱丽叶》或《里
米尼的弗兰切斯卡》那样的欢迎，而且在我听来，它并不像这两部
前作那样，是首完美的作品。然而，它包含了一些非常有力量的音
乐。或许它遭到忽视的一个原因是，哈姆雷特的爱人，奥菲利亚虽

然是一个年轻的悲剧人物，但不同于早期作品中的朱丽叶和弗兰切斯卡，既不是一个被完整塑造的人物，也不是作品的核心，而且柴科夫斯基的个人参与度也不那么强烈。没有关系，对于那些喜爱之前这些作品（不要忘了《暴风雨》）的读者来说，《哈姆雷特》同样能给你带来很多的乐趣。】

341　　　在柴科夫斯基为他的六首交响诗选择的所有主题中，《哈姆雷特》无疑是最具挑战的。《罗密欧与朱丽叶》和《里米尼的弗兰切斯卡》都是悲剧爱情故事，而《暴风雨》本质上也无异于前两部作品，只不过是个快乐的故事，而且简单得多。因为作曲家无需顾及为冲突或痛苦制造线索，从而让柴科夫斯基可以自由地跟随斯塔索夫的音乐大纲，将爱丽儿和卡利班与其他小配角融在一起。在此基础上又再加入了普洛斯彼罗的魔法。一场暴风雨，通过对大海的呈现将整个故事一网打尽，就像我曾听人说的，"一切轻而易举"。这本身就是奇幻故事，而且对不够严谨的戏剧情节来说效果非常好。但对于《哈姆雷特》就行不通了，这是个关于一位年轻王子的现实故事，王子的叔叔杀了王子的父亲并且篡夺了王位。被毒害的国王的鬼魂出现，要求哈姆雷特为他报仇，但接下来的故事是关于哈姆雷特持续的犹豫不决，从而引发的一连串灾难，其中涉及了一群具有强大且不同动机的角色。这对作曲家来说是非常艰巨的挑战，一种可能的解决方案是全情专注于中心人物本身（正如李斯特在他非凡的交响诗《哈姆雷特》中所做的那样）；另一种则是为它创作一部完整的三或四小时的歌剧。我真正想说的是，在一首简明的交响诗中，要试图囊括柴科夫斯基所选择的一个如此复杂的故事，总会有缺憾。即便如此，《哈姆雷特》可能还是适合他的。事实上，这个主题吸引他的原因显然是因为他（又一次）将哈姆雷特看作是命运的牺牲品，他在剧中的原动力由他被毒害的父亲的鬼魂合理呈现。柴科夫斯基决定他唯独还需要的另一角色是有着悲剧色彩的奥菲利亚，哈姆雷特的爱人。如果只是在我们的想象中的话，那么还需要拉埃特，也就是奥菲利亚的哥哥，哈姆雷特从前的朋友。他指责哈姆雷特害死了他的妹妹，并在最后与哈姆雷特的决斗中和他一起死去。挪威王子福丁布拉斯也不可或缺，他只在戏剧主体前的过渡段中出现，但需要他来主持剧中灾难性的结局。

　　我们在幻想序曲一开始就直面"幽灵"（和"命运"）主题（柴科夫斯基在他乐谱上对应的这一刻写下了"是生，还是死"，出自哈姆雷特第二段伟大独白，或许同时也是莎士比亚语录中最著名的一句）。开篇有种不祥之兆，开始的五个音符标志着它阴森的，如幽灵一般的存在。两段更响亮的音乐匆匆插入进来，随后的事件表明这预示着哈姆雷特的死。圆号在午夜被吹响，强有力的锣鼓声预示着鬼魂的出现，他讲述了弑君的故事，随后发出令人生畏的命令，要求哈姆雷特为他报仇。音乐一度达到"极极强"（***fff***），鬼魂消失前，一段猛烈的重击以"极极极强"（***ffff***）强化了这一切。紧随其后被着重强调的音乐显然是哈姆雷特的回应（但请注意其中两个短暂的间歇：这是否反映了他致命的阿喀琉斯之踵，他的优柔寡断？）。与此同时，温柔的、略带紧张的双簧管坎蒂莱那无疑代表着奥菲利亚，而宽广的弦乐主题是哈姆雷特的爱情告白。尽管这不是柴科夫斯基最好的爱情主题之一（巴拉基列夫从没喜欢过这首曲子，他在自己乐谱相对应的地方写道："哈姆雷特赞美奥菲利亚，给她递上了一支冰淇淋！"），但我们一定记得哈姆雷特对奥菲利亚的行为变得残酷而矛盾。他的爱之奉献缺乏罗密欧为朱丽叶牺牲的那种完整和深度。接下来的进行曲无疑标志着福丁布拉斯在哈姆雷特紧张的音乐恢复之前的第一次出场。奥菲利亚再次出现，哈姆雷特的音乐遗迹焦虑地残存于她的音乐之下。这一次，她显然惴惴不安。哈姆雷特的爱情音乐再次响起，但似乎他也没有以前那么自在了。"幽灵／命运"主题在或许是哈姆雷特和拉埃特之间最后的决斗开始时反复出现。听到福丁布拉斯从远处走来，决斗的最后阶段开始，拉埃特已死，哈姆雷特受了重伤。在这里，开场音乐中那两个急促的插段再次出现，而大提琴悠长的下行音阶也许是掌控一切

342

的命运之神的最后一次现身。一段由"幽灵"主题主持的简短的死亡进行曲结束了这首很少被演奏的作品，不管它有什么缺点，《哈姆雷特》都应该比现在更经常被听到。

25

第二次国外巡演：
《睡美人》

1888 年夏天的大部分时间都是平淡无奇的。在这样安静的环境下，有人陪伴变得必不可少，拉罗什就来弗罗洛夫斯科耶住了一个月。还有位稀客登门造访，那就是康德拉捷耶夫的男仆，亚历山大·列戈申的妻子，她曾在康德拉捷耶夫生命的最后几周里对柴科夫斯基这位老朋友悉心照料。柴科夫斯基显然对列戈申一家产生了好感，他为他们患有佝偻病的两岁女儿买了台婴儿推车。为庆祝他的命名日，他安排了一次聚会，客人有尤尔根松、阿尔布雷希特和齐洛蒂，为期两天的活动让柴科夫斯基有很多机会玩他最喜欢的纸牌游戏——文特。当然，还有到莫斯科和圣彼得堡的定期旅行。夏末，他两年多以来第一次去了卡缅卡。他对这个地方的感情仍然是复杂的，而从巴黎传来的噩耗给他在卡缅卡的两周蒙上了阴影。距离他的大外甥女塔妮亚突然去世才不过一年多，现在，第二个外甥女薇拉，在法国首都因患上肺结核快要病死了。

他以指挥家身份的第一次国外巡演取得了明显成功，这为他带来了进一步进军海外的计划。截止到 8 月，他已经接受了在德累斯顿和柏林指挥音乐会的邀请，不久又增加了法兰克福、科隆和伦敦等地。在这之前，他在圣彼得堡有两场音乐会，之后他还必须兑现承诺，在布拉格指挥《奥涅金》。俄罗斯的第一场音乐会同时也是《第五交响曲》的首演，节目中还有拉罗什的序曲《卡尔莫齐纳》，序曲的配器是柴科夫斯基为朋友完成的。在排练时，这首曲子因鲁莽自大而受到了猛烈抨击。但柴科夫斯基认定这首作品不该以失败告终。他（在拉罗什不知情的情况下）编造了一份节目单，在音乐会前分发，声称这首序曲是一部以威尼斯狂欢节开场的歌剧的前奏。同时，什帕金斯卡雅在他的不断鼓励下创作了一个剧本，但他却未能说服帝国剧院将其搬上舞台。现在听说剧本被拒绝，他最后亲自向作家透露了这个消息，并尽可能地缓和它所带来的打击。此外，他的朋友和前同事尼古拉·休伯特最近刚刚过世，柴科夫斯基一直在为他的遗孀提供经济上的帮助。卡什金也遇到了经济困难，柴科夫斯基秘密借钱给他，帮朋友渡过难关。然后在 11 月 26 日，当所有这些不同的责任和干预都履行完成后，他起身前往了布拉格。

他此次出访捷克相对来说比较低调。在上一次访问中，他放弃了全部的佣金，但现在只能获得一半的收入。事实证明，他要指挥的音乐会在时间安排和组织上都很糟糕，没什么观众，票房惨淡。但评论界对此表示了愤慨，柴科夫斯基在《奥涅金》开幕音乐会上获得了巨大的个人成功，观众纷纷起立欢呼。在这次访问中，他邀请德沃夏克到莫斯科指挥，回到俄罗斯后，他亲自负责所有安排，包括费用。不过至于这次访问，德沃夏克坚持认为，由于害怕俄罗斯的霜冻，不应早于 1890 年 3 月。柴科夫斯基在回家的路上途经维也纳时，在报纸上读到了薇拉的死讯，想当然地以为她的遗体会被带回圣彼得堡安葬，于是他去了首都。在莫斯科指挥了两场音乐会后，他回到圣彼得堡指挥第三场，这次由出版商米特罗凡·别利亚耶夫推广，其中包括《暴风雨》，其余节目则由新俄罗斯学派——也就是"五人团"的作品组成。柴科夫斯基长期以来与该学派的大多数成员保持着良好的私人关系，他现在清楚自己完全不必担心与他们进行比较，而且与其成员之间的任何问题或紧张关系最后也都已经平息。这些和其他的事情交付或完成后，1889 年 1 月 6 日，在俄罗斯圣诞节当天，他回到了弗罗洛夫斯科耶，等待他的是四个星期的自由时间。他终于可以郑重开始创作他全新的芭蕾舞剧，《睡美人》。

我们将暂时跳过用以创作这部杰作的那个月，跟随指挥家柴科夫斯基进行第二次欧洲巡演。柴科夫斯基于 2 月 5 日离开俄罗斯，在柏林耽搁了一段时间与他的经纪人，赫尔曼·沃尔夫协商，并与阿尔图一起享受了快乐的时光。第一场音乐会在科隆举行，他指挥了他的《第三组曲》，反响热烈，音乐会结束时响起了三次号角齐鸣以示庆祝。接下来是法兰克福。节目单里原本有《1812》，但推广者担心其结尾太过嘈杂（尽管柏林人已经表现出了对此毫不畏惧），所以悄悄放弃了。但《第三组曲》获得了热烈的掌声，人们竭力要求柴科夫斯基在年底前重返法兰克福。

两天后，他来到了德累斯顿——这次的任务更加艰巨（《第四交响曲》和《第一钢琴协奏曲》）。由于乐队较差，独奏家埃米尔·冯·绍尔[1]又特立独行，这让一切难上加难。不出所料，音乐会进行得不太顺利，不过观众们慢慢地对交响曲听得越来越起劲，最后还响起了号角齐鸣。与此同时，他越来越渴望回家。正如他在给康斯坦丁·康斯坦丁诺维奇大公的信中所说的那样：

> 我无法向你表达德国人所说的"乡愁"（Heimweh）是如何使我充满了痛苦、渴望、思念和疼痛。去年，我也感受到了这种对祖国的极度渴望，但程度要轻得多。倒不是因为音乐会排练或者音乐会本身让我负担很重，而是在陌生人中间的不断回旋，尽管他们有时非常有趣。但最糟糕的是，我几乎没有时间独处。

然而，他不得不承认，他对自己明显的成功非常满意。在前往日内瓦参加下一次演出之前，他能够与他的朋友们、布罗茨基夫妇

---

1. Emil von Sauer（1862—1942），德国作曲家、钢琴家，李斯特的学生。他被广泛誉为 19 世纪末至 20 世纪初最杰出的钢琴家之一。——译者注

在莱比锡放松两天。

事实证明日内瓦的管弦乐队又小又差，但演奏家们都很友善且热情。每天的排练带来了很大的进步，柴科夫斯基指挥的音乐会（《弦乐小夜曲》和《第一组曲》）座无虚席，赢得了一片喝彩，并获得了当地俄罗斯群体献上的镀金花环。1876年初，他在日内瓦与萨莎和她的孩子们一起度过了几个星期。现在，在给鲍勃的信中，他特别回忆起了最近过世的两个外甥女：

346

> 昨天我去了你居住过的普兰帕拉大道。我非常清楚地记得塔妮亚和薇拉，她们的手臂因在寒风中跑去学校而发红。还有你的小鼻子，它现在像个象鼻，而我也不如整整十三年前那样年轻，已是头发花白。我非常悲伤：

> 最悲伤的事，
> 莫过于在痛苦中，
> 回忆起往昔的快乐。[1]

到达下一站汉堡时，柴科夫斯基收到一个惊喜：住在隔壁酒店房间的正是勃拉姆斯，他推迟一天离开，以便能够参加柴科夫斯基的新作，《第五交响曲》的排练。勃拉姆斯听了这部作品后，告诉柴科夫斯基他非常欣赏前三个乐章，但不喜欢终乐章。像这样诚实的批评很少会激怒柴科夫斯基。"勃拉姆斯非常和蔼可亲，"他在给莫杰斯特的信中写道，"排练结束后，我们一起吃了午饭，喝了不少酒。他是一个富有同情心的人，我喜欢他的正直和朴实。"此后，他试图说服勃拉姆斯在下一季度到莫斯科指挥，不过没有成功。至

---

1. 出自但丁《神曲》地狱篇。柴科夫斯基熟读《神曲》，他在1876年创作的管弦乐幻想曲《里米尼的弗兰切斯卡》就是基于这一主题。他在书信中回忆起快乐时光时经常引用"Nessun maggior dolore / Che ricordarsi del tempo felice / Nella miseria"这句话。
　　——译者注

于《第五交响曲》在汉堡广大观众中的反响，它大获成功。但距离他下一场在伦敦的演出还有四个星期的时间，他特别希望能在那里帮助促进时年 20 岁的钢琴家，瓦西里·萨佩尔尼科夫的事业，他将担任《第一钢琴协奏曲》的独奏。巴黎是消磨时光的好选择。柴科夫斯基现在在巴黎有很多音乐界的熟人，这个城市能提供大量的戏剧和音乐活动，他还能参观然后登上新建成的埃菲尔铁塔。得知他来到了巴黎，科隆内在他的一场音乐会中加入了《第三组曲》中的《主题与变奏》，随后举行了招待会，其间有歌唱家演唱了柴科夫斯基的一些歌曲。

4 月 9 日，柴科夫斯基入住伦敦的迪厄多内酒店，第二天早上醒来时发现首都被"黄色浓雾"（一种由污染引起的特别浓的雾，我一些上了年纪的读者可能还记得）所覆盖。他的单场音乐会包括《第一组曲》以及协奏曲，萨佩尔尼科夫大获成功。在随后的几年里，他将多次回到伦敦。第二天清晨，柴科夫斯基溜进萨佩尔尼科夫的房间，亲吻了这个还在熟睡中的小伙子，然后离开酒店，去找阿纳托利和帕拉莎。在前往马赛的途中经过巴黎，他开始了另一次地中海之旅。

柴科夫斯基不时会与某个此生再也不会见到的人发生短暂的关系，但这个人是如此吸引作曲家，很可能多年以后就会成为柴科夫斯基某部作品的受题献者。弗拉基米尔·斯克里弗索夫斯基就是其中一个，他是莫斯科一位著名外科医生的儿子。在这次航行中，他们一起穿越了博尼法西奥海峡，看到了利帕里群岛壮观的火山爆发，经受了墨西拿附近的大风，并一起游览了希腊的西罗斯岛。下一个停靠港是士麦那（现在的伊兹密尔），他们再次观光游览，还买了土耳其毡帽。然而，在到达君士坦丁堡时，斯克里弗索夫斯基下了船。柴科夫斯基在分别时流下了眼泪，第二年他得知这位青年已经过世。然而四年后，他仍然记得他们的相遇，并将他的《十八首钢琴小品》，作品 72 号中的第 14 首，《悲歌》（*Chant élégiaque*）献给了斯克里弗索夫斯基。

347

　　沿土耳其北部海岸的航行让柴科夫斯基非常疲惫，到达第比利斯时他终于松了口气，不过弟妹无休止的社交活动并没让他感到放松。令人欣慰的是，艺术协会为他举办了一场包括《钢琴三重奏》在内的专场音乐会，但柴科夫斯基仍然非常疲惫。他于 5 月 14 日启程前往莫斯科，走了与他第一次来到高加索相反的路线。然而，他在莫斯科并没有找到喘息的机会。音乐学院陷入了危机。塔涅耶夫已经辞去了院长职务，而萨福诺夫只有在阿尔布雷希特被解雇的前提下才会同意接他的班。柴科夫斯基知道这两个人之间的关系一直很紧张，但对阿尔布雷希特的忠诚让他更加坚信他的老朋友不该在失意时离开。他最终说服了阿尔布雷希特辞职（柴科夫斯基亲自为他起草了辞职信），同时说服塔涅耶夫继续担任对位法教授。但就算有这些麻烦事，再加上音乐学院每年的考试，他还是抽出了时间来安排休伯特的遗孀填补阿尔布雷希特现在的空缺职位。

　　下一站是到圣彼得堡看望莫杰斯特和科利亚，与帝国剧院总监伊万·弗谢沃洛日斯基协商《睡美人》的演出事宜，并参与安排安东·鲁宾斯坦钢琴家生涯五十周年纪念活动。鲁宾斯坦本人无法出席第一场音乐会，柴科夫斯基说服里姆斯基代替他担任指挥，柴科夫斯基本人则在里姆斯基的《西班牙随想曲》中完成了自己的响板首秀，因为专业打击乐手无法胜任。5 月 31 日，他回到弗罗洛夫斯科耶，完成剧院要求在 9 月中旬交付的《睡美人》。

　　虽然我们对《天鹅湖》的背景和创作知之甚少，但关于《睡美人》的诞生过程却有大量资料。1888 年 5 月，弗谢沃洛日斯基提出根据 17 世纪法国作家夏尔·佩罗的民间故事改编芭蕾舞剧的想法，并且继续沿用他的故事剧情。柴科夫斯基很快就被这个想法吸引，在 9 月与弗谢沃洛日斯基和马里乌斯·彼季帕（在今天作为传奇芭蕾编舞家为人们所熟知）进行了商讨，其间一切都得到了深入的细化。柴科夫斯基的兴奋之情溢于言表，以至于在 10 月他就忍不住开了个头，尽管直到 1889 年 1 月他才开始郑重其事地创作。不过在两个多星期的时间里，芭蕾舞剧的大部分内容就被勾勒出来了。柴科夫斯基的第二次欧洲之行又一次让创作中断，但在他回到弗罗洛夫斯科耶还不到一个星期的时间里，《睡美人》的草稿就完成了。"我于1889年6月7日晚上8点完成，赞美上帝！"他在草稿结尾处写道，"我在10月总共写了十天，1月写了三个星期，现在又写了一个星期——因此，总共大约四十天。"然而，配器所用的时间比《天鹅湖》要长得多，因为柴科夫斯基现在希望他的音乐能呈现出比他早期芭蕾舞剧更丰富多变的色彩和质感，而这项工作到了8月才完成。他对这部芭蕾舞在首演时遭遇的冷遇大为失望，但这一反应可能是由于音乐格外精致复杂所造成的。尽管《睡美人》从未能达到过《天鹅湖》那样的人气，但（我敢这么说吗？）它或许是更好的作品。

《睡美人》：四幕芭蕾舞剧 *****

【关于这部作品我有太多的话想说，我可以预料到下面的评论会占据很大篇幅。诚然，《睡美人》缺乏《天鹅湖》那种直达人心的悲情感染力（似乎如果芭蕾舞剧的结局皆大欢喜，那么就格外有失败的风险），但柴科夫斯基的第二部芭蕾舞剧的音乐有一种神奇的创造性和复杂性（质量上也绝对更加一致），这弥补了《睡美人》"柔和"的戏剧性。这并不重要，我相信，如果你喜欢其中一部芭蕾舞剧，就也会喜欢另外一部（这里的个人观点不会像柴科夫斯基的交响曲分歧那样大。）】

349

以下是芭蕾舞剧情节概述，省略了许多细节：

序幕。**奥罗拉公主的洗礼**：在国王宫殿举行的宴会。**进行曲**（No.1）：廷臣们聚集在一起，等待着国王和王后的到来，而典礼官卡塔拉布特则在审阅宾客名单。号角声宣布国王和王后带着他们刚出生的女儿奥罗拉登场。**舞蹈场景**（No.2）：奥罗拉的教母们——善良的仙女们入场，然后是紫丁香仙女，奥罗拉的首席教母。仙女们被赠予皇家礼物。**六人舞**（No.3）：仙女们依次向她们的教女赠送礼物。**终场**（No.4）：紫丁香仙女准备献上她的礼物，但台下传来的声音预示着愤怒的卡拉博瑟——邪恶仙女正在靠近，典礼官忘记了邀请她来参加洗礼。吓坏了的卡塔拉布特承认这是他的失误。所有人都惊慌失措。卡拉博瑟在丑陋的仆人的陪同下，乘坐一辆由六只老鼠拉着的独轮车出现。国王和王后答应为卡塔拉布特犯下的错误而惩罚他，后者乞求原谅，但卡拉博瑟却折磨他。她宣称要送给奥罗拉一份礼物。尽管善良的仙女们前来干预，但卡拉博瑟还是无法平静，她送出了她的"礼物"：奥罗拉将出落成美人，但会在她第一次刺破她的手指时长眠不醒。所有人都目瞪口呆，卡拉博瑟兴奋不已。但幸好紫丁香仙女还没有送出她的礼物，她仍然可以缓解毒咒：有一天，会有一位英俊的王子前来，他的吻会打破毒咒，然后他会和奥罗拉结婚。愤怒的卡拉博瑟离开了，善良的仙女们守护着摇篮。

　　第一幕。国王宫殿的公园。**场景舞蹈**（No.5）。奥罗拉20岁了，国王很高兴卡拉博瑟的毒咒没有应验。现在法律禁止所有的针和钉，卡塔拉布特责备了一群携带它们的农民。农民们请求宽恕，但被送进了监狱。国王和王后在四位王子的陪同下入场。当卡塔拉布特告诉国王和王后把这些农民送进监狱的原因时，国王和王后谴责了他们。但王子们进行了调解，主张人们不该在奥罗拉的成年礼上流泪。国王同意了，并释放了这些农民。大家欢欣雀跃。**华尔兹**（No.6）：农民们跳舞。

350　　　　**场景舞蹈**（No.7）：只见过公主画像的王子们希望见到奥罗拉本人，奥罗拉可以自由选择他们其中的一位做她的丈夫。奥罗拉快步登场，王子们为她的美貌所震惊。**剧情舞蹈**（No.8）：奥罗拉依次与王子们跳舞，并拒绝了所有人。她的父母催促她结婚，但她希望保留自己的自由，于是跳着舞离开。她注意到一个老妇人在用纺锤打着拍子，就从她手中抢走了纺锤，并像拿着权杖一样的纺锤跳舞来戏弄王子们。**终场**（No.9）：突然间，奥罗拉感觉到她的手指被刺伤，她疯狂起舞后倒下，没有了生命迹象。老妇人显露出真实面目，她就是卡拉博瑟，然后消失，王子们也一起退场。然而，紫丁香仙女出现了，她缓解了毒咒，让国王和王后放心，并预言奥罗拉将沉睡一百年，然后被一个英俊的王子的吻唤醒，然后与王子结婚。他们带着女儿离开，紫丁香仙女对所有留在舞台上的人施了一个咒语，其他仙女也出现了，以保护沉睡的人们的安宁。

第二幕第一场。**德西雷王子狩猎**。河边靠近悬崖的森林中。**幕间曲和场景舞蹈**（No.10）：猎人和妇女出现，然后坐下来吃饭。德西雷与他的家庭教师加利弗龙和朝臣们一起入场。**科林-玛亚（瞎子捉猫的游戏）**（No.11）：一场娱乐活动。**场景舞蹈**（No.12—13）：各种各样的舞蹈。**场景舞蹈**（No.14）：王子决定不参加下一次的狩猎，独自一人留下。紫丁香仙女从河边出现。她告诉王子，她将带他看看他未来的新娘。悬崖开裂，露出了沉睡的奥罗拉和她的随从。**剧情舞蹈**（No.15）：奥罗拉站起来，为王子跳舞，王子对她越来越着迷。奥罗拉消失在岩石的裂缝中。**场景舞蹈**（No.16）：被迷住的王子恳求紫丁香仙女带他去找奥罗拉。紫丁香仙女把他带到船上，船开走了，景色变得愈发荒凉。**全景**（No.17）：夜幕降临。远处出现了一座城堡，这是他们的目的地。上岸后，紫丁香仙女用她的魔杖打开了城堡的大门，仆人和守卫都陷入沉睡。所有的一切都笼罩在浓密的云层中，轻柔的音乐响起。

幕间曲（No.18）。（从未运用在表演中。）

第二幕第二场。睡美人的城堡。**交响幕间曲**（No.19）：云雾散去。奥罗拉在遮篷床上沉睡。国王、王后和朝臣们也在沉睡，到处是灰尘和蜘蛛网。紫丁香仙女和王子入场。王子跑到床边，但无法唤醒奥罗拉，他陷入绝望。最后，王子终于吻了奥罗拉。**终曲**（No.20）：咒语被打破，奥罗拉和所有人都苏醒过来，灰尘和蜘蛛网消失了。王子向奥罗拉求婚，国王应允。

第三幕。**德西雷王子和奥罗拉公主的婚礼**。国王宫殿的露天

351

广场。**进行曲**（No.21）：廷臣们聚集在一起参加庆典活动。卡塔拉布特为宾客们安排座位。国王和王后，以及新婚夫妇和四位仙女入场。**波兰舞曲**（No.22）：参加舞会的人的队伍。**四人舞**（No.23）：四位仙女。**角色舞**（No.24）：穿靴子的猫和白猫。**四人舞**（No.25）：灰姑娘和福尔图内王子。青鸟和弗洛琳公主。**角色舞**（No.26）：小红帽和大灰狼。青鸟和福尔图内王子。**贝利舞**（No.27）：大拇指汤姆和他的兄弟们，还有食人魔。**双人舞**（No.28）：奥罗拉和德西雷。群舞：**萨拉班德舞曲**（No.29）。**终场**（No.30）：升华。

《睡美人》与《天鹅湖》相隔约十五年，两部芭蕾舞剧之间也相应地存在着戏剧性上的鸿沟。《天鹅湖》在其所处的年代代表了非凡的成就——而最重要的是在最后一幕中——音乐以一种毫不留情的力量和精准度直达听众，这一定让当时的许多芭蕾观众深感不安。如今，《天鹅湖》已经不会对芭蕾观众构成这样的问题，因为今日的观众来自更广泛的社会阶层和非常不同的音乐环境。的确，可能是《天鹅湖》高度的戏剧张力和深刻的情感议题——以及柴科夫斯基对此绝妙的回应——让它保持着《睡美人》永远无法比拟的人气。在这部后来创作的芭蕾舞剧中并没有凄切哀婉的悲剧，也没有充满痛苦或危难的事件，而大结局更是每一位观众所希望看到的，并且在最后一幕中得到了盛大的庆祝（过去，在芭蕾舞选段晚会中单独上演"奥罗拉的婚礼"一幕并不罕见）。不过，虽然我喜欢《天鹅湖》，而且从不会错过观看它的机会，但《睡美人》是更精妙的作品。它在戏剧上更突出重点，像《天鹅湖》里那样削弱戏剧效果的纯装饰性舞蹈占比要小得多，叙事场景始终尽可能地保持"戏剧化"。作曲家现在更是拥有应对这些挑战所需的一切洞察力和技巧。

与《天鹅湖》一样，管弦乐前奏介绍了以音乐所呈现出的两股对抗势力，这两股势力将争夺对奥罗拉和德西雷这对恋人命运的最高掌控权。卡拉博瑟首先登场，她的音乐是暴力的、邪恶的，是

352

紧密拼凑起来的充满威胁的片段，而她的对手紫丁香仙女的音乐则是宁静的、仁慈的、"安全的"，有着可爱、慷慨的旋律，其和声稳定，轮廓流畅。它直接为皇室成员的入场拉开了序幕。这是一场非常壮观、隆重的盛典，充分证明卡塔拉布特在邀请宾客方面过于挑剔是不无道理的。这也起到了推迟皇室夫妇登场这一关键时刻的作用，让它在真正到来时显得更加庄重，同时也为大量的辅助音乐提供了借口。现在，五位仙女教母在精致、轻盈的音乐声中飘来，然后第六位仙女，紫丁香出现（音乐在配器上更加完整）：这些超自然生物同样是来宾，必须正式地、不慌不忙地受到迎接，然后入座。音乐这时让位于一曲更加明确，但同样细腻的华尔兹，侍从和年轻女孩儿们向这些精致优雅的宾客赠送礼物。皇室事宜绝不能急于求成，柴科夫斯基的音乐以坚定的天赋和恰到好处支撑起了这一丰满的庞大场面。

现在轮到仙女们向小奥罗拉赠送礼物了，但在她们轮流递上礼物之前有一组六人舞。这是一个由所有仙女参与的重要段落，以轻柔的单簧管旋律和竖琴刮奏伴奏开场，然后是六支短小的独舞，均不超过一分钟。在总共两分半不到的时间里，仙女们依次递上礼物。前五段都是非常独立的曲目，精雕细琢，但更重要的第六段（一曲华尔兹）则分配给了紫丁香仙女。最后，这个既庄重又展现个性的场景以一段充满活力的群舞结束。

到现在为止，一切都很轻松愉快——但都经过精心的设计，因为这一切即将发生突然而又可怕的转变。当紫丁香仙女走上前去献上她的礼物时，外面传来一阵骚动——愤怒的卡拉博瑟正在靠近，然后在芭蕾舞剧开场的音乐中冲了进来。这离我们迄今为止所看到和听到的所有安全的庄重感和音色都相去甚远。现在情节将会非常紧凑，连续的事件倾盆而下，决定着音乐的进程。幸运的是，有一些非常微小的休止为剧情注入了标点，让标记这些事件变得更加容易。这些迷你休止中的第一个标志着卡拉博瑟坐着老鼠拉的独轮车，在丑陋仆人们的伴随下出场的那一刻。她在管弦乐序曲中的音乐证实了这就是她——注意，当她的音乐在芭蕾中再次出现时，它经常被赋予某种新的表现形式，因为卡拉博瑟是狡猾的操纵者：不知道她到底会变成什么，抑或做些什么。在紧接着的音乐中可以听到她和她随从们嘎嘎大笑。绝望的卡塔布拉特乞求怜悯，但无济于事（又是卡拉博瑟的主题，伴随着更猖狂的嘎嘎笑声），善良的仙女们恳求卡拉博瑟原谅国王和王后的疏忽（较平静的弦乐旋律），但卡拉博瑟只是恶狠狠地大笑，然后下了她的毒咒（吱吱嘎嘎的伴奏支撑着大步流星的低音主题）。一个微小的休止——国王和王后痛苦地哭泣，卡拉博瑟四下挥舞着她的魔杖，她的老鼠和随从纵情起舞，幸灾乐祸地大笑。又是一阵微小的休止——当一直隐藏在秘密角落的紫丁香仙女走上前来时，一切似乎突然凝固了，她的音乐一如既往地平静。然而，危机仍未到来，因为卡拉博瑟疯狂地试图干预（她的音乐努力占据上风），而且有那么一瞬间她成功了。又是一片寂静。善良的仙女们很快就围在一起守护住了摇篮，紫丁香仙女的音乐又恢复了。卡拉博瑟试图重复她完整的毒咒，但已经失败。

　　第一幕的开场和序幕的开场一样轻松，不过这一次我们看到的是农民，他们的音乐有一种俏皮的纯真。当卡塔拉布特发现农民拿着编织针时，叽叽喳喳的欢快音乐瞬间停止，急促的弦乐段落证实了他的愤怒和把农民送进监狱的这个极端决定。突然的停顿和较慢的音乐标志着国王和王后与奥罗拉的求婚者，四位王子的到来。国王对农民发怒提高了音乐的紧张程度，而王子们的求情对比强烈，很容易辨认。不那么明显的是卡拉博瑟主题音乐中的微小元素正在鬼鬼祟祟地侵吞较安静的段落，其间国王的愤怒有所缓解，但是由于她把自己伪装了起来，所以我们还看不到她实际上已经出现了。这个乐段引出了《华尔兹》，这是这部芭蕾中第一场盛大的固定场景舞蹈。不过，由于它没有《天鹅湖》第一幕中出现的华尔兹那样规模宏大，所以这个乐段并没有一种入侵的感觉。相反，它只是为了将之前简单的乡下场景与之后有着不祥之兆的皇家仪式区分开来。《华尔兹》还为奥罗拉的登场腾出了戏剧空间，她欢快地跳了出来，这个无忧无虑的年轻女孩儿将立即受到四个追求者的示爱。

《玫瑰慢板》（之所以被称为《玫瑰慢板》，是因为每位追求者都会献上一朵玫瑰，而奥罗拉则将其丢弃，以示拒绝）是《睡美人》中四段伟大的场景舞蹈中的第二个。庄重的木管和竖琴引子预示着重要的时刻即将到来，而接下来的内容当然也不会令人失望。与《天鹅湖》相比，《睡美人》中装饰性舞蹈的比例大幅减少，这使得像这样重量级的舞蹈段落更显突出。无论如何，剧情发展都并没有停滞不前，因为在慢板结束时，我们将看到奥罗拉拒绝了四位条件优异的追求者。而当她继续跳起了她的变奏（一段独舞），即接下来的三段舞蹈中（独奏小提琴伴奏下的）最后一段，她将在一定程度上让我们确信她仍然是我们在《玫瑰慢板》中瞥见的那个无忧无虑的女孩儿。奥罗拉独舞前的两支简短的舞蹈（伴娘和侍者舞，以及侍者自己的简短群舞）取代了四位王子常规的个人变奏。至于奥罗拉变奏之后的尾声，她无所顾忌地拿着抢来的纺锤跳舞，希望让被她拒绝的求婚者们为她的表演所倾倒。但在她刺破手指的那一刻音乐直接进入了这一幕的终场，卡拉博瑟的音乐最终明确显现出来。

我们非常值得在这里暂停片刻。注意柴科夫斯基是如何精彩地利用一个乐思，在戏剧中以其自身的方式投射出一个生动的瞬间。卡拉博瑟的主题为这部芭蕾的前奏提供了最初的音乐，它有一个非常易于辨识的"铛—铛—嘀嗒—嘀嗒—铛—铛—嗙—嗙—嗙—嗙—嗙—嗙"的节奏，"嘀嗒—嘀嗒—铛"是一个紧张的小五音音型。不一会儿，这个音型就会出现，它随着乐队其他声部逐渐消失，与插入其间的休止反复出现，标志着奥罗拉蹒跚的步伐。但是，当奥罗拉开始她的"眩晕之舞"时，这个小节奏音型重新开始，并在她突然不省人事之前，让"缠绕"她的旋律真的像纺车一样"旋转"起来。我想不出有比这更好的例子来展现音乐是如何积极地创造戏剧冲突的。

父母的悲痛令人心碎，而幸灾乐祸的卡拉博瑟卸下了她的伪装、完整、厚颜无耻地呈现出她的主题旋律，以庆祝她毒咒的应验。王子们拔出了剑，但她瞬间消失，令吓坏了的王子们落荒而逃。紫丁香仙女再次出现，她和她的主题将主持这一幕余下的内容。她挥动仙女棒让奥罗拉陷入长达世纪之久的沉睡，只有她（大锣一声巨响后）的魔法音乐在她减缓毒咒时短暂地与她自己的主题交汇在了一起。所有的一切最终都消逝在寂静之中。现在所有人都陷入了沉睡的魔法。

第二幕第一场最开始的几段是整部芭蕾中最为轻松的。但必须要引入德西雷王子。为此，作曲家设计出了一个情景能够让他独自一人被赋予奥罗拉的拯救者和配偶的角色。狩猎的号角为我们预告了这一幕的戏剧背景，而王子午餐时间的舞蹈娱乐，尽管对于戏剧性的要求来说是多余的，但至少提供了可供我们观察德西雷的空间，同时也为更庄重的舞蹈提供了适度的位置。它还释放了前一幕的情感冲击所带来的紧张气氛。瞎子捉猫的性感游戏一结束（事实上，第一支舞是一支明确且端庄的萨拉班德），狩猎队的入场音乐中就泛起了一丝巴洛克味道，而紧随其后的古板音乐更是如此。但是，随着狩猎队离开，留下王子独自一人，这一幕的真正剧情才正式开始。一段竖琴刮奏标志着紫丁香仙女乘着她的贝母船到来。她挥动仙杖，悬崖峭壁开裂，露出了沉睡中的奥罗拉的幻影。她再一挥仙杖，奥罗拉醒来。最初她先是精神抖擞，然后开始了她的诱惑之舞。

这是芭蕾剧中的第三段伟大的固定场景舞蹈，《玫瑰慢板》有多么盛大恢弘，这一场就有多么私密动人。音乐基本上是一段庞大的、几乎无间断的大提琴独奏。独奏起初有着近乎天真的魅力，但接下来，伴随着微小的、上挑的木管音阶和更活跃的大提琴旋律，变得愈发诱惑。奥罗拉不断地回避德西雷企图对她的碰触。一个悲怆的小木管乐句反复出现，增加了王子的情感压力。音乐的音量突然增大，开头的旋律回归，现在由整个大提琴声部演奏。奥罗拉确信她已经将王子迷住，她会通过简短地展示非常外向、活泼的一面来加强她的控制。两段附加的音乐让她将王子彻底征服，奥罗拉从哪里来就从哪里消失，而德西雷现在完全成了她的奴隶，兴奋地乞求紫丁香仙女带他去寻找这个幻影的真身。他们一同启程。

356

这段旅程着实令人陶醉。他们所到达的全景是如此安宁，如此平静，它的和声是如此简单，每个和弦的持续时间如此之长，和弦之间的转换如此平顺，只有最温和的发展变化；即使是与此交替出现的两个有长笛点缀的段落，也没有威胁到这种普遍的平静。更加不朽的是接下来的交响幕间曲《沉睡》（ *Le Sommeil* ）[1]，它把我们进一步带入一个令人如痴如醉的世界。请注意音乐的最高声部——小提琴上一个非常安静的高音 C，它持续了大约四分钟没有中断（通过第一和第二小提琴在重叠的四小节交替进行），它代表魔法的"约束力"。而在这之下，其他超自然生物继续低语：紫丁香仙女的睡眠魔咒、卡拉博瑟的主题和紫丁香仙女自己的旋律。舞台被笼罩在迷雾之中，其间场景更迭，因此，当到达标志着阴云消散的高潮时，我们会发现自己已经回到了第一幕结束时的场景。尽管如此，音乐现在还保持着基本静止的状态。只有当紫丁香仙女和德西雷入场时，卡拉博瑟才开始准备行动，她的音乐变得愈发绝望，因为王子正在靠近奥罗拉的遮篷床，并用他的吻将她唤醒。大锣上一阵有力的敲击声标志着毒咒已被解除。国王和王后，以及所有的廷臣都醒了过来，欢乐重返人间。

让《睡美人》在戏剧节奏上比《天鹅湖》更令人满意的伟大特点是《睡美人》大幅减少了常规舞蹈和宫廷舞。这些舞蹈在之前的芭蕾舞剧中不时以非常扎眼的方式打断了叙事。而在《睡美

---

1. 当柴科夫斯基最初创作这一乐段时，他加入了一个小提琴独奏和管弦乐队幕间曲（正如在《天鹅湖》中所指出的，这本来是为了给宫廷小提琴手，通常也是当时杰出演奏大师，安排一段必须声部独奏）。然而，这段幕间曲在首演前就被删去了，因为尽管它本身是一首很有价值的作品，但它会给这一乐段的魔力造成灾难性的破坏，使它长到无法忍受。然而，在现代录音中，它通常被包括在内，所以最好的办法是准备好跳过这一轨。

人》中，柴科夫斯基参照德利布的《葛蓓莉亚》，通过额外增加一幕并将其填满装饰性的舞蹈来庆祝这对恋人的结合，以弥补这一损失。这也给了他绝对的自由去选择这些舞蹈，而最引人注目的是令人眼花缭乱的角色变化。这一幕以两个大型乐章开场，证明了这是一个庄严华丽的场合：国王、王后和廷臣以及新婚夫妇和四位珠宝仙女在进行曲的烘托下入场。波罗乃兹伴随着为皇家提供娱乐的队伍，以及前几幕的其他参与者（包括卡拉博瑟，她显然得到了皇家大赦），紫丁香仙女跟在人群之后。娱乐庆典就这样开始了。它被设计为一系列简洁的舞段，每个段落中最吸引人的往往是变化多端、色彩丰富的配器。首先是珠宝仙女四人舞，然后是每位仙女的独舞变奏（蓝宝石仙女非比寻常的每小节五拍的节奏被柴科夫斯基划分为二加三拍，这与蓝宝石化学式 Al_2O_3 中的化合价相吻合，这是否纯属巧合呢？）外加一个尾声。然后是（对我来说）这一幕真正的珍宝：穿靴子的猫和白猫的角色舞。它们冲着对方喵喵直叫，挥舞猫爪，撕咬抓挠、吐起口水。接下来是第二段四人舞，这次是灰姑娘和福尔图内王子、青鸟和弗洛琳公主，这两对夫妇在尾声前各有一段变奏。接下来是第二段角色舞，紧张的小红帽和嚎叫的大灰狼。灰姑娘和福尔图内王子还有第二段较长的角色舞，舞蹈开始时非常生动，但随后变成了优雅的华尔兹。这场卡巴莱表演以大拇指汤姆、他的兄弟和食人魔的贝利舞（贝利是法国的一个地区）结束，其中食人魔大步流星，其他角色则在舞台上四下乱窜。最终，这对恋人亲自上前表演了大双人舞，为庆典画上了句号。

　　这是《睡美人》第四段，也是最后一段大型固定场景的舞蹈。舞者们先是在轻松悠闲的乐段中各就各位，然后，正式的舞蹈以慢板开始。这是一段绝妙的爱情舞蹈，上演了求爱的仪式，爱的告白和爱的承诺。一种有节制的柔情标志着慢板的开始，钢琴（通常不出现在乐队中，但在这一幕的几个地方都能听到）上的滑音和接下来的休止象征着犹豫不决。慢板换了一种风格再次开始，但和以前一样都以滑音结束。但在接下来的两个简短的乐句中，我们已经可以感受到暗中涌动的兴奋之情，因为它们之间的跨度要短得多——
但每次还是同样的犹豫不决。而突然间，就像所有的真爱一样，束
缚消失，爱的宣言坦率又狂热，中途的中断也只是扣人心弦的停
顿，直到这对恋人再次陶醉其中。按照古典芭蕾惯例，舞者们要先
各自表演一段变奏。德西雷健壮又敏捷，奥罗拉细腻又俏皮，然后
二人联手呈现尾声。

　　这场盛大的庆典——以及芭蕾本身——现在必须要结束了。在
庄重的萨拉班德舞中，所有的一切都坚定地恢复了原有的沉稳端
庄。这种有着古老风格的舞蹈提醒我们，《睡美人》的故事背景设
定在法国"太阳王"路易十四格外绚烂辉煌的统治时期。尽管在接
下来的终场中，正统的礼数将在玛祖卡群舞中被抛到九霄云外，但
这一切都会戛然而止，以便一段基于法国小调"亨利四世万岁"的
升华能够起到对王权尊严和辉煌的宣扬。

　　《睡美人》是一部杰作。就像我们在剧院里看到的那样，一群
身着戏服的人们扮演着各色各样的角色并推动着剧情的发展，给人
留下极为深刻的印象，或许还相当动人。但是，至少对我来说，让
这部芭蕾舞剧格外杰出的是我从其中发现的额外的共鸣，它们将作
品提升到了神话的高度，而如果是以歌剧来呈现的话，这种高度可
能就会被剥夺。因为歌剧剧本使用的是语言，语言非常精确地定义
了事件和剧情、情感和意义；相比之下，芭蕾舞因为缺乏语言所带
来的定义和精确性，给听众留下了更多的自由空间去随意做出回应
和发挥想象。我们可以把这个故事当作人生的多面隐喻：童年、青
年、爱情、婚姻；或者季节——秋天（播种）、冬天（沉睡）、春天
（苏醒）、夏天（收割）；它甚至可能激起一种形而上学的意识——
出生、死亡、重生、救赎。当德西雷的旅程开始时尤其会激发出这
样的共鸣。在全景中神奇的、流畅的漂流开始让时间静止，而"沉
睡"幕间曲将我们带入更深邃的魔法王国。在那里，一切悬浮于空
中，理性的秩序无容身之所，唯一的控制和逻辑是小提琴上不间
断的高音 C，它像一根细线将这一切与自己捆绑在一起。只有在那

时，我们才回到芭蕾的叙事动态中。

有些读者会质疑这一切，当然，你自有你的理解！但这部音乐
中有一些非常特别、非常神秘的东西，它们对我的影响几乎与柴科
夫斯基的其他音乐都不同。

————————

我在本书前面写到，如果我必须放弃柴科夫斯基所有作品的
话——想都别想！——那么我会保留其中的三部。这只是我个人的
选择，读者很可能会有不同的选择。一部是歌剧《叶甫盖尼·奥涅
金》，另一部就是这部芭蕾舞剧《睡美人》。还有一部稍后告诉你。

26

两段进一步的关系：
《黑桃皇后》

尽管柴科夫斯基在弗罗洛夫斯科耶的生活非常愉快，但他也意识到了那里的不尽如人意之处。尽管有许多人来访，但他仍然感到孤独。从 1889 年 7 月起，他同时还在莫斯科租了一套公寓，主要是因为他与这座城市的音乐生活愈发密不可分。有时候，柴科夫斯基似乎一旦发现身边有什么困难是他帮得上忙的，就不可能不出手相助。这些困难可能涉及个人，或者是让他特别有共鸣的事业，在莫斯科的俄罗斯音乐协会正属于这种情况。该协会处境艰难，在 1889 年的后几个月里，柴科夫斯基会投入很多时间安排组织他的下一个音乐季，这项任务他几乎是单枪匹马完成的，而且他本人还经常充当演出商的角色。他亲自与布罗茨基谈判，不仅是为了让后者在柴科夫斯基本人指挥的音乐会中演奏题献给他的《小提琴协奏曲》，也是为了让布罗茨基将他的弦乐四重奏带到莫斯科举行四场音乐会。在第比利斯，柴科夫斯基对伊波利托夫–伊万诺夫和他的歌唱家妻子瓦尔瓦拉·扎鲁德娜娅印象极好。他亲自负责安排，让这对夫妇能够在这个乐季被莫斯科观众所听到。他决心让更多的名人音乐家参与进来，他哄骗纳普拉夫尼克，圣彼得堡的明星指挥，以低很多的酬金来莫斯科演出。

与此同时，柴科夫斯基自己的指挥事业也在迅猛发展。9 月下旬，一部制作精良的新版《叶甫盖尼·奥涅金》在莫斯科上演。柴科夫斯基领导了几场排练，然后指挥了开幕之夜的演出。但不仅仅是莫斯科需要他，因为仅仅两天后，他就要到圣彼得堡执行为期十天的任务。他不但要监督《睡美人》的首演排练，还要参与组织安东·鲁宾斯坦钢琴家职业生涯 50 周年的庆祝活动。庆典将在 11 月 30 日正式开启，同时柴科夫斯基还将在莫斯科指挥两场音乐会。至于鲁宾斯坦的周年纪念日，柴科夫斯基将为开幕式创作一首欢迎合唱，并为钢琴作品展示曲集创作一首《即兴曲》。然后，接下来连续几天，他还要指挥鲁宾斯坦个人作品音乐会的前两场，其中一场会有八百名表演者参与。五天后，他又回到了莫斯科，负责一场慈善音乐会，节目包括贝多芬的《第九交响曲》，然后回到圣彼得堡，排练《睡美人》，并指挥另一场音乐会的上半场。这是极大的工作量，果不其然，完成时他已经筋疲力尽。然而，他认为这一切都是值得的，因为除了他从公开露面中获得的日益增长的个人声望外，他还欣慰地看到俄罗斯音乐协会的命运有了明显改善，看起来能有这样的结果主要是多亏了他努力吸引明星演奏家来莫斯科。

与我们处理（大部分）人际关系时更确定的（虽然不一定是更好的）行事方式相比，俄罗斯人之间的关系往往会显得非常不稳定，有时甚至是不理智。安东·鲁宾斯坦和他的前门生柴科夫斯基之间的关系，对双方来说都是奇怪又矛盾的。私下里，柴科夫斯基会对他前老师的一些作品质量发起猛烈的抨击。然而，莫杰斯特记得，他也会被这个人威慑住：

> 在安东·格里戈里耶维奇面前，他【柴科夫斯基】总是局促不安，像个崇拜者一样慌张。他认为鲁宾斯坦是一个远远在他之上的人，在他们的关系中排除了任何平等的可能性。

我们可以从柴科夫斯基在圣彼得堡为他的前老师举办的第二场音乐会后的餐会中看到这一点，同时也可以看到鲁宾斯坦是多么的不圆通，甚至是刻薄：

当有人不经意地表示希望安东·格里戈里耶维奇与彼得·伊利奇"像兄弟一样"干杯时，后者不仅感到困惑，而且对此感到愤慨，并在回答中真诚而激情地抗议说，"他的舌头永远无法把安东·格里戈里耶维奇称呼为 ti【相当于法语中更亲密的 tu】[1]。如果安东·格里戈里耶维奇用 ti 称呼他，他会很高兴，但他永远拒绝放弃使用 vi【相当于法语的 vous】[2]。这表达了他对鲁宾斯坦的崇敬之情，这种距离将学生与老师、人与其理想的化身分隔开来。

362

人们可能希望鲁宾斯坦会做出一些回应，以减轻柴科夫斯基明显的不安。但他并没有这样做。事实上，他让情况变得更糟了——从中也暴露了柴科夫斯基与他哥哥尼古拉的亲密关系一直让他妒火中烧。演唱了音乐会第一部分的亚历山德拉·帕纳耶娃坐在鲁宾斯坦和柴科夫斯基中间，她回忆起接下来发生的事情：

> 突然，安东·格里戈里耶维奇越过我，俯过身去，笑着打断了彼得·伊利奇。"现在让我们假设，彼得·伊利奇，你不爱我，而爱我哥哥——那么我得为此谢谢你。"迷惑不解的彼得·伊利奇正要抗议，但鲁宾斯坦重复道："你爱我哥哥——为此，谢谢你！"被羞辱后，柴科夫斯基瘫坐在椅子上，大家随即陷入了沉默，直到瓦西里·萨福诺夫跳起来愤慨地为柴科夫斯基辩护。

柴科夫斯基本人早就知道安东对尼古拉的嫉妒。八年前在巴黎，当尼古拉的遗体被装上火车运回俄罗斯时，他观察到安东几乎毫不掩饰对尼古拉的死感到满意。很明显，让安东恼火的是在他将

---

1. ti 为俄语的你，tu 为法语的你。——译者注
2. vi 为俄语的您，vous 为法语的您。——译者注

柴科夫斯基培养成一名职业作曲家后，后者成了他哥哥在其莫斯科帝国的大明星，而尼古拉本人也通过参与柴科夫斯基许多作品的首演而获得了声誉。也许柴科夫斯基对这一问题的坦承在很大程度上减轻了他的怨恨，但怨恨无疑还是存在的。1892年，柴科夫斯基在写给德国评论家尤金·扎贝尔的信中，透露了他的心情是多么矛盾："我很痛苦地向您坦白，安东·鲁宾斯坦在推进我的计划和项目方面什么都没做，一点儿也没有。这一直让我感到痛苦。"然而，他接着说，"我时不时会见到他，而且总是很高兴，因为这个非凡的人只要向你伸出手来，对你微笑，你就可以在他面前跪下。"对柴科夫斯基来说，不管怎样，安东·鲁宾斯坦始终是在世音乐家中最受人尊敬的人物。

　　从鲁宾斯坦的角度来说，这一令人痛心的事件也只不过揭示了他对柴科夫斯基的部分看法。尼古拉在1881年过世，显然大大缓解了他的嫉妒之心。事实上，在这次音乐会后发生的闹剧的两年前，安东曾找过柴科夫斯基，想知道后者是否会将他的新歌剧《女妖》分配给鲁宾斯坦急于组建的新歌剧团，该歌剧团将只上演俄罗斯作曲家的歌剧。安东继续说，如果这不可能的话，柴科夫斯基愿不愿意专门为他们创作一部歌剧？"一切都会得到精心的排练——你完全不用担心。我能期待一下吗？随便给个答复吧。"然后，在1892年俄罗斯音乐协会圣彼得堡分会的乐季中，鲁宾斯坦提议让柴科夫斯基担任"不可或缺【最重要的？】的十场音乐会"的首席指挥，并增加酬金，同时同意不限制他的排练时间。第二年，安东在给他当时身在敖德萨的妹妹索菲亚的信中，列出了那个城市值得期待的音乐会——"俄罗斯歌剧，还有柴科夫斯基和萨佩尔尼科夫。你真幸运。我都快羡慕死了！"最后，鲁宾斯坦在七个月后寄给她的充满痛苦的短信中坦言，他为培养这个学生的才能付出了这么多，但这个学生现在已经离开了人间。以下，就是那个在音乐会后的晚餐上让柴科夫斯基如此痛心的人的最后裁决：

你对柴科夫斯基的过世怎么看？这会是上帝的旨意吗？这是俄罗斯音乐的巨大损失！然而，你知道，他正值壮年，只有五十岁【事实上是五十三岁】，而这一切都只是因为一杯水！所有这些蠢事是多么的没有意义，还有这生活，还有一切的一切。

柴科夫斯基与安东·鲁宾斯坦的关系贯穿了他整个成年生活，而与年轻小说家和剧作家安东·契诃夫的关系则是非常短暂的。然而，这是一个值得讲述的感人故事：一方面因为它发生在俄罗斯两位最伟大的创造性艺术家之间，另一方面也因为它让我们再次瞥见那个极通人情的柴科夫斯基总是那么乐于帮助青年才俊。莫杰斯特已经多少听说过这位时年28岁的医生，八年前就开始以出版短篇小说为副业。1888年12月，在莫杰斯特的家中，柴科夫斯基和契诃夫见了面。前者已熟悉契诃夫的作品，二人互相欣赏，互相仰慕。然后，一年过去了，在柴科夫斯基全身心投入组织莫斯科俄罗斯音乐协会乐季期间，契诃夫给他写了一封信：

> 亲爱的彼得·伊利奇，
> 　　这个月我将出版我自己的短篇小说集。这些故事像秋天一样乏味枯燥，风格单调，其中的艺术元素与医学元素盘绕交错在一起。然而，这并不妨碍我斗胆向您提出一个非常卑微的请求：请允许我把这个小集子献给您。将这本文集献给您的想法早在那天和您在莫杰斯特·伊利奇家中吃晚饭，当我听说您读过我的短篇时就在我脑里播下了种子。如果您同意，并能寄给我一张您的照片，那么我将受宠若惊，快乐到永远。请原谅我这么麻烦您。

柴科夫斯基对这一题献非常高兴，他拜访了契诃夫，表达了谢意，随后又写了一封信：

亲爱的安东·帕夫洛维奇,

　　我附上我的照片,并恳请您将您的照片交给信使。我是否充分表达了我对这一题献的感激之情?我想我没有,所以我要再次告诉您,我被您的善意深深感动了。热情地握住您的手。

契诃夫很快回了信:

　　我非常、非常感动,亲爱的彼得·伊利奇,我对您表示无限的感激。我把照片和书都寄给您,如果太阳属于我,我也会把它一并寄去给您。您把烟盒落下了,我现在把它还给您。里面少了三支烟,分别被一位大提琴家、一位长笛家和一位老师抽掉了。我再次感谢您,请允许我继续做您诚挚的、忠实的,安东·契诃夫。

365　　最后一句话中不拘礼节的语气揭示了契诃夫现在在这段新关系中所感到的自在,这段关系对彼此来说都是非常轻松的。这一点在他书的题词中也得到了证实:"致彼得·伊利奇·柴科夫斯基,来自他未来的歌剧剧作者。"

　　没有什么能比这更清楚地表明这段新关系是多么热情,以及柴科夫斯基对这位仍鲜为人知的作家有能力成为他下一部歌剧剧作者的信心。这部歌剧改编自《贝拉》,一个关于愤世嫉俗的年轻俄罗斯军官和美丽的高加索女孩儿的悲剧爱情故事。故事取材于俄罗斯经典小说《我们时代的英雄》,作者是普希金同时代的年轻诗人,米哈伊尔·莱蒙托夫。然而,由于他暂时无法做出什么承诺,柴科夫斯基以个人的姿态给予了回应,以示补偿:

　　我给您寄去一张俄罗斯音乐协会交响音乐会系列季票。我非常高兴能为您提供一些小小的服务。我不能亲自送去,因为整个星期都在忙着准备第一场音乐会,以及招待我们的客人里姆斯基-科萨科夫。愿上帝保佑下周我能够随心所欲地与您交谈。

　　另外,我想指出,如果您愿意,可将这套票给任何人使用。

第二年春天,契诃夫的《阴郁的人》,这本献给柴科夫斯基的收录了十篇短篇小说的选集出版了。但由于柴科夫斯基当时人在意大利,莫杰斯特代他去取了书。契诃夫给莫杰斯特的附信进一步证实了他对柴科夫斯基的看法:

　　　　我准备日日夜夜在彼得·伊利奇家的门廊前站岗守卫——我太崇敬他了。如果我们谈论等级的话,那么他就在俄罗斯创作领域中占据第二位,仅次于长期位居第一的列夫·托尔斯泰【我将第三位指定给画家伊利亚·列宾,并奖予自己第九十八位】。我想,这个题献将是我作为一个作家就他伟大才华所形成的拙见的简要、微小的表达。不幸的是,我不得不通过一本我认为不是我最好的作品来实现我的梦想。它由十分阴郁的心理学研究组成,并且有个阴郁的标题。想必我的题献肯定不符合彼得·伊利奇本人和他崇拜者的品位。

　　事实上,这本短篇小说集中的十个故事是契诃夫最好的作品,当听到作家对自己的赞誉时,柴科夫斯基被深深感动了。"你无法想象契诃夫对我的评价是多么令人愉快,"他给莫杰斯特写道,"等我开始恢复正常,再给他写信。"

　　但是这封信根本不存在,当柴科夫斯基回到俄罗斯时,契诃夫已经远在千里之外的西伯利亚东海岸的萨哈林岛进行社会考察。他们的下一次,也是最后一次接触是在近两年后。来信的是契诃夫,但他的信与他自己关系不大,主要涉及契诃夫颇具野心的大提琴家朋友,一个叫马里昂·谢马什科的人。不过作家确实在信中向柴科

366

夫斯基通报了即将出版的新短篇小说集。契诃夫希望柴科夫斯基能够帮助谢马什科获得一个好的任职。事实上，柴科夫斯基已经见过谢马什科（他就是那个抽了柴科夫斯基一支烟的大提琴手），但对他印象不深。因此，他在回信中告诉契诃夫，他认为谢马什科渴望得到的职位并不真正适合他，他应该在乐团里谋份差事。但现在柴科夫斯基觉得有必要为自己没有早些给契诃夫写信找些理由：

> 亲爱的安东·帕夫洛维奇，我多么高兴从您的信中看到您丝毫不生我的气，因为我没有好好感谢您将《阴郁的人》题献给我，这题献让我感到无比自豪。我记得在您考察期间，我一直想给您写一封长信，甚至试图解释您的才华中究竟是哪些品质如此吸引我，令我着迷。但我没有时间——而最重要的是，我动不了笔，因为对于一个音乐家来说，用语言表达他对这样或那样的艺术奇迹的感受是非常困难的。
>
> 所以——感谢您对我没有怨言。提前热烈地感谢您的书。上帝保佑我们能够相见并交谈。热情地握住您的手。
>
> 真诚地献给您，
>
> P. 柴科夫斯基

367　　但这次期待的见面似乎从未发生。两人之间没有更进一步的书信往来，但相互之间的尊重显然还在。和安东·鲁宾斯坦一样，契诃夫对柴科夫斯基的突然过世感到极为痛心。在他去世两天后，契诃夫给莫杰斯特发了一封电报："这个消息让我大为震惊。这是种可怕的痛苦。我深爱并崇敬彼得·伊利奇，我非常感激他。我对您表示由衷的吊慰。"

随着《睡美人》于1890年1月15日在圣彼得堡首演，以及三天后在莫斯科又指挥了一场音乐会，柴科夫斯基终于完成了他目前作为作曲家—顾问和指挥家的全部工作。他筋疲力尽，但渴望回到创作中去，而且他的计划已经制定好了。三年前，那个不知名的作曲家，尼古拉·克列诺夫斯基，曾委托莫杰斯特为普希金的短篇小说《黑桃皇后》创作歌剧脚本，在克列诺夫斯基对这个项目失去兴趣之前，三场戏已经写成。柴科夫斯基似乎对此一无所知，直到1889年秋天，弗谢沃洛日斯基建议他为这个被弃用的脚本创作一部歌剧。他的兴趣立刻被激发了出来，与负责制作的相关人员举行了会议，而在1月26日，柴科夫斯基出发去了柏林。他需要在一个可以不受干扰的地方安顿下来进行创作，他选择了佛罗伦萨。他于1月30日抵达这座意大利城市。第二天就开始了歌剧创作。

普希金的短篇小说《黑桃皇后》与诗体小说《叶甫盖尼·奥涅金》有着天壤之别。后者是一个令人心碎的爱情故事，而前者则是一个讽刺性的鬼故事，一个叙述简洁明了的，关于着魔的故事。赫尔曼是工兵部队的一名军官，他迷恋赌博，看别人玩，自己却从不参与。一次偶然的机会，他听说了一位老伯爵夫人的三张赢牌的秘密。为了发现这个秘密，他把目标对准了年轻姑娘莉莎。她是伯爵夫人的孙女，也是她女主人的苦役。赢得莉莎的芳心，赫尔曼获得了接触伯爵夫人的机会，但在试图获取她的秘密时，他把她吓死了。赫尔曼参加了伯爵夫人的葬礼，她在棺材里对他眨了眨眼。她的鬼魂来到他的房间，在他面前揭示了三张牌的秘密：3、7、A。赫尔曼去了赌坊，在3和7上下注，赚得盆满钵盈。但第三次下注时，开出的是黑桃皇后——而这张牌向他眨了眼睛。赫尔曼疯掉，而莉莎则嫁给了一个"非常讨人喜欢的年轻男子，他在某个政府部门工作，而且收入不错"。的确，普希金在整个叙事中都是讽刺的口吻。柴科夫斯基的音乐则截然不同。

368

柴科夫斯基到达佛罗伦萨时，只拿到了前两场的脚本，而莫杰斯特承受了很大压力仍很难追赶哥哥的进度。当收到莫杰斯特的作品时，柴科夫斯基认为其中大部分需要修剪。因为他认识到，正如普希金的文本一样，歌剧不能有任何冗词赘句，特别是在戏剧关键事件所发生的场景中。他的创作参与度是如此之高，以至于他在全身心投入创作几天后坦白，他发现自己在创作赫尔曼和伯爵夫人卧室冲突这场戏时"是如此可怕，恐怖的感觉让我挥之不去"。正如他在创作《奥涅金》时完全对达季娅娜和她的不幸遭遇感同身受一样，他也毫无保留地同情赫尔曼。在创作赫尔曼之死时，他发现自己的反应既激烈又出乎意料。正如他在给莫杰斯特的信中所说：

> 我非常同情赫尔曼，以至于我突然大哭起来。事后我开始思索原因，因为从来没有过一个类似的时刻让我为我男主人公的命运哭泣过。在我看来，赫尔曼不仅仅是写这样或那样的音乐的借口，同时也是个真实的、活生生的人。我对他感到"非常同情"。因为尼古拉·菲格纳【他将饰演赫尔曼一角】对我来说也是非常"值得同情"的人，因为我按照菲格纳的样子去塑造赫尔曼，所以也同样对他的不幸感到最强烈的关切。现在我想，这种与歌剧男主人公温暖而生动的关系可能已经在我的音乐中得到了有力的表达。

看起来当菲格纳本人最终熟悉了这个角色后，他发现这是一个他能够完全认同的角色。"他对自己的角色非常着迷。他说起这个角色时眼含热泪。"柴科夫斯基会这样向莫杰斯特转述。

整部《黑桃皇后》的总谱在 6 月初完成，12 月 19 日在圣彼得堡举行了首演，大获成功。歌剧在制作方面不惜成本，演出非常精彩，观众反应也很热烈。评论界可就不那么友好了。歌剧对普希金的故事作出了本质上的修改——俄罗斯文学经典中最知名和最受喜爱的作品之一遭到了亵渎。这部歌剧在圣彼得堡首演后仅十二天就在基辅上演，但又过了将近一年才到达莫斯科。然而此时，批评声也渐渐消失，《黑桃皇后》正在成为柴科夫斯基所有歌剧中受欢迎程度仅次于《奥涅金》的作品。

369

《黑桃皇后》：三幕歌剧*****

【这是柴科夫斯基所有成熟歌剧中戏剧性最强的作品，包含了他最激进的一些音乐。虽然它可能没有《叶甫盖尼·奥涅金》那样的一致性，但其表现力范围更广。与《奥涅金》一起，它必定要被评为 19 世纪最伟大的歌剧之一。】

《黑桃皇后》分七个场景，以凯瑟琳大帝（女皇：1762—1796）时期的圣彼得堡为背景，而不是像普希金原著中那样，以作家本人的成年时期（约 1820—1837）为背景。

第一幕第一场。**夏季花园的休闲区**。现在是春天。保姆正与其他人一起闲坐、散步、聊天，而孩子们在玩士兵的游戏，最后列队离开。赌徒切卡林斯基和军官苏林聊起赫尔曼（德裔工部军官）迷恋赌博一事：他总是看着别人玩，自己却从不参与。赫尔曼向另一位军官托姆斯基坦白他恋爱了，尽管他还不知道他爱人的名字。托姆斯基对赫尔曼能有这样的激情表示惊讶，但后者宣称，如果他不能和他心爱的人在一起，还不如一死了之。与此同时，一群散步的人蜂拥而至，为这美好的天气欢呼。耶列茨基公爵出现了，切卡林斯基和苏林恭喜他刚刚订婚。当被问及耶列茨基的意中人是谁时，他指向了刚刚和伯爵夫人一起出场的莉莎（歌剧中伯爵夫人的孙女）。她认出了赫尔曼就是那个多次出现在她窗下的男人。绝望中的赫尔曼与莉莎、伯爵夫人、托姆斯基和耶列茨基一起组成了五重唱，每个人都表达着自己的想法，莉莎看到赫尔曼时显得尤为激动。接着，伯爵夫人问托姆斯基赫尔曼是为何人。耶列茨基问候莉莎，而赫尔曼阴沉着脸坐在长椅上。

托姆斯基现在揭露当伯爵夫人还是位妙龄女郎时，曾在巴黎以"一次约会为代价"，让圣日耳曼伯爵向她透露三张赢牌的秘密，以

370

恢复她在豪赌中输光的财富。后来，她两次道出了自己的秘密，但一个鬼魂预言她会被第三个人杀死，这个人将以情人的身份来向她索取秘密。虽然无意间听到了这些话，但赫尔曼还是拒绝了三张牌的秘密所带来的诱惑。在暴风雨来临之际，他发誓决不让耶列茨基得到莉莎。

第一幕第二场。**莉莎的房间**。**一扇从阳台通向花园的门**。这是莉莎与耶列茨基订婚的日子。她和她的朋友波利娜，对着一群赞许的女孩唱起了二重唱。波利娜在心事重重的莉莎的建议下，唱起了莉莎最喜欢的歌曲，这首悲伤的歌带来了悲伤的情绪，于是她开始唱起了拍手歌，女孩们都跟着音乐一起跳舞，除了莉莎。家庭教师出现，责备她们这种行为有失身份，噪音令伯爵夫人不快，于是女孩们和她一起离开。波利娜取笑莉莎，然后也离开了。莉莎让她的女仆玛莎退下；独自一人，她含泪思索着她与耶列茨基日渐逼近的婚姻，然后坦白她对那个经常在她家附近徘徊的陌生人的秘密迷恋。

突然间，赫尔曼本人从阳台上走了进来。莉莎威胁说，如果他不离开，她就会大喊，但他却开始了爱的告白。莉莎哭了——但显然是对他有所回应。突然，听到伯爵夫人正在走近，莉莎示意赫尔曼躲起来，然后让伯爵夫人和她的女仆们进屋。老妇人质问莉莎，然后带着她的女仆们离开。赫尔曼再次出现，当他想起鬼魂的话时，他惊恐地退缩了，但随后又继续他的恳求。眼看莉莎快要挺不住了，他顺势假装要走。她绝望地喊道："我是你的！"

第二幕第一场。**大殿**。一场化装舞会正在进行。典礼官邀请客人们去看殿外的烟火表演。切卡林斯基、苏林和托姆斯基逗留了一会儿讨论赫尔曼的痴迷，然后离开。只有耶列茨基和莉莎留了下来，前者为她唱了一首爱情咏叹调，然后他们也离开了。赫尔曼走进现已空荡荡的大厅，他手中拿着一封莉莎的来信，并准备在幕间曲后与她见面——但那三张牌又一次折磨着他。幕间曲《虔诚的牧羊女》，一个由三位歌手、舞者和合唱团表演的田园风情娱乐节目

开始了。人们跳起了夸德里尔舞和萨拉班德舞。普丽列帕很伤心，
她的爱人米洛兹瓦尔（由波利娜扮演）没有一起舞蹈，但他现在加
入了舞蹈并宣布了他的爱。他们愉快地唱起了二重唱。兹拉托戈尔
（托姆斯基饰）带着昂贵的礼物出场。他要求普丽列帕在他和米洛
兹瓦尔之间做出选择。兹拉托戈尔用财富引诱，而米洛兹瓦尔只能
献出爱情。普丽列帕选择了米洛兹瓦尔，二人对唱。阿莫尔和海门
带着新娘的皇冠入场。

371

　　客人们交谈着，而赫尔曼则思考着致命的预言，并突然遇到了
伯爵夫人，而苏林则像以前一样偷偷摸摸地嘲笑他："看，这是你
的爱人！"莉莎把花园门的钥匙塞给赫尔曼，并命令他第二天来她
的房间——但赫尔曼坚持今晚就去。典礼官宣布皇后驾到。大家准
备迎接她，这引起了一阵兴奋。

　　第二幕第二场。**伯爵夫人的卧室**。赫尔曼走进来，打量着房
间，正想要离开，但听到了脚步声，躲了起来。女仆们把伯爵夫人
领到她的更衣室。莉莎和玛莎入场，然后离开，莉莎回到她自己的
房间。伯爵夫人回来了，躺在扶手椅上，回忆起她在巴黎的过去，
让她的女仆退下，再次陷入深思，然后渐渐睡去。赫尔曼出现。伯
爵夫人被吓坏了。他试图让她镇静下来：他只是想要纸牌的秘密。
但他的恳求和哄骗无济于事，他拔出了手枪。伯爵夫人在惊恐中倒
地身亡——赫尔曼意识到，她的秘密也已随她而去。被噪音惊扰的
莉莎走了进来，她发现自己被利用了。她对赫尔曼发怒，把他赶
走，然后哭泣着，扑向伯爵夫人的尸体。

　　第三幕第一场。**兵营，赫尔曼的房间**。现在是深夜。台下传
来鼓声和号角声。痛苦的赫尔曼正在读莉莎的来信，她现在相信他
并不想置伯爵夫人于死地，并恳求他在午夜时分到涅瓦河畔与她相
见。远处唱诗班的声音把赫尔曼吓了一跳，他想起了在教堂里，伯
爵夫人是如何在她的棺材里向他眨眼。风在呼啸，人影在窗前倏
忽一现，又倏忽而逝。敲门声再次响起，风吹开了窗户，蜡烛被
熄灭——赫尔曼打开门，与他面面相对的是伯爵夫人的鬼魂。"拯

救莉莎，娶她为妻。三张牌的秘密让你逢赌必赢。记住："三……七…… A…… 三…… 七…… A…… 三……"鬼魂消失的时候，赫尔曼重复着她的话。

372

第三幕第二场。**涅瓦河畔**。莉莎相信赫尔曼是无辜的，她等待着赫尔曼，并唱出了她的爱。午夜来临，莉莎起初非常绝望，但这时赫尔曼出现了。他们拥抱在一起，互诉衷肠。赫尔曼说他必须赶紧走，莉莎问他要去哪里，他的回答让她震惊："去赌坊！"赫尔曼告诉了莉莎鬼魂的指令。现在莉莎意识到，她最坏的猜测已经得到证实，但她仍试图说服赫尔曼和她一起远走高飞。可失魂落魄的赫尔曼已认不出莉莎，莉莎纵身跳进了河中。

第三幕第三场。**赌坊**。客人们，包括切卡林斯基、苏林和托姆斯基，正在轻松的氛围中玩乐或用餐。耶列茨基是第一次来，因为他悲惨的爱情终于彻底破裂。托姆斯基唱了一首幽默的情歌，其他人也加入其中并跳起舞来。继续开赌，赫尔曼出现了。耶列茨基预见两人会有一场决斗，并请托姆斯基做他的副手——但赫尔曼一心只想着赌博，而且令所有人吃惊的是，他下了四万块的赌注！他把赌注押在了数字三上——赢了。大家惊愕不已。他把赌注押在七上——又赢了。他叫来葡萄酒。"我们的人生是什么？"他唱道，"一场赌博……我的朋友，谁最幸运？今天是你，明天就是我！"尽管其他人催促他拿走赢来的钱，赫尔曼还是大声叫喊谁来对局。耶列茨基站了出来接受挑战。赫尔曼把赌注押在 A 上——开牌却是黑桃皇后。伯爵夫人的鬼魂出现，朝他微笑。赫尔曼诅咒她，他刺入自己，乞求耶列茨基的原谅，然后他以为他看到了莉莎就在眼前。"啊，我多么爱你，我的天使！"他轻声说完便咽了气。合唱团祈祷赫尔曼灵魂安息。

与《叶甫盖尼·奥涅金》一样，《黑桃皇后》以最简短的管弦乐引子开场，但这个开场更为关键，因为它引入了不止一个，而是三个与戏剧驱动力相关的主题。开篇简短地预示了第一场中托姆斯基的叙事歌，其中他讲述的故事将在赫尔曼的脑海中播下着魔的种子，从而导致他的毁灭。第三个是爱情音乐，赫尔曼将在第二场中用以引诱莉莎。但要特别注意第二个，也是最核心的一个——它并不是一个真正的主题，而是一个小小的三音动机，代表着三张致命的纸牌——*tri karti*[1]，它本身经常会被听到三次（即 3x3，这种对双重象征意义的高度痴迷不容错过）。这个小动机将渗透进歌剧中，层出不穷，甚至当它不再令赫尔曼着魔的时候，可能也会继续萦绕在听众耳边。

一部歌剧有三个基本要素：人物、剧情、背景。《奥涅金》一上来就涉及了剧中人物，尽管只是两个边缘角色在聊天，随后达季娅娜和奥尔加加入其中。但《黑桃皇后》一开始只把我们的注意力放在背景上。保姆和家庭教师带着孩子们在圣彼得堡的夏园里享受春日。这幅合唱场景由一群假扮士兵的孩子们展示他们在阅兵场上的能力而被延长（这无疑是借用了柴科夫斯基第二喜爱的歌剧《卡门》第一幕中一群顽童模仿现实士兵的场面）。但所有这一切才刚刚开始，下面的内容堪称典范，它展示了第一场戏是如何循序渐进地介绍主要人物，同时通过他们之间的交流提供必要信息，帮助我们了解接下来会发生什么。首先，我们见到了切卡林斯基和苏林，他们对赫尔曼和他现在所处的情绪（如切卡林斯基所说，"阴沉，像来自地狱的恶魔"）进行了评论，然后漫步离开。赫尔曼和托姆斯基紧随其后，赫尔曼向他们（和我们）坦白了他痛苦的根源：他身陷爱河，尽管他还不知道他爱人的名字（注意赫尔曼出场时的大提琴独奏，其第一乐句将成为他的爱情主题）。他们继而走下场，而新来的一群散步的人为主要剧情提供了一个标点符号，他们欢快地评论着美妙的天气。

对歌剧中心人物的集结接下来重新开始，然后完成。赫尔曼和托姆斯基再次登场，二人仍在交谈（赫尔曼详细道出了他痛苦的精神状态）。耶列茨基公爵出场，然后是切卡林斯基和苏林，他们祝

373

---

1. 俄语，三张牌。——译者注

贺公爵订婚（再次为我们提供更多信息）。耶列茨基和赫尔曼同时，尽管是各自单独地，赞美着他们的爱人。最后我们见到了与赫尔曼一起作为整部歌剧最中心的两个人物：伯爵夫人（她的出场很容易听辨，因为乐队里简短地响起了"三张牌"主题）和公爵想当然地以为是他未婚妻的莉莎。

这是一个精心策划的巧妙开场。现在，正如柴科夫斯基在《奥涅金》中在奥涅金出场后紧接着安排了一段四重唱一样，作曲家在此引入了一段五重唱，其中五个主要角色——两个女人、两个情人和托姆斯基——将被单拎出来引起我们的注意。当然，我们不可能听到他们所唱的每个字或每句话，但我们所能捕捉到的信息足以让我们意识到所有人都出于各种原因而感到不安（正如每个人在最后唱出的："我害怕！"）。注意，在五重唱之后的交谈中，乐队中再次出现了"三张牌"动机。

所有的主要参与者现在都聚集在一起，是时候让这部歌剧最关键的情节运转起来了——托姆斯基通过他的民谣做到了这一点。这是这场戏中规模最大的固定场景，也是一段展开的叙事歌，为剧情本身带来了一段相对的稳定。托姆斯基首先用宣叙调讲述了伯爵夫人在年轻时是如何获得了三张牌的秘密，然后结束于一首四段式歌曲。第一段规定了每一段的三节模式（尽管第三段的音乐大部分是全新的）。它首先仿效了引子的开场旋律，然后从中脱离出来，简短地引入了其他颇具氛围感的音乐，最后以对赫尔曼先前的爱情告白中的第一个乐句（我称之为他的爱情主题）的某种模仿来结束每一段，现在唱词——极为显著地——被配以整部歌剧中反复出现的咒语："三张牌，三张牌，三张牌！"因此，柴科夫斯基在一个单一乐句中巧妙地体现了歌剧的冲突力量：（在音乐中的）爱和（在唱词中的）着魔。

这场戏的其余部分无需赘述。背景里酝酿中的暴风雨是对赫尔曼内心动荡的一种气象学隐喻。切卡林斯基和苏林用鬼魂的话撩拨赫尔曼，所有人都躲了起来，除了赫尔曼。他自己也在思考这些

374

话——然而，尽管诱惑在前，他还是选择去拥有莉莎而不是财富。

　　与《奥涅金》一样，《黑桃皇后》的第二场戏非常私密，并在一场爱情戏中达到了高潮。不过在前一部歌剧中，那是对初次体验爱情的一次个人且狂热的庆祝。而在后一部歌剧中，这是一场精心策划的引诱。在莉莎的房间里，女孩们表演的二重唱和歌曲是多愁善感的浪漫曲，波利娜的歌曲是柴科夫斯基对《莫斯科》，即1883年的《加冕康塔塔》中一首咏叹调的巧妙改编。（为什么要为一部大型且可能再无机会上演的情景音乐浪费一首好作品呢？）波利娜是柴科夫斯基在其他歌剧中运用过的一类客串角色，这个角色只出现过一次，但其作用却超过了人们对如此短暂的出场的预期。（《奥涅金》中达季娅娜上了年纪又对她倾心敬慕的丈夫格列明，也许是柴科夫斯基歌剧中这类角色里最著名的例子）。法国家庭教师的出场时间更短，她打断了女孩们的俄罗斯舞，指责她们的行为有失年轻小姐的身份。她是个有趣又喋喋不休的人，被塑造得很是巧妙。所有这些都为即将发生的非常严肃的事情提供了极好的衬托：赫尔曼的干预和随之而来的爱情场景。这里的铺垫十分精彩。首先是波利娜取笑莉莎，然后，当女仆为莉莎铺床时，英国管安静地引入了音乐。音乐中莉莎独自一人含泪思索着前方美好但无爱的婚姻——然后莉莎的情绪发生了变化，她的思绪愈发激动地转向她的神秘情人（注意管弦乐音色如何在这一切快要结束的时候发生变化，然后一阵狂喜随之而来）。至于爱情场景本身，它的展开方式给人留下了深刻的印象。当赫尔曼出现时，首先是一片惊愕的寂静，他和莉莎注视着对方。然后是莉莎的恐慌，赫尔曼起初几乎哭哭啼啼地恳求（由乐队变得具体化，现在乐队第一次在歌剧中轻轻地拾起了歌剧引子结束时的爱情音乐）莉莎的怜悯，她现在静静地乞求他离开。赫尔曼第二次发起进攻，但这次是恳求而非逼迫，最后他握住了她的手，她没有将手抽回，希望的迹象激起了他突然间的情感爆发，而伯爵夫人的走近和入场让爆发戛然而止。伯爵夫人的闯入也带来了潜伏于暗中的"三张牌"动机，它一次次突然地冲入，甚至在伯爵夫人离开之后，它们仍会继续困扰着赫尔曼。但他很快就恢复了自信，回到了他精心策划的求爱当中，尽管莉莎绝望地求他离开。但他真的以离开相要挟时，他清楚地意识到自己还是赢了。计策奏效。莉莎屈服了。

这是一个高度个人化且非常关键的场景。第二幕第二场则恰恰相反。这场戏在大殿里进行，与主要的戏剧线索几乎没有关系。尽管它提供了戏剧背景，让我们可以从中了解到莉莎希望再次见到赫尔曼，而且会设法把她房间的钥匙交给他。然而，这里还有一次为亲密邂逅制造的空间不应该被忽略，那就是当其他人都被烟花表演吸引去之后，苦恼的耶列茨基赞美着莉莎，即使不能获得他年轻未婚妻的爱，也渴望讨得她欢心。公爵的爱之宣言敏感又庄重，柴科夫斯基巧妙地展现了一个既坚强又有爱心的男人。至于整个场景更主要的目的，是为接下来的三个非常亲密的场景提供精彩的衬托，并让合唱团和舞者在歌剧中扮演为贵族客人提供娱乐的角色。幕间曲《虔诚的牧羊女》为一些独舞提供了时机。

既然提到了幕间曲《虔诚的牧羊女》，我也就触及了此场景中可能最有趣的一个特点。莫扎特是柴科夫斯基的偶像——在他的作品中，没有任何地方比此处更能体现他对这位作曲家的崇拜。从这一幕一开始，无论是在管弦乐引子还是在随后的合唱中，柴科夫斯基都尽可能地把自己完完全全地献给了莫扎特的魔法。以这段很有分量的管弦乐前奏和开场合唱来说，把后者的人声声部融入前者的器乐声部，你就会得到一个缩略的奏鸣曲式乐章。这很像出自一位18世纪末的作曲家之手，这种仿作的处理方式被沿用至莉莎出场之前赫尔曼同事们的交流中。至于后来的幕间曲《虔诚的牧羊女》，它又回到了莫扎特风格，显然是直接引用或者至少是影射了莫扎特或其同时代作曲家的作品。有人认为这个米洛兹瓦尔-普丽列帕-兹拉托戈尔的故事与赫尔曼-莉莎-耶列茨基的戏剧有着讽刺性的共振，但我个人认为这过于牵强。我还怀疑——仍然是我个人的观点——在这部原本紧张的歌剧中插入这样一段拖延时间、音乐迷人又轻快的幕间曲是否明智，尽管它确实加强了与接下来伯爵夫人卧室中发生的事件身后对比强烈的背景。至于舞厅场景的结尾，柴科夫斯基又回到了赫尔曼的同事们在耶列茨基的爱情宣言之前交谈时的音乐。他们再次暗中折磨他，这导致赫尔曼怀疑自己是否真的要疯了。莉莎把钥匙递给他，让他第二天晚上来，但赫尔曼拒绝拖延，他今晚就来。最后，典礼官宣布皇后本人（凯瑟琳大帝）驾到，所有人排队迎接她——尽管在她真正出现之前，幕布就已经落下。因为在 1890 年，在舞台上冒充俄沙皇或皇后仍是违法行为。

　　下面进入到《黑桃皇后》的核心部分。这第四场戏是在伯爵夫人的房间里进行的，其中包含了柴科夫斯基创作过的一些最激进的音乐。它的气氛和紧张程度不亚于歌剧中的任何场景。甚至在大幕拉开之前，我们就能从加了弱音器的弦乐引子中感受到一种难以抑制的焦虑：其中中提琴痴迷又纠缠不休的六音音型不间断地被演奏了 21 次（就像睡美人的《沉睡幕间曲》中持续的高音 C，柴科夫斯基将其组织成一种轮换模式，拉两小节，停两小节。这种处理让演奏家可以承受——否则他们可能会把拍子数丢掉！）。还要注意萦绕在低声部上的四音拨弦音型。至于上面那个不安的旋律，这是赫尔曼在伯爵夫人介入卧室场景之前那个悄悄求爱主题的子主题。毕竟，爱仍是他动机的一部分。没有哪部歌剧能比柴科夫斯基此处构思巧妙的音乐唤起更强烈的悬疑气氛。赫尔曼偷偷溜了进来，打量着房间，直到听到伯爵夫人和她的女仆走近，方才藏了起来。女仆们的歌声很欢快——毫无疑问，她们很擅长对付女主人的不苟言笑、暴躁情绪和糟糕脾气。在为她穿好睡衣并将她安置在椅子上后，她们留在原地，而女主人开始沉思她遥远的过去。注意乐队的下行六音音阶，它现在将与老妇人的思绪互相缠绕（与柴科夫斯基的命运主题相呼应？）。在适当的时候，还要注意乐队里悄悄传来的旋律：这是一首法国小调《亨利四世万岁》，是伯爵夫人年轻时唱过的歌曲，引得她的贵族追求者们爱慕不已。更重要的是，注意她接下来演唱的那首绵长的法语歌曲：事实上，这是法国作曲家安德烈·格雷特里 1784 年歌剧《狮心王查理一世》中的咏叹调，是伯爵夫人对在社交界叱咤风云的往昔的另一段回忆。突然，她意识到她的女仆还在身边，她愤怒地让她们退下，开始重复格雷特里的咏叹调。但最后随着六音管弦音型越来越低，直到消失得无影无踪，她才进入梦乡。

整部歌剧至关重要的转折点已经到来。戏剧节奏已经减缓到停滞状态，当它悄悄恢复的时候，三次被听到的"三张牌"动机偷偷溜了进来。赫尔曼的爱情主题激动地重新出现，这标志着赫尔曼突然现身，而暗中爆发出的强烈紧张的音乐标志着伯爵夫人无声的恐惧。我认为，面对如此扣人心弦的音乐，没有必要再过多地评论。赫尔曼恳求老妇人，他的语气起初克制，最后专横。他拔出手枪，伯爵夫人的恐怖音乐短暂重现，然后她应声倒下。赫尔曼握住她的手，最后一次恳求，然后意识到她已经死了——而那段加了弱音器的弦乐主题，赫尔曼爱情音乐的衍生物，在乐队中有力地响起。莉莎被这声音惊醒，冲了进来，眼前所发生的可怕的事实真相让她恍然大悟。她含着泪水愤怒又强硬地赶走了赫尔曼，而他曾经的爱情主题在乐队里高鸣。莉莎和赫尔曼的希望都破灭了。

没有那么狂暴，但仍旧紧张的气氛在第六场中延续了下来，并转向赫尔曼的军营。这是整部歌剧中最长的乐队前奏，台下模仿着唱诗班遥远的吟唱，中间穿插了军号和大段的小鼓。当大幕最终拉起时，我们看到赫尔曼在台下唱团的烘托下默默读着（起初是念着）莉莎的来信，读完后他惊恐地回忆起死去的伯爵夫人在葬礼上从棺材里对他眨眼。但是，突然而持续的管弦乐爆发是这场戏阴沉结尾的序幕。赫尔曼惊恐地站起来，他的爱情主题的影子与突然闯入的微小的"三张牌"动机交替出现，一个更强大的管弦乐爆发标志着他将门打开，并与鬼魂对峙。然后，在单音中，鬼魂安静又坚定地透露了三张牌的秘密。这时的静谧让人不寒而栗。她的任务完成，转身消失，留下迷惑的赫尔曼回想起并机械地重复她最后的话：三……七……A……三……七……

涅瓦河畔的这一幕在普希金的原著中并不存在，而是柴科夫斯基自己构想出来的。因为他推断观众会想要知道莉莎的结局。她的咏叹调凄美哀婉，是与赫尔曼的独唱全然不同的一种忧伤——这并不是表达计划受挫的愤怒和不安，而是表达一个在爱情中遭到背叛的脆弱女人的痛苦。她现在希望能找回曾经承诺给自己的幸福。这也许是这部歌剧中最直接、最坦率的曲目，也最具俄罗斯风格。然而，午夜来临，绝望取代了希望——赫尔曼冲了进来。柴科夫斯基显然是想赋予这一场景以恢宏的气势，所以让赫尔曼先表现出真诚的情人的样子，从而在他真正的动机显现之前，为一段缠绵悱恻提供借口。坦率地说，这并不是柴科夫斯基的最佳创作，它相对较短的篇幅不是明智之举。当赫尔曼说出他的真实目的时，前一场景鬼魂下达命令的音乐被唤起，而莉莎第二次发现赫尔曼口是心非时，盛怒又让她回到了先前的绝望音乐。随着赫尔曼愈发兴奋，"三张牌"动机响起。这一场景结束时，赫尔曼冲了出去，莉莎纵身跳下涅瓦河。

379

如果说上一场戏是这部歌剧最薄弱的地方，那么终场则充分挽回了这种局面。开场时的欢腾因为紧紧跟随前三幕阴森、黑暗的剧情之后，所以效果更加强烈。柴科夫斯基短暂地打破了欢快的气氛，为的是让耶列茨基出场。他的出现让人意外，但同时又是必要的，因为他可以充当摧毁赫尔曼之手这一讽刺角色。除此之外，音乐中弥漫着喜庆的气氛。托姆斯基调皮的情歌激发他的围观者们在口哨和叫喊声中跳起了充满活力的舞蹈。人们刚坐下来吃晚饭，赫尔曼就出现了，剧情突然变得意味深长——正如三次被听到的突然闯入的"三张牌"动机所示。赫尔曼的前两次下注被一笔带过，"三张牌"动机标志着他每次下大赌注的时刻，而赢钱的瞬间乐队中则爆发出剑拔弩张的紧张节奏。第一次，人们对赫尔曼的胜利表示一致的不可思议，第二次人们发出震惊的轰鸣，从而为赫尔曼的挑衅之歌提供了空间，让他在最后暴露真实的自己："我们的生活是什么？一场赌博！谁最幸运？今天是你，明天就是我！"他唱道，挑衅和宿命论的结合驱使他走向最后一掷。这一次只听到一次"三张牌"动机——而这一次它最后一个音符是错音。赫尔曼失去了一切，伯爵夫人的鬼魂出现并向他微笑。他刺中自己，乞求耶列茨基的原谅，并重申他对莉莎的爱。在他临死前，乐队悄悄地回忆起他的爱情音乐。合唱团加入，为死去的赫尔曼唱起无伴奏祈祷，而歌剧在乐队再次回顾他的爱情音乐中结束。

27

一段关系的终结：
美国巡演

在意大利考察期间，柴科夫斯基将创作《黑桃皇后》，但他少了阿列克谢的陪伴，因为后者留在弗罗洛夫斯科耶照顾他染上了肺痨快要病死的妻子，费克拉。因此，在佛罗伦萨，莫杰斯特的男仆，纳扎尔，取代了阿列克谢。柴科夫斯基觉得佛罗伦萨的酒店很是理想——价格低廉，也没有多少其他客人。他的时间安排是典型的柴科夫斯基作息：八点前起床，读报纸，工作到十二点半，吃饭，散步到三点，和纳扎尔一起花一个小时看看周围来来往往的人们，然后工作到七点吃晚饭。在这期间，纳扎尔一直用日记记录他临时的主人的日常活动。这是一个非常冷静的观察者所做的现场记录，因此可能比任何其他资料更真实客观——当然也更详尽动人。如果我们从纳扎尔的叙述语气来判断，他与他的临时主人的关系是非常轻松的。举个例子便可说明：

> P.I.（彼得·伊利奇）今天心情很好。他已经开始创作第二场景，我可以看到他进展顺利。每次在他结束工作之前，我都会走进他的房间，说现在到了午饭或晚饭时间。我不知道——也许我这样做打扰了他，但他似乎并没有表现出任何不快。如果我早注意到了这一点，我肯定就不会进去了。我是七点走进房间的。P.I.还没有结束。我说："是时候停下来了。"他回答："是的。"——然后继续在谱子上写着。我说："马上就

要到七点了。""来了,"他说,然后又写了一个音符,敲了一下琴键。我继续站着。他掏出他的怀表,打开它。"还有二十分钟。我可以再工作十分钟。"我说了些什么,但他回答:"就再给我十分钟。"我离开了。十分钟后,他来找我。"好了,我已经完成了,"他开始询问我刚才在做什么(我一直在写日记。当他走进来的时候,我已经合上了日记本),然后进了他的房间。P.I. 开始在房间里来回踱步,但我站在桌旁。他谈到了费克卢莎、阿列克谢等人。我第一次从彼得·伊利奇那儿听到他的新作品会获得好评。"如果上帝保佑,这部歌剧会非常顺利,我就能还清债务了,纳扎尔。""上帝保佑它顺顺利利",我说——并在心里想,"愿上帝保佑您身体健康。"

　　柴科夫斯基在佛罗伦萨期间,除了歌剧之外,还有两件事情也得到了圆满解决。第一件事涉及安东尼娜,柴科夫斯基听说她写信给鲁宾斯坦,要求获任莫斯科音乐学院的高级职位。这非比寻常的要求对柴科夫斯基本人并不构成直接威胁,但这表明安东尼娜精神仍然不太正常,他认识到她仍然可以给他带来麻烦。他心烦意乱,无法工作,苦恼了一天,然后决定表明立场,直截了当地写信给她,说她的要求是荒谬的。既然她表现得像个孩子,那么就该像孩子一样被惩罚,他将在一年之内减少她三分之二的津贴。尤尔根松执行了这一决定——而安东尼娜崩溃了。柴科夫斯基终于找到了制服这个麻烦女人的策略,她会永远从他的私人生活中消失。第二件事是关于俄罗斯音乐协会莫斯科分会的。柴科夫斯基在上一季度为其所做的努力让他付出了昂贵的代价。他已经承诺在下一乐季指挥六场音乐会,但他在俄罗斯其他城市和国外指挥的压力越来越大。还有一些问题是俄罗斯音乐协会内部政治造成的,他能够预见到前方还会牵扯到他的更严重的冲突,而且这些冲突可能会被公开。最后他辞去了莫斯科分会主任的职务,并退出了他所承诺的六场音乐会的指挥工作,呼吁将其中的三场交给齐洛蒂。

在佛罗伦萨完成了《黑桃皇后》的声乐缩谱后，4 月初，柴科夫斯基转战到罗马为歌剧配器。在一个星期里，他愉快地将工作与享受罗马丰富的城市文化财富交替进行，但随后他人在罗马的消息被泄露，他的时间被不必要的安排占得越来越满。5 月初，他及时回到圣彼得堡庆祝自己的 50 岁生日。再过一周，他就回到了弗罗洛夫斯科耶的家中。

他觉得这儿没什么可让他高兴的。这个地方最大的魅力之一，周围的树林，已经被砍伐了。只有教堂后面的小树林还保留着。"没有地方可以散步！"他对莫杰斯特哀叹道。他到费克卢莎的坟前祭奠，并认可了阿列克谢在上面竖立的纪念碑。莫斯科的情况也没好到哪里去，因为他觉得俄罗斯音乐协会的发展方向是对那些对他很重要的东西的背叛。至于圣彼得堡，现在他只要一现身，人们可能就会立即一拥而上提出各种要求占用他的时间（他已经拒绝了他从前的学生请他做她孩子教父的请求，他甚至准备让人代替他出席，但他给自己没有出面找的借口是他担心会把孩子摔死）。然而，随着歌剧总谱的完成，他的时间更加自由。不到五天的时间他便开始兑现 1886 年的承诺，为圣彼得堡室内乐协会创作一首曲目。如前所述，他是该协会的荣誉成员。他在佛罗伦萨创作《黑桃皇后》时，草草记下了这首作品的慢板主题（因此新作品的标题便是《佛罗伦萨的回忆》），他越写越感到满意，尽管他承认他选择的媒介——由两把小提琴、两把中提琴和两把大提琴组成的六重奏——起初证明颇具挑战。一场私人演出以及随后在 12 月的首演，让柴科夫斯基对这首作品并不完全满意，一年后他对第三和第四乐章进行了大幅修订。

382

D 大调弦乐六重奏《佛罗伦萨的回忆》***(*)

【这首体量虽大，但整体轻松的作品非常有魅力，前两个乐章尤其好。总的来说，它比柴科夫斯基早期室内乐作品更容易理解。经验丰富的乐迷可能会觉得没有必要在前三个乐章中参考我的评论；对于其他人，我在下面提供了一个简短的聆听指南。然而，正如我在对这一乐章的评论中所透露的那样，终乐章更为复杂。这首六重奏经常由室内乐团演奏，但除非经过非常审慎的排练，否则较为厚重的声音听起来会让人感觉很疲惫。】

383　　　　在柴科夫斯基的室内乐作品中，没有哪部的开场能比这更积极了。第一乐章有个令人难忘的宽广但非常温和的副部主题，呈示部最后逐渐减弱，然后几乎完全消失。庞大的展开部与再现部重叠，初听时，你可能很容易错过实际的过渡点，但如果你真的错过了，几乎可以肯定你很快就能意识到，过渡实际上已经完成了。接下来是副部主题的再现和（相对）简短的尾声。

　　慢乐章采用了三部曲式。该乐章浑厚的引子过后，其主要部分的简单朴素或许更显惊人，特别是当人们注意到柴科夫斯基是从非常简单而又非常感人的旋律中编织出了如此庞大的篇章。这条旋律或是以单一的小提琴线条被听到，或是在与大提琴富于表情的对话中出现，然后中提琴加入其中，准备迎接整个部分强有力的高潮。柴科夫斯基从未创作过比这更引人入胜的音乐了。作曲家要求中间乐段要在弓尖上演奏，音乐听起来几乎是鬼鬼祟祟的。在第一部分回归之前，它只是提供了一个喘息的空间，现在，小提琴和大提琴交换了角色。

　　在这段极具感染力的音乐过后，第三乐章，至少起初将我们带入了一个新鲜的、充满民间音乐风情的世界。同样采用了三部曲式，第三乐章的开场可能暗示了一支温柔的舞曲，尽管接下来相对复杂的内容破坏了这种假设（注意主要部分那整齐、温和、又诙谐的尾声）。该乐章变幻无常的中心部分才真的更像一首舞曲，假设舞者能跟上它的节奏的话。它非常简短，开场部分连贯地但非常大声地从中返回。

终乐章轻松活泼的开场甚至更富民间音乐风情，但由于加入了赋格，这一乐章也会在风格上走向相反的极端。事实上，在过渡到副部主题的过程中，我们就已经尝到了些许赋格的滋味。后者变成了结实而宽广的旋律，直接进入非常简短的展开部（也许可以试着听听慢板缓慢的和弦引子是在哪一刻悄悄进入的。尽管它在这里的速度要更快：这就是呈示部结束的地方）。再现部以非常响亮的，富有民间音乐风情的主部主题开始，然后是完整的赋格，其主题基于该乐章开头的民间音乐旋律，但后来也吸收了该乐章刚开始时来自小赋格的非常不同的主题。毫无疑问，这种精心雕琢的高水平学院派展示是为了给圣彼得堡室内乐协会重要的德国成员留下深刻印象——我毫不怀疑它做到了。

384

––––––––––

柴科夫斯基在意大利住了三个半月后，又在弗罗洛夫斯科耶住了三个月，其间难得去了几次莫斯科或圣彼得堡，访客也相对较少。但到了夏末，他渴望有更多亲戚和朋友的陪伴，而且现在他已经摆脱了要在冬季对俄罗斯音乐协会莫斯科分会履行的职责。他与莫杰斯特和科利亚·康拉迪（后者现年22岁）在格兰基诺度过了8月的最后一周，然后，在科利亚的陪伴下，他动身去了卡缅卡。

他姐姐家现在成了一个比之前更宁静，也更加悲伤之地。两个外甥女塔妮亚和薇拉都已过世，第三个外甥女娜塔莉亚嫁给了薇拉的鳏夫离开了家，而她们的母亲萨莎，才最令人担忧。她因家庭压力而情绪低落，变得愈发肥胖，并因长期依赖毒品而经常疾病突发，现在又酗上了酒。两个星期后，柴科夫斯基和科利亚在科皮洛沃住了两天，尼古拉·冯·梅克、柴科夫斯基的外甥女安娜和他们的两个孩子在那儿有一处房产。然后，他们就此出发前往第比利斯，于9月19日抵达并在一间公寓住下。这为柴科夫斯基提供了一些保护，使其免受弟弟阿纳托利的妻子，帕拉莎非常活跃的社交生活的影响。两个星期以来，他们的生活非常放松，柴科夫斯基可

以着手进行新的创作——交响叙事曲《司令官》。这部作品并非基
于奥斯特洛夫斯基的脚本，也就是他第一部歌剧的基础，而是根据
普希金的叙事诗所作。故事讲述了一个县长（司令官）回到家中，
发现他的妻子正与其情人在花园里幽会，他命令他的仆人朝那个男
人开枪，但仆人却击中了司令官。柴科夫斯基用了一周左右的时间
创作这部作品，接下来在 10 月 4 日，他收到了娜杰日达·冯·梅
克的一封信。茫然不知这预示着他一生中最痛苦的事件之一即将
降临。

　　这封信本身非常亲切，但又很悲伤。他的赞助人家中麻烦层
出不穷，但就柴科夫斯基来说，信中的语气并没有什么可让他惊慌
的，而且信的结尾也是典型的冯·梅克夫人式的热情：

385　　　　请原谅我，亲爱的，我用我的抱怨来烦扰了您；听到这些
　　　抱怨对任何人来说都不会是快乐的。我亲爱的、无与伦比的朋
　　　友，好好休息，不要忘记有个人对您有着无限的爱。

　　　　　　　　　　　　　　　　　　　　娜杰日达·冯·梅克
　　　附：请将您的下一封信寄到莫斯科。

　　虽然她确实又写了一封信，但那封信已经丢失，而现在这封
信被证明是她与柴科夫斯基最后的书面交流。不过，我们可以从柴
科夫斯基的回信中轻易地猜出这封丢失的信的一些内容。他的赞助
人也被卷入了她所描述的种种灾难之中，她再也无力支付他的生活
费。因此，她现在希望他们的通信就此终止。

　　对柴科夫斯基来说，这是个可怕的打击。"我亲爱的朋友，"他
写道，

　　　　您信中的消息让我扪心泣血，但并不是为我自己，而是为
　　　您。这完全不是一句空话。如果我说对我的开支进行如此大幅
　　　的削减不会对我的物质生活质量产生影响，那必然是在撒谎。

但其影响程度可能比您想象的要小得多。重要的是，近年来我的收入已经大大增加，而且没有理由认为它不会继续迅速增长。因此，如果您还要从无尽的烦扰中为我分神——那么看在上帝的份儿上，我求您放心，我没有为一想到降临在我身上的物质匮乏而感受到哪怕一丝一毫的遗憾……

而针对冯·梅克对柴科夫斯基收到消息后所预判的反应——

您信中的最后一句话让我有点受伤。您真的相信我只在用您的钱时才会想起您吗？我真的，哪怕只有一刻，会忘记您为我所做的一切，以及您对我的恩情吗？我可以毫不夸张地说，是您救了我，如果不是您来帮助我，我可能已经发疯死掉了。不，我亲爱的朋友，请放心，我到生命的最后一刻都会记得这一切，并为您祈福。我很高兴是现在，当您不能再与我分享您的财富时，我可以全心全意地表达我无限的、热切的感激之情，这种感激根本无法用语言表达。

但这只是柴科夫斯基面对形势变化一方面的感受，几天后他写给尤尔根松的那封信，语气大为不同：

我冷静地承受了这一打击，但同样我也感到非常不快，震惊又意外。她曾多次写道我临死前都会得到这笔补贴。现在我不得不打消这个错误的念头。现在我必须以不同的方式生活，以不同的水准生活，而且可能必须得在圣彼得堡找份高薪工作。我非常、非常、非常受伤，就是受伤。我和她的关系中她慷慨的资助对我来说从不是负担。现在回想起来，它是。我的自尊心受到了伤害，我相信了她随时愿意在物质上无止境地支持我并为我承担各种牺牲，我被骗了。现在我希望她彻底毁掉，这样她就得需要我的帮助。但是，你看，我非常清楚，正

386

如我们也都知道，她还是非常富有的。总之，出现了一个病态的、愚蠢的玩笑，让我觉得可耻又恶心。

虽然在我的叙事里，柴科夫斯基在与他人的关系中善良、积极和慷慨的一面有事实依据可循，但现在这封信表明他可能还有另外一面。当然，柴科夫斯基没错：她仍然"非常富有"，但对他来说，这意味着他得放弃在圣彼得堡购买公寓和在弗罗洛夫斯科耶或附近购买房子的愿望。没过多久，他就听说她的经济状况确实得到了恢复。但她禁止他给她写信，他继续与弗拉迪斯拉夫·帕楚尔斯基通信了几个月，这个年轻的波兰人接替科切克成为她常驻家中的小提琴手，他也是柴科夫斯基应其赞助人的要求勉强指导过的一位有抱负（但没有天赋）的作曲家，同时还成了她的女婿。帕楚尔斯基现在处于非常强大的战略地位，尽管他会传达来自他岳母亲切而正式的信息，但对直接通信的绝对禁令仍要严格执行。

387　这样的情况持续了八个月，柴科夫斯基再也忍不住了，他给帕楚尔斯基写了一封非常痛苦的信：

> 我完全相信娜杰日达·费拉列托夫娜生病了，身体虚弱，神经紊乱，她不能像以前那样给我写信了。这让我苦恼、担忧，坦率地说，让我深感受伤的不是她不给我写信，而是她对我完全失去了兴趣。她一次也没有托你问我过得怎么样，以及我身上发生了什么。我曾试图通过你与 N.F. 建立正常的通信关系，但你递回的每一封信都只是礼貌性的回复。秋天在乡下的时候，我读了她以前的信。无论是她的疾病，还是她的不幸，还是她物质上的困难，似乎都不可能改变这些信中所表达的感情。然而，它们已经改变了。也许正是因为我私下里从未了解过 N.F.，所以我把她想象成了一个理想的存在。我无法想象这个神一般的女人会这样变化无常——在我看来，就算地球粉碎，N.F. 之于我也不会变。但后者还是已经发生了，这使我对

人的态度，对最好的人的绝对信任，发生了翻天覆地的转变。它破坏了我的平静，毒害了命运给我的那部分幸福。当然，虽然不希望这样，但 N.F. 对我的行为非常残忍。我从来没有像现在这样感到自己是如此的卑微，我的自尊心如此的受伤。最痛苦的是，考虑到 N.F. 的健康状况，我不能告诉她折磨着我的一切，我害怕她伤心和难过。我无法表达我自己——只有这样才能让我解脱。当然，对 N.F. 一个字也不要提。

帕楚尔斯基的答复不带任何感情色彩，他把柴科夫斯基的信还给了他。他写道，娜杰日达·费拉列托夫娜的病给他的赞助人带来了巨大的变化，影响了她周围的所有人，包括他自己——然而如果柴科夫斯基直接写信给她，帕楚尔斯基确信她会全心全意地回答。但她禁止柴科夫斯基这样做。他们的通信结束了。

然而，她拒绝写信的背后可能还有另外一个更加敏感的原因。在科皮洛沃收到柴科夫斯基最后一封信的前几天，她的儿子尼古拉告诉柴科夫斯基，他的母亲写起信来越发困难了。这一点得到了尼古拉的女儿加琳娜·冯·梅克的亲自证实，我曾于 1984 年她过世前不久在萨里郡的里士满与她见过面。她证实，她的祖母确实有一只手臂萎缩，这使得她在晚年几乎无法写字。她还说，她之所以不愿口述一封信给柴科夫斯基，是因为她写给他的东西只准他一人阅读，而且应该对所有其他人保密。但加琳娜也相信，她的祖母和柴科夫斯基之间达成了最终的和解。三年来，加琳娜的母亲安娜，一直试图劝说她的作曲家叔叔谈谈关系破裂的事情，但他什么也不肯说。然后到了 1893 年 8 月，也就是他突然去世的前几个星期，柴科夫斯基找到即将前往尼斯照顾临终婆婆的安娜，请她告诉娜杰日达，他对自己过去三年的沉默（尽管是她要求的）感到悔恨，并恳求原谅。她全心全意地接受了道歉，这个消息也传给了柴科夫斯基。

我不能说我在这里使用的所有证据都完全可靠，不过我没有理由怀疑这一切都有一个真实的核心。我记得最清楚的是加琳娜本人给我讲述这个故事，以及我们所交流的最后一句话。她已经90多岁了，躺在一张躺椅上，当我弯腰想握住她的手告别时，她把另一只手放在我的胳膊上，看着我的眼睛说："你会写他们和解了吧？"我说我会把她告诉我的事情讲出来。当然，我不能保证这就是事实，尽管我觉得它很可信。

就在他赞助人的第一封信送达的前一周，柴科夫斯基已经开始着手创作他的交响叙事曲《司令官》。尽管她的信引发了他的焦虑，但他还是在不到两个星期的时间完成了草稿，不过又等了一年才完成总谱。那时柴科夫斯基已经对这部作品产生了严重怀疑。他的一些朋友，包括塔涅耶夫，也表达了保留意见。尽管柴科夫斯基指挥首演时，这首曲子在观众中获得了成功，但他本人却对它极为不满。一回到候场室，他就开始把乐谱撕成了碎片，然后转向侍者命令他把乐队分谱拿来。齐洛蒂是这场音乐会的筹办人，他记录了接下来发生的事：

389　　　看到他情绪激动，我明白总谱的命运现在也威胁到了分谱。我决定采取极端的补救措施，并说："请原谅，彼得·伊利奇，这场音乐会我说了算，而不是你，只有我可以下命令。"我立即指示侍者收集所有的乐队分谱并将它们带到我的公寓。我在说这一切时是如此严厉，如此大胆，以至于彼得·伊利奇，正如他们所说的，惊得目瞪口呆。他只是小声嘀咕："你怎么敢这样跟我说话！"而我回答说："咱们下次再讨论这个问题吧。"这时，来访者们涌进了房间，我们的对峙就此结束。

柴科夫斯基第二天确实销毁了总谱，齐洛蒂保留了属于他的那部分分谱，并在柴科夫斯基死后用它们重建了这首作品。塔涅耶夫在听过《司令官》后，似乎从根本上改变了对它的评价，并为自己对它错误的判断危及到作品的生死而表示懊悔。

现在看来，仍令我们非常困惑的一定是柴科夫斯基本人对这部作品的强烈否定。因为在音乐会结束九天后，他仍然会在信中对尤尔根松说：

> 我深信这是一部会危及我名誉的作品。如果我是个经验不足的年轻人，那另当别论。但一个头发花白的老人应该向前走，否则就该停留在他已经达到的高度。如果将来再出现这样的东西，我还会把它撕成碎片——然后彻底放弃作曲。

当然，柴科夫斯基对自己太苛刻了。我禁不住想暗示娜杰日达·冯·梅克的行为给他带来的创伤对作品的基调产生了或多或少的影响，但这部作品在那起事件才刚刚有些苗头时就草拟完成了。在许多方面，《司令官》都是柴科夫斯基向前跃进的一部作品，其中他一度真的这样做了。因为最后一小节非常接近他后来《第六交响曲》第一乐章中最后一次，也是最猛烈的一次爆发。这是他最伟大的管弦作品，但正如"命运"的裁决，也是他最后一部完整的作品。

交响叙事曲《司令官》***（*）

390

【这是一首特立独行的作品。在音乐会上很少会听到，但它包含了柴科夫斯基一些最激进的音乐。它的长度只有《罗密欧与朱丽叶》和《暴风雨》的一半。更不用说《里米尼的弗兰切斯卡》了，它并不适合传统的音乐会节目。作为一个整体，它或许也并不那么容易吸引人。然而，它所带来的动人体验与柴科夫斯基的其他作品截然不同，也许适合喜爱冒险的听众？】

如果说普希金的《黑桃皇后》的故事具有讽刺意味的话，那么

（正如我们已经指出的）柴科夫斯基的叙事曲《司令官》就更是如此。柴科夫斯基这首非常简洁的作品（时长不超过 10 分钟）采用了三部曲式。作品的侧翼是遭到背叛的丈夫的音域，而中心是爱情场景。涉及"司令官"的音乐是柴科夫斯基最激进的创作之一，其绝望的紧迫感让作品的激烈狂暴更加结实紧凑；相比之下，爱情音乐是柴科夫斯基最华丽的创作之一，其色彩因他加入了当时新兴的键盘打击乐器钢片琴而更加丰富。

《司令官》的说服力和直白让更详细的评论变得没有必要，但一些额外的观点可能会有帮助。作品开头显然是司令官正要回到家中，脚步越来越近，令人生畏的音调和支撑着这一切的紧迫节奏也会在随后的安静乐段中鬼鬼祟祟地再次出现。毫无疑问，这里低音单簧管低沉的嘀嘀咕咕模仿了司令官窥视恋人时口中的喃喃自语。中间的爱情场景音乐足以说明一切，但结尾（紧迫的音型再次暗示了司令官的紧张愤怒，低音单簧管的嘀嘀咕咕模仿了他的话语）既残酷又简明。《司令官》很少在音乐会上演奏，这实属遗憾。但我想，忠于故事精神的演奏，会给排练带来不小的挑战。

———————

成名是有代价的，现在没有人比柴科夫斯基更清楚这一点。他的私人时间越来越少，在此没有必要对这些事情进行详述。11 月初，当他从第比利斯返回时，他通过一个微小但又意味深长的细节注意到了自己声名赫奕所带来的代价。他的朋友们来莫斯科车站接他，然后迅速把他带到一家餐馆以纪念他的归来。尤尔根松认为有理由扩张他对柴科夫斯基音乐的出版。此前，他已经开始发行钢琴曲集，现在他又将注意力转向了歌曲。然而，如果歌曲也要以转调的形式出版（即移到较高或较低的调性以适应不同音域的要求——即从女高音到男低音），那么柴科夫斯基坚持认为他必须亲自检查这些歌曲，而这将耗费大量时间。12 月中旬，《黑桃皇后》首演后，柴科夫斯基又前往基辅，指挥在这里上演的这部作品第二次制作的首演。柴科夫斯基在抵达基辅后便推辞了这一任务，取而代之的是提出在歌剧开幕前四天指挥一场管弦乐音乐会。至于歌剧的首演之夜，基辅观众的热情让圣彼得堡的观众黯然失色。在第一场戏后，观众们就起来欢呼，接下来还会有更多的喝彩，但这积聚的兴奋也让人疲惫。正如柴科夫斯基本人所回忆的那样：

> 将圣彼得堡的热情与基辅的热情相比较简直可笑。这令人难以置信，但我超乎想象的疲惫，而且，在内心深处，我总是感到疼痛和痛苦。不远的将来的不确定性也在折磨着我。我应该拒绝国外巡演吗？我的脑子空空如也，丝毫不想工作。

卡缅卡是短期解决方案，而且也是更令人振奋的一个，因为萨莎的健康状况似乎大有改善。但柴科夫斯基已经同意为圣彼得堡的帝国剧院 1891—1892 年的演出季创作两部作品——独幕歌剧《约兰达》和芭蕾舞剧《胡桃夹子》。与此同时，他还必须履行 1888 年对他的演员朋友吕西安·吉特利的承诺，为几周后将在巴黎上演的《哈姆雷特》提供标题音乐。1 月中旬，他回到了弗罗洛夫斯科耶的家中，尽管他并没有什么热情，但还是像往常一样如约完成了这项任务。而在这一切发生的同时，来自国外的演出邀请也层出不穷，其中一项邀约是于 4 月指挥庆祝纽约新建成的卡内基音乐厅的落成典礼音乐会。2500 美元的酬金让人无法抗拒。柴科夫斯基认为在巴黎举行音乐会时间刚刚好，于是他要求他的巴黎出版商马卡尔作出相应安排。他将从巴黎出发前往勒阿弗尔横渡大西洋。3 月 22 日，他来到了法国首都。

柴科夫斯基已经创作了一部分《胡桃夹子》，但他在法国首都的两个星期被来访和外出就餐的邀请所淹没。他唯一的快乐来自莫杰斯特、萨佩尔尼科夫和钢琴家苏菲·门特，对于后者，柴科夫斯基在圣彼得堡时就与她相识并喜欢上了她。他在夏特雷宫的音乐会，其中包括《第二钢琴协奏曲》和《第三组曲》，获得了巨大成功，但他的私人时间也越发受限。由于在巴黎没有什么机会作曲，4月10日，他前往鲁昂，打算在那儿小住八天，然后在勒阿弗尔登船。然而，他情绪消沉，对俄罗斯的思念之情涌上心头，难以工作。他意识到自己不可能完成下个演出季的两部作品，于是写信给弗谢沃洛日斯基，解释说它们必须被推迟到下一季。现在压力得到缓解，且离登船还有三天，他决定返回巴黎。他找到一间阅览室[1]，走进去翻了翻俄国报纸。他拿起一份《新时代》，翻到背面——读到的内容让他冲到了街上。萨莎死了。

似乎有那么几个小时，神情恍惚的柴科夫斯基在巴黎街头徘徊，过了很久才去了门特和萨佩尔尼科夫的住处。他们留他过夜，第二天早上，他决定继续美国之旅，因为票已经买好了，并得到了一笔可观的预付款。这笔钱已经被花掉了不少。航行开始时很是悲惨，一个年轻人跳海自杀了。柴科夫斯基作为少数几个懂德语的乘客之一，被要求翻译遗书。但很快他的精神就振作起来，在他的同伴中，他发现有很多吸引他，有时还能逗他开心的人。也有令人恐慌的事情发生——大西洋中部的一场大风暴证明了他晕船，纽芬兰岛附近起雾，船只能艰难地缓慢移动，每隔半分钟就响起不祥的鸣笛。他的钱包在船舱里被偷了，然后他的名人身份也暴露了，大家蜂拥而至让他没有喘息的机会。最后，这艘船遭到了飓风的袭击。

393

在纽约靠岸后，一个由卡内基音乐厅负责人莫里斯·雷诺率领的五人代表团前来迎接他，带领他通过海关，并把他带到酒店。他在房间里痛哭了一场，然后去百老汇散步。他对黑人的数量和一些建筑物的高度非常惊讶（九【原文如此！】层），回到酒店，他再次涕泪交垂，但随后写信给阿纳托利和帕拉莎，承认当巡演全部结束后，他将会愉快地回忆起这次旅行。

美国有三件事让他印象深刻。首先是酒店的住宿条件，有私人

---

1. *Cabinet de lecture*, 阅览室是18世纪和19世纪的公众人士可以以少量费用阅读公共论文以及新旧文学作品的机构。人能够按小时租用的书籍，查阅资料，并将其带回家中。——译者注

浴室、水柜、冷热自来水、话筒和电梯。第二是人们早就听说过他的大名。在他到达那天，《纽约先驱报》刊登了横幅标题："柴科夫斯基来了！"紧随其后是一篇关于他的文章。"似乎我在美国要比在欧洲更有名。我的一些作品在莫斯科还不为人所知，但在这里每季都会上演几次。"第三是美国人的开放态度：

> 巴黎给人留下的印象是，陌生人每一次的接近，每一个善举，都让人感觉这人有所企图。而在这里，你发现人与人之间的相处非常简单——真诚、慷慨，没有别有用心的假亲切。他们随时乐意帮助别人，对别人好——这些都很惊人，同时也令人感动。这些以及美国人大体的行事风格，他们的礼仪和习俗，都让我觉得很有共鸣。

他见到了瓦尔特·达姆罗什，正是在这位指挥家的主张下，他才受邀来到美国，还有安德鲁·卡内基，这个发了大财的苏格兰移民将自己大部分的财富用于公共和慈善事业，且仍然保持着他原本的谦逊与友好。柴科夫斯基发现，美国人的热情好客可以说是惊人的。他对晚宴的正式性、着装要求、鲜花的重要性、礼节和食物都印象深刻——似乎除了"美国本土"食物。("异常恶心"，他在这次美国之行的日记中这样写道。)客人在参加和离开一场正式的社交活动时，甚至会被配以私人马车。他说："我们必须公平对待美国人的好客。只有在我们中间你才能遇到类似的体验。"

他在卡内基音乐厅的正式开幕式上只发挥了名义上的作用：指挥他的《加冕进行曲》。("非常成功，"他在日记中写道。)他的指挥给评论界留下了极为深刻的印象："为数不多的一流作曲家同时也是伟大的指挥家"，一位评论家写道；"他的指挥具有王者般的权威力量，乐队像臣民一样服从他的领导"，另一位评论家如此兴奋地称赞。柴科夫斯基的第一场完整音乐会是在他的生日当天举行，5月7日：

394

　　我想，我从未如此害怕过。是因为他们把注意力放在了我的外表上吗？不管怎么说，在忍受了几个小时的痛苦之后，我终于走了出去，再次获得了热烈的欢迎，并且造成了，正如今天报纸上所说的，一阵轰动。在《组曲》后，我坐在雷诺的办公室里，接受了一些记者的采访（这些记者啊！）。

现在，他迫切地需要独处——

　　于是，我从走廊上围着我的一群女士中间挤过，她们目不转睛地盯着我，从她们的眼中，我不由得欣喜地读出了大家对我的浓烈兴趣。我拒绝了雷诺一家的邀请，匆匆回了家。

柴科夫斯基发现，他的《第三组曲》获得了极大的成功。"一部了不起的作品。俄国音乐对德国音乐构成了威胁"，一位评论家写道；"在下午造成了一时轰动的是柴科夫斯基先生的《第三组曲》——原创、独特、充满地域色彩"，另一位评论家写道；"昨天听到的是作曲家富有魅力又极其高贵的指挥下的演绎，产生了不可抗拒的巨大冲击"，第三位评论家写道。他的下一次亮相也是如此，这次他指挥的是他的一些宗教合唱音乐。但他最大的胜利是他的最后一场音乐会，在这场音乐会上他指挥了他的《第一钢琴协奏曲》，担任独奏家的是李斯特的学生阿黛尔·奥德·奥赫，现在美国已经极具声望：

　　我从未在俄罗斯成功唤起过他们这般的热情。他们无休止地要求返场，喊着"朝上看！"【原文如此！】，挥舞着他们的手帕——总而言之，很明显，我确实很受美国人的喜爱。我尤其珍惜乐团对我的喜爱。

他在纽约的音乐会现在已经结束，他筋疲力尽——但他醒着的时间仍然被那些想要采访他、见他一面或要他签名的人们占据着。
有一位老人带来了他写的歌剧脚本，希望柴科夫斯基能够使用。所
有的人似乎都是美国人，或者至少生活在美国——除了一个俄罗斯
女记者，他可以和她用俄语像和真正的俄罗斯人那样交谈。一股对
祖国的思念之情涌上他的心头。"突然间眼中涌出泪水，我的声音
开始颤抖，我止不住地抽泣，"他在日记中写道，"我跑进隔壁的房
间，很长时间都没有出来。"

第二天，卡内基为柴科夫斯基举办了一场晚宴。在晚宴上，主
人用很有魅力的方式对他特别的客人表达敬意。"整个晚上，他以
他自己不同寻常的方式表现出对我的喜爱，"柴科夫斯基在日记中
写道，

> 他抓住我的手，哭着说我是无冕之王，是真正的音乐之
> 王。他拥抱了我（没有亲吻我，这里男人们从不亲吻对方），
> 在表达我的伟大时，他踮起脚尖，将双手高高举起，最后通过
> 展示我是如何指挥，让在座的所有人陷入狂喜。他模仿地如此
> 认真、如此忠实、如此准确，以至于我自己都很高兴。

11 点钟，一直在所有这些活动中担当他主要向导的雷诺陪他
回到了酒店。

现在，柴科夫斯基的指挥任务有了一丝喘息之机，帮助并为
他人提供建议的热情转移到了费迪南·梅尔身上。这位德国人在克
纳贝钢琴制造公司工作，他和他的同事威廉·莱因哈德一起担任柴
科夫斯基的看护人。柴科夫斯基的看护人认为他应该到尼亚加拉大
瀑布观光，迈尔提前做了所有的安排，以确保他得到好的照顾，并
在必要时有人守护。这是这段旅行中最令人愉快、最有趣、最轻松
的插曲。柴科夫斯基非常彻底地"游览了大瀑布"后，感到体力增
强，在接下来的日子里，他会在其他美国活动之前再次受到纽约东
道主们极为慷慨但又势不可挡的热情款待。其中第一场演出是在巴

尔的摩，乐队是巡演中的波士顿节日管弦乐队。阿黛尔·奥德·奥赫再次演奏了《第一钢琴协奏曲》，柴科夫斯基另外指挥了《弦乐小夜曲》。音乐厅没有坐满，但评论界的反应和在纽约时一样热烈。接下来是在华盛顿的俄罗斯大使馆举行了一场晚会，柴科夫斯基的《钢琴三重奏》与勃拉姆斯的《钢琴四重奏》相搭配。这是巡回演出中最轻松的一场。因为不涉及语言问题，直到第二天凌晨三点，非常放松的柴科夫斯基才回到了他的酒店。一天的自由活动让他能够参观华盛顿纪念碑和国会大厦。他作为指挥家的最后一次亮相是在费城，再次与巡演的波士顿管弦乐团以及阿黛尔·奥德·奥赫联手，大厅座无虚席，气氛热烈。我们不知道柴科夫斯基是否对媒体对他外表的描述（一位评论人指出，"他看起来像个经纪人或俱乐部成员，而不是位艺术家，似乎已经快 60 岁了，但保养得很好"，另一位评论员说他"更像个富商或美国参议员"）感到满意，因为他直接坐火车回到了纽约。

　　柴科夫斯基的指挥任务现在已经全部完成，只剩下在作曲家俱乐部的一场作品专场音乐会，曲目包括《钢琴三重奏》《第三弦乐四重奏》和他的一些歌曲。有很多人来向他告别（让人难过的是，他不得不告诉那位上了年纪的歌剧剧作者，他不会采用他的作品），他的身上被堆满了礼物。在音乐会的中间，有人向他致辞，他以法语回答，大家起立欢呼。之后他与人们交谈，并为大家签名。然后，柴科夫斯基与雷诺、梅尔和莱因哈德一起回到了他的酒店。他收拾行李，然后与他的同伴们共享了两瓶香槟。最后他向酒店的工作人员告别。

　　尽管在巡演期间不时泛起乡愁，但在美国的三个半星期对柴科夫斯基来说是一次个人胜利——令人鼓舞、温暖人心，同时也是人们对他音乐的爱是多么普遍和热烈的最有力证据。他回到欧洲时的心境与出发时截然不同——但正如他第一次到达纽约时预言的那样，当一切结束时，他将愉快地回忆起一切。在库克斯港上岸后，他乘坐火车从汉堡出发，途经柏林，完成了回家之旅。6 月 1 日，他回到了圣彼得堡。

就在柴科夫斯基在大西洋中部的时候，《纽约先驱报》就他的来访进行了考量：

> 如果我们要清点现在这个世界上所有的天才男女，名单会有多长？我们是否能说出十二个或十个或六个这样的人？即使是最多疑和最冷酷的人也不会对他们崇高的荣誉提出异议。让我们来试试。

397

> 位于名单之首的当然应该是俾斯麦，然后是爱迪生和托尔斯泰、萨拉·伯恩哈特，也许还该有易卜生、赫伯特·斯宾塞和两位伟大的作曲家——德沃夏克和柴科夫斯基。我们认为，很难剥夺柴科夫斯基在名单上占有一席之地的权利。

28

同场上演的两部作品：
一段关系的恢复

柴科夫斯基从美国回来后心情是矛盾的。他在这片遥远的土地上获得的地位，以及他和他的音乐所引起的狂热，是迄今为止他在世界范围内声誉不断提高的最有力证明。回到圣彼得堡，他很高兴再次见到家人和朋友，并享受他在美国的胜利所带来的个人地位的提升。但美国东道主们对他年龄的高估仍让他烦心不已。"天啊！这个老人显然在走下坡路了，"他在回国一个月后在给他外甥鲍勃的信中写道，

> 他不仅头发稀疏花白，不仅牙齿脱落，咀嚼食物的能力下降，不仅视力衰退，容易疲倦，不仅拖着脚步往前蹭，腿脚不利落——甚至连他所能从事的唯一的工作的能力也在衰退和消失。

甚至在他的美国之行之前，弗罗洛夫斯科耶遭受的森林砍伐就已经让他沮丧万分，以至于他吩咐阿列克谢把所有东西都搬回了他们在迈达诺沃的旧居。他也不会再去他如此喜欢的第比利斯了，因为阿纳托利获得了晋升，要到爱沙尼亚任职。他唯一的希望是伊波利托夫–伊万诺夫会邀请他去爱沙尼亚指挥。但来自其他地方的邀请层出不穷。美国人想让他回来，但提供的报酬却很微薄。柴科夫斯基以高出三倍的价格作为反击——什么也别说了！家乡附近的委

任既切实可行又有利可图，而且对他的声誉也有好处——但这些演
出同样消耗时间和精力。莫斯科音乐学院和当地的俄罗斯音乐协会
的发展方向让他对两者心生反感，这也影响了他与以前一些亲密同
事的个人关系：不会再在莫斯科参与他们的家庭聚会。与尤尔根松
在业务上的事宜，包括柴科夫斯基早期作品的修订版和修正版，将
越来越需要专注对待。此外，他发现尤尔根松的一些校对员非常粗
心大意，他不得不越来越多地亲自承担这种费时费力的杂活儿。然
而尽管如此，他继续保持着他特有的慷慨大方以及奉献自己的时间
来帮助他人的意愿。这些干预包括指示尤尔根松用柴科夫斯基的账
户购买 20 张一位年轻钢琴家在莫斯科首次登台演出的音乐会门票，
然后在朋友们当中分发，只因柴科夫斯基担心没什么观众来听。获
得帮助的还有什帕金斯卡雅，她因家庭状况濒临崩溃边缘。柴科夫
斯基甚至还花了更多的时间去弥合莫杰斯特和科利亚·康拉迪之间
的裂痕。后者认为莫杰斯特在就他不幸的童年与他产生争论时侮辱
了他的母亲，科利亚也不认为他应继续向莫杰斯特支付工资。紧张
局势一度得到缓解，但现在又旧事重提，柴科夫斯基建议莫杰斯特
与科利亚断绝正式关系，也不要再收工资了。工资确实没了，但对
莫杰斯特来说没有任何经济损失，因为后者后来承认，从那时起，
他每年都会从哥哥彼得那里得到 2000 卢布——非常重要的是，这
刚好就是科利亚付给他的金额。柴科夫斯基还在完全不同的领域忙
活着，他代表在《奥涅金》莫斯科首演中担任同名男主以及在最近
的《黑桃皇后》中扮演耶列茨基的歌唱家，与莫斯科剧院的负责人
进行了接洽。柴科夫斯基的信让我们深入了解了他的为人，以及促
使他写下此信的动机：

　　亲爱的帕维尔·米哈伊洛维奇，

　　　　前天，当我和您在一起时，我忘了向您提出另一个非常
　　重要的请求。我曾答应亲爱的、富有同情心的霍赫洛夫为他向
　　您请愿：当他在鲁宾斯坦的歌剧中第 100 次扮演恶魔这个角色

时，您可否允许在海报上对这一点进行宣传。我完全理解他的
这一热切愿望，我认为，如果让公众知道我们在舞台上的这种
前所未有的重大纪念，大家会非常期待。他完全、完全配得上
那些可以预见到的热烈欢呼。我恳请您尊重霍赫洛夫的请求。
他深受同事、公众、歌剧作曲家、莫斯科女士们的喜爱——总
之，他是个万人迷。如果您同意这个请求，您将给所有人带去
极大的快乐。

您真诚的，

P. 柴科夫斯基

十一天后，霍赫洛夫得到了他应得的公开纪念。

创作，不可避免地成了这些消耗柴科夫斯基时间的事情的牺
牲品。在柴科夫斯基生命中的最后两年里，只有一部作品——尽管
是一部令人惊叹之作——能够真正与他伟大的前作相媲美。与此同
时，他回到俄罗斯后的首要任务是完成《约兰达》和《胡桃夹子》。
柴科夫斯基九年前曾读过亨利克·赫兹的独幕剧《勒内国王的女
儿》，被其深深吸引，并向自己保证终有一天要将其谱成音乐。莫
杰斯特创作了歌剧脚本，但柴科夫斯基还一个音符也没写。弗罗洛
夫斯科耶会成为他的创作基地。9 月中旬，歌剧的草稿全部完成。
年底时配器完成，与《胡桃夹子》一起，《约兰达》于 1892 年 12
月举行了首演。首演取得了成功，但评论界普遍并不看好（"柴科
夫斯基在其中自我重复……"；"不幸的是，这次作曲家的旋律灵感
远远低于其一贯的水准……"；"冗长到令人厌烦，人物的音乐形象
被乏味地勾勒出来，也没有有别于从前的新鲜创意"等等）。《约兰
达》与经久不衰的芭蕾舞剧《胡桃夹子》同晚搭配演出这一举措对
它的长期发展没起到任何帮助。因为这两场演出涉及两组非常不同
的明星阵容，在正常情况下，每场演出都会有自己的管弦乐队，而
歌剧本身的长度会让演出之夜非常短暂。因此，鲜少有机会能够观
看到歌剧《约兰达》。

《约兰达》：独幕歌剧 ***

【《约兰达》是一部极具魅力的歌剧，但音乐质量参差不齐。前面的段落很迷人，随后的爱情场景包含了一些动人的、有时又非常美妙的音乐。然而，后面一部分在音乐上就没那么有趣了。】

《约兰达》的故事发生在 15 世纪的普罗旺斯。国王勒内的女儿约兰达生来就双目失明，因此并没有意识到自己与他人的不同。她的随从永远不得提起光，外来人员不得进入花园，违则处死。约兰达已与勃艮第公爵罗伯特订婚。勒内将她隔离起来，希望向罗伯特隐瞒她的残疾，直到她被治愈。艾本–哈吉尔，伟大的摩尔医生，为约兰达做了检查。但医生告诉她的父亲，只有当她渴望看到光明时，她才能被治愈：因此必须告诉她她双目失明的真相。罗伯特和勃艮第骑士沃德蒙驾到。事实上，罗伯特已经爱上了别人，但沃德蒙却被约兰达迷住了。当她分辨不出红玫瑰和白玫瑰时，他察觉到了真相，约兰达开始意识到她和别人不一样。"光是什么？"她问。"造物主的第一件礼物。"沃德蒙回答。回到家中，勒内惊恐万分，但艾本–哈吉尔意识到现在治愈的条件出现了——勒内也看到了沃德蒙能够唤起约兰达想要重获光明的愿望。可沃德蒙未经允许就进入了花园，国王下令——如果约兰达没有被治愈，沃德蒙就必须被处死。约兰达欣然跟着艾本–哈吉尔离开，当她回来时双眼复明了。罗伯特现在承认他心有所属，而沃德蒙则被确定为是约兰达的如意郎君。皆大欢喜。

《约兰达》是一部体量小巧又不太平衡的作品，尽管沃德蒙和约兰达爱情场景中的音乐可与柴科夫斯基最好的创作相媲美。乐队引子是纯粹的木管声部，为开启整部歌剧的美妙音乐提供了精准的衬托。加了弱音器的弦乐和竖琴让约兰达的温柔世界更加具体。

401

（年长的读者如果知道亨德尔《贝伦尼斯》中的《小步舞曲》，其受欢迎程度曾经仅次于该作曲家的《广板》，就有理由怀疑这条旋律在柴科夫斯基创作这部歌剧的开篇时一直萦绕在他心头。）约兰达的咏叙调非常感人，女声合唱也颇具魅力，一如最后哄孩子入睡的那首摇篮曲一样。但是，在国王和艾本-哈吉尔进场之前，音乐所关注的对象浸泡在伴奏下的宣叙调中。这段宣叙调出现在号角齐鸣之后，标志着国王和艾本-哈吉尔出场前的一大段解释和过程，前者唱起了痛苦但又庄重的咏叹调。更令人印象深刻的是艾本-哈吉尔在看到约兰达后的反应，因为他的咏叹调在受到很大约束的同一乐句上绕了一圈又一圈，仿佛毫不留情地告诉国王，要想约兰达被治愈，就必须告诉她她失明的真相。

罗伯特和沃德蒙的出现和双方的反应都得到了有效的处理。前者以恰到好处的激情展现出了对玛蒂尔达的强烈情感，而沃德蒙则仍在充满渴望地等待第一次真爱的到来。"啊，来吧，光明的幻像"，他唱道，然后打开通往露台的门——他所渴望的美人就在他面前沉睡。

这是歌剧的核心，柴科夫斯基接下来的音乐质量毫不令人惊讶，因为约兰达又是一位年轻、脆弱的女主角。这样的角色在他之前的一些歌剧中曾激发出非常成功的乐思。此处，柴科夫斯基全情投入到主题当中，而这对恋人之间犹豫不决的第一次交流被敏感地呈现出来。沃特蒙的爱之告白既激情又温柔，约兰达的反应也透着迷人的纯真。但是在感到困惑的同时，这位看不见的恋人的话语以及他多情的语气都让约兰达愈发好奇：这里，以及当她的求爱者发现约兰达是个盲女，并由此意识到她为之付出的代价时所爆发出的强烈的同情心，都处理得非常精彩。如果《约兰达》能保持这种水平，它就能成为柴科夫斯基歌剧宝库中的一颗小明珠。但是，当形而上学介入时，一个好像《第五交响曲》主题般的僵硬旋律标志着这一切将结束于一段正式的二重唱，公式化的写作取代了充满生机的创造力。

遗憾的是，接下来的一切都无法与前面最好的音乐相提并论。一切都被有效地呈现出来，但主要是为了迅速交待大量未完成的剧情。最后，歌剧以嘈杂的终曲结束，这显然不是柴科夫斯基最好的旋律。

《胡桃夹子》：二幕芭蕾舞剧

【柴科夫斯基所有大型作品中，《胡桃夹子》大概是最不需要我评论的一部。假设听众有演录优异的 CD 录音，那么就更不需要我做什么了。我无非是帮助读者把舞台上的剧情和音乐联系起来，并提高一点儿他 / 她对有趣细节的认知。故事的某些方面很容易招来批评甚至是嘲笑，但柴科夫斯基的音乐是如此富有创造性，变化多端又配器精湛。我仍觉得仅仅是在家中听整部作品都是一种既放松又丰富的体验。】

403

虽然《胡桃夹子》只有两幕，但在宏观上反映了与《睡美人》相同的结构，也就是叙述故事，再附加舞台表演。两者的不同之处在于比例，在四幕的《睡美人》中，故事占据了前三幕，间插歌舞只限于第四幕。而在两幕的《胡桃夹子》中，故事出现在第一幕以及第二幕的一小部分，间插歌舞则附加在第二幕的剩余部分。故事取材自 19 世纪初德国作家 E.T.A. 霍夫曼的短篇小说，由编舞家马里乌斯·彼季帕与柴科夫斯基合作改编成两幕芭蕾舞剧。

第一幕：**希尔伯豪斯宅邸的大厅**[1]。希尔伯豪斯夫妇正在装饰着

---

1. 主人公克拉拉的姓氏有两个版本。在霍夫曼的原作中，克拉拉姓氏为 "Stahlbaum"（斯塔尔鲍姆），而柴科夫斯基在芭蕾舞剧所使用的大仲马的脚本则为 "Silberhaus"（希尔伯豪斯）。弗谢沃洛日斯基保留了大仲马的版本，20 世纪最伟大的编舞家之一巴兰钦曾在其 1954 年的版本中，将姓氏改回到 "Stahlbaum"，又在 1958 的版本中恢复了柴科夫斯基使用的 "Silberhaus"。——译者注

圣诞树，这让希尔伯豪斯家的孩子们，克拉拉和弗里茨，以及他们的朋友们兴奋不已。克拉拉的教父德罗塞尔迈尔走了上来，给孩子们送来了四个机械娃娃，上了发条就会跳舞。德罗塞尔迈尔为克拉拉和弗里茨准备的特殊礼物是一个看起来很奇怪的娃娃，胡桃夹子，弗里茨抢来把玩却不小心把它弄坏。克拉拉救起胡桃夹子，轻轻摇晃，把它放在她心爱的娃娃床上。客人们跳起了古老的祖父之舞（Grossvatertanz，17 世纪德国传统舞会结束舞），为宴会画上了圆满的句号。克拉拉想把娃娃抱到床上去，但父母不允许。客人们逐渐散去，大厅里变得空荡荡的。

　　一等安静下来，焦急的克拉拉就立刻回到大厅探寻胡桃夹子的情况，但她看到和听到的让她震惊不已：缝隙中闪烁的灯光和钟面上的德罗塞尔迈尔的影像，以及遍地的老鼠。她在胡桃夹子的床上寻求庇护。月光下，圣诞树越来越高，高到了让人害怕的程度。玩具们也都纷纷活了过来。姜饼士兵出现了，鼠军也来了。战斗打响，老鼠们赢了。突然，胡桃夹子从床上跳起来，下令拉响警报。锡士兵抬着大炮从箱子里跳出来，鼠王命令他的军队进攻。最后，鼠王提出要跟胡桃夹子单挑。但克拉拉看到胡桃夹子的处境越来越危险，用她的鞋子击中了鼠王的后背，鼠王带着他的军队落荒而逃。胡桃夹子变成了一位英俊的王子，跪在克拉拉面前，恳求她随他而来。他们消失在圣诞树的树枝间，与此同时舞台场景变成了一片松树林。大雪开始飘落，群舞表演了一场盛大的《雪花之圆舞曲》。暴风雪渐渐平息，月光照亮了冬天的美景。

　　第二幕：**糖果王国之糖果宫殿**。等待着克拉拉和胡桃夹子王子的糖梅仙子和科克卢切王子正站在一个用海豚装饰的糖亭里，海豚嘴中不断涌出甜美而清爽的饮料。各种代表鲜花和糖果的梦幻仙子出现在他们面前并鞠躬致意。男管家宣布两位客人来了，他们坐在一个镀金的果壳里，飘然而至。穿着蜂鸟羽毛服装的小摩尔人扶着克拉拉上岸。她和胡桃夹子王子受到了糖梅仙子、科克卢切王子和胡桃夹子王子的姐妹们的欢迎。胡桃夹子解释了克拉拉如何救了他

404

的命。糖梅仙子下令庆祝活动正式开始。这些庆典包括：《西班牙舞》（巧克力）；《阿拉伯舞》（咖啡）；《中国舞》（茶）；《俄罗斯舞》（特列帕克）；《芦笛舞》（糖衣）；《生姜妈妈和小丑》；《花之圆舞曲》；《双人舞》（糖梅仙子和科克卢切王子）。克拉拉欣喜若狂，快乐的胡桃夹子王子对她讲述了糖果王国童话般的种种奇迹。终曲华尔兹升华全剧。

在简洁紧凑的序曲中（虽采用了奏鸣曲式，但没有展开部），柴科夫斯基摒弃了低声部弦乐和所有的铜管乐器，除了两个圆号：这不是高度戏剧化的事件，所以声音的笔触要轻盈。这部芭蕾舞剧本身格外突出的一点是在与《天鹅湖》和《睡美人》相比时，剧情发展格外迅速而丰富。第一首曲目中希尔伯豪斯和他的妻子在装点着圣诞树（注意圣诞树被点亮时响起的奇怪音乐，它预示着在这一幕晚些时候将会开启的神奇世界）：嘈杂的音乐是兴奋的孩子们冲了进来——但当他们看到圣诞树时也不禁被迷住了。希尔伯豪斯让乐队演奏一首进行曲，之后孩子们围着跳起了舞。在更加庄重的音乐声中，先是孩子们的父母出场，然后是打扮成18世纪穿着浮华的客人们——最后每个人都被突然出现的德罗塞尔迈尔吓了一跳，他古怪的旋律非常巧妙地捕捉到他怪异的性格和外表。一些孩子起初被他吓坏了，但他控制住了局面，并送出了头两件礼物，一个大娃娃和一个士兵：一阵短暂的沉默后，两个玩具都跳起舞来。孩子们恳求晚点睡觉（弦乐旋律），然后德罗塞尔迈尔拿出了另外两个娃娃，并表演了一段激烈的俄罗斯舞。

在接下来的圆舞曲中，希尔伯豪斯拒绝让孩子们玩他们的新玩具。为了安慰孩子们，德罗塞尔迈尔从他的口袋里掏出一个看上去奇奇怪怪的胡桃夹子并让它跳起了舞（优雅的弦乐旋律），直到弗里茨弄坏了它。克拉拉拿着胡桃夹子，把它放到小床上，用摇篮曲轻轻哄他入睡。弗里茨和他的朋友们两次试图用响亮的小号来把胡桃夹子吵醒。为了掩盖住噪音，希尔伯豪斯邀请他的客人们跳老祖父之舞（我不知道与庄重音乐交织在一起的热闹爆发究竟是什么：

405

弗里茨和他的朋友们所制造的更多的噪音？）。克拉拉的摇篮曲再次响起，随着客人们的离去，孩子们被送上了床，舞台也变得空荡荡的。

接下来的音乐与晚宴音乐有着天壤之别。在这里，柴科夫斯基作为配器大师的惊人技巧得到了精彩展现。在他的作品中，没有哪部作品的配器在呈现音乐效果上能起到更重要的作用。木管乐器和竖琴的使用尤为惊人。一切都变得黑暗、诡异、不稳定，也不安全。在轻轻颤抖的加了弱音器的弦乐背景下，我们听到了零星的旋律、竖琴的刮奏，有时是一连串快速重复的音符和突然的短暂爆发。当午夜降临，克拉拉进入了这个越来越令人不安的世界时，突然间，圣诞树开始越长越高，越长越高，越长越高——这是柴科夫斯基写过的最可怕的音乐之一。它本质上非常简单：一个小的级进乐句，在三个阶段中越来越有力地上升，同时也获得越来越有力的支持。在舞台上，我们看到圣诞树的雄伟成长。然后是小人国的战斗——一片惊人的嘈杂声交织在一起，隆隆的鼓声、嘹亮的军号、齐鸣的号角，尖锐的木管、疾驰的弦乐、猖獗的兔子、野兔、吞食姜饼士兵的鼠军、胡桃夹子集结部队，最后克拉拉将她的拖鞋扔向毫无防备的鼠王，然后"晕倒在地"。最后，谦卑的胡桃夹子向胡桃夹子王子的转变，还有他与克拉拉开始发展的关系，都得到了与圣诞树音乐有异曲同工之妙的精彩处理，而且也同样宽广浩荡。雪花圆舞曲，加上女童的歌声，为这一幕正式画上了句号。

一些评论家对胡桃夹子的音乐不屑一顾，认为它无非是徒有其表的精美糖果。但是，当我们进入第二幕的糖果王国时，这不正是它理应有的样子吗？开场的音乐甚至有些过于简单了，但使其充满诱惑力的是柴科夫斯基在装饰和配器上的高超技巧（注意伴随着开场主题重复时的上行音阶，这不正大大增加了音乐诱人的魅力吗，这里所需的音乐还能这比更好吗？）。（大概是在铜管宏大的重复下行音阶的陪衬下）克拉拉和胡桃夹子王子出场，克拉拉见到了她护送者的姐妹们，王子讲述了克拉拉是如何救了他的命（这里引用了

第一幕的战斗音乐）。花仙子弗洛拉受到了赞扬，所有人都静下心来享受接下来的娱乐节目。

首先是西班牙舞，小号在其中扮演着突出的角色，响板声很快证实了其浓郁的西班牙风格。然后，我们被带到了东方。首先萦绕在耳边的是风情万种的阿拉伯舞（根据伊波利托夫–伊万诺夫提供的格鲁吉亚摇篮曲而创作），加了弱音器的弦乐之下是摇摇晃晃、让人昏昏欲睡的固定音型伴奏（注意双簧管，然后是后半部分巴松管的复调旋律）。然后继续向东，我们听到了一首古朴的《中国舞》，它时常只有一分多钟。这首舞曲有多短小，尖锐的短笛和突出的巴松之间的间隔就有多巨大。接下来是健壮的俄罗斯特列帕克舞，之后是著名的《芦笛舞》（*Danse des mirlitons*）（年长的读者还记得电视上的"水果和坚果"广告吧），其中三支长笛的旋律非常有名。这些较短的舞蹈中最后登场的是《生姜妈妈和小丑》，她的孩子们会在两首法国歌曲《基洛芙蕾–基洛芙拉》（*Giroflé-girofla*）和《小兵鲁塞勒》（*Cadet Rousselle*）的旋律中从她的裙子底下跳出来。然后是更具分量的群舞，也是著名的《花之圆舞曲》（*Valse des Fleurs*）。最后终于到了是糖梅仙子和科克卢切王子伟大的双人舞，其主要乐思来自该幕序曲中听到的强有力的下行音阶。这是一首精彩的装饰曲，两段独舞变奏中的第二个是整部芭蕾舞剧中最著名的曲目——《糖梅仙子之舞》（*Dance of the Sugar Plum Fairy*）（这里比我们经常在《胡桃夹子组曲》中所听到的版本要更长），其中最著名的独奏是在当时刚刚发明出的新兴乐器钢片琴上所演奏的。双人舞有一个简短而精彩的尾声，之后的圆舞曲终曲为余下的情节提供了背景，最后的升华代表着（引用官方场景介绍）"蜜蜂围绕着巨大的蜂巢飞舞，警惕地守护着它们的财富"。我从来没有看过哪个版本的制作加入了这一段。

————————

柴科夫斯基生命中的最后两年是对他的公共声誉、巡回音乐会和所有社会压力的记录，这些都是成名所带来的必然结果。的确，如前所述，当柴科夫斯基去世时，他在俄罗斯人民心中的地位仅次于托尔斯泰。但直至今日如此惊人的是，直到最后，他的谦逊和人性也依然如故，从不曾被他的名声所破坏。他本人对两次短暂探亲的记录，让我们对他如何看待对自己真正重要的东西，也就是他与家人的，以及与那些在他生命中扮演过某种关键角色的人所保持的关系，有了感性的认识。曾经吸引他到卡缅卡的现在基本已消失。萨莎死了，列夫不在，外甥和外甥女们死的死，散的散。然而，他仍然可以回到他们的老家，从还健在的亲戚们中获得快乐，其中许多人还年长于他。在俄罗斯的圣诞节前夕（1892年1月5日），当他准备踏上前往华沙、汉堡、阿姆斯特丹和海牙的指挥之旅时，他和一个旅伴，地产经理的儿子鲍里斯，一起来到了卡缅卡。他在给鲍勃的信中说："我不无痛苦地走进院子，院子中间那空荡荡的、锁着的房子让人哀伤。"

　　姐姐【柴科夫斯基的表姐，现年84岁】见到我，邀我和她一起喝茶。喝茶时她说了很多奇怪的、荒谬的事情，以至于鲍里斯三次笑得快要喷出来。看来她已经大不如前了，变得比以前更加糊涂。换好衣服后，我来到了大房子里。相比之下，列夫的母亲和姐姐们的情况要比夏天时候好得多，心情也更愉悦。我拜访了尼古拉·瓦西里耶维奇【列夫的哥哥】，他又给我讲了一遍夏天他女儿在左边播种时他如何被篮子绊倒跌进了桶里，还有其他几个他经常讲起的故事。我很乐意听，因为我非常爱尼古拉，我很高兴看到他还是老样子。然后我赶紧去找姐姐，她根本不明白我到这儿来绝不是为了整天和她喝茶，而且对我不一直待在自己或她的房间里感到无尽的惊讶。然后我们在大房子里吃了晚饭（瘦肉很美味）。亚什维尔家【列夫的亲戚】的兄弟姐妹都来了，出人意料的是，在他们之后，我的外甥米迪亚也来了。他非常开朗，长得也更好看了。他的意外到令列夫的母亲、姑妈们和尼古拉·瓦西里耶维奇喜极而泣。十一点半，我和米迪亚回到家，各自上床睡觉。六点时，吱呀一声门响把我吵醒了，从衣柜后面我听到了姐姐阴森森的声音："亲爱的，你要喝茶吗？"我没回答。她嘴里嘟囔着些胡话走开了。那之后我又睡了过去。今天，在姐姐家喝完茶后，我去散步，参加了一场漫长的弥撒。我坐在家里和米迪亚聊天，他告诉我他住的地方是多么惨淡和无聊。我真是为他感到遗憾。在大房子里我们吃了一顿丰盛的午餐，之前还举行了一个小小的仪式。今天要装饰圣诞树。科利亚·桑德伯格【尼古拉·瓦西里耶维奇的孙子】正忙着。明天我将离开。

但四天后他从华沙给鲍勃写信时心境却大不相同：

你问我的心情如何。我的心情很糟！和去年巡演一样，我又一次数着日子、小时和分钟，盼着流浪早点结束。我并非在旅途中感到身体上的劳累——绝对不是！让我感到疲倦的是和陌生人在一起时我无法做我自己。只要我不是一个人，而是和新的、陌生的人在一起，我就会不自觉地扮演一个和蔼可亲、温和有礼的人，还会明显表现出非常高兴遇到了新相识。我本能地想通过这一切来让他们为我所倾倒。在大多数情况下我都很成功，但代价是极度的疲劳，再加上对自己的虚伪和不真诚的厌恶。我想对他们说"你们都去见鬼吧！"，但嘴中却说出了恭维的话。有时我入戏太深，甚至变成了我所伪装的人，以至于很难分辨什么时候才是真正的"我"在说话，什么时候又是假的，"看上去"的那个。简而言之，所有这些都是一个面具，当我独处时，我会以极大的解脱把它摘掉。

但随后，语气突然发生了变化：

我一直惦记着你，因为每当感到忧郁、悲伤，每当精神的
地平线被阴霾所覆盖——一想到你的存在以及我将在不远的将
来见到你，就好像出现了一束光。我以我的名誉担保，我并没
有夸大其词。这束慰藉之光不停歇地自行穿透了阴霾："是的，
这很糟糕，但这没什么——鲍勃还在这个世界上！"

这些听起来哪儿像是舅舅给外甥的信，更像是丈夫对他的妻子
或情妇说的话。

第二次探亲访友发生在一年之后。前年3月，柴科夫斯基收到
了范妮·丢巴赫的来信。范妮是他童年心爱的家庭教师，他已经有
近半个世纪没有见到她了。范妮终于回到了法国，在蒙贝利亚尔定
居。现在又一次的欧洲之行让柴科夫斯基有可能短暂拜访她。"亲
爱的皮埃尔，"她在信中这样写道：

请允许我这样称呼你。否则，如果我不当你还是我亲爱的
小小学生那样称呼你，我就会觉得我好像不是在给你写信。今
天早上，我妹妹拿着你的信来到我的房间说："这有个东西会
给你带去极大的喜悦！"我承认，我已经放弃希望会再次见到
你的笔迹。当我现在的学生们坚持要我给你写信时，我曾对他
们说："我们将在天堂相见。"

因为你几乎每年都在法国，所以请你尽快赶来，这样我
就能见到你，与你谈论所有那些你我热爱过的事物。有多少是
只有你能告诉我的！我都这把年纪了，能预料到会有很多悲伤
的事情。我们会将我们的回忆和遗憾合为一体。你知道你亲爱
的父母对我有多好，而我又有多爱你们。我希望你会觉得与一
个一生都带着如此甜蜜回忆的老朋友谈论起他们来是多么的
快乐。

我多么想知道你们所有人过着怎样的生活！我经常想起尼
古拉，那个高大英俊的男孩儿，你亲爱的妹妹齐娜，伊波利特

和利迪亚。他们是否和你一样还记得他们的老朋友？

来吧，我们有很多话要说。在我们镇上不是没有人会认不出你。但如果你想要安静，那我们这里有一家老实人经营的带花园的旅馆。你会喜欢。在俄罗斯，人们很容易展现好客之情，所有的一切都引得你要去这样做。但这儿的情况并非如此。我们在自己的小房子里过着舒适简朴的生活，我们还有个花园和所需的一切。无论如何我还是要衷心感谢你想着我，可能情况也不是这样：我再次感谢你动人的来信和照片。我越是盯着它看越是能认出你。

410

你上一封来信是 1856 年，我非常珍惜它，重读过许许多多次。那时你 16 岁。你告诉了我你母亲的过世。

但你的父亲，他是否也能为你的成功感到高兴？还有你亲爱的萨申卡，她的婚姻幸福吗？告诉我你的弟弟们的情况——但最重要的是你自己的情况。请允许我在期待我们见面的同时，还希望能尽快收到你的回复。

我这信一写就停不下笔来。当你到来时，你的出现会提醒我，我不能再像和我亲爱的孩子一样和你讲话了。我将用所有那些名声所赋予你的头衔来称呼你。上帝保佑你，给你幸福。

你的老家庭教师和朋友，
范妮·丢巴赫

二人阔别重逢，见面依旧如故，柴科夫斯基对范妮几乎没怎么变感到惊讶。"我一直很担心会有眼泪，会有吵闹——但这一切都没有。"他给同样非常了解范妮的尼古拉写道：

她带着喜悦、温柔和落落大方的举止接待了我，仿佛我们只不过是一整年没见面而已。我立刻明白了为什么我们的父母和我们所有的兄弟姐妹都这么爱她。很快我们陷入了对往事无限的回忆，关于咱们的童年、关于母亲和咱们所有人的各种有趣细节。然后她给我看了咱们的练习簿，还有你和我的信——
但最有趣的是妈妈写的几封非常甜蜜的信。我无法描述我在听
这些故事、读这些信和练习簿时体会到的那种美妙、神奇的感
觉。往事的点点滴滴清晰地在我的记忆中浮现，我好像正呼吸
着我们沃特金斯克家里的空气，听着妈妈、维尼赤卡、哈米
特、阿库丽娜等人说话的声音。有时我沉浸在那段遥远的过去
太过入神，仿佛身临其境一般，以至于它变得莫名其妙地让人
惊惧，但同时又那么甜蜜——而我们俩始终都在强忍着泪水。

411   我和她从三点坐到八点，完全没有注意到时间的流逝。第
二天我一直和她在一起，只是她让我去酒店用晚饭。坦率地说
她和她姐姐的桌子太破，留我吃饭会让她难堪。我不得不和她
一起去拜访了她两位亲密的朋友和一位对我感兴趣已久的亲
戚。傍晚时分，我与范妮互相亲吻，离开时承诺日后会再来。

　　对柴科夫斯基来说，这是他人生最后几年中最动人的一次相
遇。因为这位闻名于世的作曲家和这个默默无闻的外省家庭教师各
自都能愉快地重温那逝去已久的四年间的美好回忆。然而，对她来
说，有一点令她感到失望。"没有人比我更相信你的才华。我看到
你显露出了诗人的天赋（我仍然希望看到你成为诗人）。尽管如此，
我仍然为你的成功感恩上帝。在我看来，他已经把你的奖赏赐予了
你。"他们继续通信直到生命的最后，她曾试图说服他回蒙贝利亚
尔，在那儿他可以放松，他们能再次交谈。但遗憾的是，她所希望
的会面从未成真。

29

最后的名人岁月：
《第六交响曲》

412

·

　　上一章所记录的两次高度个人的亲密相遇，恰好与另一件对柴科夫斯基具有高度个人意义的事件相呼应：购置将成为他余生基地的理想住宅。他以前的住所没有一个能令他完全满意，但在1892年5月，他在克林附近买下了一栋舒适的大房子，并在那儿安顿了下来。他似乎早就知道，并且很欣赏这座房子。锦上添花的是它还附带一个足够大的花园。柴科夫斯基没有把它留给莫杰斯特，而是留给了阿列克谢——这清楚地表明了这两个如此不同的人多年间巩固起来的私人关系。而与莫杰斯特一起，这位前仆人会把房子改建成柴科夫斯基纪念博物馆，并保留了已故主人生前房屋的原貌。

　　克林的房子甚至比以前的房子更加成为柴科夫斯基逃离职业压力和同胞们日益增长的崇拜（这个词并不夸张）的避难所。国内外的指挥巡演越来越多，而人们的起立欢呼也越来越狂热，持续时间越来越长。仅举一例：没有什么比与范妮重逢时的温柔和亲密和三周后他在敖德萨监督、排练和上演《黑桃皇后》时为期两周的访问中受到的吹捧这二者的差别更大的了。他还要指挥五场音乐会，并出席一系列为他举办的招待会和社交活动。这次轰动始于由俄罗斯音乐协会当地分会的朋友和代表组成的代表团来敖德萨火车站迎接他。迎接一直持续到他的第一次歌剧排练，其间他受到了隆重的欢迎和无限的掌声，然后在他的第一次音乐会结束时掌声达到了顶峰。在音乐会上，观众要求对几首曲目进行不止一次而是三次的加

413

演。正如一份敖德萨报纸所报道的那样：

> 音乐会结束时，全体观众从座位上站了起来，感谢的欢呼声从四面八方传来。女士们挥舞着手帕，先生们挥舞着帽子，而乐队在舞台上不停地挥舞着琴弓。但这对那些困惑的乐队成员来说似乎还远远不够。意识到站在他们中间的是位多么伟大的天才后，他们在中场休息时一个接一个地亲吻了他的手。这并不是出于热情的冲动，而是满心敬畏地刻意为之。彼得·伊利奇完全领会到了他们问候的诚意，并向演奏家们表示感谢。

在这样的访问中，柴科夫斯基已经准备好接受个人向他发出的大量请求。这样的要求会让他感到非常疲惫，但在这次访问中，有一个要求让他非常高兴：乌克兰艺术家尼古拉·库兹涅佐夫恳求作曲家允许自己为他画像。柴科夫斯基同意了，在他离开敖德萨之前，画作已经完成。事实证明，库兹涅佐夫的作品是唯一一幅柴科斯基的肖像写生。柴科夫斯基本人对这幅画很是满意，莫杰斯特证实这幅画极好地捕捉到了他哥哥"悲剧性的一面"。它现在悬挂于莫斯科的特列季亚科夫美术馆。

柴科夫斯基无疑被敖德萨居民对他如此真诚又发自肺腑的赞美深深打动，但这一切也有消极的一面——有一丝苦涩，正如他向莫杰斯特坦白的那样：

> 我从来没有像在敖德萨那样被迫让自己指挥到精疲力尽——但是，在任何时候或任何地方，我都没有像在那儿那样受到如此高的评价或赞誉。如果有一天我在我们的首都能得到像在敖德萨十分之一的待遇就好了。但这是不可能的，或者说，这是没有必要的。我需要的是重新相信自己——因为我的信心被削弱了；在我看来，我已经没用了。

　　然而让人感到惊奇的是，在写下这段话不到十二天的时间里，柴科夫斯基就将起草完成他最伟大的一个乐章之一。

　　不过，当柴科夫斯基审视他最近的作品时，也许真的有理由自我怀疑：其中最重要的一部是他在 1889 年计划创作，但在 1891 年结束美国之行回国的航程中才开始勾勒的《降 E 大调交响曲》。稍稍过了一段时间后，他粗略地为该作品制定了音乐大纲：

> 　　这部交响曲终极的本质是生命。第一乐章——全部是冲动的激情、自信、对活力的渴望。必须要短（终曲死亡——崩溃的必然结果）。第二乐章：爱情。第三乐章：失望。第四乐章声音逐渐消失直至结束（也要短）。

　　尽管如此，他在 1892 年 5 月才开始认真创作，交响曲最终于 11 月完成。然而在休息一段时间后重新再看这部作品时，他判定它"仅仅是为了作曲而作曲"，并将其丢弃[1]。但在 1893 年 7 月，他又回到了这部作品，将第一乐章改成了钢琴与乐队的单乐章音乐会作品，并在 10 月，他去世前几周，重新起草了交响曲的第二和第四乐章，为一部完整的三乐章协奏曲提供基础。然而，与第一乐章不同的是，这些乐章在柴科夫斯基去世后仍以草稿形式留存，塔涅耶夫会将它们完成并为其配器。这个完整的版本现在从不上演，但偶尔能听到柴科夫斯基完成的第一乐章。

《降 E 大调第三钢琴协奏曲》（单乐章）***

【虽然这不是柴科夫斯基最好的创作之一，但对于那些对协奏

---

1. 20 世纪 50 年代，苏联学者谢苗·波加捷列夫对假定的《降 E 大调交响曲》（他所说的"第七交响曲"）进行了重新创作和配器，创作中他借鉴了柴科夫斯基的各种素材。

曲有兴趣的读者来说，这个单乐章作品还是值得一听的。】

钢琴部分的写法暴露了这一乐章并不是以协奏曲来构思的，它缺乏柴科夫斯基特有的大胆。它有时暴露了太多框架，听起来过于明确，好像是被植入到了音乐当中而非参与了音乐的创作。该乐章的结构清晰易懂。如同柴科夫斯基之前的两首钢琴协奏曲一样，这里共有三个主题，第一个主题活泼，第二个主题比较有歌唱性，第三个主题则像充满活力的民间舞曲。展开部以钢琴和乐队的合作开始，但随后力量被分离。中间有很长一段单独的管弦乐部分（其中第二部分尤其迷人），最后以钢琴的华彩乐段结束。再现部的结构符合常规，还有意料之中的充满活力的尾声。

———————

2月9日，就在柴科夫斯基在敖德萨获得了巨大成功之际，他在给莫杰斯特的信中如此忧郁地谈到他在创作上的自我怀疑。他已经动身前往卡缅卡小住五日，然后又回到克林。事实上，他内心的创造力一直非常活跃，甚至已经开始沸腾了，而且很明显他一直在重新审视为被丢弃的《降 E 大调交响曲》所规划的音乐大纲。他的创造力如此强烈地运作着，以至于他已经在脑子里酝酿出了这部全新交响曲的大部分内容。在回到克林的第二天，他便开始把它记在谱纸上。一周后，他写信给鲍勃，汇报作品的重大进展：

工作进展得如此之迅猛，以至于我在不到四天的时间里就完全准备好了第一乐章，而其余的乐章也已经在我的脑海中被清楚地勾勒了出来。第三乐章也完成了一半。这部交响曲将有许多形式上的创新——顺便说一下，终乐章不会是嘈杂的"快板"，相反，它是一个非常悠长的慢板。你无法想象我体会到的幸福，因为我确信我的时代还没有过去，我还可以工作。当然，或许我错了——但我不这么认为。

　　柴科夫斯基坦率地承认他是按照音乐大纲进行创作的，但这个音乐大纲"对所有人都还是个谜。它完全是主观的，而且当在旅途中在脑海里创作它时，我时常会泪如雨下"。目前他不希望任何人知道他正在创作这部交响曲。

　　创作现在因访问莫斯科并在俄罗斯音乐协会音乐会上担任指挥而被打断。这是三年来他第一次指挥该协会的音乐会，因为他与音乐学院院长萨福诺夫有严重分歧（这无疑是他在给莫杰斯特的信中所提到的令他痛苦的主要原因之一）。但现在萨福诺夫寻求和解，而柴科夫斯基的音乐会也取得了符合预期的成功：乐团的欢呼，观众的热烈掌声，以及很多次的返场。3 月初回到克林，柴科夫斯基在几天内完成了新交响曲的第三乐章，但进展又被探访亲戚和更多的音乐会安排所打断。这一次，柴科夫斯基的首个目的地是圣彼得堡，在那儿他得知萨莎的鳏夫列夫娶了一个比自己小三十岁的女人。这个消息造成了家庭内部的对立，柴科夫斯基的表妹安娜·默克林尤其难过。尽管柴科夫斯基心里还惦记着创作并且身陷让人疲惫不堪的公务之中，但还是抽出时间来说明他认为列夫的行为所带来的正面影响，从而安抚安娜的情绪：

416

　　　　啊，安娜，到了我们这个年纪，我们不应该如此强调说是或不是。还记得我父亲娶利扎维塔·米哈伊洛夫娜时，我们都很生气。可那又怎样呢？这场在我们看来不合适的暮年婚姻除了无限的幸福以外，不会带来任何其他东西。在得知列夫要结婚时，我一度觉得这令人讨厌，但反思他的处境，我丝毫不再对他心怀怨恨，也不想去中伤他。

　　如果柴科夫斯基本人现阶段对这件事还感到矛盾的话，那么未来几个月婚姻的发展会让他放宽了心。

　　在莫斯科又指挥完两场音乐会后，柴科夫斯基转战到了基辅。他在俄罗斯各省的超高人气再次得到了证实——代表团来迎接他，排练时有来自乐队的音乐问候和喝彩，观众猛烈的掌声。接下来当他在歌剧院出席威尔第《弄臣》的演出时，又是一次乐队喝彩（这次是三倍）和观众的起立欢呼。在他自己的音乐会之前，有来自合唱乐队的问候，有欢迎词，有大量的花环和鲜花，有震耳欲聋的掌声，在音乐会结束时有无数的返场，最后他还坐在椅子上由当地青年们高高抬起，胜利地离开音乐厅。所有这些之后还有洋溢着祝酒词的晚宴。第二天，即 3 月 28 日，有一场为他举办的午场音乐会。但在 3 月 31 日，他回到了克林。再过五天，他就会在他全新一部交响曲的最后一页上写下："主啊，感谢您！今天全部草稿都已完成。"这项任务完成后，他把交响曲放在了一旁，8 月份再回来为它配器。就像他最近的一些作品一样，这比预期的时间要久。但是，正如他对阿纳托利所说："这不是体力不支或上了年纪造成的，而是我对自己变得无限严格，不再有以前那样的信心了。我为这部交响曲感到非常骄傲，我认为它是我最好的作品。"他知道这部作品即使是对他最坚定的支持者来说也会是个挑战，"但我绝对认为它是我所有作品中最好的，尤其是最真诚的。我爱它，就像我从未爱过我的任何其他音乐一样"。

10 月 21 日，莫斯科音乐学院的教职人员和学生对这部交响乐进行了一次私人试演。显然，一些演奏家始终对它感到困惑。在首演时，观众的反应只是礼貌性的，而评论界对这部交响曲的评价普遍低于前几部作品。然而，柴科夫斯基对此却很乐观。"并不是说人们不喜欢它，它只是造成了些困惑，"他在两天后在信中对尤尔根松说道，"就我自己而言，我对它比对我的任何其他作品都感到自豪。"这部作品曾被简单地命名为《B 小调第六交响曲》，而莫杰斯特声称最终的标题还得归功于他。演出结束后，兄弟俩曾就交响曲的名字进行过讨论，但没有结果。"我和彼得·伊利奇离开房间时仍然没有确定下来，"莫杰斯特回忆说，"然后突然间我想到了《悲怆》这个标题。我走回去，站在门口念出了这个词。现在回想起来仿佛这一切就发生在昨天。'太棒了，莫杰斯特，好极了，《悲怆》！'——他当着我的面在乐谱上写下了这个一直沿用至今的名字。"

《B 小调第六交响曲 "悲怆"》*****

【在本书早些时候我曾指出，对我来说，柴科夫斯基创作了三部至高无上的杰作。我已经确认了其中的两部：歌剧《叶甫盖尼·奥涅金》和芭蕾舞剧《睡美人》。而第三部，就是《B 小调交响曲》，即他的《第六交响曲 "悲怆"》。这部作品的原创性和力量是惊人的，它也是柴科夫斯基最一致和最完美的作品之一。也难怪它最早的一批听众中有些人显然对它感到困惑，因为它所呈现的整体体验是独一无二的，而且有些段落仍然能够带来一定的挑战。但整部作品都势不可挡。】

当一个人正享受着像柴科夫斯基现在通常所受到的强烈又真诚的公众崇拜时，他竟然创作出了他最悲剧性的、最后也是最悲观的作品，这一定显得很奇怪。但柴科夫斯基不会觉得这有什么奇怪的，正如他自己多年前对他的秘密赞助人坦言："在快乐的心境下，我也可以创作出充满最阴郁和最绝望感情的作品。"我们也不应忘记，在他两年前从美国旅行回国的途中，就已经播种下了《悲怆》的种子，尽管当时他的创造力显然还没有准备好构思和完成这部特别的作品。也许具有特殊意义的是，在美国之旅之前，我们已经能够在后来部分成为未完成的《第三钢琴协奏曲》的《降 E 大调交响曲》中，听到创造力明显衰退的感觉。整个过程中是否有更伟大的东西正在他的创作才能中萌发，这个构思是如此新颖以至于不能急于求成，而一旦最终成型便势不可挡？《第六交响曲》，这部音乐所能给予我们的最接近完美的杰作，其问世速度和创作者对它的把握本身无疑就极为惊人。而它的结果不仅是柴科夫斯基的终极杰作，更是贝多芬去世以后被创作出的几部最伟大的交响曲之一。

　　然而，没有哪部交响曲的开场是如此不突兀、不张扬。它在阴森幽暗中悄然开始（事实上，这个非常缓慢的引子是柴科夫斯基在该乐章其他部分都完成后添加上去的）。但是，随着进入到"不太过分的快板"的展开部，巴松管疲惫的四音音型经弦乐转化为主部主题，音乐积蓄着力量，我们进入了一个明亮的，甚至气韵活泼的世界。或许在之前的交响曲中，确实没有哪部能像此处这样发生如此迅速又彻底的情绪转变。音乐似乎在自信中获得了更多力量，到达高潮，然后开始消退，最后减少到一条单一的小提琴旋律线，它慢慢升到高空，越来越远，直至消失。一片寂静后弦乐旋律线重新开始，但沿着相同的路向下走。柴科夫斯基现在会继续向副部主题进发吗？不——因为这就是——这本身就是副部主题，它以缓慢又凄切的主题铺张开来，似乎两次试图让自己从蔓延的疲倦中打起精神，但它命中注定（我故意用这个词）两次都徒劳无益，继续颓然沉沦。

　　这一乐章已经显示出它与柴科夫斯基早前交响乐的第一乐章有多大的不同。然而，就像他之前的大多数奏鸣曲呈示部一样，这里共有三个主题。第三主题（即副部主题的第二部分）在更加活泼的乐句中以长笛和巴松之间的对话开始，对话持续了一段时间后，让位给了重新归来的凄切主题。这个主题现在更响亮、更有力，但似乎仍无法摆脱其忧郁的情绪，随后一个漫长的逐渐消失的尾声引出了单簧管对同一旋律更缓慢、更安静的重述。主部主题结束时消失得无影无踪，现在副部主题也是如此。但它把越来越安静的下沉在时间上拉得更长了，渐渐变成"极极极极弱"（*ppppp*），这是柴科夫斯基所规定的最极端的力度指示，并要求保持住最后一个长音。呈示部——甚至看起来整个乐章本身——都已经渐渐消失，慢慢耗尽。当然，事实并非如此，尽管柴科夫斯基在实际演奏时间上已经达到了该乐章的一半，但展开部、再现部和终乐章都还在后面。

　　副部主题的延长和呈示部漫长的逐渐消失的尾声都经过了深思

熟虑的设计。因为我们刚刚听到的内容和接下来的内容之间的对比
会是柴科夫斯基所有音乐中最残暴的，而且这种紧迫性将展开部、
再现部和终乐章压缩，但分量上不会失衡，以平衡我们已经听到的
音乐长度。显然，要想实现这种压缩就必须改变策略，没有什么比
开启展开部的那个和弦更能清楚地让我们警惕（我故意使用这个
词）这种近乎残酷的转变了（我曾看到没有准备的观众在这儿被吓
了一大跳）。情绪的转变是如此的猛烈和持续，用"炙热"一词来
形容紧接下来的内容似乎再合适不过。主部主题现在不再像在呈示
部时那样害羞，而是猛烈且专横，奠定了新的气氛。在这一乐章早
些时候，大段的下行音阶显然暗示了"命运"的出席。现在，小号
上一个尖锐的下行音阶明确地表明了这股不可抗拒的力量的存在和
能量。柴科夫斯基立即给出的回答个人且明确：混乱减弱，长号和
低音号奏出东正教安魂曲传统圣歌"基督啊，与你的圣徒一起，给
你仆人的灵魂以安宁"。如果对这首交响曲是"关于什么的"还有
任何疑虑的话，这肯定会让疑虑就此消除。然而，喘息是短暂的。
音乐在力度变化上再次增强，但这一次不再那么剧烈，然后平息下
来，为迎接再现部做好准备。

　　柴科夫斯基现在要开始构建他所创作过的最有力量的高潮。为
了加强其效果，他首先引入了一个相对宁静的时刻，然后朝着对主
部主题的激烈再现进发。但这只是一个远比这更加宏大的计划的第
一阶段。柴科夫斯基在这个主题上停留了好一会儿，这让戏剧性更
加强烈突出，直到这个主题被小号和低音铜管上的下行"命运"音
阶毫不客气地扫到一边。该乐章极具破坏性的高潮近在耳边：从低
声部开始，音乐几乎是疲惫地用尽力气把自己举起，一个巨大且缓
慢的音阶在恢宏的铜管中间下行穿过两个八度。最后，所有的低音
木管和铜管再次逐渐增高音量冲向一个"极极极强"（**ffff**）和弦，
接下来一个"极强"（**ff**）和弦又迅速跌落到"极弱"（**pp**）——最
终一切化为乌有。我不确定在所有的音乐中是否还有比这更具说服
力的寂静。

420

　　20世纪初杰出的音乐作家唐纳德·托维爵士将这一乐段描述为"无疑是柴科夫斯基艺术创作生涯及其作品的巅峰"。我对此毫无异议，它确实令人心生敬畏。主部主题的再现部已经开始，休止过后进入了凄切的副部主题。至于第三主题，这里根本就容不下它表面听上去相对轻松的那一面。而正是在这种听天由命的无奈氛围下，交响曲开篇的乐思被转化成为一个庄严、谨慎的主题，在其之下，"命运"在弦乐拨奏上高视阔步。

　　当然，我们不可能知道柴科夫斯基在完成这个巨大的乐章后脑子里在想些什么。但即使是他，也一定意识到了创作对比强烈又不失轻巧的作品所带来的挑战。《第五交响曲》中伟大的慢乐章是柴科夫斯基最沉重的乐章之一，满载人类情感，但它并非是悲剧性的，而紧随其后的明确而优雅的《华尔兹》效果又极好。但在这里，这般轻松的音乐是不可想象的。然而在某种程度上柴科夫斯基的解决方案依然是一首"华尔兹"，但这次却大不相同。你很难跟随这首华尔兹起舞，因为它实际上并不是华尔兹。它不是一小节三拍，而是五拍，感觉像2+3。它或许可以被描述为"跛行华尔兹"，无论如何这种节拍的变化足以降低它的流畅性。然而，仅靠这一"减损"是远远不够的。柴科夫斯基第二乐章的曲式本质上是柴科夫斯基的偶像莫扎特在其交响曲中创作的古典小步舞曲和三声中段——也就是说，相同的侧翼和中央的三声中段，这两个部分都采用了二部曲式。但是，莫扎特的三声中段通常比完全相同的两个侧翼更加悠闲，而柴科夫斯基的三声中段却有着一种悲情。这种悲情是由每个第三拍上的和弦中持续的不协和音，以及在整个乐段下方振动着的不依不饶的定音鼓／低音提琴所带来的。然而，这个乐章确实有一个非莫扎特式的特点——不加停顿直接进入尾声，它融入了来自三声中段的一些回音，这些回音在最后几小节与该乐章第一主题的第一小节交替出现。

　　第三乐章更是惊喜。我们本以为它会是一个慢板，但实际却恰恰相反——一个从始至终都非常欢腾，"非常活泼的快板"（Allegro molto vivace）。这是音乐创新和持久能量的力作，但它的结尾却比在这样一个轻松的开头之后所能预料到的更有预示性，甚至是批评性。由于其风格上不间断的一致性以及缺乏可供识别的"标点"，我没有办法为我的读者辨认出构成曲式的每个独立部分，但我不确定这种做法在这儿是否真的会有帮助。这个乐章的重点并不是结构上的统一（尽管它和柴科夫斯基任何一个乐章那样构思精细），而在于它始于一种活泼的无穷动机（moto perpetuo），试图投射出一种无忧无虑的状态。但经历了整个过程后，在临近尾声时，它无比猛烈的情感证实了这种搜寻只是徒劳。事实真相在下一乐章的开头以毁灭性的方式被宣告，这并不是一个传统的精神饱满的终乐章，而是充满了极度痛苦的悲剧性表达——第一乐章的情绪不安地回归，但这次的结尾没有暗示听天由命，只是被彻底遗忘。

让我们更仔细地听一下这个了不起的终乐章。但在我们开始之前，我想提醒一句。这不仅是我在本书中，也是在任何地方所研究的最后一部作品，因为这肯定会是我的最后一本著作了。音乐写作提出了许多挑战，也带来了许多问题。有人会说，你根本无法用语言来定义音乐的实质内容，任何关于一首音乐"是什么"的描述都只是一种假想，一种主观嗜好。它可能会告诉读者很多关于作者的所思所想，但对音乐本身却说明不了什么：充其量可以允许它作为一种善意的误导而存在。作为一个在过去五十多年里一直试图通过隐喻（也就是我用我的那些形容词和描述性短语所在做的事情）帮助我的听众／读者理解音乐体验的人，我至少可以为自己辩解说我的本意是好的。如果通过此举，我至少时不时地说过或写过一些哪怕只是帮助一部分读者更清楚地理解一位真正的天才在复杂的声音中体现出的那种深刻而宝贵的体验，那么我也没什么好感到抱歉的。

那么就让我在这个有着惊人原创性的伟大终乐章中（像有些人所说）出出风头吧。终乐章共有两个主要的主题元素。第一个以一个简短的、继而重复的、充满痛苦的乐句为起点，然后毫不留情地

422

开始了一个越来越持续、越来越响亮且充满了不和谐音的乐段，它最终会沉入寂静。这个乐章开头有反复，但这次却没有渐强。因为整个乐段由巴松管所支撑，它们从高音开始，起初非常缓慢，随后节奏越来越快，描画出一条最终独占了整个部分的逆向级进的线条。它将音乐不断往下拉，直到音乐再次消逝在深渊中。在我看来所有这些都是悲伤、震惊和绝望发挥着作用。又是一阵寂静（在音乐体验中，那些听不到任何声音的时刻是多么重要），但现在乐章第二主题进入了，这次是一个持续且非常广阔的主题。如果说第一段音乐更多体现了对逆境的外在反应，那么这段音乐无疑反映了对逆境内在的（和更深刻的？）恐惧。这段音乐听上去似乎非常从容、克制，不再表现出震惊初袭时的阵阵剧痛，取而代之的是萦绕心头、挥之不去的痛楚，这种痛被困在（像第一乐章第二弦乐主题那样）在同一乐句上反复思忖的音乐当中，随内心愈发紧张而逐渐上升，而又跌落下来——但又再次攀升，这次在更高的声部上更加有力地重新开始。然后，它仿佛终于失去了自我控制，几乎是抽搐着倒下，陷入突然的寂静，接着是一系列简练的、分开的乐句。它们将这个乐章带回到了开篇时震惊和绝望的音乐（我认为我这句话和我评论的整个乐段一样长）。这就是我耳中整个乐章的前半部分听上去的样子。如果我的读者认为我到目前为止的推断是合理的，我想让他或她自己去做进一步的推断。我们存在分歧又有什么关系呢？真正重要的是我们每个人在聆听音乐时的个体体验。我们需要通过音乐大纲（甚至是柴科夫斯基的音乐大纲）来从音乐上享受这部作品吗？我认为不需要。只有忠实地为既定场景谱写的功能性音乐（例如大多数电影音乐）才需要这样的信息。柴科夫斯基在创作《悲怆》时无疑受到了他自己的音乐大纲的影响，但由此创作出的交响曲仍能对毫不知情的听众产生巨大的影响。因为无论当下受到了什么音乐之外的提示，柴科夫斯基首先还是为了达到一种令人震撼但又连贯的聆听体验去创作。

　　最后让我提醒大家注意靠近交响曲结尾处的一个小细节。最后几个小节建立在我所说的表现内心恐惧的音乐之上，尽管现在没有出现激动不安的元素，只有节制的下行，最后消逝在完全的寂静之中（不过，我想哲学家可能会质疑这首交响曲是否即使现在仍在继续——只是我们听不到罢了）。但就在这部分刚刚开始之前，有四个非常安静和独立的和弦引向了一个和弦，而结尾正是从这个和弦开始快速消逝。这些和弦所创造的结构是西方古典音乐的陈词滥调之一，被使用过数百万次，特别是被 18 和 19 世纪的作曲家用以确立整首作品，或许还有该作品中的分段甚至单一乐句的收束。当我们在这样的音乐语境中听到它们时，我们几乎（一点儿也）没有注意到它们，当然也没有听到它们的特殊意义。但在这里，在这个伟大的终乐章的紧张和动荡之后，它们所带来的临终迹象几乎令人不寒而栗。悲剧发生了，悲痛尚存，但故事本身已经讲完，一切都在遗忘中结束。

　　我该如何给我对柴科夫斯基音乐的最后一次研究收尾呢？我希望大家可以原谅我在这个时刻重复我自己在四卷本《柴科夫斯基生平与作品》中的话：

　　　　柴科夫斯基最伟大的器乐作品就这样结束了，这无疑是自贝多芬《第九交响曲》以来最具真正原创性的交响曲。在《第五交响曲》中，柴科夫斯基力图证明他可以遵守西方交响乐传统，但又完全忠于自己。但在《第六交响曲》中，他没有做出任何妥协，其方法、形式、精神特质与塑造其结构的音乐发明和表达体验一样，都属于他个人。如果他还活着，无法想象在此基础之上他还能在创作上走多远。只是，再也不会知道答案。指挥完首演不到九天，他就离开了人世。

424

30

剑桥荣誉：
最终的谜

在柴科夫斯基生命中的最后几个月里，他大体的生活模式一如既往地进行着。但有一件事极为突出，而且对英国读者来说尤为有意义。柴科夫斯基已经从欧洲其他城市和国家———布拉格、法国和荷兰的学术团体获得了崇高荣誉。现在到了 6 月，他将获得剑桥大学的荣誉学位。当时正值剑桥大学音乐协会（俗称"CUMS"）成立 50 周年之际，有人提议可将荣誉学位授予一些知名作曲家。勃拉姆斯和威尔第是最初的两个人选，但二人都不准备出席仪式，于是很快就召集了一批极为出众的学位备选人：其中不仅有柴科夫斯基，还有格里格、圣-桑、布鲁赫和博伊托（也是一位作曲家，但最有名的还是他为威尔第的最后两部歌剧《奥赛罗》和《法斯塔夫》撰写的歌剧脚本）。柴科夫斯基立即决定这可能是为伦敦爱乐协会指挥另一场被安排在 6 月 1 日的音乐会的好时机。他提前两天到达伦敦，直到最后一刻还在考虑要不要退出，但最后还是又一次下榻莱德街的迪厄多内酒店。他的心情仍然很糟糕，因种种原因痛骂伦敦，尤其是这里没有小便器。他将与圣-桑共享这场音乐会，这对柴科夫斯基来说并不是一次容易的搭配。圣-桑在英国已经非常受欢迎，他还将在自己的《第二钢琴协奏曲》中担任独奏，而柴科夫斯基的《第四交响曲》在伦敦却无人知晓，这完全无法保证它是否会成功。在第一次排练前，柴科夫斯基被介绍给了苏格兰作曲家亚历山大·麦肯齐，后者将指挥节目中的其他作品，看上去他在

排练中对柴科夫斯基特别照顾。在第二次排练后麦肯齐还带他回到 426
自己家里休息。两次排练都相当紧张，尽管（据当时在场的年轻的
亨利·伍德回忆[1]）柴科夫斯基最后通过高呼"伏特加——更多的伏
特加！"而从他的演奏中激发出了他所需的精神。

他大可不必担心。"音乐会非常顺利，"他在给鲍勃的信中写
道，"也就是说，我享受到了真正的成功，以至于在我之后出场的
圣桑多少遭受了些影响。"的确，音乐厅内座无虚席，观众对交响
曲的四个乐章都报以热烈的掌声，最后还为他起立欢呼。观众中还
有年轻的萧伯纳，此时他还在从事音乐评论工作。他对两位指挥家
执棒下的高水准演奏给予了评价。

距离剑桥的活动还有十一天，一连串的社交活动填补了这一空
白。第二天，两位作曲家被邀请到威斯敏斯特的圣斯蒂芬俱乐部享
用晚餐，活动在晚上 11 点 30 分结束，之后麦肯齐和柴科夫斯基在
伦敦的街道上闲逛，讨论音乐问题，直到凌晨一点。在接下来的日
子里，将有一系列的约会。我们很容易猜到柴科夫斯基本人对这种
持续的公众关注有什么看法，但毫无疑问他成功地忍受了这一切，
受到了许多与他有过接触的人的欢迎和喜爱。招待柴科夫斯基的是
弗朗切斯科·贝格尔，爱乐协会的秘书，同时也是五年前柴科夫斯
基初访英国时的主要负责人。柴科夫斯基坚持认为这次活动应该是
非正式的（没有聚会，没有晚礼服）和亲密的。"因此，我们只有
四个人，"贝格尔记录道，"他用法语和德语交谈，轻松又不失精
彩，所说的每一句话都明显体现出了他特有的谦虚、温和的精神。"
但是，十八年前在俄罗斯第一次遇到柴科夫斯基的歌唱家、作曲家
和指挥家乔治·亨舍尔却看到了他另外一面——

　　他甚至比我上次见到他时更倾向于时不时地闪露出忧郁的

---

1. Sir Henry Wood（1869—1944），英格兰指挥家，第一场逍遥音乐会的指挥。他指挥了逍
　遥音乐会近半个世纪，并将其演奏曲目大大扩充，音乐会在他死后改名为"亨利·伍
　德逍遥音乐会"。——译者注

神色。没错，有一天下午，在谈到彼得堡【圣彼得堡】和莫斯科的旧时光，以及那里的许多朋友都已离开人世的时候，他突然变得非常沮丧，不知道在这个世界上生活和奋斗究竟是为了什么，并表达了自己随时准备离开这个世界。

427　　　然而，亨舍尔九岁的女儿海伦[1]发现了他非常不同的一面：

> 作为一个小孩子，我自然看不出他的忧郁，但他的温柔和善良却显而易见。我生命中的一出小悲剧是在他离开伦敦时给我写了一封长信，可风却把它从桌子上吹到了废纸篓里，女佣用它给我生了火。

至于麦肯齐，尽管只是在这次访问中见到过柴科夫斯基，但他似乎很好地总结了许多人对他的感受："他自然流露出的谦逊、和蔼可亲的态度，以及对任何琐碎的服务的真诚感激，都构成了这个可爱的人给人们留下的良好印象。"

将在剑桥举行的一场音乐会上，被授予学位的音乐家将各自指挥自己的一部作品。柴科夫斯基选择了《里米尼的弗兰切斯卡》，并于 6 月 9 日在伦敦的皇家音乐学院进行了第一次排练。当晚，剑桥大学的音乐教授，查尔斯·维利尔斯·斯坦福，在为 CUMS 服务了二十一年后从会长职位退休。他举办了一场晚会，其中包括由业余合唱团喜鹊游吟歌手表演的英国牧歌和主调合唱曲。

在离开伦敦的前两天，柴科夫斯基为莫杰斯特总结了他对过去一周的感受以及他在剑桥将要面临的问题：

> 真是魔鬼般的生活！没有一分钟是快乐的——只有永无止

---

1. 一些年长的读者可能还记得，20 世纪 40 年代，当五点钟的《儿童时光》还是 BBC 工作日广播节目时，海伦·亨舍尔每周一都有一档固定的《谈论音乐》。

境的焦虑、忧郁、恐惧、疲劳、厌恶，等等。但现在终于要看到头了。另一方面，平心而论我必须说这里有很多好人，他们向我表示了各种各样的善意。所有准博士都到齐了，除了格里格，他生病了。在他们当中，除了圣-桑之外，我觉得博伊托也是个富有同情心的人。这弥补了布鲁赫这个令人厌恶、傲慢的家伙的性格。后天早上，我将前往剑桥，我不会住在酒店，而是住在安排给我的梅特兰博士【多尼法学教授，也是个狂热的音乐爱好者】的公寓里，我收到了他最友好的邀请信。我总共将在那里度过一个晚上。在我到达的当天会有一场音乐会和一场宴会，仪式在第二天举行。四小时后一切就都结束了。

428

　　在剑桥市政厅的音乐会上，柴科夫斯基指挥的《里米尼的弗兰切斯卡》在观众中间获得了巨大成功。之后，圣-桑对这首作品和柴科夫斯基本人都给予了慷慨的评价：

> 柴科夫斯基的《里米尼的弗兰切斯卡》充满了困难。作品既不缺少辛辣的味道，也不缺少火花，对暴力毫不畏惧。在这部作品中，这位最温和、最善良的人释放出了一场可怕的风暴，对他的演奏家和听众的无情不亚于撒旦对被诅咒者的残忍。但作曲家的才华和高超的技巧让人们乐于享受这般诅咒和折磨。

　　随后是对圣三一学院的短暂访问，然后是在国王学院举行的CUMS晚宴。柴科夫斯基发现自己坐在从美国来英国度假的瓦尔特·达姆罗什的身边。接下来是在菲茨威廉博物馆的座谈会，会上CUMS向退休的斯坦福做了汇报。第二天中午将举行学位聚会。
　　柴科夫斯基为纳普拉夫尼克的儿子弗拉基米尔简述了这一场合：

> 11点30分我们在指定地点集合。我们穿上博士袍，包括

一件内里是深红色天鹅绒的白色（真丝）长袍，以及一顶黑色天鹅绒贝雷帽。四位法学博士和我们一起被授予学位，其中一位是印度统治者（拉贾），他的头巾上镶嵌着价值几百万卢布的宝石，另一位是陆军元帅。所有的教授和博士都身着和我们一样、但颜色不同的长袍，我们在同一个大厅里集合。中午时分，游行队伍步行出发了。我走在博伊托身边，跟在圣-桑身后。在众人的注视下，我们穿过一个大院子，来到大学的理事会大厦，那里已经挤满了人。我们每个人都坐在高台上指定的位置，校方演说代表（这就是他们对专门负责在这些仪式上发表演讲的先生的称呼）走进来，用拉丁语依次就我们每个人发表了讲话，这是对我们为科学和艺术所做贡献的颂词。在演讲过程中，被颂扬的人一动不动地站在前面。在这个过程中，根据中世纪的传统，台下的学生们吹口哨、叫喊、唱歌、号哭，而对于这一切，你必须不予理会。演讲结束后，演说家牵着博士的手和他一起围成一个半圆，一起走向坐在特殊位置上的校长。校长牵着博士的手，用拉丁语说："以圣父、圣子和圣灵的名义，我宣布你为博士。"双方紧紧握手，之后你被领回到你的位置上。当这一切结束后，队伍以同样的顺序回到第一个大厅。半小时后，每个人都穿回自己的衣服，出发去用正式午餐。在午餐结束后，有一个古老的爱杯在宾客间传递。之后在校长妻子家中有一个招待会，然后这一切就结束了。

柴科夫斯基承认，新的音乐博士们因其他的博士而黯然失色。"陆军元帅"是坎大哈的罗伯茨勋爵（后来的伯爵），目前是印度的司令官，他受到了热烈的欢迎，并受到了《他是一个快乐的好小伙》的待遇[1]。在拉贾的授位仪式上，涉及基督教相关的出处被谨慎

---

1. For he's a jolly good fellow: 这首歌常常用于生日、退休、升迁、孩子出生、运动比赛获奖等种种庆祝场合。——译者注

地省略了。《帕尔马尔日报》[1]在评论这一重大场合时指出，学生们的表演表现出的"活力多于音乐能力"，并观察到了作曲家们的反应：圣-桑双手交叉，柴科夫斯基"陷入了不可言喻的沉思"。在后者的演讲中，有个风趣的人喊道"好家伙，沙克莫夫斯基！"引来了阵阵笑声[2]。

在校长的午宴和他妻子的花园聚会之后，柴科夫斯基启程前往伦敦，他将在迪厄多内餐厅回报伦敦朋友们的盛情。第二天他到了巴黎。尽管先前对英国之行的磨难有种种失望和抱怨，但他发现大多数的回忆还是让人愉悦的。他非常享受剑桥这段插曲。他在梅特兰家的小住"若不是他们夫妇，肯定会极为不舒适，尤其是多亏了他的妻子，那个我所见过的最有魅力和同情心的人之一——而且是个亲俄派，这在英国非常罕见"。他给科利亚·康拉迪写道，"现在一切都结束了，我觉得回忆起我在英国的成功和我在各处受到的超乎寻常的热情是非常开心的。"由于没有特别着急返回家乡，到了6月底他才终于回到了俄罗斯。

我们可以略过接下来三个月的具体事件。接下来的三个月里，他要处理的都是通常的事务：指挥音乐会，安排下个乐季的音乐会，去看望他现在更加分散的家人（有时帮助缓解家庭问题和紧张关系），以及拜访（和招待来访的）朋友们。遗憾的是，后者中有几个人最近去世了，还有一些人处于临终状态。希洛夫斯基兄弟在一个月内相继离开了人世。曾为《奥涅金》撰写歌剧脚本的康斯坦丁在柴科夫斯基还在剑桥时去世了，而曾经与柴科夫斯基关系亲密的弗拉基米尔则在作曲家返回俄罗斯后的几天内也去世了。尽管早在2月就听说他的朋友身患绝症，柴科夫斯基还特意去看望他并陪在他身边。更令人痛心的是他在音乐学院的老同事康斯坦丁·阿尔布雷希特的去世，多年以来他已经成为一位亲密的朋友：柴科夫斯

430

---

1. Pall Mall Gazette：伦敦一街名，以俱乐部聚集而闻名。——译者注
2. 原文为 Shakemeoffski，此人巧妙且风趣地表达了柴科夫斯基看起来很想摆脱这让人厌烦的表演。——译者注

基以他一贯的行事风格迅速指示尤尔根松从柴科夫斯基自己的存款中为他老朋友的遗孀提供她可能需要的一切。然后在 9 月初，在他前往汉堡参加《约兰达》的复演并就《黑桃皇后》的制作进行磋商的前夕，他得知老同学阿列克谢·阿普赫金的死讯。"在我写这封信的时候，他们正在宣读阿普赫金的葬礼仪式！！！"他在信中对鲍勃说，"虽然他的过世并不出乎意料，但这仍然是可怕和痛苦的。他曾经是我最亲密的朋友。"

柴科夫斯基对他在克林的新家的反应则完全不同。在他 6 月离开家期间，阿列克谢为改善宅子做了很多工作，他安装了一个新的水柜，修理了围栏和大门，打理和照料了花园。柴科夫斯基对阿列克谢十五个月大的儿子也同样喜爱，承认自己不加羞耻地溺爱着他。另外的快乐是对第三位英国小说家乔治·艾略特，进行了全面的探索。他陶醉于《佛罗斯河畔上的磨坊》《织工马南传》《亚当·伯德》《米德马尔契》和《教区生活场景》，甚至认真考虑将最后一部小说中的"阿莫斯·巴顿牧师的悲惨命运"一章作为可能的歌剧主题。然而，还有比这更迫切的创作要求，7 月，他把《降 E 大调交响曲》的第一乐章改写成为《第三钢琴协奏曲》，还校对了一套钢琴曲和歌曲的样稿。[1] 8 月份的主要音乐任务是为《第六交响曲》配器，9 月 12 日从汉堡的短暂访问归来后（从现在开始准确的日期变得非常重要，因为叙述将变得更加详细），他与莫杰斯特讨论了以乔治·艾略特的作品为主题创作歌剧的可能性，并计划完整修订他早期的歌剧《禁卫兵》和《奥尔良少女》。9 月 19 日，

431

---

1. 正如我在序言中指出的那样，我非常遗憾地决定本书没有足够的篇幅来讨论柴科夫斯基的歌曲或钢琴小品。然而，对于那些专门研究歌曲的读者，我推荐最后这套作品，即根据丹尼尔·拉特豪斯的诗歌创作的《六首浪漫曲》，作品 73 号，最后一首尤其是短小精悍的杰作，对我来说格外动人。另外（或作为以上作品的代替）——因为这些歌曲具有法语文本的优势——读者可以了解一下《六首浪漫曲》，作品 65 号（"阿尔图"之歌）。至于那些想研究篇幅较短的钢琴小品的读者，我可以推荐最后一套作品，即《十八首小品》，作品 72 号——这是一套丰富多变，有时甚至是令人惊讶的作品集。俄罗斯钢琴家、指挥家米哈伊尔·普列特涅夫对这些作品的诠释令人惊叹。

他在莫斯科停留了两天，然后到下诺夫哥罗德附近的米哈伊洛夫斯科耶看望阿纳托利。他对弟弟的新家和他良好的精神状态感到高兴，并于 9 月 29 日回到莫斯科，只因莫杰斯特的新剧《偏见》要在马利剧院首演。第二天，他拜访了塔涅耶夫，去听 20 岁的拉赫玛尼诺夫新创作的一些钢琴作品。他在年初时听到了他"令人愉快的"歌剧《阿列科》的首演，很快就认识到了他的不凡天赋。（拉赫玛尼诺夫最著名的钢琴作品《升 C 小调前奏曲》会在歌剧上演后的几个月内问世。）柴科夫斯基决定在莫斯科多住十天，因为在克林，阿列克谢的妻子即将生下第二个孩子，而他希望等到孩子出生后再回去。回到家后，他为《第三钢琴协奏曲》配器，并于 10 月 15 日完成。大提琴家阿纳托利·布兰杜科夫来到圣彼得堡，准备在柴科夫斯基的指挥下演奏圣桑的协奏曲。二人于 19 日前往莫斯科参加音乐学院的音乐会，以及柴科夫斯基全新的《第六交响曲》的预演。10 月 21 日，柴科夫斯基踏上了他最后一次旅程，连夜赶往圣彼得堡。一周后，他指挥了《悲怆交响曲》的首演。再过一周，他死了。

　　长期以来，柴科夫斯基是如何突然、意外而神秘死亡的问题引发着有时充满了恶意的争论。唯一的"官方"说法是，柴科夫斯基为了防止他所陷入的一段尤为敏感的同性恋关系被公众所知，选择了自杀。让我在这里明确指出：没有证据表明柴科夫斯基是非正常死亡，除了他因喝了未煮沸的水而染上霍乱。然而往往由一个以上的目击者转述的许多线索似乎清楚地表明确实发生了些什么，而由于这些都无法被证明，进而试图争辩这些都不可能真的发生过是根本行不通的。最重要的线索始于 11 月 1 日在圣彼得堡莱纳餐厅的一顿饭，由当时也参加了聚会的柴科夫斯基的外甥，尤里·达维多夫（鲍勃的弟弟）开场。抵达餐厅后，柴科夫斯基曾要求喝杯水。当服务员说他们不能提供水，因为他们没有将水煮沸以杀死霍乱细菌时，柴科夫斯基不顾其他人的抗议，回答说他要喝冷的，然而是未烧开的水。莫杰斯特进门时，服务员正取来了水。莫杰斯特立即禁止他的哥哥接过杯子。但是，正如尤里记录的那样：

> 彼得·伊利奇大笑着跳着向前迎接服务员，而莫杰斯特·伊利奇则追了上去。但彼得·伊利奇摆脱了他，用胳膊肘把他的弟弟推到一边，成功地一口气喝下了那杯致命的水。莫杰斯特·伊利奇愤怒地责备了他，然后大家欢笑着开始用餐。

顺便说一句，在场的这群人中还有格拉祖诺夫。他没有留下关于这顿饭的个人记录，但他一定看到了当场发生的以及随后发生的事情，而且他后来至少对两个与此事件毫不相干的人说过所发生的事，即柴科夫斯基的死是自杀。

第二天早上，住在莫杰斯特公寓里的柴科夫斯基已经出现了症状。莫杰斯特留下了一份非常详细的记录，讲述了从这时起直到他哥哥五天后去世之间的情况。它的细节有时让人读起来非常难受，但莫杰斯特显然决心要用非常精确的数据将叙述填满，让它更具有说服力。问题是，为柴科夫斯基看病的名医列夫·别尔滕森也写了一份关于作曲家病程的详细报告，而这两份报告根本不一致——不仅是在细节上。因为当别尔滕森在柴科夫斯基死后将其编录出版时，一些读者肯定会立刻明白，根据这份报告，柴科夫斯基是在 11 月 5 日，而不是在 6 日去世的。莫杰斯特的说法在五天后出现，并"复原"了缺失的那一天——当然，这只会让争论更加激烈。两个人都密切观察了这个垂死之人。那么，这种不一致的情况是如何产生的呢？谁的话才是真的？

事实上，很难相信这位医生会刊登与事实不符的信息——但为什么要写得这么详细？我可以得出的唯一结论是，别尔腾森担心莫杰斯特在出版时可能会对事件进行篡改。为了保护自己的职业操守，他决心用详细的叙述来防止这种情况发生，以排除莫杰斯特操纵事实的可能。如果是这样的话，那么莫杰斯特的叙述中就有一整天都是凭空捏造的，且包含了其他不一致的地方。但还有一个奇怪的说法。尽管莫杰斯特叙述了当晚在莱纳餐厅的用餐情况，但他并没有提到有一杯水，而是声称柴科夫斯基是在第二天午餐时在他公寓里喝下的那杯夺命之水。这真是离奇，不仅因为这种有着潜在致命危险的饮品竟然就在手边，随时都能喝到，还因为霍乱的症状在四个小时后就出现了，而正常的潜伏期是十二到二十八小时。此外，在柴科夫斯基患病期间，公寓外门上张贴了公告，而莫杰斯特的记录有时与这些现行报告相互矛盾。此外，有规定要求霍乱患者的遗体在死后应立即被移入密封的棺材中，但柴科夫斯基的遗体却一直在莫杰斯特的公寓中供人瞻仰，人们还围绕着遗体举行了安魂仪式。正如来访者之一的里姆斯基-科萨科夫在其回忆录中指出的那样："多么奇怪啊，虽然他是死于霍乱，但人们可以自由地来参加安魂弥撒。我记得维日比洛维奇在一次纵饮后喝得酩酊大醉，还亲吻了遗体的脸和头。"这些也不是莫杰斯特记录中唯一的矛盾和奇怪之处。

对于这些问题及其他问题，人们有过广泛、经常是激烈的争论，唯一可能的结论是，我们不太可能确切地知道到底发生了什么，或者——甚至更重要的——为什么会发生。但在 1979 年，有个故事在西方浮出了水面，或许能为破解这个谜团提供线索。亚历山大·沃伊托夫在第一次世界大战前曾是皇家法律学院的学生，他积累了大量关于该校一些老同学的信息。俄罗斯学者亚历山德拉·奥尔洛娃在见到沃伊托夫时，根据沃伊托夫的口述写下了以下故事：

434

　　　与柴科夫斯基同时在法学院完成学业的学生中出现了雅可比的名字。我在学校的时候，所有的假期都是在沙尔斯科耶塞洛与尼古拉·鲍里索维奇·雅可比的家人一起度过的。他在 19 世纪 90 年代曾是参议院的高级检察官，1902 年去世。雅科比的遗孀伊丽莎白·卡尔洛夫娜与我的父母有亲缘关系，同时也相交甚好。她非常喜欢我，也热情地欢迎我的到来。1913

年，当我在学校的倒数第二年时，人们广泛纪念柴科夫斯基逝世二十周年。就在那时，显然是在奔涌而出的回忆的影响下，雅可比夫人非常秘密地告诉了我这个故事，并坦白这个故事长期以来一直折磨着她。她说，她决定向我透露这个故事是因为她年事已高，觉得自己没有权利把这样一个重要而可怕的秘密带进坟墓。她说："你对学院的历史和学生的命运感兴趣，因此你应该知道全部真相，更何况这是学院历史上如此悲伤的一页。"这就是她所告诉我的。

事情发生在 1893 年的秋天。柴科夫斯基遭受了厄运的威胁。斯滕博克–费摩尔公爵对作曲家向其年轻侄子表示出的关心感到不安，他给沙皇写了一封指控信，并将信交由雅可比转交给亚历山大三世。如果事情曝光，柴科夫斯基将面临失去所有权利、被流放到西伯利亚以及受到不可避免的耻辱的威胁。曝光还将使法学院和学院的所有学生，即柴科夫斯基的老同学们蒙羞。为了避免事情公诸于众，雅可比决定采取以下措施。他邀请了所有【他能在圣彼得堡找到的】柴科夫斯基昔日的同学，并成立了一个包括他自己在内的荣誉法庭。总共有八人在场。伊丽莎白·卡尔洛夫娜坐在她丈夫书房旁的老地方做针线活。她时不时地听到屋内传来的声音，有时响亮又激动，有时又明显地降到低声细语。这持续了很久，几乎有五个小时。然后柴科夫斯基从书房里冲了出来。他几乎是跑着出来的，脚步不稳，一句话没说就走了。他的脸色非常苍白，情绪激动。其他人在书房里待了很久，悄悄地交谈着。当他们走后，雅可比让他的妻子发誓绝对保密，然后告诉他们对斯滕博克–费莫尔写给沙皇的信的决定。雅可比无法隐瞒。于是，【学校的】老同学们做出了一个决定，柴科夫斯基也答应遵守。他们要求他自杀。一或两天后，作曲家病危的消息就在圣彼得堡流传开来。

　　这个故事是真的吗？我想我们永远也不会知道。但这重要吗？不，并不重要，因为让柴科夫斯基享有盛誉的原因并非他生活中那些更耸人听闻的方方面面，而是他对自己的人民和我们的巨大的音乐馈赠。他获得的不仅仅是同胞的感激之情，还有他们对这位伟大天才所怀有的爱与崇敬。他是这样一个慷慨、谦逊，以及——从许多人的著作和回忆中所显露出的——可爱的人。这方面的证据在他去世的消息传开之后立即涌现了出来。人们挤到莫杰斯特的公寓来表示敬意。到了第二天，人们送来了三百多个花圈，它们不仅来自俄罗斯人，还来自国外的歌剧院和个人。国家支付了他的葬礼，分派帝国剧院负责相关事宜。俄罗斯的歌剧院、俄罗斯音乐协会的分会、各种机构和俄罗斯城市都要求被允许派出代表参加。葬礼在喀山大教堂举行，葬礼上帝国教堂合唱团演唱了柴科夫斯基的音乐，这是喀山大教堂第一次被允许为平民举行葬礼。该建筑可容纳六千人，但有六万人申请购票，最后有八千人挤了进去。皇室成员出席了葬礼，沙皇观看了游行，据说他这样评论："我们有很多公爵和男爵，却只有一个柴科夫斯基。"为了让葬礼得以顺利进行，相关部门实施了交通改道，但送葬的默哀队伍是如此庞大，以至于花了四个小时才到达墓地。在这里，柴科夫斯基被葬在了格林卡、鲍罗廷和穆索尔斯基附近。1897年，人们在他的墓上竖起了一座半身像纪念碑。第二年，一座坐像被摆放在了圣彼得堡音乐学院。

　　这些纪念活动是对一位受人尊敬的天才真诚的，且完全应得的公开致敬，但对那些认识他的人来说，这些纪念活动是次要的。那么，我应该如何结束这本既是对他个人之赞美又是对他音乐之赞美的书呢？我希望读者们可以原谅我回到我写在柴科夫斯基四卷研究报告结尾的话——也就是赫尔曼·拉罗什的原话，他是柴科夫斯基一生的挚友，也往往是个不易相处的朋友，但他也许比当时的任何评论家都更能看透他伟大的创造力，而且对他这个人非常了解：

　　　　你可以分析乐谱的技术优点，你可以指出和列举此人的道德品质和才能，但体现他音乐魅力的并非技术品质——至少不仅仅是技术品质，他人格上的吸引力也不是他的才能和美德所赋予的。在艺术创作中如此，在人的个性中亦然：当所有的分析和批判都已完成时，仍有一些未被发现的东西，一些秘密，而这些秘密才是最重要的因素，才是主体的真正内核。在不声称已经解释了这一现象的同时，我们仍然要回顾这一现象：我们不能忘记，彼得·伊利奇仅通过他的存在，就给一切带来了温暖和光明。如果欧洲为失去这样一个重要的艺术力量，这个19世纪下半叶最伟大的艺术力量而哀悼，那么只有那些有幸亲密了解他的人，才能明白一个人会因他的死而失去什么。

附　录

附录一
音乐曲式简述

奏鸣曲式

奏鸣曲形式有时也被称为"第一乐章曲式"。不熟悉调性相关问题的读者可以忽略这些内容，因为它们对理解下面的内容并不重要。奏鸣曲式是 18 世纪下半叶特别是由海顿和莫扎特建立起的一种音乐结构。它通常用于 19 世纪交响作品的第一乐章（不仅是奏鸣曲，还有交响曲、协奏曲【虽然这里经过了很大修改】、弦乐四重奏等），并经常用于终乐章。例如，它也可以作为交响诗和歌剧咏叹调的基础。它的使用一直延续到 20 世纪，直至今日有时仍在使用。该曲式包括三个主要部分：呈示部、展开部和再现部。音乐几乎必定会以一个尾声（字面意思是"尾巴"）作为结束，有时还会有一个引子。它通常很慢，在音乐上独立于之后的内容。下图为这一曲式的大概轮廓：

呈示部由主部和副部两部分组成。主部有时是由一个或多个主题（即小的，有时是非常小的主题思想）构成。在柴科夫斯基的作品中，副部在旋律上更为广泛，而且几乎总是包含两个不同的旋律。主部在作品的主调（即"主音"，关于调性的解释，参见附录二），副部主题则在另一个调性上。主副部之间几乎都有一个乐段

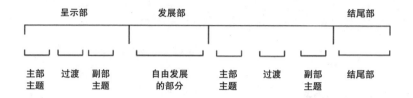

（"过渡"），其间音乐完成新的调性转换。在早期奏鸣曲式乐章中，呈示部通常是要反复，例如舒曼和勃拉姆斯有时就会遵循这一惯例，而柴科夫斯基却很少这样做。展开部是完全自由的，往往运用呈示部的素材，在不同的调性间游走，然后发展到一个强有力的高潮。在再现部中，音乐回到主音，并往往以各种形式回溯呈示部整体的设计。主部和副部都回归主音之后，呈示部的过渡段或多或少需要一些变化。结尾部分为该乐章画上句号。

回旋曲式

回旋曲式分为三种：

简单回旋曲式

基于分布在五个部分的三个乐思所构成的 ABACA 结构。A 部分（称为"反复"）在主音调性上；B 和 C 部分（有时称为"插段"）通常是在一个新的调性上（两段调性往往不相同）。反复出现的 A 部分可能是完全相同的。在本书所讨论的柴科夫斯基的作品中，很少见到简单回旋曲式。

回旋曲

一个 ABACABA 的结构。规模上更具野心的作品，基于三个乐思。

回旋奏鸣曲式

一个 ABAC–展开部–ABA 的结构。上面列出的两种回旋曲在结构上并不复杂，而回旋奏鸣曲式可以是一个庞大的结构，有更丰富的音乐以及各部分之间更多的过渡。（特别是）在古典时期的交响乐作品中，它经常作为终乐章出现。然而，相比较之下，回旋奏鸣曲式中的展开部并不像奏鸣曲式乐章中的展开部那样广泛。最初的 B 段和 C 段在不同的调性上，但 B 段的重现通常是在主音调性上。这让乐曲更接近于奏鸣曲形式本身，因此被称为"回旋奏鸣曲式"。

赋 格

赋格是巴洛克晚期（18 世纪初，其集大成者是巴赫）的一种基本曲式，因此它的出现早于奏鸣曲式，具有特殊的审美目的和属性。赋格的织体是对位的——也就是说，它完全由两个或（通常）更多的，被称为"声部"的旋律线组成；所有的"声部"都具有同等的重要性和趣味性，但都遵守一定规则，以便它们的组合所产生的基本和声符合巴洛克和古典惯例。

赋格基于一个单一的主题乐思（"主题"）。在赋格开始时，各声部依次进入主题（那些已经进入主题的声部继续自由行进），之后作曲家将决定如何在各声部之间重新安排主题的重现。与古典作

439

品不同的是，赋格中没有分段的、规定的结构，作曲家可以完全自由地探索主题所包含的单一的富于表现力的世界，并判断赋格的长度。总体来讲，对作曲家而言，赋格的主题是一个细胞核，从中可以创造出的并不是如奏鸣曲式般的戏剧，而是一个有机体。

附录二

440

调性、转调和加密的解释

调　性

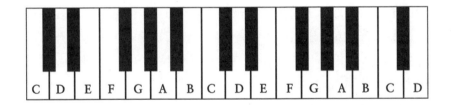

想象一个钢琴键盘：

黑色琴键在白色琴键之间以每组两个或三个交替排列，但这只是为了更适用于演奏。就音响而言，所有的音符都是同等重要的，所有相邻的音符（无论是黑键还是白键）之间的音高空间都是相等的。如果你感到困惑为什么每第十三个（算上白键和黑键）音符的字母名称都是相同的，那么请你想一想，如果演奏一个音，然后让一个男人和一个女人来唱出这个音（比如说 D），他们的音高不会是相同的：女人的声音会更高，但（正确地）听起来是同一个音。事实上，他们可能会唱出两个八度的距离（"八度"是指一个音符和下一个，无论是高于还是低于的相同音符之间的距离）。

如果你向上或向下演奏每个琴键，包括黑色和白色，你就是在演奏一条"半音阶"。然而，西方音乐几乎无一例外都是在"音阶"上创作的，即只使用了一个八度内十二个不同音高中的七个。在我们通常听的音乐中，两个七音音阶占了绝大多数：

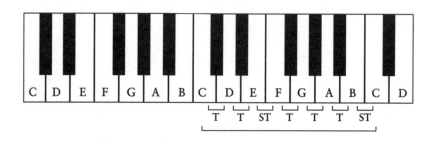

441 **大调音阶**

从 C 音开始，只在白键上行（或下行）演奏至下一个 C（在这个例子中，黑键的五个音符已被排除在外）。这就是"大调音阶"，它是大部分西方音乐创作的音高基础。任何被第三个音符隔开的两音之间的音程被称为"全音"（T），任何相邻的两音之间的音程被称为"半音"（ST）。

C 大调

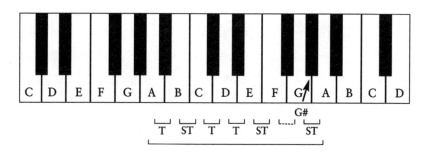

A 小调音阶

现在从 A 音开始，上行（或下行）演奏所有的白键，直到下一个 A。这就是小调音阶——除了 G 这个音，特别是如果音阶是上行的，G 音几乎无一例外地被上面的黑键"升 G"所取代。黑键是根据它们与相邻的两个白键之一的位置来标记的：一个白键上方的黑键是"升"，下方是"降"[1]。

A 小调

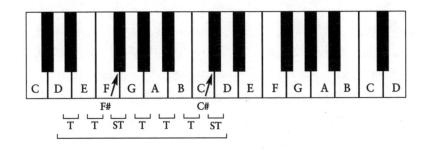

D 大调

到目前为止，我们只考虑了以 C 为"主音"（主要音符的名称）的音阶。但是大调和小调音阶可以从任何音高开始，不变的是音阶的全音—半音结构。比如说，一个作曲家想写一首 D 大调的作品，这将涉及两个黑键。

442

转　调

在过去（大约）四百年的西方音乐中，"在"所有的调性上都有创作出的作品，但过程中也会经过其他调性（即"转调"），尽管音乐几乎无一例外地以它们开始的调性结束。那么问题自然随之而来：转调对普通听众来说重要吗？你会注意到吗？是的，它确实很重要——而且是的，你会注意到，即使你无法确定为什么能听出

---

1. "升"和"降"的名称似乎在应用上容易造成困惑。因此，比如说，D 和 E 之间的黑键既可以是升 D 也可以是降 E。再比如，在某些情况下，白键 F 可以标记为升 E，白键 B 的音高可以记为降 C。无论在什么情况下，"升"总是意味着高半音，"降"意味着低半音。

来。如果一首长篇古典音乐作品都在同一个调性上，就会出现单调甚至是枯燥的危险。但更重要的是，乐段在一个新的调性中产生微妙的全新质感——在调性偏离之后，又重新回归主音调性确实能带来一些解决之感。这可能是只有经验丰富的听众才能体验到的东西，但他们可能仍然声称自己并没有特殊的专业知识。但是，如果你还有存疑，可以尝试一个简单的测试。我想，每个人都知道贝多芬《第九"合唱"交响曲》最后一个乐章中那个伟大而又简单的主题（它是联合国的国歌）。它和任何赞美诗的曲调一样简短，而且像许多赞美诗一样，共有四个乐句。在你的脑子里过一遍，在第三乐句的结尾处停下来。这听起来像是一个合理的结尾吗？不，因为在贝多芬赋予它的和声中（我们只能在和声中听到它），它是在"错误"的调性里。只有在最后一行，贝多芬才让我们回到主音上，音乐才获得真正的结束。

对转调要有耐心。音乐，就像口语一样，本身就是一种语言，有词汇，有语法，有自己丰富多样的结构。如果没有这些东西，它将是语无伦次，没有逻辑的，而我们大多数人都仅仅是通过聆听大量的音乐在不知不觉中吸收了这种语言的基本知识——就像我们通过听到别人说话学会了说自己的语言一样。但和任何语言一样，要想超越最基本的知识，则需要多用心多体验。我希望，特别是对于那些几乎没有古典音乐经验的新听众来说，经过一段时间耐心和细心的聆听，不仅会越来越享受古典音乐，而且会逐渐意识到这些乐曲中最初被耳朵所忽略的东西——并由此获得更多的乐趣。

加　密

加密是指将用于识别钢琴上每个白键的字母转化为一连串音高的过程。举个简单的例子，CABBAGE 这个词（只包含 A 到 G 之间的字母）可以转化为一连串的七个音高，组成一个小小的七音旋律。而那些想在某部特定作品中向某个人致敬的作曲家，往往在可能的情况下，用此人的名字或名字首字母缩写设计出一个音乐密码。当然，不幸的是，英语用法只有字母表的前七个字母（A 到 G）可以使用，但德国人却有一个非常不同的系统，给 A 音上方的黑键命名为 B（而不是我们的降 B），这意味着下一个白键（我们的 B 音）就不能再是 B 了——因此他们给这个音符分配了字母 H。由于法国和意大利各自都有其不同的音符命名系统，所以它们也可以加密英语无法加密的单词。在柴科夫斯基的音乐中，显然有一些主要采用德国系统加密的例子，其中的一些我已在文中提醒大家注意。

附录三

音乐术语和非英语词汇

音乐术语

ANTIPHONY 轮唱：在作品中要求演唱者分成两个或更多独立的、通常在空间上分开的小组，有时交替演唱，有时共同演唱。

ARIA 咏叹调：（特别是在歌剧中）为独唱而创作的作品。

BAR 小节：一首古典音乐几乎都是由两个或三个有律动的节奏（或其倍数）组成的规则格律单位。这些单位被称为小节，在乐谱中用竖线分隔开。

BEAT 拍：乐曲的基本脉动（通常是四分音符，参见下面的音符时值）。

BINARY FORM 二部曲式：由两个部分组成的音乐结构，其中每个部分都可以重复。

CADENZA 华彩乐段：一个（通常）精彩的独奏段落，通常安排在咏叹调或协奏曲的结尾；在古典音乐中，华彩乐段有时可以由演奏者自行创作，甚至即兴演奏。

CANTATA 康塔塔：由乐器伴奏的单声部或多声部作品。

CANTILENA 坎蒂莱纳："流动"的歌曲或旋律。

CHORALE 众赞歌：（近似于）赞美诗的旋律。

CODA 尾声："结尾曲"，为一首作品收束的一段音乐。

COUNTER-MELODY 复调旋律：同时听到的两条旋律。

DIVERTISSEMENT 间插歌舞：一组装饰性的舞蹈。

DOTTED RHYTHM 附点节奏：由两个音符组成的颠簸节奏。

FIGURE 音型：一个短小而独特的旋律片段，并在作品中经常
使用。

FUGUE 赋格：一个赋格风格的简短段落。

MODULATION 转调：从一个调到另一个调的过程（关于更全
面的解释，参见附录二）。

MOTO PERPETUO 无穷动："永远的运动"，一个以不间断的
推动力为标志的乐曲或乐段。

NOTE VALUES 音符时值：每一个作品都是由具有固定关系
的音符组合而成。最长的是二全音符，在下面的罗列中，每个音符
的长度是其前一个音符的一半：二全音符、全音符、二分音符、四
分音符、八分音符、十六分音符、三十二分音符。（它们显然在时
值上有很大的差别，在二全音符和三十二分音符之间的时值比例是
1：64。）如果把一个点放在一个音符之后，那么它的长度就会增加
二分之一。最常选择用四分音符来记录节拍（参见上面的节拍）。

OBBLIGATO 必需声部：一个重要的器乐独奏部分，另有一条
旋律线为伴奏。

OCTAVE 八度：一个音符和下一个无论是在上还是在下的同
名音符之间的距离。

OSTINATO 持续低音：一个简短的旋律乐思（也可能是一个
节奏乐思），在同一音高下重复多次。

OVERTURE 序曲：歌剧的管弦乐前奏，但也可以是独立的
（通常是描述性的）管弦乐作品，供音乐会使用。

RECITATIVE 宣叙调：一种宣叙的唱法，有着明确的音高，但
演唱者以更口语化的节奏来表达，有时几乎是以"急口"的方式。

RITORNELLO 反复：一个不止返回一次的段落（例如，在回

445

旋曲乐章中）。

ROULADE 华彩经过句：一个华丽的带有装饰音的跑动段落。

SARABAND 萨拉班德：（多为 1750 年前）一种三拍子的悠闲舞曲。

SCENARIO 剧情：歌剧或芭蕾舞剧的情节概要。

SCHERZO 谐谑曲：字面意思是"笑话"，一首活泼的、变幻多端的乐曲体裁。

SCORE 乐谱：音乐作品的手稿或印刷品。

446　SCORING 总谱：详细呈现作品最终的全部细节。

TERNARY FORM 三部曲式：由三部分组成的音乐结构，第一部分和最后一部分相同。

TRIO 三声中段：为三种乐器所作的作品，或是小步舞曲或回旋曲的中心部分。

VOCAL SCORE 声乐钢琴缩编谱：声乐作品（如歌剧、大合唱等）的乐谱，其中的管弦乐部分缩编成为钢琴谱。

非英语词汇

Adagio：慢板；非常慢

Allegro：快板；快的

Andante, Andantino（semplice）：行板，小行板；适当的速度

Cantabile：如歌的

Con fuoco：似火的

Crescendo：渐强

Diminuendo：减弱

Flebile：微弱的

Funebre e doloroso：葬礼般的且悲伤的

Giusto：准确的

Maestoso：庄严的

Ma non troppo：不太过分地

Molto：非常

Molto espressivo：非常富有表现力的

Piano：弱

Pianissimo：极弱

Più：更加

Pizzicato：拨弦

Pointilliste：点彩画法。绘画术语，即"在表面上堆满各种颜色的小斑点并通过观者的眼睛将其混合"。

Presto：极快

Prestissimo：最极板

Quasi：像……

Tempo：速度

Tutti：齐奏

Valse triste：悲伤的华尔兹

Vivace, Vivo：非常欢快的

索 引[1]

---

1. 索引部分的页码均指正文部分的页码。

B

D

G

450

K

M

N

453

S

455

456

460

图字：09-2022-0823 号

图书在版编目（CIP）数据

柴科夫斯基传 /［英］大卫·布朗著；张婧怡译. －上海：上海音乐出版社，
2024.7
（古典音乐大师传记译丛）
书名原文：Tchaikovsky: The Man and his Music
ISBN 978-7-5523-2788-5

Ⅰ. 柴…　Ⅱ. ①大…　②张…　Ⅲ. 柴科夫斯基（Tchaikovsky, Peter Ilich
1840-1893）－传记　Ⅳ. K835.125.76

中国国家版本馆 CIP 数据核字（2024）第 042812 号

书　　名：柴科夫斯基传
著　　者：［英］大卫·布朗
译　　者：张婧怡

责任编辑：胡　昕
责任校对：孔崇景
封面设计：翟晓峰

出版：上海世纪出版集团　上海市闵行区号景路 159 弄　201101
　　　上海音乐出版社　上海市闵行区号景路 159 弄 A 座 6F　201101
网址：www.ewen.co
　　　www.smph.cn
发行：上海音乐出版社
印订：上海颛辉印刷厂有限公司
开本：640×935　1/16　印张：34.25　字数：430 千字
2024 年 7 月第 1 版　2024 年 7 月第 1 次印刷
ISBN 978-7-5523-2788-5/J·2578
定价：128.00 元
读者服务热线：(021) 53201888　印装质量热线：(021) 64310542
反盗版热线：(021) 64734302　(021) 53203663
郑重声明：版权所有　翻印必究